印象·中国历史

先秦卷

礼乐文明的兴替

黄朴民　白效咏/著

人民教育出版社
·北京·

图书在版编目（CIP）数据

印象·中国历史．先秦卷：礼乐文明的兴替 / 黄朴民，白效咏著．—北京：人民教育出版社，2020.2

ISBN 978-7-107-33355-2

Ⅰ．①印… Ⅱ．①黄… ②白… Ⅲ．①中国历史—研究—先秦时代 Ⅳ．① K207

中国版本图书馆 CIP 数据核字（2020）第 028077 号

印象·中国历史［先秦卷］ 礼乐文明的兴替

著　　者／黄朴民　白效咏

责任编辑／黄云龙　冯　良

装帧设计／李宏庆

出版发行　人民教育出版社

（北京市海淀区中关村南大街 17 号院 1 号楼　邮编：100081）

网　　址　http://www.pep.com.cn

经　　销　全国新华书店

印　　刷　北京恒艺博缘印务有限公司

版　　次　2020 年 2 月第 1 版

印　　次　2020 年 5 月第 1 次印刷

开　　本　787 毫米 ×1092 毫米　1/16

印　　张　28.5

字　　数　345 千字

定　　价　80.00 元

目 录

绪言：东与西的较量——中国上古史递嬗的格局

自傅斯年先生提出“夷夏东西说”[1]之后，从东西部族互考中华文明起源（包括政治格局的变化、民族的冲突与融合、文化价值观念的交合与互补等），遂成为人们认识与解答古代历史之谜的重要途径之一。尽管学术界对傅先生的基本论点在结论可靠与否上仍有分歧，但夷夏东西说作为一种考察古史的基本方法则是为学界所普遍承认的。近年庄春波先生撰有《华夏东西说》一文，更是通过对华与夏起源于不同地区及二者文化形态差异等问题的探讨，进一步申论了傅斯年先生的观点。[2]

一部中国上古史，其实便是东西两大区域长期对峙冲突并不断同化融合的文明进程。早在黄帝时代，“以姬水成”，发祥于今陕西黄土高原的黄帝族，与以今黄河下游、山东大地为基地的东夷集团蚩尤族，便为争夺中原核心地带展开了激烈的斗争，所谓“涿鹿之战”就是这场生死斗争的具体写照。战争的结果是，

---

[1] 傅斯年“夷夏东西说”的主要内容为：“自东汉末以来的中国史，常常分南北，或者是政治的分裂，或者由于北方为外族所控制。但这个现象不能倒安在古代史上。到东汉，长江流域才大发达。到孙吴时，长江流域才有独立的大政治组织。在三代时及三代以前，政治的演进，由部落到帝国，是以河、济、淮流域为地盘的。在这片大地中，地理的形势只有东西之分，并无南北之限。历史凭借地理而生，这两千年的对峙，是东西而不是南北。现在以考察古地理为研究古史的一个道路，似足以证明三代及近于三代之前期，大体上有东西不同的两个系统。这两个系统，因对峙而生争斗，因争斗而起混合，因混合而文化进展。夷与商属于东系，夏与周属于西系。”参见傅斯年：《民族与古代中国史》，上海人民出版社2014年版，第1页。

[2] 庄春波：《华夏东西说》，《新华文摘》1997年第1期。

代表西部势力的黄帝族战胜了代表东夷势力的蚩尤族，西部势力控制了中原核心地区，“东至于海，登丸山，及岱宗。西至于空桐，登鸡头。南至于江，登熊、湘。北逐荤粥，合符釜山，而邑于涿鹿之阿”[1]，号令天下。然而东夷集团并未消亡，黄帝不得不采取怀柔措施，“命少昊清司马鸟师，以正五帝之官”[2]，即在东夷集团中选择一位名叫少昊清的氏族首长继续统领九夷部众，设法使东西两大群体结为同盟。

这个格局一直沿袭了下来。所谓尧舜禹禅让，曲折反映出东西两大地区及集团势力此消彼长的实质关系。唐尧是西部势力的代表，无论是始都于唐，还是最后定都于平阳，其地理范围都属于西部范围的今山西一带。虞舜则显然是东部势力的首领，因为《孟子》书中说得很清楚：“舜，东夷之人也。”学界也多认为，舜的出生地姚墟（一说诸冯），从地理位置上看，在今山东一带。他们轮流成为这个同盟体的领袖，这就是夷（虞舜）与夏（唐尧）东西部融合的标志。虞舜失势后（所谓巡游九嶷、卒于苍梧云云，实际上是对东夷一方失势的委婉说法而已），代表西部势力的禹再次成为同盟的领导核心，史载“禹兴于西羌”[3]。及禹衰老死亡，按东西轮流坐庄的惯例，本应由代表东部的人物替代禹来主政。东部势力首推的人选为皋陶（相传皋陶生于今山东曲阜，卒于今安徽六安，均属东部势力范围），然而皋陶卒于禹之前，禹便又接受了东部势力新推的人选伯益。[4]伯益的势力

---

[1] 《史记·五帝本纪》。

[2] 《逸周书·尝麦》。

[3] 大禹巡游东南，“致群神于会稽之山，防风氏后至，禹杀而戮之”，最后卒于会稽（今浙江绍兴）。这恰恰透露了禹为西部势力代表的信息。大禹东巡，性质上与后世的秦始皇东巡琅邪、泰山、碣石、会稽，清代康熙南巡，乾隆数次下江南的情况相类似，乃是显耀威权、震慑东南的举措。

[4] 《墨子·尚贤上》中说：“禹举益于阴方之中，授之政，九州成。”

范围在今山东日照一带。但是，大禹死后，西部势力趁伯益威望未孚，便不遵守东西轮流坐庄这个成规，企图继续拥有天下主宰权，遂有禹子启袭杀伯益事件的发生："古者禹死，将传天下于益，启之人因相与攻益而立启。"[1]东西同盟终于瓦解，西部与东部又陷入相互冲突的旋涡之中。

启结束禅让制，东部势力自然不会甘心，于是有夏朝前期的太康失国事件发生。东夷有穷氏部落的后羿（一称夷羿）凭借武力，从西部群体手中夺取了政权，即所谓的控御仲康、驱逐后相。后来，其臣下寒浞杀羿自立，但寒浞所代表的仍是东部势力。再后来，"少康复国中兴"，同样是依靠武力夺回政权。这就是那一段持续了长时间的夷夏斗争逸史。

少康之后，夷夏关系仍处于既斗争又融合的状态：后芬曾征于东海，尔后有"九夷来御"；后芒时，东狩于海；后泄时，加畎、白、赤、玄、风、阳诸夷以爵命；后发时，"诸夷来宾"。但是东部势力的屈服只是暂时的，一旦条件成熟，他们仍要与西部势力进行角逐，以控制中原核心地带。这个任务在商族手中得以完成。商的先祖以鸟为图腾，《诗经·商颂·玄鸟》有云："天命玄鸟，降而生商"，"有娀方将，帝立子生商"。这显然与东夷有关系（少昊氏以鸟名官，其根据地亦在东部）。相传其三世先公相土作"东都"，故有"相土烈烈，海外有截"的说法。商汤"十一征而无敌于天下"[2]，最终战胜后桀，灭亡夏朝，建立商朝。这表明东部势力再次在东西角逐中占据优势地位。

《诗经·鲁颂·閟宫》有云："后稷之孙，实维大王。居岐之阳，实始翦商。"等到西方的"小邦周"凤鸣岐山，一举"殪戎殷"，推翻"大邑商"后，东西政治格局又被重新改写。西部又

[1]《韩非子·外储说右下》。

[2]《孟子·滕文公下》。

成了中原的主宰，东部势力受到严重打击。西部以“君子”君临天下，东部之人则成为“野人”，臣服于西部，所谓“先进于礼乐，野人也;后进于礼乐，君子也”[1]。这里所隐约透露的，就是这种东西关系互置更换的信息。

在这场东西部大角逐的过程中，周族对东南吴地的经营是其灭商战略中的重要步骤之一。史载太伯、仲雍兄弟在王位继承问题上“以让季历”，奔赴吴地（今江苏南部），其背后的真实动因，当是将势力插入商人的后方，以实现周邦翦商的迂回包抄战略。[2]故徐中舒先生有言：“余疑太伯、仲雍之在吴，即周人经营南土之始，亦即太王翦商之开端。”[3]从这个意义上说，吴地虽地处东部，但在政治上早已立足于西部势力一边，属东部群体中的“另类”。

当然，东部势力无法忍受西部势力“伐纣灭商”的结果，总是处心积虑争取局面的改观。于是便有接踵而至的“武庚叛乱”“三监之叛”。东夷集团受到这些叛乱的鼓舞，遂纷纷响应，“三监及淮夷叛”[4]。当时周朝的实际执政者周公见叛乱严重威胁到新生政权的生存，便果断出兵东征，先后灭武庚、平三监、击破“九夷”、践灭薄姑与商奄（系东夷集团中势力最雄厚的两大方国。“践之云者，籍之也。籍之谓杀其身，执其家，潴其宫。”[5]）周朝终于通过铁血手段，将西部对东部的征服画上了一个阶段性的句号。这种政治格局一直延续到春秋时期。

自战国中后期起，天下走向统一，已成为不可逆转的时代

[1]《论语·先进》。

[2] 罗琨、张永山:《夏商西周军事史》，军事科学出版社1998年版，第219页。

[3] 徐中舒:《殷周之际史迹之检讨》，载《徐中舒历史论文选辑》，中华书局1998年版，第661页。

[4]《尚书·大诰》。

[5]《尚书大传》。

潮流。从东西势力嬗变演进的趋势来说，兼具东西部因素的秦国占有天然的优势。秦起源于东部，史传嬴姓为伯益之后。《汉书·地理志》称：“嬴，伯益之后也。”《国语·郑语》称：“嬴，伯翳之后也。”郑樵在《通志·氏族略》中说：“嬴氏，伯益之后。伯益作朕虞有功，赐姓嬴氏。”可见，嬴姓拥有东方部族的基因。但是，嬴姓早已西迁函谷关以西，是在西部逐渐发展壮大起来的。到秦穆公统治时期，秦国更跃为春秋五霸之一，“益国十二,开地千里,遂霸西戎”[1]。秦国更多地扮演着西部势力代表的角色。这也恰恰从一个角度印证了司马迁所言的奥秘：“或曰：‘东方物所始生，西方物之成孰。’夫作事者必于东南，收功实者常于西北。”[2]

从这个意义上讲，秦灭亡山东六国，统一天下，依然是西部势力压倒东部势力的标志性事件。东西之间的矛盾与抗争，并没有随着帝国时代的降临而真正得以解决，东部势力的不满与反抗依然存在。楚国残余力量作为东部势力的代表之一，无时无刻不以推翻西部势力的控制与压迫为目标，这也是所谓“楚虽三户，亡秦必楚”的谜底所在。无论项羽还是刘邦，都属于东部势力集团。他们起兵灭秦，在政治上固然是反抗秦之暴政，但在深层次的文化因素上，则依然可视为华夏大地上东西冲突与融合的自然延续。这种冲突与融合，一直要到两汉以降，北方游牧民族崛起，对华夏农耕民族的生存构成新的重大威胁以后才告以终结。从此之后，东西较量遂逐渐让位于南北冲突，中国政治与军事的战略轴心也随之变东西抗衡为南北角逐了！

这种上古史的东西势力对峙融合的大势，在图腾崇拜的孑遗中也有所显露。蛇为西部夏部落联盟图腾，后世遂演变为龙的崇

[1]《史记·秦本纪》。

[2]《史记·六国年表》。

拜；鸟为东部夷（华）族部落的图腾，少昊的后裔郯子曾向孔子讲述过该联盟的详细情况："我高祖少皞挚之立也，凤鸟适至，故纪于鸟，为鸟师而鸟名。"[1]商族以"玄鸟"为图腾，亦属同一性质，后世逐渐演变为凤凰的崇拜。龙、凤并为神物，所谓"龙凤呈祥"，正曲折体现了东西部的畛域存在与融合趋势。

[1] 《左传·昭公十七年》。

河南安阳殷墟妇好墓出土的玉凤、玉龙

第一章

三代社会政治的演进

从启坐上王位那一天起，中华民族的历史翻开了新的一页，“大道既隐，天下为家”。自夏至周，历近两千年，产生了辉煌灿烂的礼乐文明。其中许多历史文化的基因，至今仍保留在我们民族的血脉中。这段历史，与秦汉之后的郡县制时代迥乎不同。它的真面目，可能超乎你的想象……

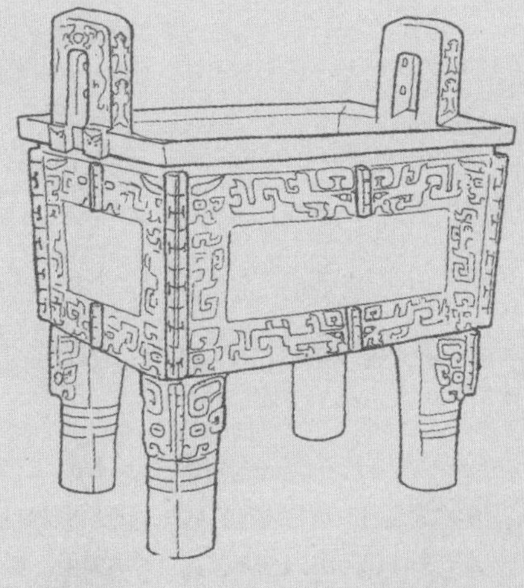

一、夏商社会政治的沿革

1. 夏朝：芒芒禹迹，画为九州

夏朝是中国历史上第一个王朝[1]，它的建立标志着禅让时代的基本结束，中国历史由“天下为公”进入“天下为家”的新纪元。夏朝（约公元前2070—约前1600年）自禹子启建立到夏桀亡于商汤，前后大约存在了500年，一共传了13世16王。

夏朝世系

启——太康——仲康（太康弟）——相——少康——予（一作“杼”）——槐（一作“芬”）——芒（一作“荒”）——泄——不降——扃（不降弟）——胤甲（一作“廑”）——孔甲（不降子）——皋（一作“昊”）——发（一作“敬”）——履癸（桀）

夏朝的建立，是中华文明日益发达的结果，是经济长足发展的必然产物。在夏朝建立的前夜，夏部族的社会生产力已有较大的发展，主要表现为以下几个方面：第一，耒耜的普遍使用。作为生产工具的耒耜进入农业领域，便于夏民开垦荒地，促进了农

[1] 学术界也有一种较流行的观点，认为虞舜是早于夏朝的国家形态。这在古籍中也有所体现，如《司马法》《春秋繁露》等典籍中，虞舜都是与夏、商、周并举的，彼此之间存在着逐次更替的关系。

业生产的发展。第二，重视水利工程的修建。水利的兴修促进了农业的发展。第三，创造了原始的天文历法。相传为夏时遗典的《夏小正》，反映了夏重视总结天文历法及物候知识，并用其指导农业生产。第四，手工业逐渐成为专门的生产领域。如青铜冶炼业初步形成，能够制作舟车等交通工具。这一切，都为打开阶级文明社会的大门奠定了物质基础。

社会生产力的发展，使社会财富产生了较多的剩余，私有制的发展壮大也就成为必然的趋势，以血缘为纽带的氏族关系开始急速瓦解。为了增加财富，同时也为了保障夏部落的生存和发展，禹率领广大部落成员进行了一系列的征伐掠夺战争，比较著名的有禹伐三苗、禹伐共工。夏部落通过战争扩大了自己的领土范围，同时，战争的胜利也进一步加强了部落首领的个人威望。私有制的发展，使原始社会部落联盟首领禅让制无法再继续下去。

在世袭制取代禅让制、国家政权取代原始部落联盟的重大文明转折过程中，禹和其子启起着重要的历史作用。禹本人利用治水的功绩确立了自己崇高的声望，并通过法律加强自己的权力。《史记·夏本纪》中记载，皋陶“敬禹之德，令民皆则禹。不如言，刑从之”。禹还通过诛杀防风氏震慑其他氏族首领。从《禹誓》看，禹拥有一支武装力量。他划定“九州”，以初步打破原有的血缘氏族关系，积极从事公共权力的建设，开始征收赋税。凡此种种，大大改变了原来的部落联盟议事会的性质，而使部落初具国家政权的规模。禹实际上已经为原始文明向阶级文明的转变奠定了各方面的基础。

然而，禹毕竟是历史转折时期的过渡人物。他没有顺理成章地废除禅让制，将首领的位置直接传给儿子启，而是沿袭禅让旧俗，拟在身后将部落联盟首领的宝座禅让给东夷集团的伯益。可是，在当时社会经济条件与政治条件已具备新的因素的情况下，

汉画像石“大禹治水”

山东嘉祥武氏祠东汉画像石“大禹治水”，画面上的大禹头戴斗笠，手持耒耜，与文献中有关大禹治水的记载相符合。

继承制度不可能不发生变化。所以，在禹死后，其他从属部族的首领基于禹的威望，纷纷“去益而朝启”。启在诸部族贵族统治集团的普遍拥戴下，取代伯益而继位为王。这标志着禅让制的历史性失败和世袭制的重大胜利，揭开了中华文明崭新的一页。

这个文明递嬗过程并非像某些古籍记载的以和平方式实现，而是充满了暴力和争夺。启自立为王后，曾遭到旧势力的坚决反对。首先，伯益组织东夷军队向启进攻，结果被启平定了，这就是古本《竹书纪年》所说的“益干启位，启杀之”。接着，夏部族在西边的同姓邦国有扈氏也起兵反抗。启率领军队亲自讨伐有扈氏，经过甘之战，启终于打败了有扈氏，使夏王朝站稳了脚跟。随后，启在钧台（通常认为在今河南阳翟）大会诸侯，其统治得到了诸侯的正式承认。

夏朝虽然最终建立起来，但是它毕竟刚刚脱胎于旧的原始军事民主制，与旧的事物有着千丝万缕的联系。在当时，它的国家政体尚属雏形，统治并不巩固，因此前期曾有过延续几十年的动乱。但夏王朝经受住了这一考验，恢复并进一步巩固了自己的统治，文明演进的总趋势至此不可逆转。

启死后，子太康即位。太康骄奢淫逸，导致启的5个儿子发动叛乱，争夺无已，史称“五子之乱”。[1]东夷有穷氏首领后羿趁夏内乱，“因夏民以代夏正”，夺取了夏朝的统治，这一事件被称为“太康失国”。

后羿篡位后，同样沉溺于田猎游乐之中，“不修民事”，结果又被部属寒浞所灭。寒浞竭力根除夏的势力，巩固自己的地位。太康的侄孙少康逃到有虞，逐渐积聚力量，最后在伯靡等夏朝遗臣的支持下，消灭了寒浞势力，恢复了王位和夏朝的统治，

[1] 太康在五子之内，抑或在五子之外？“五子之乱”发生于启在位时，还是发生于太康继位后？目前史学界对这些问题，还没有统一的看法。

史称“少康中兴”。如果说启建立夏朝是拉开了阶级文明社会的帷幕，那么“少康中兴”则可以视为这种文明进程开始步入正轨。从帝杼至胤甲，夏朝共经历了6代7王。在这一时期，夏朝的政治、经济都有了较大的发展，国力迅速强盛起来。继少康而立的杼，是夏朝有名的君王。在他统治时期，夏朝的军事力量有了不小的发展。《墨子·非儒下》说“杼作甲”，当是一个反映。杼还远征东海之滨，迫使东夷纷纷臣服。由于杼对振兴夏朝作出了新的贡献，所以后世子孙对他进行隆重祭祀。《国语·鲁语上》说：“杼，能帅禹者也，夏后氏报焉。”杼死后，其子槐即位。3年后，“九夷来御”，即江淮流域的9个夷人部落向夏王朝称臣纳贡。同时，槐“作圜土”（圜土，即监狱。），对内进一步强化了国家机器。其后的泄“加畎夷等爵命”，不降“伐九苑”，进一步树立了夏王的权威，扩大了夏朝的版图。这一时期历史文明进程的主要意义，就是以夏朝为代表的中华文明，逐渐向周围地区辐射，使较为落后的“九夷”等族开始认同夏朝的统治并接受中原文明的影响。

夏朝自孔甲至桀，共传4代4王。在这一时期，夏朝统治阶级日趋腐朽，各种矛盾日益激化，导致夏朝走向衰落并最终灭亡。孔甲登位后，“好方鬼神，事淫乱”，结果是“夏后氏德衰，诸侯畔之”。到了桀统治时期，夏朝内外矛盾空前尖锐起来。史称桀“昏乱失道”“赋敛无度”。他倒行逆施的行径，激起人民强烈的愤恨，人们诅咒他“时日曷丧，予及汝皆亡”。在这种情况下，崛起于黄河下游地区、代表东夷势力的商族，乘机推翻了夏朝的统治，把古代社会的文明推进到一个新的高度。

2. 商朝：邦畿千里，维民所止

商是黄河下游的一个古老部落，以鸟为图腾。契是传说中商的始祖，“契长而佐禹治水有功”。他为商族的发展壮大奠定了基业:“玄王勤商，十有四世而兴。”[1]在商汤建立商王朝之前，商部落经过长期的发展，已经创造出相当可观的社会文明，势力逐渐强盛起来。史籍记载的先商文明演进有：“相土作乘马”，即相土发明用马来驮运东西和拉车；“相土烈烈，海外有截”，即相土使用武力向东方海滨地区开拓而有烈烈功业，扩大了势力范围；王亥“服牛远贾”，即王亥驯牛驾车并开展商业活动；等等。这一切都为商汤的崛起代夏创造了充分的条件。

汤继立为商部落首领时，正值夏王桀暴虐无道、夏的统治风雨飘摇之际。汤凭借先辈创造的雄厚物质条件，积极从事灭夏的事业。他任用仲虺、伊尹等贤臣，通过一系列军事行动，先后剪除了夏桀的重要羽翼——葛、韦、顾、昆吾等部落。最后他率领由70辆战车和5000步卒组成的军队西进伐桀，经鸣条之战，彻底打败了夏朝军队，占领了夏都，流放夏桀于南巢（今安徽寿县东南），在亳地“践天子之位”，建立了中国古代第二个王朝——商朝（约公元前1600—前1046年）。

汤用武力消灭腐朽、暴虐的夏王朝，建立起新的统治，这是历史的进步。新建立的商王朝，虽然在社会形态上与夏王朝并无多大区别，但它的诞生，给古代社会内部注入了新的活力，进一步完善了古代阶级统治的各项制度，从而使以夏为开端的阶级文明进程发展下去。古书对汤伐桀灭夏一事作了充分的肯定，认为“汤武革命，顺乎天而应乎人”[2]。汤灭夏后，迅速控制了黄河中下游地区，其势力所及，远远超过了夏王朝。这当然有利于中原的先进文化向周边地区传播。夏的灭亡，也给汤以启示，使他意识到：要使国家巩固和兴旺，必须得到百姓的拥护。因此汤在

---

[1] 《国语·周语下》。相传契由玄鸟而生。

[2] 《周易·革卦》。

建立商朝后，在一定程度上废除夏桀时的繁重徭役，不再横征暴敛，从而使民众得以休养生息。商遇大旱，汤“祷于桑林”的传说，就反映了汤的这种倾向。这对社会经济、文化的恢复和发展，起到了重要作用。

自汤建立商朝到帝辛（纣）亡国，商朝共传17世31王。它的历史可以盘庚迁殷为界，分为前后两个时期。

商朝世系

汤——太丁——外丙（太丁弟）——仲壬（外丙弟）——太甲（太丁子）——沃丁——太庚（沃丁弟）——小甲——雍己（小甲弟）——太戊（雍己弟）——仲丁——外壬（仲丁弟）——河亶甲（外壬弟）——祖乙——祖辛——沃甲（祖辛弟）——祖丁（祖辛子）——南庚（沃甲子）——阳甲（祖丁子）——盘庚（阳甲弟）——小辛（盘庚弟）——小乙（小辛弟）——武丁——祖庚——祖甲（祖庚弟）——廪辛——庚丁（廪辛弟）——武乙——文丁——帝乙——帝辛（纣）

从商汤建国到盘庚迁殷的前期，商朝先后经历了建立、逐步巩固到中衰等几个重要阶段。在这一时期，商朝社会政治生活呈现下列几个主要特点。

第一，商朝的政治生活中仍保留着原始军事民主制的遗制，氏族血缘纽带在国家政治生活中发挥着不小的影响，王权要受到辅佐大臣相当大的制约。如伊尹“放太甲”，反而被誉为辅佐商王的贤臣。另外，王权也受到贵族议事会和国人大会的限制。盘庚在迁都前后，曾召开过贵族议事会和国人大会，苦口婆心地劝说告诫反对迁都的人。

第二，王位世袭制中的嫡长子继承制尚未得到确立。嫡长子继承制是王位世袭制中的核心问题。能否比较彻底地消除原始民主制的残余成分，加强王权的专制统治，在很大程度上取决于嫡长子继承制的确立与否。在商朝前期，既实行父死子继制，也实行兄终弟及制，嫡长子继承制并未完全建立起来。从汤到帝辛的17世君王中，兄终弟及的有9世，其中绝大多数发生在盘庚迁殷之前。兄终弟及制往往给国家政治生活带来不利的影响，所以在商朝前期经常发生王位纷争。尤其是在仲丁之后，“弟子或争相代立”，发生了连绵9世的内乱，使商王朝走向中衰。

第三，商朝频繁迁都。张衡在《西京赋》中说：“殷人屡迁，前八后五。”商朝建立之前，商部族有8次迁居；商朝建立之后，商人又有5次迁都。频繁地迁都，既有政治的原因，也有经济的背景。政治的原因，从根本上说就是商统治集团内部斗争的尖锐激化。这实际上是日渐强化的专制主义与原始民主制的残余之间的矛盾表现。那些新登位的商王，往往借迁都之举，以摆脱旧势力的掣肘，巩固自己的权力。商朝前期，农业生产水平仍然比较低下，畜牧田猎业在经济生活中占有相当的地位，手工业生产还不是很发达。如果固定在一地建都，时间一长，创造出的社会财富就不足以满足日益增长的社会需要，于是就需要不断寻找新地，迁徙国都，以保障社会经济活动的顺利开展。这是频繁迁都的经济背景。但是，频繁迁都对社会政治、经济、文化中心的形成和巩固，对国家政权职能的充分发挥，都是不利的。

上述情况表明，商朝前期，社会文明继夏朝以来有了一定的进步，但这种进步也是有限的。只有到盘庚迁殷之后，商朝才在较大程度上摆脱了原始民主制残余的束缚，在政治、经济、文化等各个方面都有了较大的发展，社会文明进入到一个更高的层次。

在盘庚迁殷以后，商王朝的政治呈现出新的面貌。

其一，原始民主制的旧传统受到王权的较大抑制，王权的专制统治得到初步确立。盘庚迁殷时，曾遭到许多贵族和臣民的反对，但盘庚不为所动，坚持迁都。这次迁都的成功，表明王权在和原始民主制残余的较量中，取得了决定性的胜利，王权得到大大提高。在日后的政治生活中，贵族势力依然很大，却很难再发生“伊尹放太甲”这类事件了。王位继承制也有了新的变化，即嫡长子继承制逐渐取代兄终弟及制。盘庚迁殷之后，兄终弟及现象大为减少，父死子继明显增多。从康丁以后直至商末，则完全实行了嫡长子继承制。如微子启尽管年长于帝辛，可是他终因其庶出的身份而未能继承帝乙的王位。嫡长子继承制的确立和王权的强化，互相促进，又一同强有力地抑制了因王位继承、重臣争权而导致的政治内乱。加上生产力的不断发展，使得迁徙都城不再成为必要举措。从此殷都较快地成为政治、经济、文化统治中心，得以更好地发挥国家专政机器的职能。

其二，统治阶级与被统治阶级两大营垒日趋明朗化。在夏朝和商朝前期，还保留着原始社会的残余，阶级对立和斗争虽然已经出现，但仍带有温和的色彩，阶级关系在很大程度上被血缘关系掩盖了起来。然而到了商朝后期，随着王权的迅速发展，国家机构职能日益健全，阶级对立也就越来越鲜明、越来越尖锐了。这时，统治阶级由以商王为首的各级贵族所构成。商王是全体贵族阶级在政治上的总代表，与商王有着血缘亲族关系的“王族”“多子族”是商朝统治阶级的主体。同时，与商王相对较疏远的同姓贵族及异姓贵族则构成了“百姓”（卜辞中为“多生[姓]”）的主体，成为统治阶级中的基础力量。异姓贵族中，还包括了各地的“邦伯”“侯田”等。这个庞大的统治阶级，占有生产资料，残酷地压迫、剥削广大被统治者，过着穷奢极欲、作威作福的生活。统治阶级的对立面，是由“众”“众人”“多羌”以及其他中下层人民构成的被统治者。他们分别隶属于商王和各级贵族，有的失去了人身自由，有的只具有形式上的人身自由。他们被迫从事农业、畜牧业、手工业生产，创造大量的物质财富。另外，还有臣、妾、奚、仆等名目众多的家内奴隶。这种两大对立阶级的形成，标志着商朝文明已发展至一个新的阶段。

其三，各种制度的全面建立和健全，国家政治职能得到充分发挥。商朝政治文明取得新进展的一个标志，就是各种制度作为国家统治手段的外化形态，全面建立起来，并且在社会实践中不断地得到健全。商朝后期，一整套中央（内服）和地方（外服）统治机构已经形成。它们在商王的领导下，行使着国家统治职能。作为国家政权支柱的军队也不断得到强化。“王作三师，左、中、右”，表明商王朝拥有一支强大的军队。卜辞中有许多武官的名称，如“多马”“亚”“多亚”“多射”“戍”等，表明商王朝有了初步的军事指挥体系。卜辞表明，商朝的刑罚种类齐全，施行严酷，主要刑罚有伐（砍头）、墨、劓、宫、刖等。这时已出现了真正的监狱。

其四，依靠神权以巩固王权。《礼记·表记》说：“殷人尊神，率民以事神。先鬼而后礼，先罚而后赏。”这道出了商朝利用神权巩固王权的政治特点。商王遇事皆占卜求神，祈求祖宗神明的保佑。王朝官吏中，宗教职官占有相当大的比例。重神尊祖，本是原始社会就有的事，商朝统治者对此予以吸收，加以改造后进行利用。一方面，这反映了商朝文明是对以往文明的继承和发展；另一方面，神权政治毕竟是较低层次的政治统治方式，商朝政治生活以它为基调，也说明商朝文明尚处于较不发达的阶段。

其五，征伐战争与商朝文明的延伸。商朝统治者出于其阶级本性，积极从事对外扩张。他们动用武力，征伐周边部落，以掠取劳动力和财富，扩大商的势力范围。征伐战争，成为商朝后期政治生活中的一个重要方面。商王武丁的征伐战争就是突出的代表。武丁时，商朝先后用兵于𢀛方、鬼方、土方、羌方以及夷方，并且都取得了胜利，史称“武丁中兴”。这些残酷的征伐战

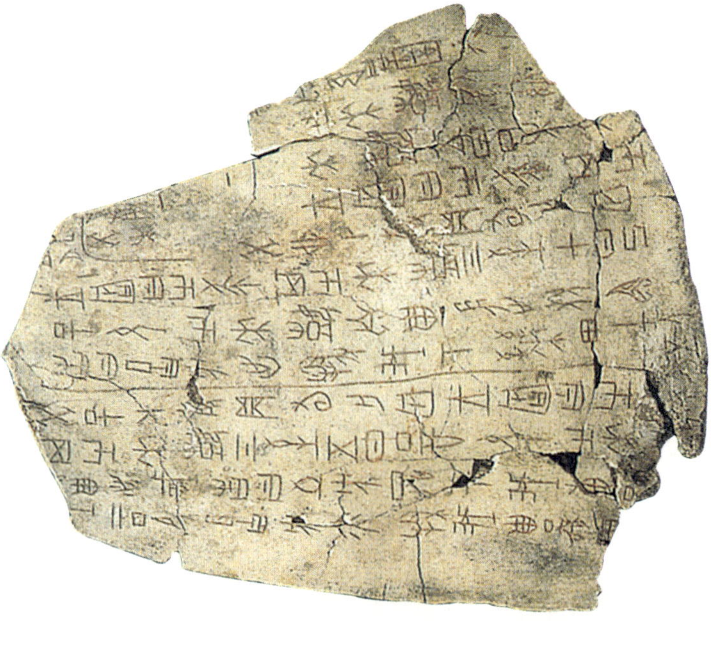

记载北方部族袭扰、王命诸侯、田猎和天象等内容的刻辞牛骨

争，给商朝普通人民和周边方国带来了严重的灾难。当然，这些征服行动在客观上也加强了商与周边方国经济、文化的交流，有利于较发达的商朝文明向较落后地区的传播。商王朝残暴的阶级压迫，特别集中地表现在当时的人殉与人祭制度上。在商朝遗址的考古发掘中，发现了大量的人殉和人祭实例。同时，我们也可以从大量卜辞中，接触到血淋淋的人祭记录。这充分暴露了商朝统治的残酷性，也完全表明人类文明的进步是何等艰难。

商朝末年，各种社会矛盾日益激化。后人形容为“如蜩如螗,如沸如羹”[1]。统治阶级在政治上昏庸残酷，在生活上穷奢极欲，在经济上横征暴敛，结果引起了广大被统治阶级的极大愤慨与坚决反抗:“小民方兴，相为敌雠。”[2]同时，统治者尔虞我诈、争权夺利的本性，也使其内部矛盾不可避免地日益尖锐。商朝最后一位国王帝辛（纣），是一位无恶不作的暴君。在他统治时期，社会危机达到了临界点而最终大爆发。崛起于西方的周族乘机发兵征讨，结束了商王朝的统治。

[1]《诗经·大雅·荡》。

[2]《尚书·微子》。

二、西周：郁郁乎文哉

1. 西周的兴起

西周（公元前1046—前771年）从武王伐纣建国，到周幽王亡国，共传11世12王。西周是中国古代社会发展史上的一个重要时期，是中华古典文明的全盛时期，它的物质文明和精神文明对后来历史的发展曾产生过广泛而深刻的影响。

西周世系

武王——成王——康王——昭王——穆王——共王——懿王——孝王（共王弟）——夷王（懿王子）——厉王——宣王——幽王

周族是活动于中国西部黄土高原上的一个古老部落，以重视原始农业生产而闻名。它的始祖是后稷，后来被奉为农神。从后稷开始，周人完成了从母系氏族社会向父系氏族社会的历史过渡。发展到公刘时，周族的文明程度又有了新的提高。公刘“彻田为粮”，建立宗庙，初步设立了亦兵亦农的武装。从此，周族进入了建立国家的历史阶段，史书上说“周道之兴自此始”。先周历史再一步演进，就到了古公亶父阶段。古公亶父为了避开戎狄的侵扰，率领部落全体成员离开豳地，迁徙到岐山之下的周原，在那里“复修后稷、公刘之业”，发展农业生产，建造都邑、宗庙和太社，设官分职，建立起强大的武装力量，揭开了周族历史新的一页。所以，《诗经·鲁颂·閟宫》这样歌颂古公亶父：“后稷之孙，实维大王。居岐之阳，实始翦商。”但这时周还是商王朝的诸侯属国之一，卜辞中常有“令周侯”的记录。双方关系起初还是比较融洽的。根据卜辞记载，周人曾向商王进贡龟甲、女子，受命从征服役，参与商王的田猎活动；而商王也任命季历等周族首领为西方的“方伯”来拱卫中原，并嫁女于周。

周族的迅速崛起，加剧了双方的矛盾，终于演成了商王文丁杀季历的事件。随着双方实力的消长转化，周族灭商的步骤也逐渐加快了。

季历死后，其子姬昌继位，这就是著名的周文王。他在位50年，任用姜尚等贤人，开展对外政治攻势和武力征伐，剪除商王朝的羽翼，“三分天下有其二”，完成了对商都的钳形战略包围，为日后武王的“翦商”事业做好了充分的准备。

先周的发展是一个漫长的历史过程。周族通过数代人的努力，创造了初步的农业文明。在和宗主国商王朝的交往过程中，它接受了商族先进文化的影响，对商王朝较高层次的文明产生了认同。这样就为周王朝建立后，古典文明的全面建设奠定了坚实的基础。

文王之子武王姬发继位时，商王朝正在纣的统治下，走向分崩离析的末路。纣王穷奢极欲，横征暴敛，激起了人民的极大不满。他用兵东夷，更严重损耗了自己的统治力量。武王把握住这一有利时机，率领戎车300乘，虎贲3000人，甲士45 000人，联合各路诸侯及庸、蜀、彭、濮等方国部落，挥师东进，大举伐商。武王在牧野一战中大败商军，随即攻入朝歌，灭亡了商王朝，在商朝文明的废墟上建立起强盛的西周王朝。

武王在灭商不久后即染病死去，其弟周公旦摄理政事，辅佐成王。这时，新建立的周王朝面临严重的困难：辅佐成王失去了政权的商朝贵族不甘心失败，时刻准备复辟；而周公摄政，又有悖于父死子继的王位世袭原则，引起周室统治集团内部的矛盾。

利簋及铭文

出土于陕西临潼，现藏中国国家博物馆。簋内铭文记载了甲子日清晨武王伐纣这一重大历史事件。

结果，殷商残余势力与周室内部的反叛力量勾结起来，他们的代表就是纣子武庚与“三监”管叔、蔡叔等人。他们联合淮夷、徐、奄、薄姑等邦国，起兵反周，一时之间，大有“黑云压城城欲摧”之势。周公面对复杂的局势，沉着运筹。他首先安定了统治集团内部，争取到召公奭等人的理解与支持，然后出兵东征，讨伐叛乱势力。经过几年的苦战，周公终于镇压了叛乱，并把周王朝的统治范围延伸到了黄河下游和东部沿海。周公在东征胜利后，又展开一系列重要的政治活动，以巩固新生王朝的统治秩序。他营建东都，以加强对东部地区的控制，消弭殷商的反抗势力；大规模地推行分封制，“封建亲戚，以藩屏周”；制礼作乐。如此种种，为整个西周王朝的发展开辟了广阔的道路。

经过武王、周公的苦心经营，周王朝的统治日益巩固，社会经济全面繁荣，文化迅速发展，出现了“成康之治”。《竹书纪年》说：“成、康之际，天下安宁，刑措四十余年不用。”这是对这一时期文明进步的具体概括。此后的昭王与穆王，大举出兵和巡游，耗费了国力，造成“王道微缺”“荒服者不至”的局面，西周古典文明的发展进程开始放缓。

懿王时，周朝内外矛盾交织，开始走上衰落的道路。首先是统治集团内部矛盾加剧，诸侯多不来朝，而且互相攻伐。夷王时，尊贵的周天子也不得不“下堂而见诸侯”[1]。其次是周王朝与周边民族矛盾激化，西北诸游牧部落对周室的攻势日益加强。厉王继位后，贪婪而残暴。他以“革典”为名，染指山林川泽，实行“专利”，侵害了贵族和国人的利益，使得错综复杂的社会矛盾进一步激化。当国人依据原始民主传统议论政治时，厉王却一意孤行，动用暴力加以残酷镇压。国人忍无可忍，终于掀起了声势浩大的武装起义，推翻了厉王的残暴统治。西周历史进入了

---

[1] 《礼记·郊特牲》。

“共和行政”时期。

从古代国家政体演进的规律看，与专制王权相对立的反映原始民主制的“共和行政”，只不过是国家政治文明进步上的一个过渡形式。14年之后，周宣王继位，贵族共和统治的短暂使命也就宣告结束。

周宣王继位后，改良政治，“任贤使能”，“法文、武、成、康之遗风”，使得“诸侯复宗周”，史称“宣王中兴”。[1]然而，这不过是西周古典文明的回光返照。宣王曾大举北伐猃狁，南征淮夷和荆楚，取得了不少军事上的胜利。但这种胜利是暂时的，到宣王晚年，周王朝军队在对诸戎作战中连连失败，国势日渐衰颓。频繁的战争，也激化了社会内部的矛盾，人民逃亡、土地荒废的现象日益严重，下层贵族的不满也越来越强烈，各地诸侯的离心倾向继续增长，“诸侯多畔王命”[2]。西周古典文明急速地走向衰落，新的文明因素正在慢慢地形成。

幽王继宣王之位，这时的西周社会已经失去了重新振兴的可能。当时天灾频仍，地震与旱灾纷至沓来，造成了可怕的饥馑，迫使人民四处流亡。同时，西北诸游牧部落的侵袭也更加频繁。幽王任用虢石父等奸佞之人，加重对人民的剥削，并且宠幸褒姒，随意破坏嫡长子王位继承制度，从而加深了统治集团的内部矛盾，终于自掘坟墓，迎来末日。在西方犬戎和申侯的联合进攻下，西周王朝顷刻崩溃了。但是，西周所代表的古典文明却没有因此而消失。在新的形势下，西周文明经过改造并补充了新的文明因素，在历史长河中继续发扬光大。

[1]《史记·周本纪》。

[2]《史记·鲁周公世家》。

2. 西周政治的基本特点

西周政治的基本特点主要有三个方面。

首先，原始民主制残余与王权专制主义的对立和交融。周族在取得中原统治权之前，称商王朝为“大邑”，自称为“小邦”，整体文明程度较低。灭商后建立起来的强大的周王朝，汲取了商的先进文化，使自己在文明演进史上发生了质的飞跃。然而它毕竟脱离原始的军事民主制社会不久，原始民主制残余势力必然在新的社会形态中保留下来，并发挥着作用，形成了原始民主制残余成分与王权专制冲突和调和的局面。这是西周政治生活中的一大特点，也是西周社会文明的重要特色。

西周时期政治的主要形态，仍然是王权专制。西周的王权专制，无论在规模上还是在性质上，都比商朝有了强化。在政治上，王是天下最高的领袖；在宗法生活中，王是天下的大宗；在军事上，王是天下军队的统帅；在经济上，就是“普天之下，莫非王土”。因此，在西周社会里，王权专制与原始民主制残余两者的关系中，前者是占主导的，后者则是从属的。

其次，西周社会的阶级结构较为复杂。西周社会等级森严，阶级对立严重。西周实行宗法制，并根据宗法制推行分封制，经过层层分封，形成了土地所有制的等级结构，产生了一个以天子为首的贵族土地所有者阶级。所以《左传·桓公二年》说：“天子建国，诸侯立家，卿置侧室，大夫有贰宗，士有隶子弟。”他们掌握着生产资料，拥有各种特权，通过各种渠道行使对广大劳动者的统治权力，这就是所谓的“公食贡，大夫食邑，士食田”[1]。他们构成了西周社会中的统治阶级，其中天子、诸侯为高级贵族；卿、大夫为中级贵族；士为下级贵族。与统治集团

---

[1] 《国语·晋语四》。

大盂鼎及铭文

出土于陕西岐山，现藏中国国家博物馆。鼎内铭文记载的是周康王在宗周对盂的一次册命，包括周康王向盂追述文王、武王的功绩，告诫盂要忠心辅佐王室，以及赐予盂器物与人口等信息。

相对立的被统治阶级，又分为两个部分，一是平民阶级，它包括庶人（野人）、工商两个等级；二是奴隶阶级，包括皂隶、牧圉等。皂隶又可细分为皂、舆、隶、僚、仆、台等。他们分别从事农业、手工业、商业生产及家内劳役。他们通常连同土地一起被统治阶级逐级赏赐给各级贵族。从曶鼎上记载的铭文看，在西周时期，已经出现了奴隶买卖。

在周朝，庶人、工商虽然属于被统治阶级，而且在周王分封时随同土地被封赐，但其政治上的身份，却是介于贵族与奴隶两大阶级之间的。庶人、工商不是奴隶，他们还有一定的人身自由，但他们也不是自由民，因为他们在政治上被剥夺了公权。如果将周朝的阶级关系同商朝的阶级关系进行对照，可以明显地看到周朝的阶级结构远比商朝要复杂，这表明社会文明的进化导致了阶级结构的多元化。

最后，神权政治色彩初步淡化。周朝统治者从商亡的教训中，得出了人事第一的基本观念，对鬼神不再像商人那样崇拜了。社会经济、政治的发展，为周人观念的初步转变提供了物质基础。于是周人的政治指导思想，就顺理成章地衍化为“敬德保民”了。这一点，是周人在政治文化观念上历史性的进步。

周朝统治者不可能一下子同鬼神观念作出根本的决裂，因为当时的物质文明尚未提供这样的可能。周朝统治者同样重视各类祭祀，举行多种宗教仪式，遇事也认真进行卜筮以预测吉凶，王侯的朝廷中更设有祝、宗、卜、史等专门的宗教职官。凡此种种，都说明当时社会文明还远远没有达到抑制宗教的阶段，这种神权政治既淡化又存在的现象，是周朝社会政治文明的一大特色。

概括而言，西周社会政治，是由四根支柱撑立而成的，即社会经济关系上的井田制，社会管理方式上的国野制，统治集团内部关系整饬上的宗法制，政治统治模式上的分封制。而起总摄协调作用的，就是由周公“制礼作乐”而形成的“礼乐文明”体制。

三、春秋战国：百王礼乐散寒烟

1. 春秋：礼乐征伐自诸侯出

春秋时期（公元前770—前476年）始于周平王东迁，得名于鲁史《春秋》，是中国历史上社会经济急剧变化、政治局面错综复杂、军事斗争层出不穷、学术文化异彩纷呈的一个变革时期，也是中华古典文明逐渐递嬗为中世纪文明的过渡时期。

在内乱和戎狄入侵的交织打击下，公元前770年，周平王被迫放弃镐京，倚仗晋、郑、秦等诸侯的力量迁都洛邑。从此王室开始衰落，周天子号令天下的时代一去不复返。诸侯争霸、大国兼并、大夫专权与华夷交融逐渐成为常态。

春秋时期的政治，可以公元前546年“向戌弭兵”一事划分为前后两个阶段。前一个阶段政治发展的主要内容，是王室衰微、大国争霸以及华夏与周边民族的冲突和融合。在后一个阶段，虽发生了吴、越北上争霸等事件，但“尊王攘夷”的旗帜已经黯淡，华夷交融基本完成。同时，中原大国争霸战争已进入尾声，诸雄兼并战争呼之欲出。各国内部的经济、政治变化剧烈，在政治格局上，先后出现卿大夫专权和“陪臣执国命”的现象。“学在官府”格局瓦解，学术文化重心下移，为战国时期更剧烈的时代变革创造了条件。

在春秋时期的第一个阶段，王畿的土地日益缩小，周室经济、政治实力一落千丈，过去那种以共主身份同各诸侯国之间建立起来的统一纽带逐渐瓦解。中原各诸侯国不再定期向天子述职和纳贡。周室由于贫弱，不得不放弃天子的尊严，向诸侯国“求赙”“求金”“求车”。这种局面反过来更增加了诸侯国对王室的蔑视。郑庄公首先向周室发难，与周王兵戎相见。在𦈡葛之战中，郑国军队竟大败王师，射伤王肩。后来的晋文公更是不把周天子放在眼里，在举行盟会时，像对待小国似的，将周王呼来唤去，周天子颜面尽失。但是，传统的宗法观念仍然深植人心。周天子毕竟还是名义上的天下共主，所以人们还需要利用这块招牌，为争霸提供条件。这就是争霸战争中诸侯们打出“尊王”旗号的缘由。

春秋前期政治生活的又一个特征，就是戎狄对诸夏的骚扰。当时的戎狄社会文明发展程度较低，他们对华夏的原始掠夺，威胁着诸夏人民的生活。所谓“南夷与北狄交，中国不绝若线”[1]，就是一个严峻的现实问题。所以大国争霸时，诸侯们就提出“攘夷”的口号，作为争霸的依据。春秋初期，郑庄公首先揭开了争霸战争的序幕。但是郑国毕竟国力弱小，郑庄公未能实现成为霸主的心愿。继郑庄公之后，齐桓公正式扮演了大国争霸中的主角。他任用管仲，整顿内政，发展经济，充实国力，尔后联合华夏诸国击退了戎狄，“救邢存卫”。他还出兵征伐楚国，挫败了楚国北进的图谋。之后，他又召开葵丘大会，确立了自己的霸主地位。

齐国失去霸主地位后，大国争霸的中心遂表现为晋楚两国的较量。晋楚争霸斗争绵延了100多年，其中经历了晋文公的图霸、楚庄王的北上争霸和晋悼公的复霸等几个重要阶段。与此同时，作为二等大国的齐、秦等国，也不甘寂寞，积极参与其中。

各大国在争霸的同时，积极对周边戎狄部落展开征服活动，凭着各自的实力，分别征服和吞并了许多异族小国。秦穆公“益

---

[1] 《公羊传·僖公四年》。

国十二，开地千里，遂霸西戎”，晋灭众多的赤狄、白狄部落，齐灭莱夷，楚并吞汉淮间的小国，都是显著的事例。同时，有些中原国家还与戎狄互通婚姻，促进了民族之间的交流和融合。

延绵不断的争霸斗争，严重消耗了各大国的实力，而社会经济、政治形势的新发展，又使各大国内部的各种矛盾日益尖锐起来，各大国都感到难以为继。各小国久苦于大国争霸战争带来的灾难，更希望有一个和平的喘息间歇。在这种情况下，弭兵之议随之而起。公元前546年，在宋国向戌的倡导下，14个诸侯国代表在宋国举行了一次弭兵盟会，各小国承认晋、楚为共同霸主，基本结束了晋、楚两国军事抗衡的局面。大国争霸从此接近尾声。日后，虽然还出现过吴、越争霸的情况，但大国争霸不再在春秋政治格局中占据主导地位。

在春秋时期，大国争霸除给人民带来灾难之外，也有一定的历史进步作用。第一，它对于打破血缘纽带、结束贵族分封制和开始准备中央集权制，有积极的影响。许多小国被大国吞并，使贵族分封制旧秩序被打乱了。大国取得土地后，不再分封，而是推行郡县制。郡县制下的土地和人民，直接隶属于国君，这为以后中央集权的确立开辟了道路。第二，当时的霸政或多或少有利于社会经济的继续发展。在霸主的领导下，社会秩序可以得到勉强的维持，工商各业得以在旧有的基础上向前发展。第三，“攘夷”战争对于抵御戎狄对诸夏的侵扰，保存中原地区的文化，促进华夏与周边民族的融合，都有积极的作用。从中华文明发展历史来看，大国争霸战争有一定的历史必然性与合理性。

在春秋时期的第二个阶段，社会政治生活的主要表现形式，是诸侯国中卿大夫强宗的崛起与国君公室的衰微。当时的各国诸侯，均被连绵不断的兼并、争霸战争拖得筋疲力尽。这样就给各国内部的卿大夫提供了绝好的机会。他们借机榨取民众的剩余劳动来积累财富，并以“损公室、利民众”的方式收买人心。这种情况长期延续，使得一部分卿大夫逐渐强大起来。西周时期“礼乐征伐自天子出”的政治格局，在春秋前期一变为“礼乐征伐自诸侯出”，这时再变为“自大夫出”乃至“陪臣执国命”了。

强大起来的卿大夫之间，也不可避免地互相兼并，进行激烈斗争。在晋国，首先，十多个卿大夫宗族的财富和势力一天天扩大，而其互相兼并的结果，是只剩下了韩、魏、赵、范、智、中行六大宗族，是为“六卿”。这时，晋君的权力已被剥夺，国内政治全由六卿主持。尔后，六卿之间又开始火并，剩下韩、赵、魏、智四家。“四卿”也不能相安，经晋阳之战，智伯覆灭，最后只剩下了韩、赵、魏三家。这三家分割了晋国，完成了从卿大夫专权到自立为君的历史过程。

齐国新兴贵族田氏，一方面笼络人心，侵蚀瓦解国君的权力，另一方面抑制和打击高、国、栾、鲍等旧族。经过多年的经营，田氏终于夺取了齐国的政权，这一进程虽然完成于战国期间，但它的基础则是在春秋后期牢固地打下的。

再如鲁国。春秋中期后，鲁君的实权就落到卿大夫“三桓”的手中。“三桓”先后三分公室、四分公室，把公室的军赋抢了个干净。历代鲁君虽然都设法与“三桓”抗衡，但总是以失败告终。更有甚者，“三桓”之间的内讧，竟使得卿大夫的权力也开始旁落，一度出现阳虎等“陪臣执国命”的局面。

春秋后期，卿大夫专权以致夺取政权后，为了巩固自己的胜利成果，不再沿袭旧的统治模式，而是选择创造新的统治方式。这样客观上就使得国家政治权力逐渐由分散趋于集中，血缘关系的纽带进一步松弛，从而为战国社会政治新局面的到来准备了条件。从这层意义上看，春秋后期卿大夫专权的政治格局，乃是中华文明发展史上的一个必经阶段。

曾侯乙编钟

出土于湖北随州曾侯乙墓，现藏湖北省博物馆。

2. 战国：变法进行时

战国时代（公元前475—前221年）是中国古代历史上的社会剧变时期，是古典社会形态向中世纪社会形态转变的阶段，是中华文明发展史上的辉煌一页。

春秋后期卿大夫专权局面的发展，导致卿大夫最后顺理成章地夺取了诸侯国的统治权。在新的社会经济条件的制约下，各国在全面总结了以往的政治统治经验教训后，必须对国家政治的总体发展方向作出根本性的抉择。于是，变法问题就首先摆到各国统治者的议事日程上来了，它构成了战国前中期政治生活中的主要内容。

战国时期的变法运动首先发生在魏国。魏文侯即位后，任命李悝为相，主持变法。李悝变法的内容，今所知道的有三项："尽地力之教"，即发展农业生产，以巩固新政权的经济基础；推行平籴法，以稳定小农经济，从而富国强兵；制定《法经》，以加强国家机器的专政职能。通过这次变法，魏国在战国诸雄中率先强盛起来。继魏国后进行变法的是赵国。赵国变法的特点是儒法并用，初步巩固了赵国的新生政权。

楚悼王起用吴起，在楚国实行变法。吴起变法的原则是"损其有余而继其不足"，他主张对封君的子孙"三世而收爵禄"，淘汰"不急之官"，供养"选练之士"，并建议迁"贵人往实广虚之地"。同时，吴起还积极整顿吏治，"塞私门之请"。吴起的变法，取得了一定的成效，使楚国在兼并战争中连连获胜。遗憾的是，吴起变法持续的时间不长。楚悼王刚死去，旧贵族就乘机反扑，吴起被杀，变法运动中止。

韩昭侯起用申不害在韩国实行变法。申不害变法的重点落在讲求君主统治之"术"上，却并不重视从经济制度、政治制度等方面推行变法措施，因而效果并不明显。所以，在战国七雄中韩国一直较为弱小。

在齐国，齐威王起用邹忌进行政治改革，主要措施是广开言路，选拔人才，清除不称职的官吏，奖赏有功之臣。这样就使齐国的政治面貌发生了积极的变化，为齐国的强盛提供了政治上的保证。

秦国的商鞅变法，是战国各国变法中最为全面、彻底的。商鞅的变法，前后有两次。主要内容是：颁布法律，制定连坐法，厉行赏罚；奖励军功，禁止私斗，实行军功等爵制度；重农抑商，奖励耕织；焚烧儒学经典，推行文化专制；废除井田，“开阡陌封疆”；普遍推行县制；迁都咸阳；统一度量衡；按户按人口征收军赋；革除残留的戎狄风俗。商鞅的变法，措施全面，历时较久。商鞅本人还有理论上的论证，今存《商君书》就有这方面的记载。因此，商鞅变法效果很好。商鞅本人被杀后，他所制定的变法措施仍然保留了下来，使得原先较落后的秦国，很快成为富强的国家，奠定了此后秦统一六国的基础。

由此可见，变法改革已成为战国时期各国政治生活中的共同趋势和头等大事，各国都希望通过变法改革，来适应当时社会发展的要求，寻求富国强兵的道路。各国的变法，虽然在方式、程度、成效等方面各有差异，但精神实质是一致的。这就是要比较彻底地摈弃原始民主制的残余，进一步调整国家政治的格局，强化国家机器的专政职能，为社会经济、政治、文化的全面创新与发展提供强有力的保证。这是中华文明演进历程中具有重大意义和深远影响的事件，是历史发展的辩证法最富说服力的具体表现。战国七雄中，哪一国变法更为主动和彻底，措施更为有力，哪一国的政治、经济、军事实力就更能迅速增强，在当时军事兼并战争中就更能占有主动的地位，就能更好地完成古典文明向中世纪文明的历史性转变。秦、楚两国起点不同，楚强于秦，然而就因为楚国的变法是浅尝辄止，秦国的变法则是全面深刻，结果

商鞅方升及铭文

现藏上海博物馆。据铭文记载，商鞅方升是秦孝公十八年商鞅任大良造时督造的标准量器，是商鞅变法的重要物证。

造成两国地位的互换。这就是对战国变法在文明演进史上所起作用的最好注解。

但是，战国变法毕竟是剥削制度条件下的政治机制更新现象，是建立在对广大被统治者进行更残暴的专制压迫的基础之上的。变法后所确立的社会政治和经济的运行机制，长时期内都发生着作用。随着社会继续发展，它的消极面日趋突出，渐渐成为中华文明发展进步的障碍。同时，当时的变法也并未与旧的制度、文化、习俗彻底划清界限。比较彻底者如商鞅变法，也是如此。如它规定按爵位等级占用田宅和奴隶，这就是公开承认占有奴隶的合法性，从而将新旧政治密切地衔接了起来。

如果说，变法改革是战国前中期社会政治生活中的主旋律，那么，战国中后期政治生活中的大事就是七强纷争抗衡，兼并无已，最后走向统一。变法使各诸侯国在不同程度上弃旧图新，内政修明，国力充实，军力增长。出于剥削阶级贪婪本性和发展社会经济的需要，各国的统治者，必然要把政治上的注意力集中到对外扩张、掠取财富、最终统一天下这方面来。战争作为流血的政治，就不可避免地空前激烈起来，构成战国中后期政治生活中的主要内容。兼并战争的最终结果，就是政治格局由分裂割据走向统一，在各国君主专制的基础上，诞生了全国统一的、中央集权的、君主专制的王朝——秦。中华文明呈现出全新的面貌。

在战国中后期，频繁的战争使这一时期的历史充满刀光剑影。在这里，我们能看到一些有关战争的特殊现象。为了赢得战争，各国积极展开争取别国的外交活动，于是就有了“合纵连横”运动。为了赢得战争，就要争取政治上的优势地位，于是就有了齐、魏“会徐州相王”和齐、秦联合称帝之举。为了赢得战争，就要消灭敌人的有生力量，从根本上摧毁敌人赖以进行战争的实力，于是就发生了秦伊阙之战斩首24万、秦长平之战坑赵降卒40余万这样惨绝人寰的悲剧。为了赢得战争，就要增强自己的军事实力，于是就有了赵武灵王“胡服骑射”的改革和秦国奖励耕战的政策。为了赢得战争，就要整顿吏治，选贤任能，于是就有了士阶层的崛起和“布衣将相”的活跃。为了赢得战争，就要研究如何设计政治，于是就有了各种政治理论的流行和“百家争鸣”的生动局面。战争，由此成为当时社会政治、时代文明的焦点和枢机。战争，这一破坏文明的消极因素，它既滋生于文明的土壤上，又产生出一些文明的因素。

在七强争雄的过程中，处于西边的秦国由于变法彻底，切实推行法家政策，终于分别击破和灭亡了关东六国，于公元前221年统一了天下。

3. 寓变于乱的政治新格局

在这一时期，阶级关系处于急剧变化中。春秋前期，“国”与“野”的对立情况，基本上与西周时期相同。当时政治上的结构，仍主要表现为贵族阶级、平民阶级与奴隶阶级的对立和联系。统治阶级的基本成员是王国贵族（周王室的宗族）、诸侯、卿大夫、士，他们继续用宗法形式沟通和调整相互之间的关系，实施对被统治阶级的剥削和压迫。被统治阶级的基本成员为自由民（他们原是贵族中的旁系子孙，因宗法制“五世亲尽”的淘汰法则而下降为普通百姓）、庶人（野人）、工商、奴隶等，他们接受贵族阶级的统治，在不同的领域里创造物质财富。这就是所谓的“庶人食力、工商食官、皂隶食职”[1]，“庶人工商，各守其业，以共其上”[2]。他们没有随便变换身份的自由，《左传·襄公九年》指出：“其庶人力于农穑，商工皂隶不知迁业。”

---

[1] 《国语·晋语四》。

[2] 《国语·周语上》。

但是，到了春秋后期，随着社会生产力的发展，旧有的宗法世族统治开始动摇。平民、奴隶的反抗斗争，也使西周以来的“国”“野”对立制度及其经济基础井田制逐步走向瓦解，阶级关系也随之发生较大的调整。许多贵族在政治斗争失败后沦为普通人，如晋国大族范氏、中行氏失败后，族人逃到齐国去务农。而一些过去经济、政治地位低下的人，由于军功等原因恢复人身自由，甚至挤入上层社会。《左传·哀公二年》所载的赵简子誓言“克敌者……庶人工商遂，人臣隶圉免”，就反映了这种趋势。是时，由于井田制遭到破坏，土地开垦增多，隶农、小农等社会新阶层也开始出现了。当时鲁国有一位叫吴虑的人，他“冬陶夏耕，自比于舜”。这种现象在春秋前期是不大可能出现的。由于小农经济的萌芽和逐步发展，“五口之家”或“八口之家”的小农，到战国初期就普遍存在了。

进入战国时代之后，阶级关系更以一日千里之势向前发展。此时，西周以来的井田制基本瓦解，各个阶级、阶层都在社会变化新形势下重新组合，阶级矛盾主要转化为地主阶级与广大农民阶级的对立。地主阶级的主体是从旧贵族阵营中分化出来的贵族成员，同时包括耕战政策造就的军功地主及部分平民因开垦土地而上升成为的普通地主。与此相对立的是广大农民阶级。农民阶级中，国家的依附农民占主体，同时还有相当数量的自耕农和依附于地主的庶子、佃农和雇农。当时还有数目可观的官、私奴隶，他们处于被统治阶级中的最底层，但他们的劳动在社会经济活动中并不占有重要地位。战国时期工商业发达，大的工商业主如白圭、吕不韦等，是统治阶级中的重要成员。

春秋战国时期阶级关系的剧烈变化和统治方式的重大调整，打破了生产力发展的桎梏，调动了广大生产者创造物质财富的积极性。这是社会文明进步带来的新气象，同时它也将社会文明推到了更高层次。

这一时期士阶层的性质也有了变化。在西周和春秋时期，士作为一个社会阶层，是受宗法制支配的。当时的士皆为武士，同时士能进仕，享有受教育的权利，也能受封得到土地。但是，由于士处于贵族阶级中的最底层，也就相对更容易受到社会变化的影响。他们的身份变化无常，他们的观念转变也较快。到了春秋后期，随着社会各个领域的深层变革，士阶层的成分、地位和作用都发生了很大的变化。首先，除了原先存在的一批士外，还出现了一批新的士，他们不受宗法支配，与君主卿相建立了一种“策名委质”的新的隶属关系，为后来社会的君臣关系开了先河。其次，由于私学的兴起，从士队伍中分化出来一批文士，为战国时期君主专制制度的形成扮演理论论证者的角色。最后，士的地位提高，变为士大夫阶层，从而形成了中国历史上第一批封建官僚集团。“布衣卿相”在战国时期的出现，使得君主专制中央集权的国家政体，有了人员组织上的充分保证。这样，旧的以宗法血缘为基础的贵族王权联合专制制度失去了继续存在的组织基础。所以说，士阶层性质在春秋战国时期的变化，以及士阶层在当时历史舞台上所扮演的角色，是中华文明发展史上的一个重要内容。

四、政治思想的发展

1. 夏、商、西周时期的政治思想

夏朝萌芽状态中的政治思想，主要表现为以下两点。第一，初步的“德治”和宽刑思想。《左传·文公七年》引《夏书》说：“戒之用休，董之用威。”即在国家治理上，要文治与刑罚并用。《左传·襄公二十六年》引《夏书》说：“与其杀不辜，宁失不经。”这表明夏朝统治者主张从宽处刑。第二，在治国问题上已有了防微杜渐、防患于未然的认识。《左传·成公十六年》引《夏书》语“怨岂在明，不见是图”，就是这层意思。

商朝统治者“尚鬼”“尊神”。兼有祖宗神和天神身份的“上帝”，主宰着商人的意识。他们以“卜”来取得“上帝”的指示，从而决定各种大事的进行与否；他们又以“祭”来祈求“上帝”的保佑。可以说，商朝的社会政治生活是在浓厚的神权观念笼罩下开展的。因此，商朝的政治思想就只能以神权观念的形式表现出来。商人所奉行的最高政治原则，就是依据“上帝”、鬼神的意志来治理国家。然而，神权终究是一种“设教”，商朝统治者也初步提出了一些基本的政治主张。

第一，用重刑治国。盘庚就主张对那些“不吉不迪，颠越不恭，暂遇奸宄”的人施行“劓殄”等刑罚[1]。

第二，强调国王在处理国家事务中的主导地位。在卜辞中，

[1] 《尚书·盘庚中》。

商王自称“余一人”或“一人”，与文献中称“予一人”匹配。这表明商王已初步认识到在国家政治生活中树立权威的重要性。

“大邦”商在“小邦”周的打击下，顷刻土崩瓦解，“天命”“神意”都没有起什么作用。商的灭亡，是内政不修所致。这一客观事实，使得周王朝的统治者不能不把眼光慢慢从天上移到天下，更多地关注现实政治问题。这样一来，周人的思想意识就出现了显著变化，形成了某些比较实在的政治思想。但由于周人的经济、文化均很落后，又受商人神权政治的长期影响，所以他们也未能真正摆脱神权政治的制约，其政治思想中依然保留着浓厚的神权天命色彩。

周人的政治思想具有“尊天命”与“重人事”的调和性质。西周统治者认为政治生活中必须尊重“天命”，祈求“上天”的保佑。同时他们也认识到上天的保佑是有条件的，这个条件便是“德”，即“祈天永命”的前提是“惟王其当疾行敬德，王其德之用”[1]，所以就需要“以德配天”。周人政治思想中含有“重民”因素，这在典籍中也有所反映，如《尚书·酒诰》中说：“人无于水监，当于民监。”又如《左传·襄公三十一年》引《大誓》说：“民之所欲，天必从之。”

周朝统治者在尊天的同时，又与“天”拉开一定的距离；在实施阶级统治的同时，又开始考虑“民心”的向背。这无疑是思想观念上的一个飞跃。那么如何把“以德配天”的原则衍化为切实可行的政治措施？为了解决这个问题，周人进一步推出他们具体的政治纲领，这就是“明德”“慎罚”和“保民”思想。“明德”也叫“敬德”，这在《尚书》和金文中比较常见。“明德”的基本含义是提倡教化，“邦君、御事、小子，尚克用文

[1] 《尚书·召诰》。

王教”[1]；强调孝友，“永言孝思，孝思维则”[2]；慎刑慎罚，坚持“义刑义杀”[3]；反对贪图安逸享受，“无康好逸豫，乃其乂民”[4]；反对酗酒，主张“保民”，“若保赤子，惟民其康乂”[5]。周初的统治者已清醒地认识到了这一点：如果想要保住周人的王位和政权，就必须真正落实“敬德慎罚”“敬德保民”的措施。

2. 春秋时期的新思潮

（1）重民轻神思想的勃兴

西周末年，怨天疑天思潮的兴起，为春秋时期重民轻天、重民疑神思想的勃兴，奠定了基础。这一时期的进步思想家，首先摆正了“民”与“神”两者关系的位置。当时有见识的政治家，认为民神关系中，民是主，神是次；民为本，神为末。因此，在社会政治生活中，应当以民为先，而不可根据神意行动。《左传·桓公六年》中说：“夫民，神之主也。是以圣王先成民而后致力于神。”《左传·庄公三十二年》中说：“国将兴，听于民；将亡，听于神。”这无疑是一个明显的进步。“天”“神”的主宰地位基本上被否定了，“重民”被放到了首要的位置。

春秋时期进步思想家的第二步工作，是从天道观上初步提出了“天人相分”的思想，从而为重民轻天、重民疑神的观念提供了理论依据。这方面的代表人物是周内史叔兴和郑国的子产。他们旗帜鲜明地提出了“吉凶由人”“天道远，人道迩，非所及

---

[1]《尚书·酒诰》。

[2]《诗经·大雅·下武》。

[3]《尚书·康诰》。

[4]《尚书·康诰》。

[5]《尚书·康诰》。

也”[1]的进步观点。

春秋时期重民轻天思潮的勃兴，表面上看，似乎是个天道观的问题，但实际上却是一个实实在在的政治理论问题。否定了“天神”的意志和力量，势必得出重人事、重现实政治的结论。既然如此，就必须加强对治国治民理论的探讨，这自然而然地推动了政治思想的进一步成熟和繁荣。

（2）孔子“仁”“礼”并重的政治思想

“仁”与“礼”，是孔子政治思想的两个最基本内容。“礼”是孔子对西周以来固有的礼乐文明的接受和改造，“仁”是孔子根据当时的现实情况所提出的新思想。在孔子的政治思想中，“礼”是外壳，而“仁”是实质。孔子的最高政治理想是“道之以德，齐之以礼”，这里的“德”，就是“仁”。可见孔子是“仁”“礼”并重的。孔子强调以“礼”来规范人们的活动，主张恢复周礼：“郁郁乎文哉，吾从周。”[2]他肯定上下尊卑关系的合理性，要求贯彻“君君、臣臣、父父、子子”[3]的伦理关系。为此他提出了“正名”的理论，反对犯上作乱。他认为正常的政治秩序应该是“礼乐征伐自天子出”[4]，对当时社会上“礼崩乐坏”的局面，他感到痛心疾首。总而言之，孔子追求的是一个纲常有序、统治者与被统治者关系融洽的社会。

孔子认为，要真正恢复礼乐精神，就必须改造重建礼乐文明。他指出，只有在礼乐的躯壳里注入全新的生命，才可能将礼乐保存下来。在孔子看来，这全新的生命就是“仁”：“人而不仁，如礼何？人而不仁，如乐何？”[5]这样一来，“礼”的精神实

[1]《左传·昭公十八年》。

[2]《论语·八佾》。

[3]《论语·颜渊》。

[4]《论语·季氏》。

[5]《论语·八佾》。

质就发生了根本性的转变，成为反映新的社会现实的政治观念了。因为“仁”的主要意义就是“爱人”，要做到“己欲立而立人，己欲达而达人”[1]，做到“己所不欲，勿施于人”[2]。所以，“仁”为内容，“礼”为外表。这是“仁政”思想的先导。

孔子的出现和孔子政治思想的提出，是中华文化发展史上一个重要的里程碑。孔子是中国历史上第一个打破“学在官府”局面，并系统提出一整套政治理论的教育家和思想家。他的“仁”“礼”并重的政治思想，对中国古代政治思想的发展，具有极其深远的影响。直到今天，孔子的政治思想仍然对世界文化的走向发挥着不可忽视的作用。

（3）墨子的社会政治思想

墨子的政治思想是其整个学说体系的主干。墨子的最高政治追求是“兼相爱，交相利”。他认为，一切政治制度适当与否，关键就在于它是否让人民获得实际利益。这一点，《墨子·非命上》中说得清清楚楚：“废以为刑政，观其中国家百姓人民之利。”墨子以此为基本原则，建立了一整套逻辑严谨、层次分明的政治思想学说。在他看来，当时社会上最不利于国家和人民的是战争，因此他提倡“兼爱”“非攻”。他还主张“节用”“节葬”“非乐”。但他也知道，王公大人们并不会轻易认同他的这些主张。为了增强自己学说的说服力，给那些王公大人以震动，他就宣扬“非命”“天志”和“明鬼”，拿老天爷去压服那些人间的统治者。

为了保证利国利民的政治措施得以实现，达到天下大治的目的，墨子主张“尚贤”“尚同”。他觉得过去的贵族世卿世禄制已经行不通了，应该完全以贤能为标准进行人才选拔。即使是那

[1] 《论语·雍也》。
[2] 《论语·颜渊》。

些农夫工匠，只要有才能，也可以选举出来当政：“虽在农与工肆之人，有能则举之。高予之爵，重予之禄，任之以事，断予之令。”[1]在墨子看来，只要自上而下都是以义为利的贤人，就可以“尚同”了。

墨子的政治思想，具有一定的人民性。但他乞灵于“天志”“鬼神”，并过分强调“非乐”“节用”，这就不免陷入空想、落后的泥潭。这正是小生产者保守性、软弱性特征在政治思想方面的表现。

（4）老子以“愚民”为宗旨的政治思想

老子政治思想的中心纲领，是“愚民”以便于统治者的统治。《老子》一书中说：“古之善为道者，非以明民，将以愚之。民之难治，以其智多。”这段话实际上是老子政治思想的核心内容。在老子看来，要使“愚民”政策收到效果，就必须采取以退为进的阴柔手段，即“以其不争，故天下莫能与之争”。为此，他提倡无为之治：“圣人处无为之事，行不言之教。”无为之治的美妙境界就是“其政闷闷，其民淳淳”。老子断定，只要将这种阴柔手段贯彻下去，最后就一定可以达到“愚民”政治的最高理想：“实其腹，虚其心”，“小国寡民，使有什伯之器而不用……使民复结绳而用之”，“民至老死不相往来”。

3. 战国：道术将为天下裂

战国时期，礼乐文明的体系进一步崩坏。与之相应的，是思想上、学术上的束缚也进一步解除，“学在官府”的局面被彻底打破，沦落到民间的掌握文化的王官越来越多，士的数量激增。自孔子始，开私家讲学之风，这进一步促进了士阶层的壮大。礼

---

[1] 《墨子·尚贤上》。

崩乐坏带来新的社会政治问题，引发了士的思考。他们从不同的角度为这个无序的社会开出药方，形成了不同的学术流派，主要有儒、道、墨、法等家，还有“拿不上台面”的纵横家和成为绝学的名家。《庄子·天下》称这一局面为“道术将为天下裂”。这一时期，政治思想有了很大的发展。这是中国学术思想史上的黄金时代。

（1）孟子的“仁政”思想

以“仁政”为主体的政治思想，是孟子学说的核心。《孟子》一书开宗明义就提倡仁义：“王何必曰利，亦有仁义而已矣。”[1]仁义作为孟子全部学说的出发点，落实到具体政治上便是“仁政”。

孟子“仁政”思想的核心是要求统治者节制剥削，稳定社会秩序，使人民生活安定，即《孟子·滕文公上》所说的“贤君必恭俭礼下，取于民有制”。他主张在经济上，要使人民衣食有基本保障；在政治上，要设立学校，实行以孝悌为主的教化。政治、经济齐头并进，才能达到“王天下”“定于一”的目的。

孟子指出，实现“仁政”的途径，一是“正经界”，所谓“夫仁政，必自经界始”[2]；二是“尊贤使能，俊杰在位”[3]，同时做到“仕者世禄”；三是轻徭薄赋，“有布缕之征，粟米之征，力役之征，君子用其一，缓其二”[4]。

孟子从哲学思想、历史经验以及现实需要等方面，论证了“仁政”理论的可行性和必要性。他认为“仁政”之所以能实行，是因为人性本善，人皆有“不忍人之心”，推广到政治上，就是“不忍人之政”——“仁政”。孟子还寻找历史依据，来证明自

[1]《孟子·梁惠王上》。

[2]《孟子·滕文公上》。

[3]《孟子·公孙丑上》。

[4]《孟子·尽心下》。

己的观点。他指出，尧舜曾因行“仁政”而获民心，故得天下，当今老百姓历经战乱盘剥之苦，对“仁政”的渴望，有如“大旱之望云霓”；对士大夫而言，“仁政”的实行能使“贤者在位，能者在职”，让他们的理想变为现实，所以他们会拥护“仁政”；而对诸侯国的国君们来说，“仁政”可以帮助他们实现天下“定于一”的追求，所以他们自然也会欢迎“仁政”。这样，孟子就完成了对自己“仁政”学说的逻辑论证。

孟子“仁政”学说的提出，是时代的产物。但是，孟子看不到为历史发展付出代价的必要性和必然性，而想通过业已瓦解的“井田”“世禄”制度来拯救社会。这样，他就走到自己良好初衷的反面了。

（2）荀子以“崇礼”为特征的政治思想

荀子的政治思想非常丰富，其中心内容是崇尚礼义，鼓吹集权。荀子根据孔子礼乐思想的逻辑轨迹，系统地提出了一整套适应当时形势的礼乐理论，从而极大地丰富了儒学的内涵，并为儒学与法家理论的部分融合创造了契机。

荀子认为，“礼”是统帅天上地下一切活动的纲纪。《荀子·礼论》所说“故礼上事天，下事地，尊先祖而隆君师”，就是这层意思。这样，“礼”就被抬到了至高无上的地位。荀子进而指出，“礼”的意义在于“分”，也就是说，“礼”是直接服务于统治阶级的，是稳定和巩固专制统治秩序的基本手段。《荀子·富国》提出：“礼者，贵贱有等，长幼有差，贫富轻重皆有称者也。”这一礼治的基本精神，贯穿了荀子的整个政治思想体系。

荀子对“礼”的学说进行了两个重大的革新。第一，他将“礼”与“法”进行了联结与沟通。他把“礼”“法”两者的关系，解释为纲领与条目的关系，即“礼者，法之大分，类之纲纪也”[1]。

---

[1]《荀子·劝学》。

荀子像（清殿藏本）

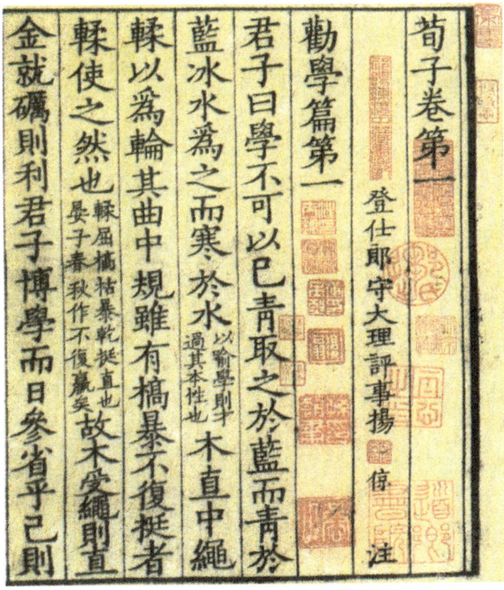

荀子卷第一
登仕郎守大理評事楊倞注
勸學篇第一
君子曰學不可以已青取之於藍而青於
藍冰水爲之而寒於水（以喻學則才過其本性也）木直中繩
輮以爲輪其曲中規雖有槁暴不復挺者
輮使之然也（輮屈槁枯暴乾挺直也晏子春秋作不復贏矣）故木受繩則直
金就礪則利君子博學而日參省乎己則

《荀子》书影

宋刻元明递修本，现藏中国国家图书馆。

第二，他把“礼”视作鼓励新兴势力上升和催促陈旧势力没落的调节器。他明确宣布，王公贵族的子孙，若不合乎改造后的“礼”的标准，则降为平民；反之，平民的子孙若能合乎新“礼”的标准，则可上升为统治者。这样一来，新兴统治者就可以顺理成章地把产生于古典文明中的“礼”，拿过来在新兴社会中使用了。

在荀子看来，“礼”的原则，是要通过具体的“法”来落实的。所以他也重视“法”，《荀子·君道》就讲：“法者，治之端也。”而“礼”和“法”要在治理国家中发挥作用，其关键在于君主本人。所以荀子鼓吹专制，主张加强集权。“君子者，法之原也”，“君者，民之原也”，讲的都是这个意思。

荀子以“崇礼”为特征的政治思想，是儒学自我改造以适应新形势的历史产物。它沟通了儒、法两大学派的联系，为后来的社会政治创造了思想基础。

（3）韩非子集法、术、势为一体的政治思想

战国前期所谓的法家，大致可以分为三派：一派重术，即提倡国君用权术控制臣下，以申不害为代表；一派重势，即主张国君手中拥有无限的威权，以慎到为代表；一派重法，主张以严刑厚赏来推行法令，以商鞅为代表。韩非子集三派之大成，并充分汲取儒学“纲常名理”原则和道家“君主南面之术”等因素，系统、完备地提出了一整套法家政治理论，为专制主义中央集权统治的建立和运行，奠定了坚实的理论基础。

韩非子认为，历史是在不断发展变化的，一个时代应当有一个时代的制度。他认为法治是当时唯一可以选择的统治模式，应当通过变法来创造一个理想的社会。这是他提出法、术、势理论的基本前提。

韩非子所说的法，是概括，是模型，是“必然之道”，要求人们绝对遵守。法既然是“必然之道”，就必须公布出来告知天

下。《韩非子·难三》说："明主言法，则境内卑贱莫不闻知也。"为了保证法令的实施，韩非子主张用严刑，使人们不敢随便触犯法令。《韩非子·六反》中即提出："上设重刑者而奸尽止。"

韩非子认为只有法还不行，必须有相辅的手段——术。术是君主运用法令的手段。术的基本精神是"事在四方，要在中央"[1]，即统筹全局、提纲挈领的统治艺术。其实现途径，既在于"因物以治物"，即因名责实（也叫"循名以责实"），也在于"因人以知人"。韩非子反对儒家所提倡的贤人政治，而是主张"中人"政治。因名责实与"中人"政治两者结合，就是韩非子津津乐道的"君人南面之术"。

韩非子认为要治理好国家，除法、术之外，还必须凭借一种威势。《韩非子·人主》说："万乘之主，千乘之君，所以制天下而征诸侯者，以其威势也。"可见，拥有强大的权势，对于加强中央集权，具有重要意义。韩非子把君主的"势重"比作渊，指出臣下应像鱼一样在渊的范围内游动，不能摆脱渊的束缚。君主要想做到这一点，就要牢牢掌握赏罚两柄，控制天下。

韩非子法、术、势融为一体的政治思想的根本目的，在于完全抑制除君主外一切人的自由："禁奸之法，太上禁其心，其次禁其言，其次禁其事。"[2]如此，就能最终实现他所谓"无书简之文，以法为教；无先王之语，以吏为师"的"明主之国"。

[1]《韩非子·扬权》。

[2]《韩非子·说疑》。

第二章 礼乐文明的兴衰与军事变革

军事变革与文明兴衰密切相关，它既是历史发展的自然结果，也是推动历史前进的强大动力。

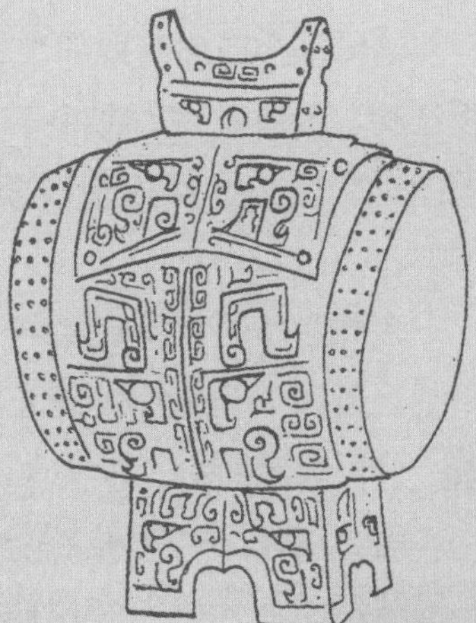

一、周朝军队的变迁

1. 军礼时代的西周军事

西周时期是中国古典封建文明臻于成熟的重要历史阶段。以周公“制礼作乐”为标志，古代中国宗法制基础上封邦立国的政治体制已全面巩固，礼治思想已渗入一切领域，礼乐文明臻于极致。这种成熟，是以渗透礼乐精神的制度建设表现出来的：以井田制确立基本生产资料的分配，以国野制规范社会管理与控制的方式，以宗法制协调统治集团内部的关系，以分封制建构逐级统治的秩序。

与此相应，该时期的军事也以礼治为特色。分封制下的政治法则与道德观念渗入军事领域，一切军事活动均以“军礼”为纲领，所谓“以礼为固，以仁为胜”，具有极强的礼治规范性。这种礼治特征在西周时期的军事领导体制、军队管理系统、武装力量结构、兵种构成与编制、军事教育与训练等方面都有全方位的体现，而当时的战争指导，更是集中反映了崇尚“军礼”的特质。

西周时期的军事制度，从统御体制上来看，是贵族的逐级分权制。所谓“礼乐征伐自天子出”，通常由王室通过诸侯、卿大夫“分民裂土而治”来实现。

周王室直接控制两支战略机动作战部队，即以宗周丰镐为中心部署的“西六师”和以成周洛邑为中心部署的“成周八师”。由于成周一带原为殷商故地，所以“成周八师”又被称为“殷八

西周时期玉虎纹瑗及一面拓片

师”。通过对文献的考索，我们可以发现一个比较有趣的现象：在金文中，“成周八师”的活动踪迹频繁；而在传世文献中，“西六师”明显更为活跃，所谓“六师于迈”之类的记载比比皆是。为何出现这种差异？对此，我们可以作一个大胆的推断：周公主政时，更多动用“成周八师”承担征伐重任。这一时期铸就的青铜礼器上的铭文，大多反映“成周八师”的活动，也就合乎情理。而《诗经》等传世文献，是经春秋以降人们重新整理编排的，整理者为了强调礼乐秩序，强化王权的主导地位，就很自然地将重点放在表彰由周王直接掌控的“西六师”的勋业上。这样，就造成了两者之间关注点、侧重点有微妙差异的局面。与王室组建中央战略部队相对应，各受封的诸侯国也根据其地位与拱卫王畿的作用，而组建规模不等的诸侯军队，即所谓“大国三军，次国二军，小国一军”[1]。同时，按照周礼的有关规定，执政一级的“嗣大夫”（即“卿”）可以拥有一定数量的私人武装（一般不超过百乘），即所谓“有赋于军”“卿赋百乘”“卿备百邑”。

军政合一，文武同途，是三代军事领导体制的基本特点。如《尚书·甘誓》所载的“六事之人”，平时是夏王的政务大臣，战时作为统军将领随夏王出征。商朝一些官员，如伊尹等人，既是军政官员，又是神职人员；巫咸等人，既是宗教官员，又是军政官员。有的官员经常执行某种职能，偏偏没有什么职名。又如“师”，本是军事性质的官员，同时却又兼任王的辅弼。

西周时期，这种文武合一、“官事可摄”的现象仍然十分普遍。就卿事寮和太史寮而言，两者的职权就经常混淆。卿事寮固然带兵作战，而太史寮也不乏统军受命出征的例子，如受命率“殷八师”征伐东夷的伯父懋是卿士，而昭王时出任伐桧主帅的却是太史。这些情况表明，当时已有专业的军队，却没有专业化

[1]《周礼·夏官》。

的将帅，高级军事指挥还没有作为一门特定的专业，从政务中分化出来。这就是所谓的“军将皆命卿”制度。

但是，我们所说的春秋以前文武不分职，主要是就最高层的军令，即统兵发令的基本情况而言的。而在军事行政系统方面，自商周以来就设置有专职官员，自成体系。换言之，就是“文武分职”仅局限于军政系统，而不涉及军令系统。国家会设置司掌一般军事事务的职官，以处理日常的军事行政事务。

在西周，中下层的专门军事职官有：“虎臣”，王室禁卫军统领；“师氏”，军队驻屯地主官；“司马”，军队各级建制单位职官的泛称，如“邦司马”“冢司马”“旅司马”等。据考证，当时各级司马所执掌的军事行政事务包括：管理国家、封邑的军赋，组织适龄服役人员从事军事训练和军事演习，执行军事法律等。[1]

在兵役制度方面，礼治规范下的西周实行基于宗法血缘关系的兵农合一的临时征发制。同夏、商一样，西周时期亦采取兵农合一的方式征集军队。在当时，统治者采取“国”“野”分治的政策。周族贵族及族众居住在都邑以及郊内，被征服的族众（普通村社民众）则居于各城邑的郊外。都邑（包括其郊区）称为“国”“都”“乡”，其居民称为“国人”；郊区以外的地方称为“鄙”“野”“遂”，其居民称为“庶人”“野人”。他们之间的政治、经济地位截然不同，所以建立在这一基础上的兵役制度也有其特色，即“国人当兵，野人不当兵”。

西周军队的兵员“国人”，平时从事生产，积极备战，缴纳军赋；战时则有“执干戈以卫社稷”的义务与权利，临时征集，编组成军。在军中，贵族和武士担任车乘的甲士，成为军队的骨干；普通国人（平民）一般充任战斗徒兵。“野人”则没有服兵

[1] 参见陈恩林：《先秦军事制度研究》，吉林文史出版社1991年版，第76—85页。

役的权利。此外，有小部分家内奴隶要跟随贵族甲士出征，充当厮徒，从事杂役和后勤保障事宜。

西周的兵役征发是按地方行政组织层次逐级进行的。“六乡”行政组织和当时军队的建制可以一一对应，这充分反映了西周兵役制度兵农合一的性质。当时的“国人”一般每户出一青壮年男子按时服役，称为“正卒”；其他适龄男子则为预备役，即“羡卒”。服役的年限一般为20岁至60岁。

在兵种构成方面，大致以车、步兵为主体，其编制通常是以三进制辅以十进制。当时，一般贵族子弟和上层国人子弟在成年之前，都必须接受一定的军事教育，进行军事训练。据《礼记·内则》记载，他们从十五岁开始学习有关的军事技能，主要的学习内容是以“射”和“御”为中心的“六艺”，这与当时以车战为主的作战方式是一致的。[1]

但对广大亦兵亦农的普通国人来说，更主要的军事训练和实战演习是通过参与田猎活动来实现的，即所谓“则其制令，且以田猎，因以赏罚，则百姓通于军事矣”[2]，“教于田猎，以习五戎”[3]。这些活动一般在农闲时进行，也就是《左传·隐公五年》所说的：“春蒐，夏苗，秋狝，冬狩，皆于农隙以讲事也。三年而治兵，入而振旅，归而饮至，以数军实。”由此可见，当时统治者每年要进行四次田猎活动来演练军事，以车兵、射士和步兵组成作战阵形模拟实战进行演习，从而提高部队的实战能力。又据《周礼·夏官·大司马》记载，这种因农闲进行的四类军事演练，有独特的命名——“振旅”“茇舍”“治兵”“大阅”，这反

[1] “射”与“御”是当时“六艺”教育中的重要组成部分。一开始，“六艺”乃是指礼、乐、射、御、书、数。战国以降，“六艺”演变为单纯的经典教育：《诗》《书》《礼》《乐》《易》《春秋》。两者不宜混淆。

[2] 《管子·小匡》。

[3] 《礼记·月令》。

映了它们的侧重点各有不同。

在四时田猎习武活动中，尤以冬季的“大阅”规模最大，最具代表性，所以《国语·周语上》干脆忽略了其他三季的演练，仅仅把冬季的“大阅”列为军事训练活动，即“三时务农而一时讲武”。国君、朝臣都要参加“大阅”，《诗经·豳风·七月》所载即系明证：“二之日其同，载缵武功。”郑玄说：“其同者，君臣及民因习兵俱出田也。”可见冬季“大阅”最为隆重盛大。

出于实际的军事需要，王室和各方国在利用田猎开展军事训练的过程中，逐渐减少了娱乐性的成分，使这种训练更适应实战的要求。《周礼·夏官·大司马》对四时田猎活动的具体过程作出了安排：首先进行基础性的军事演练，包括阵型排列，识别旗、鼓、金等指挥信号，以及“教坐、作、进、退、疾、徐、疏、数之节”等单兵队列训练；其次进行狩猎，以野兽为假想敌，模拟进攻行动，演习军阵；最后检查捕获物以论赏罚。孟冬十月，则进行大规模的军事演习和军事检阅，“天子乃命将帅讲武，习射御，角力”[1]。

排演练习战斗舞蹈（武舞）也是军事训练中的重要项目。参加武舞的人员，一般都手持干盾，模拟基本战斗动作。这既可以激发舞者本人和旁观者的战斗激情和尚武精神，又能促使舞者熟悉作战动作的要领，为实战做必要的准备。闻一多曾指出：“除战争外，恐怕跳舞对于原始部落的人，是唯一的使他们觉得休戚相关的时机。它也是对于战争最好的准备之一，因为操练式的跳舞有许多地方相当于我们的军事训练。”[2]这是很精辟的说法。当然，根据实战过程制为舞乐、“美盛德之形容”者，不仅原始部落有之，夏商以降历代均有之。

---

[1] 《礼记·月令》。

[2] 闻一多：《神话与诗》，上海人民出版社2005年版，第162页。

从文献记载看，当时的武舞是和射、御紧紧联系在一起的。如《礼记·内则》说："成童，舞象，学射御。"又如《诗经·齐风·猗嗟》也说："舞则选兮，射则贯兮。四矢反兮，以御乱兮。"可见武舞实际上就是军事操练的一种形式[1],与"蒐狝"活动一起，构成当时军事训练的主体内容，并且在实战中呈现出一种独特的壮观景象。相传武王伐纣时，在进攻朝歌的前夜，士兵们曾"欢乐歌舞以待旦"[2]。而在凌晨进攻时,勇锐的巴师则"歌舞以凌"。

西周时期，在中央设立有"辟雍""学宫""射庐""大池"等学校机构，在诸侯国及卿大夫采邑，也设置有"泮宫""庠""序""校""塾"等学校，以保证军事教育与军事训练的普遍推行。如前所述，贵族子弟一般从十五岁起学习乐舞（包括武舞）和射、御课程。每名"学士"都要学好射箭和驾驭兵车的本领，这些本领包括"五射"（五种射箭技法）和"五驭"（五种驾车技巧），由保氏等专业人员负责传授。周朝的射仪，规模十分盛大，据《仪礼》记载，分为大射、宾射、燕射、乡射四种。四种射仪各有定制，所用的弓、箭、靶和伴奏音乐均不相同，其目的是通过表彰善射、御者，以提高射、御之术，加强军队的战斗力。其中，大射是在射宫举行的"选射之礼"。至今尚存的亚尊就是在此种射仪上使用的饮器。据静簋铭文记载，当时有位名叫"静"的王子，曾遵照王命和一些贵族少年在"学宫"习射。两个月后，他们又参加了一次在"大池"举行的田猎，进行实际演习，而周王本人也经常在射宫和猎场亲自发矢操练。

除开展射、御技能训练外，当时的学校还从事告庙、献俘、

---

[1] 《礼记·郊特牲》有"朱干设钖，冕而舞大武"之语，意谓手执装有铜盾饰的朱漆盾牌，盛装服冕，跳大武舞。这也是武舞为重要军事训练形式之一的重要证据。

[2] 《尚书大传》。

庆赏、饮至等“军礼”的教育。它们和射、御训练一起，构成当时贵族子弟的主要学习内容。统治者通过这一途径，增强军队的武备观念，提高军队军事技能，加强军队战斗力。

西周时期军事活动中最能体现礼乐文明精神的，当属以“军礼”原则来指导战争活动。这与当时贵族阶级专政，且贵族间相互有宗族、姻亲关系的情况是分不开的。《左传·闵公元年》引管仲语：“诸夏亲昵，不可弃也。”这反映出当时的战争等军事活动，笼罩着一层温情脉脉的色彩。《公羊传》贵“偏战”而贱“诈战”，就是明显的标志。何休《春秋公羊传解诂·桓公十年》说：“偏，一面也。结日定地，各居一面，鸣鼓而战，不相诈。”可见，“兄弟之国”“甥舅之国”的名分，决定了当时的战争指导讲究正而不诈，否则便是违背“军礼”，要受到人们的谴责。所谓“合诸侯而灭兄弟，非礼也”[1]。《汉书·艺文志·兵书略序》说：“下及汤武受命，以师克乱而济百姓，动之以仁义，行之以礼让，《司马法》是其遗事也。”这正是对西周乃至春秋前中期战争指导基本特征的概括和揭示。

从更深的层次考察，当时战争指导的“军礼”精神还具体表现为：

第一，战争的目的是征讨不义。《左传·庄公二十三年》云：“征伐以讨其不然。”《国语·周语上》云：“伐不祀，征不享。”《左传·成公十五年》云：“凡君不道于其民，诸侯讨而执之。”《司马法·仁本》云：“兴甲兵以讨不义。”以上种种，讲的都是这一层意思，即只有当对方犯有“凭弱犯寡”“贼贤害民”“放杀其君”等九种严重罪过时，才可以兴师征讨。[2]

第二，军事行动有“不加丧，不因凶”[3]的限制。如果不得

---

[1] 《左传·僖公二十八年》。

[2] 参见《周礼·夏官·大司马》《司马法·仁本》。

[3] 《司马法·仁本》

已而进行战争，就必须在行动中贯彻“礼”“仁”的原则，“以礼为固，以仁为胜”。《左传·文公十二年》亦云：“不待期而薄人于险，无勇也。”这都是本“仁”宗“礼”的意思。正因为征伐归宗于“礼”“仁”，所以“不加丧，不因凶”成为对敌军事行动的重要原则。

第三，战场交锋中的“正大不诈”原则。“军礼”中有不少具体的原则，要求作战双方在进行正式的战场交锋时共同遵循。这在《左传》《司马法》《穀梁传》《公羊传》中均有反映。《司马法》中说：“不穷不能而哀怜伤病，是以明其仁也……成列而鼓，是以明其信也……见其老幼，奉归勿伤；虽遇壮者，不校勿敌；敌若伤之，医药归之。”宋襄公也曾说：“古之为军也，不以阻隘也；寡人虽亡国之余，不鼓不成列。”[1]《穀梁传·隐公五年》亦云：“战不逐奔，诛不填服。”而这在宋襄公的口中，便是“君子不重伤，不禽二毛”[2]。这不能简单地断定为是《穀梁传》《公羊传》或宋襄公“迂远而阔于事情”，而恰恰应视其为对古军礼的申明和执着。故《淮南子·氾论训》有言：“古之伐国，不杀黄口，不获二毛。于古为义，于今为笑。古之所以为荣者，今之所以为辱也。”

第四，战争善后措施上的宽容态度。“服而舍人”是“军礼”中的又一重要原则。西周至春秋中期的战争，追求的是“威服诸侯”的旨趣与境界。这一目标既已达到，便可以偃兵息武，停止军事行动，给对方以继续生存的机会。《司马法·仁本》云：“又能舍服，是以明其勇也。”《左传·僖公十五年》云：“贰而执之，服而舍之。德莫厚焉，刑莫威焉。”《左传·文公七年》云：“叛而不讨，何以示威？服而不柔，何以示怀？”《左传·宣公十二

[1] 《左传·僖公二十二年》。

[2] 《左传·僖公二十二年》。

年》云："叛而伐之，服而舍之，德、刑成矣。伐叛，刑也；柔服，德也。二者立矣。"以上种种，说的都是这层意思。

在"既诛有罪"，完成了战争使命之后，进一步行动的纲领就是《司马法·仁本》所说的"王及诸侯，修正其国，举贤立明，正复厥职"。《左传》中有一则信而有征的典故：鲁昭公十三年（公元前529年），楚"平王即位，既封陈、蔡，而皆复之，礼也。隐大子之子庐归于蔡，礼也，悼大子之子吴归于陈，礼也"。由此，孔子"兴灭国，继绝世，举逸民，天下之民归心焉"[1]的真切含义，便也可以昭白于今了。

2. 礼崩乐坏与"变诈之兵并作"

春秋战国时期是中国古典社会形态向中世纪社会形态转变的重要时期。这一时期的最大特点就是大动荡、大变革。经济上，井田制走向瓦解。政治上，礼乐文明遭遇到极大冲击，王室衰微，强卿擅权，诸侯争霸，大国兼并。文化上，学术下移，私学勃兴，诸子蜂起，百家争鸣。军事上，战争类型基本齐全，战争方式急剧变化，多种战法各擅胜场，战争观念发生根本性变革。春秋中期之前，人们普遍遵循和崇尚自西周延续而来的"军礼"传统，主张进行"结日定地，各居一面，鸣鼓而战，不相诈"为特征的"偏战"。但是从春秋后期起，这种"正正之旗、堂堂之阵"的战法开始遭到全面否定，"诡诈"战法原则在战争领域得到普遍运用，即所谓"自春秋至于战国，出奇设伏，变诈之兵并作"[2]。

[1]《论语·尧曰》。

[2]《汉书·艺文志·兵书略序》。刘向《〈战国策〉书录》亦云："湣然道德绝矣……贪饕无耻，竞进无厌，国异政教，各自制断；上无天子，下无方伯；力功争强，胜者为右；兵革不休，诈伪并起。"

新型战争指导观念的形成，当然主要取决于战争方式的演变。在春秋中叶以前，军事行动中投入的兵力一般不多[1]，战场范围较为狭小，战争的胜利主要是通过战车兵团的会战来取得的，在很短的时间之内即可决出胜负。而到了春秋后期，随着“作丘甲”“作丘赋”等一系列改革措施的推出，“国人当兵，野人不当兵”的旧制逐渐被打破，军队人员构成发生巨大变化，各国实际上已开始推行普遍兵役制。与此同时，战争地域也明显扩大，战场中心渐渐由黄河流域南移至江淮汉水流域。加上弓弩的改进，武器杀伤力的迅速提高，使得作战方式也发生重大演进，具体表现为：步战的地位日渐突出，车步协同作战增多，激烈的野战盛行，战争较为持久，进攻方式上也比较富于运动性了。以吴军破楚入郢之战为例，其纵深突袭、迂回包抄等特点，体现了运动歼敌、连续作战的新战法。以往战争的规模和方式与之无法比拟。而与上述变化相适应，战争的残酷性也达到了新的程度。《墨子·非攻下》云：“入其国家边境，芟刈其禾稼，斩其树木，堕其城郭，以湮其沟池，攘杀其牲牷，燔溃其祖庙，刭杀其万民，覆其老弱，迁其重器。”即是对此形象地描述。

冰冻三尺，非一日之寒。以诡诈奇谲为特色的战争指导现象，在春秋前中期的一些战例中即已露出端倪。例如郑卫北制之战中，郑军“正合奇胜”，打败燕师，就是迂回作战与兵分奇正而用的先例。又如在晋借道灭虢吞虞之战中，晋国以“借道”为名，行攻伐之实，一石二鸟，兼并对手。另外像郑抗北戎之役中的设伏诱敌，齐鲁长勺之战中的后发制人，晋楚鄢陵之战中的晦日用兵、出其不意、先敌列阵等，无不充满了作战指导上的诡诈特色。然而需要指出的是，与大量“军礼”笼罩下的军事行动相

[1] 著名的城濮之战，晋国方面所动用的兵车仅七百乘而已，楚国方面稍多一些，但亦不超过千辆。春秋前期战争之规模可见一斑。

比，这类战争指导在当时并不占据主导地位。

到了春秋后期，欺敌误敌、示形动敌、避实击虚的诡诈战法更为成熟。当时南方地区吴、楚、越诸国之间的几场大战，诸如吴楚庸浦之战、吴楚舒鸠之战、吴楚鸡父之战、吴楚长岸之战、吴楚豫章之战、吴越槜李之战、吴越姑苏之战、吴越笠泽之战等，通常都运用了设伏诱敌、突然袭击、避实击虚、奇正相生、攻其不备等诡诈奇谲的战争指导。此时，已很难看到过去中原争战中所经常遵循的“成列而鼓”的做法，也见不到像鄢陵之战中郤至遇敌君必下、“免胄而趋风”之类的现象，更听不到宋襄公的“宏论”。所谓“出奇设伏，变诈之兵并作”，亦由此而得到历史的验证。

这种战争指导观念的变革，不仅反映在当时的战争实践上，而且也体现在这一时期的军事理论方面。孙武、伍子胥、范蠡等人有关战争指导的论述，可以说是主要代表。《孙子兵法》注重探讨作战指导，指出“兵者，诡道也”，这是对以往战争注重申明“军礼”做法的变革。在战争目的方面，《孙子兵法》明确提出“伐大国”“战胜强立”，这是对以往“诛讨不义”“会天子正刑”的否定。在战争善后上，《孙子兵法》主张“拔其城”“隳其国”，这是与以往“又能舍服”“正复厥职”的对立。在作战方式上，与以往“军旅以舒为主……虽交兵致刃，徒不趋，车不驰”[1]情况截然不同的是，《孙子兵法》一再强调“兵之情主速，乘人之不及，由不虞之道，攻其所不戒也”。在后勤保障及执行战场纪律方面，《周礼》《司马法》等主张“入罪人之地……无取六畜禾黍器械”，《孙子兵法》则宣扬“因粮于敌”，主张“掠于饶野”“掠乡分众”。凡此种种，不胜枚举，均反映了春秋后期的战争指导思想，较春秋前期有许多显著的变革、发展和差异。

---

[1]《司马法·天子之义》。

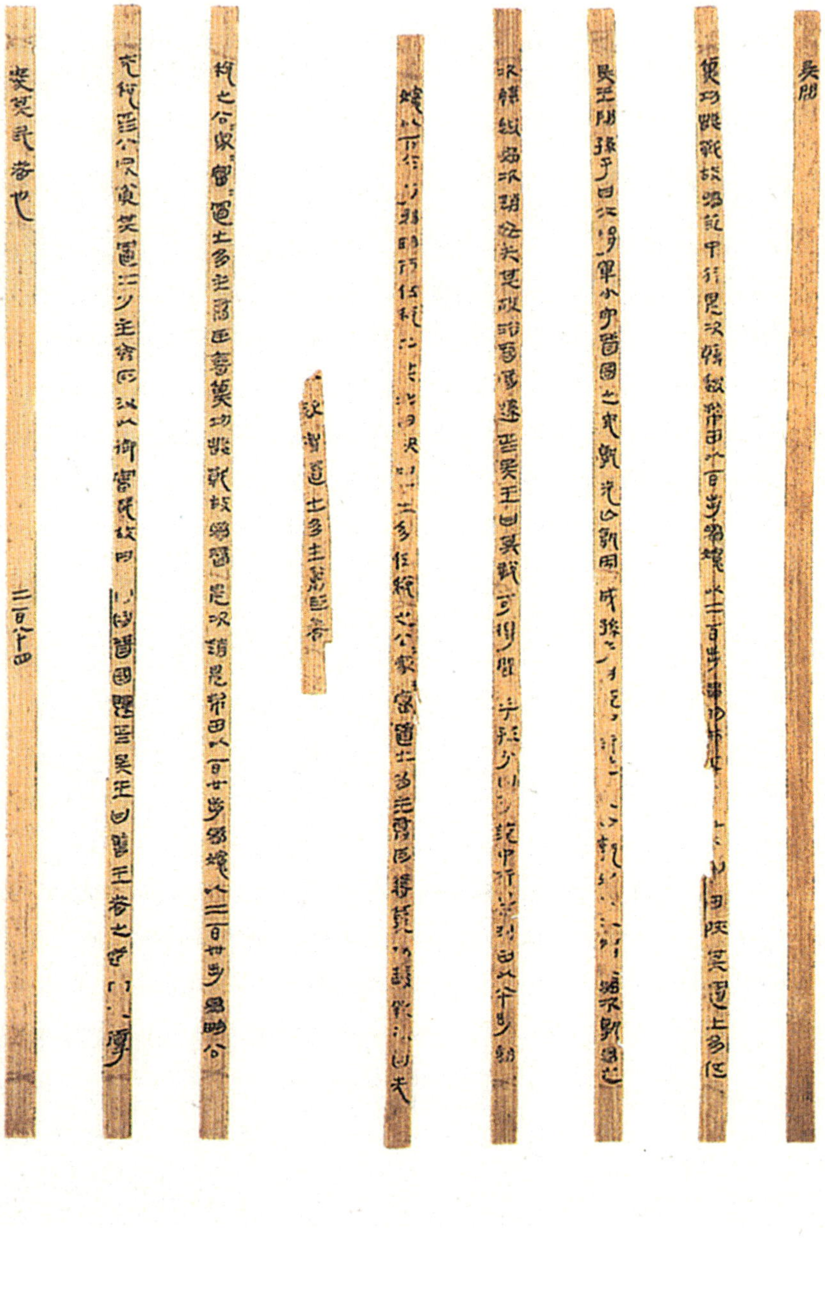

银雀山汉简《孙子兵法·吴问》

南宋郑友贤有言："《司马法》以仁为本，孙武以诈立；《司马法》以义治之，孙武以利动；《司马法》以正，不获意则权，孙武以分合为变。"[1]这是对这种差异性的高度概括。

其他像伍子胥、范蠡等人的战争指导观念，和孙武基本一致。伍子胥提出高明卓越的"疲楚误楚"策略方针，主张"亟肄以罢之,多方以误之"[2]。这是"变诈之兵"勃兴条件下的必然产物。范蠡主张"随时以行，是谓守时"，提倡"得时无怠，时不再来"。[3]其后发制人、把握战机、及时出击的思想，同样是符合历史潮流的进步的战争指导观念。它们来源于春秋后期变化了的战争实践活动，同时它们也更好地指导了新形势条件下的战争，从而使春秋后期的军事活动呈现出新的面貌。

与之相应，当时的军事制度也进入了全面的变革时期。这首先表现为"国野制"被打破，"国人兵役制"难以为继。春秋前期，各国仍保持着"国人当兵，野人不当兵"的传统。当时，列国军队的兵员来源主要是国人。随着时间的推移，这种格局已越来越难以维持下去。自春秋中叶起，国人兵役制开始向"国人""庶人"共同参与的普遍兵役制过渡。

这一变化是当时大规模扩军引起的直接后果。以晋国为例，晋在公元前677年还只有一军；公元前661年，"作二军"；公元前632年，"作三军"；公元前629年，"作五军"；公元前588年，"作六军"。不过几十年的时间，晋国军队竟扩大了六倍。其他如郑、宋等二等国的军力也随之不断攀升。这样的扩军速度使各国均感兵源匮乏，于是各国不得不设法在"庶人"（野人）阶层身上打主意，以解决兵源问题。这说明由国人兵役制向普遍

[1] 郑友贤:《十家注孙子遗说并序》，中华书局1961年影印本，序。

[2]《左传·昭公三十年》。

[3]《国语·越语下》。

兵役制的过渡已成为必然。另外，由于生产力的发展，当时人口增殖迅速，居民点密集，“国”“野”之间有了较多的交往与渗透，两者的界限已不太分明。大量自耕农的出现，更是提高了庶人的身份和地位。正是这双重原因，使各国先后废除了国人才能当兵的特权，扩大了征兵范围，实行普遍兵役制。公元前645年，晋国首先“作州兵”[1]，把征兵范围从“三郊”扩大到“三遂”（野）。鲁、郑等国也纷纷效法，打破了国人与野人的界限。如鲁国在公元前590年“作丘甲”[2]，郑国在公元前538年“作丘赋”[3]，把国人服兵役的权利给予野人，同时把国人承担的军赋义务也加到野人的身上。

国野普遍兵役制的实行不但扩大了军队规模，也改变了车兵与步兵的比例，使军队编制体制发生了重大变化。一乘从30人制变为75人制，步兵在兵员构成中的比例明显增大。这就带来了军事上的一系列新的特点，即战车在战争中逐渐退居次要的地位，由步兵作战取而代之，进而为战国时期四大兵种协同作战、步骑作战逐渐成为战争的主要方式开辟了道路。而庶人（野人）阶层在取得了当兵的权利后，社会地位也获得提高，这就导致“国”“野”界限彻底泯灭。在当时，步兵中不仅有庶人、手工业者、商人，还有人臣、隶、圉各色奴仆。如果立了军功，庶人可以晋升为甲士，奴仆可以获得自由。[4]这样就又进一步打破了甲士的限制，提高了步兵的地位。这一点，可以视为军队构成上的“礼崩乐坏”。

军事制度全面变革的第二个表现是出现了文武分职的新趋势。春秋时期，由于战事日渐频繁、军队日益扩大、战争艺术趋

[1] 《左传·僖公十五年》。

[2] 《左传·成公元年》。

[3] 《左传·昭公四年》。

[4] 参见《左传·哀公二年》所载赵简子的“铁地誓师辞”。

于复杂以及职官制度逐步健全成熟，各国军事行政系统的职官设置以及职能界定也有了长足的发展，主要包括以下几个方面：

司马的普遍设置和职权的相对明确化。有些诸侯国的司马，已经开始偏重于统兵作战，如宋国、楚国的大司马以及下设的左、右司马或少司马。据《左传·成公十六年》记载，鄢陵之战中，楚司马子反任中军帅，协助楚共王统兵出征。更多诸侯国所设的司马，则基本上成为该国各级车、马、军赋等军事事务的具体管理者，如鲁国的都司马、家司马，以及楚国的县司马，等等。[1]

各国都根据军事活动的需要，新设了一些军事行政事务系统的职官。据《左传·成公十八年》记载，晋悼公即位伊始，就任命了一批执掌军事行政事务的职官，其中，荀家等人为公族大夫，主持贵族子弟的文化教育和军事训练；弁纠为御戎，负责全军御者的平时训练；籍偃为上军司马，主管车兵与步兵的协同作战技能的训练；程郑为乘马御，负责管理和培训全军养马人员。他们都属于比较专职的军训事务方面职官。除此之外，晋国基层的军政职官还有“三十帅”“军大夫”“军尉”“军司马”“候奄”等。

军事后勤职官的大量设置。春秋时期专职军事行政职官的设置，在很大程度上体现为军事后勤职官体制的日趋完善和具体。这些职官各司其职，为军队从事征战活动提供了较充分的保障。如《周礼·夏官·司兵》云：“掌五兵五盾，各辨其物与其等，以待军事。”《周礼·夏官·司戈盾》云：“掌戈盾之物而颁之。”《周礼·夏官·校人》云：“掌王马之政……凡军事，物马而颁之。”据《左传·襄公九年》载，宋国“使皇郧命校正出马，工正出车，备甲兵，庀武守”。这里的“司兵”“司戈盾”“校

---

[1] 黄朴民：《春秋军事史》，军事科学出版社1998年版，第59页。

人”“校正”“工正”等，均属于军事后勤系统中的专职官员。

春秋时期列国政令、军令系统的职官设置，仍体现着“官事可摄”的传统，权责不分的现象司空见惯。在军令系统方面，当时各国一般都实行“军将皆命卿”的制度，表现为军与政的统一，其执政首领或上卿，在平时是诸侯以下全国的政务官，在战时就是高级的战场指挥官，构成了以国君为核心、卿将合一的军事指挥体制。在这种体制之下，军队的将帅基本上由“命卿”和有卿爵者担任。[1]换言之，军令系统的文武同途、卿将合一在当时各国间是普遍实行的。如晋国的执政之卿，既是国内政务上的执政，又是中军元帅，可谓是“出将入相”。再如楚国，长时间实行二卿士执政制，二执政一为令尹，一为司马。表面上，似乎令尹偏重于治文，司马偏重于经武，但实际上令尹、司马皆亦文亦武，职权可以互摄，并无严格的分工。另外，像齐国的国、高“二守”，鲁国的司徒，郑国的当国与为政，宋国的左师与右师，其性质也与晋之卿将及楚之令尹、司马相同，既是政务长官，又是军事首长。

然而，也是在春秋时期，随着社会经济、军事、政治、文化等领域各种新因素的出现，职官制度方面也呈现出权限分工逐渐明确化的趋势，并酝酿着军令系统文武分职的因素。当时人们已比较倾向于用“将军”或“将”来称呼军事主官。如晋国的“六卿”，《墨子》即称为“六将军”；《银雀山汉墓竹简［壹］·孙子兵法·吴问》也明确提到“六将军专守晋国之地”。又《左传·昭公二十八年》载，阎没、女宽谓魏献子曰：“岂将军食之而有不足？”杜预注云：“魏子中军帅，故谓之将军。”可见，春秋后期晋国的“军将”已普遍被称为“将军”了。另外在

[1] 刘展主编：《中国古代军制史》，军事科学出版社1992年版，第79页。

文献中还有“郑人以詹为将军”[1]“十旌一将军”[2]等记载。当然从总体上看，他们基本上仍合兵政于一身，而非纯粹意义上的专职军事统帅。正如韦昭及王引之注云：“十旌，万人；将军，命卿。”“平时为卿，而此时为将军，故《周官》云：军将皆命卿也。”

但“将军”称谓的出现，毕竟意味着军令方面文武分职、将相殊途契机的存在。所以到了春秋末年，军令上的文武分职萌芽已是依稀可见。据《论语》记载，孔子的两个学生冉有、子路同为季孙氏家宰，其中冉有“千室之邑，百乘之家，可使为之宰”，像是偏于文职；而子路“千乘之国，可使治其赋”，似乎是偏于武职。至于将相比较明确的分职，亦当是发生在春秋战国之交。《战国策·赵策一》追述张孟谈告赵襄子语：“故贵为列侯者，不令在相位；自将军以上，不为近大夫。”这就是这种历史文化现象萌芽的证据。成书于春秋末年的《孙子兵法》十三篇，亦多处提到“将”，如“将者，智、信、仁、勇、严”，“料敌制胜，计险厄远近，上将之道也”，“将能而君不御者，胜”，“将之至任，不可不察也”，等等。此处的“将”“上将”等，已是比较纯粹意义上的专职将帅了。这也从一个侧面进一步证实了军令系统的文武分职之萌芽滋生于春秋之末，它为战国时更广泛的文武分职局面的形成奠定了基础。

进入战国之后，新型的生产关系在各国基本得以确立，兼并战争随之进入新的阶段。与此相适应，当时军队的数额十分庞大，战场的区域相当广阔，作战的方式日趋复杂，杀伤的程度愈加残酷。战争对军事指挥的专业化、规范化提出了更高的要求，这就需要由具备特殊军事素质的将领来专门负责具体的作战指挥

[1] 《国语·晋语四》。

[2] 《国语·吴语》。

事宜，于是一些精通兵法的名将和善理政务的贤相也就在这个时期纷纷涌现出来，从而有力地加速了军令政令系统文武分职、将相殊途的历史进程。以战国初期率先崛起的魏国为例，魏文侯曾先后以魏成子、李悝、翟璜为相，而以乐羊、翟角为将；魏惠王以惠施为相，而以庞涓为将；魏哀王以田繻为相，而以公孙衍（犀首）为将。[1]其他如齐、秦、燕、赵诸国，也先后分别设置了“相”与“将军”。至于南方地区的楚国，虽无将相之名，却有将相之实，其令尹相当于中原地区各诸侯国之“相”，而上柱国则略近于其他诸侯国的“将”。由此可见，政令军令方面的文武分职，在当时业已成为职官制度建设上的一种主导趋势。

这种文武分职的历史新事物，也在当时诸子百家的论著中得到充分的反映。《尉缭子·原官》指出：“官分文武，惟王之二术也。”《六韬·文韬·举贤》也说：“将相分职，而各以官名举人，按名督实。”其他像《韩非子》等文献也有类似的说法。这表明文武分职、将相分置已成为当时思想家、兵学家所共同关注和普遍肯定的新生事物，并从理论上作了论证。

应该说，文武分职、将相殊途对于健全和巩固国君集权的军事领导体制，对于提高军事指挥水平，都是具有重大意义的。因为在文武分职的情况下，将帅基本无权过问政治事务，这样一来，既有力地保证了国家政治权力的独立和集中，保证了国君本人对军政大权的高度控制，也渐渐造就了一支专职的将帅队伍，促进了军事指挥水平的提高，并推动军事理论日趋成熟。如此种种，对于中国古代军队的建设和军事学术的发展，产生了广泛而深远的影响。

尤为重要的是，文武分职打破了礼乐文明条件下“军将皆命卿”的传统，拆除了贵族军事分权的基本平台，从组织结构上确

[1] 参见《史记·魏世家》《战国策·魏策一》《说苑·尊贤》的记载。

保了军队摆脱“军礼”传统的约束，使其根本性转型得以顺利实现。

但是需要指出的是，文武分职、将相殊途在战国时代并非一蹴而就，这一制度在各国的建设状况和时间早晚上也存在着很大的差异。换言之，文武分职在战国时期，始终处于不断发展和完善的过程之中。像在战国初年，文武分职情况就显然不如后来那样纯粹，当时的大政治家如李悝、吴起、商鞅等人，都是以主要精力处理政务，同时也经常担任军队统帅，率兵征战。个别国家，如秦、楚等国，则晚于其他国家推行文武分职。战国中期秦国的行政首脑“相”，长时间保持着出将入相的格局，像张仪、樗里疾、甘茂、魏冉等人虽官拜丞相，但据《史记》等文献的记载，他们都曾率军出战，立有军功。一直到范雎为相后，丞相才更侧重主管行政，而军事则由大良造、国尉等负责。所以，战国中期以后，专职的将帅如白起、王翦、廉颇、李牧、乐毅、项燕、王贲、赵奢等相继涌现，成为叱咤风云的将星。尽管如此，在整个战国时期，文武分职、将相殊途并不十分严格，职事互摄现象依然相当普遍。[1]

军事制度全面变革的第三个表现是军事训练的日趋正规化。春秋列国的军队训练，主要是承袭西周时期那种以“蒐狝”为基本形式的方法和措施。据《左传》等文献记载，鲁国在200余年间，就进行过五次“大蒐”，四次“狝”；晋国对开展大规模“蒐狝”军事演习，尤为重视。“蒐于被庐”“蒐于清原”“蒐于夷”“蒐于绵上，以治兵”等记载不绝于书。另外，像楚、郑、宋诸国，亦经常举行这类训练演习。

自春秋中后期起，传统的“蒐狝”式训练已渐渐发生了一些

[1] 参见黄朴民、马丁：《对先秦“文武分职”问题的再考察》，《中国人民大学学报》2004年第1期。

变化，出现了军事训练专门化的趋势。这表现为“蒐狝”活动中田猎的性质逐渐减少，正规军事训练性质日益加强，因此它有时就被称为“阅车马”“简车徒”了。一些大国为了培养专门军事人才，提高部队整体作战能力，已开始设立专门的军事训练机构，并由有一技之长的人负责不同科目的军训，公私学校的军事教育也进一步得到加强。另外，在继续加强以射、御为中心内容的车战技能训练的同时，步卒的训练也得到重视。步卒训练内容主要包括单兵动作和队列动作等，具体地说，有立、坐、跪、曲踊、距跃（单兵动作）和进、退、左、右（队列动作）等要领。

军事训练专门化趋势的初步形成，对于当时各国军队建设的发展，尤其是作战能力的提高，发挥了积极的作用。当时楚国军队中有名为“组甲”“被练”的劲卒，吴、越诸国有所谓“利趾”“习流君子”的勇士，均系受过专门训练、具有强大战斗力的特种部队。他们的出现标志着“蒐狝”式军事训练方式由盛转衰，专业性、正规化的军事训练方式即将全面推行。

至战国时，循序渐进、系统正规的新式军事训练方式完全占据了主导地位。《吴子·治兵》说：“一人学战，教成十人；十人学战，教成百人；百人学战，教成千人；千人学战，教成万人；万人学战，教成三军。”《尉缭子·勒卒令》也说：“百人而教战，教成，合之千人；千人教成，合之万人；万人教成，会之于三军。三军之众，有分有合，为大战之法。教成，试之以阅。”这说明当时由单兵到多兵，由分队到部队，由分练到合成的经常性、正规化训练已较为普遍。它通常是在各级军官的直接指挥下进行的：“伍长教成，合之什长；什长教成，合之卒长；卒长教成，合之伯长……”[1]训练方式是先伍后什，先什后卒，先卒后

[1]《尉缭子·兵教上》。

伯，层层递进，最后由大将总其成，即所谓“有分有合”。三军循序教成后，进而开展作战演习，即所谓“教成，试之以阅”。各国军事训练的重点，也由原先的主要训练车士熟习射、御技能，一变而为主要训练步卒的队列和战术，包括行军宿营、信号识别、阵法布列等。

在这种背景下，以教习射、御为主要内容的“庠”“序”学校教育自然而然从历史舞台上悄然隐退，这也意味着“军礼”养成的主要平台渐渐被废弃。“六艺”教育从此由文武并重、知行合一转变为单纯的思想学术传承与文化知识学习。

礼乐文明嬗变在军事领域中所带来的影响，还表现为决策上的廷议制，军队调动上的兵符制，赏罚上的军功爵制。这些制度形成了一整套的运行机制。在武装力量构成上，形成中央军、禁卫军与地方军三位一体制，私属武装逐渐被取缔，常备军数量增加。在兵役制度方面，开始向基于地域关系的郡县普遍征兵制过渡。兵员主要来自庶人（春秋）和“编户齐民”的农民（战国），而“武卒”“技击”等的出现则表明募兵制业已发展起来。在兵种构成方面，基本上形成了步、车、骑、舟四个主要兵种，它们在战争中的地位和作用，随战争条件的变化处于不断调整之中。军队编制日趋复杂，通常以五进制辅以四进制，并且与居民的地域行政组织相对应，而具体编制又被区分为一般隶属编制、基本作战编制以及临时战斗编制三个主要层次。在军事法规方面，与习惯法逐渐淡出同步，出现了较为严格的成文法规。

总之，“胜者为右”取代“争义不争利”，“兵以诈立”取代“以礼为固，以仁为胜”，《孙子兵法》取代“古代王者司马法”，地域关系取代血缘结构，普遍征发取代贵族专任，常态作训取代蒐狝大阅，校场操演取代庠序养成，成文法规取代习惯法则，文武殊途取代官事可摄，等等。种种现象汇总在一起，使先秦时期的军队建设有了一个根本性的变化。这突出地反映了古典礼乐文明的兴衰对于军事发展所产生的深远影响，标志着中国历史上古典型军队向帝国型军队转变的基本完成。

二、春秋时期的军队

1. “兵农合一”与常备军并存

“兵农合一”是我国上古社会武装力量体制的基本特点之一。它形成于夏商，全盛于西周，并延续至春秋时期。在当时，东周王室以及众多诸侯国都普遍仿照西周时期的做法，实行兵农合一的民军制度。

春秋时期，实行这一制度较为典型的诸侯国，首推东方的齐国。管仲辅佐齐桓公在齐国推行“作内政而寄军令”[1]的武装力量体制，其具体措施是：“五家为轨，故五人为伍，轨长帅之；十轨为里，故五十人为小戎，里有司帅之；四里为连，故二百人为卒，连长帅之；十连为乡，故二千人为旅，乡良人帅之；五乡一帅，故万人为一军，五乡之帅帅之。”[2]在这里地方基层机构与国家军事组织是相应一致的。即地方机构为“五家为轨，十轨为里，四里为连，十连为乡”，军事组织则为“五人为伍，五十人为小戎，二百人为卒，二千人为旅，万人为一军”，所以称之为“卒伍整于里，军旅整于郊”[3]。

这一武装力量体制的实质，在于使其居民的组织军事化，以便有效进行双重管理。在这种体制之下，齐国郊内居民通常是居

[1] 《国语·齐语》。
[2] 《国语·齐语》。
[3] 《国语·齐语》。

春秋早期战车复原模型

则为“轨”之成员，出则为“伍”之战士；平时为民，战时为兵。农忙时在家务农，农闲时集中进行军事训练，结合打猎，整军习武，所谓“春以蒐振旅，秋以狝治兵”[1]。《司马法·仁本》言：“春蒐秋狝，诸侯春振旅，秋治兵，所以不忘战也。”讲的也是这一层意思。这里需要说明的是，当时的齐国制国（国都和近郊）为21乡，其中6个工商之乡的居民，事工商而不从戎役。

据《左传》《国语》等文献的记载，其他诸侯国也实行过类似齐国的制度。如楚国，其国人在国为民，故“其君无日不讨国人而训之，于民生之不易、祸至之无日、戒惧之不可以怠”；在军为士，故“无日不讨军实而申儆之，于胜之不可保，纣之百克而卒无后”。[2]可见楚国当时在国家武装力量体制的主导方面，也实行村社组织与军事组织的统一。

这种军政合一、寓兵于农的武装力量体制，是与当时“蒐于农隙”“三时务农而一时讲武”的情况相适应的，它便于部队的集结和训练，有利于发挥士兵的战斗作用。因为在“卒伍整于里，军旅整于郊”的条件下，战士都是由“世同居，少同游”“居同乐，行同和，死同哀”[3]的族人所组成的，他们“乡田同井，出入相友，守望相助”[4]，所以在作战中能够做到“守则同固，战则同强”[5]。

与这种“亦兵亦农”的军事体制相适应，诸侯列国通常采取临战征集军队的做法，并由国君临时任命军官统辖指挥。如《国语·吴语》所载越王勾践在伐吴前所作的军事动员“苟任戎者，皆造于国门之外”，就是这方面的典型史证。这些“任戎者”，

[1]《国语·齐语》。
[2]《左传·宣公十二年》。
[3]《国语·齐语》。
[4]《孟子·滕文公上》。
[5]《国语·齐语》。

即《国语·越语上》所称的“国之父兄”。由此可见，《孙子兵法·军争篇》“将受命于君，合军聚众”云云，的确是当时“兵农合一”体制下临战征集军队的通例。一旦战事结束，普通士卒便解甲还乡从事生产，而军官则重新为官理政。平时仅设置专职的司马等官员负责处理日常军训、军需等一应事项。

“兵农合一”的民军制并不是春秋时期各国武装力量体制中的唯一成分。在当时，为了适应日趋频繁激烈的争霸兼并战争的需要，各诸侯国也开始陆续组建起一定规模的常备军队。关于这方面的一些情况，在《国语》和《左传》等历史文献中，都有所记载。当时，军队中的“士”，通常是指专职武士。他们是军队中的骨干力量，是从国人中划分出来而形成的一个武士阶层。他们世世代代服兵役，不再参加农业或其他行业的生产劳动。这显然具有常备军的性质。

一般来说，当时各国常备军的成员主要来自贵族阶层。他们作为国家军队的骨干，通常充任各级军职和甲士，常年在军。在各国常备军中，王、侯的禁卫部队是核心成分。他们是保卫王室或诸侯的朝廷、宫、城的警卫部队，平时执行警戒保卫任务，战时又是冲锋陷阵的主力精锐。这类性质的部队早在殷商、西周时即已建立，春秋时期更有所发展。如晋文公回国即位时，秦穆公就赠送了卫队3000人，以“实纪纲之仆”。又如楚国，其禁卫军的人数也颇为可观，其中国君的禁卫军称为“宫甲”，太子的卫队称作“东宫”。其首领名之曰“环列之尹”。其他国家也有类似性质的部队，像吴国就有由王族所组成的卫队[1]，又如越王勾践也拥有“私卒君子六千人”[2]，在伐吴之役中组成中军，发挥了强大的突击作用。

---

[1] 见《左传·昭公二十七年》。

[2] 《国语·吴语》。

到了春秋后期，各国的常备军建设更得到了较大的发展。《吕氏春秋·简选》云：“(阖闾)选多力者五百人，利趾者三千人，以为前阵。”而据《墨子·非攻中》说，阖闾的这支战斗力颇强的突击部队，是经过“教七年，奉甲执兵，奔三百里而舍”的长期训练培养而造就的。它显然是吴国一支规模可观的常备军。

常备军的组建，使得将帅与士卒之间能够彼此熟悉，相互了解，有利于作战时的调动指挥，提高战斗能力。另外，常备军的将、卒均有比较优厚的生活及政治待遇，并且有较为充裕的时间研究战法和从事训练，可以比较专心地服兵役。由此可见，春秋时期常备军的逐渐壮大，乃是社会不断发展和作战方式日趋复杂条件下的客观产物，也是我国古代军队建设发展的基本方向。当然，与当时占据主导地位的“兵农合一”制相比较，常备军的建设仍属于次要的方面。

2. 中央军与地方武装

春秋时期，各诸侯国的武装力量，就其兵力来源、指挥系统、任务属性、所处地位等基本性质而言，可以区分为中央军和地方武装两个大类。

中央军是春秋时期各诸侯国国家军事力量的主体。它们是从事对外征战、对内镇压的正式武装。它的兵员构成主要来自各国“国”内的族邑居民，即具有充当战士资格的“国人”。就指挥系统而言，它们直属于各国国君或由国君任命委派的执政之卿(中军帅)的统帅指挥。其在国家政治生活中具有很高的地位，是国家政权机器中的重要组成部分。

春秋时期各国中央军的数额相当庞大，且呈现出不断扩充壮大的基本趋势。这充分反映了当时争霸无已、战争频繁的社会现实的需求。具体地说，各国的“三军”武装力量都属于中央军系统。像齐国的齐侯、国子、高子统领的“三军”；晋国开始时的“一军”以及随后的“二军”“三军”“三行”“五军”“六军”；楚国的“左、中、右”三军；郑、宋诸国的“三军”“四军“五军”等，均系这些国家中央政权直接掌握的军事力量。如同当年西周王室的“西六师”“成周八师”一样，它们经常投入战争，在各国争霸兼并事业中发挥着主导作用。

除了上述各名目以外，各国诸侯的禁卫军部队，像晋文公之“纪纲之仆”、楚君之“二广”“宫甲”、楚太子之“东宫”以及越君之“私卒君子”等，也系中央军的重要组成部分，并在中央军中充当作战主力的角色。

春秋时期，作为中央军的辅助力量，地方军的设置也成为列国国防力量建设上的重大措施而被提上了议事日程。

当时不少诸侯国出于防卫边疆的需要，开始在某些边远地区建立“都邑兵”。它标志着地方军作为国家武装力量的组成部分，登上了历史舞台。春秋时期以后，由于战争的加剧与军赋的改革，地方军的发展进入了一个新的时期。这具体表现为，有些大国随着兼并的土地越来越多，普遍设置数量众多的县和郡，并在这些地区组建了相当可观的“县兵”和“邑兵”。

郑国是诸侯国中较早建立地方兵的国家。《左传·隐公五年》载：“郑二公子以制人败燕师于北制。”《左传·桓公十五年》云：“郑伯因栎人杀檀伯，而遂居栎。”这时所说的“制人”“栎人”，就是郑国设置在“制”“栎”等地的地方武装。

再看齐国。公元前589年，齐军于齐晋鞌之战败北后，在退却过程中，“齐侯见保者，曰：勉之！齐师败矣”。杜预注云：“所过城邑皆勉励其守者。”可见，齐国拥有保卫各地城邑的地方部队。这也可得到《左传》中其他记载的证实。如《左传》在襄公六年和十九年就分别提到齐国东阳、高唐等邑建有一定规模的地方部队，在国家政治生活中发挥了某种作用。

楚国的地方军建设尤为可观。其地方兵一般称为“县兵”。《左传·昭公十三年》载：“楚公子比、公子黑肱、公子弃疾、蔓成然、蔡朝吴帅陈、蔡、不羹、许、叶之师。”由此可见楚国在主要的地方县邑都建立了地方武装。从文献的有关记载来看，楚国的地方军数额相当庞大，如《左传·昭公十二年》载楚灵王语：“今我大城陈、蔡、不羹，赋皆千乘……诸侯其畏我乎！”同时实力亦非常强大。《左传·成公六年》载，楚伐郑，晋出兵救郑、侵蔡，楚公子申、公子成以申、息二县之师救蔡，御诸桑隧，晋人衡量利弊后承认：“成师以出，而败楚之二县，何荣之有焉？若不能败，为辱已甚，不如还也。”申、息二县之师足与中原霸主晋国抗衡，其实力之强可见一斑。

晋国作为中原主要诸侯国，在地方军建设方面亦不甘落后。建有“东阳之师”[1]和“焦、瑕、温、原之师”[2]。它们或协助晋中央军主力追击败敌，或参与平定周王室的内乱，在军事舞台上表现相当活跃。

除上述国家外，宋、鲁、吴、越诸国也拥有一定数量的地方武装。如宋国有“空泽之士”[3]，吴国有边鄙之兵，越国在御儿（今浙江桐乡西南）也有地方武装[4]。

与中央军的兵员构成主要为国人不同，各国地方武装力量的兵员来源基本上是地方上地位逐渐上升的野人。这乃是当时各国为了适应军事、经济等需要，采取“作州兵”“作丘赋”“作丘甲”等措施，扩大军赋征集范围，而导致“国”“野”畛域渐渐消失的必然结果。

---

[1]《左传·襄公二十三年》。

[2]《左传·昭公二十二年》。

[3]《左传·哀公二十六年》。

[4] 见《国语·吴语》。

如果说各国国君或执政之卿对中央军的指挥是直接的，那么其对地方部队的指挥往往是通过间接的渠道实现的。如楚国，一般是由楚王委任“县尹”或“县公”统帅县邑之兵。换言之，楚王和令尹（司马）通常不直接指挥地方军，而沈尹射、沈尹戌、箴尹宜咎、嚣尹午、陵尹喜等地方长官才是当地部队的直接首长。

从有关文献记载考察，春秋时期各国地方武装的主要职责有两项：一是守卫所在当地的安全，如前述“郑二公子以制人败燕师于北制”；二是配合中央军作战或单独承担某种军事任务，如楚国在对吴作战中，沈尹射、沈尹戌、箴尹宜咎、嚣尹午、陵尹喜等，都曾率兵参加楚军征战，或单独出兵作战。

需要指出的是，春秋中晚期诸侯国大规模扩军，使其兵力普遍增至千乘、数千乘甚至近万乘（楚）。这中间地方军的扩充占据了绝大部分，如晋国在鲁昭公年间，拥有兵力五六千乘，但是大部分系地方部队。这一奥秘业已为薳启疆所道破：“因其十家九县，长毂九百，其余四十县，遗守四千。”[1]至于各国中央军兵额则大多仍保持在“三军”“五军”（吴、越）以及“六军”（晋）的较稳定水平上。

总之，在整个春秋时期，从军队兵力来源情况来看，许多国家是“兵农合一”的民军制与常备制相互结合、长期并存。就职责属性与指挥系统而言，则是中央军与地方兵互为补充、各有所司。这乃是春秋时期各国武装力量体制建设上的重大特色。

[1]《左传·昭公五年》。

3. 族军与“私属”

族军是宗族血缘纽带关系在军事制度上的产物。商、周时期的族军相当可观，甲骨文、金文中都有不少有关“族”武装力量的记载。如殷墟甲骨中的“令王族追召方”，明公簋铭文中的“明公遣三族伐东国”，班簋铭文中的“以乃族从父征”，等等。

春秋时期，这类依附于宗族血缘关系而存在的族军仍有相当的规模。其成员主要来自诸侯、卿大夫等贵族的同族成员，配备有比较精良的武器装备，平时起保卫贵族和宗邑安全的作用，战时一般也加入国家武装并构成军中的精锐，具有很强的战斗力，即所谓“国士在，且厚，不可当也”[1]。但需加说明的是，和殷、周时期一样，这些族众武装力量，是被纳入“三军”等建制单位中统一编排的，“族”本身并非军队编制。

据文献记载，诸侯的族军一般称为“公族”（楚国则称“王族”），卿大夫的族军称为“其族”、某“卒”或“其属”。如在城濮之战中，楚令尹“子玉以若敖之六卒将中军”[2]，杜预对此解释道：“六卒，子玉宗人之兵六百人。”又如在鄢陵之战中，晋“栾、范以其族夹公行”[3]。

在战争中，诸侯之族军均在主帅所属的中军里，故楚称“中军王族”，晋为“中军公族”，而卿大夫的“族军”则一般随其宗主所在居于各军之中。

所谓“私属”，是指卿大夫的私人武装力量。它与“族军”既有联系，又有区别：就范围而言，它仅属卿大夫系统，而与诸侯国君无涉；就成分而言，它不仅包含本族成员，而且也包括了

---

[1]《左传·成公十六年》。

[2]《左传·僖公二十八年》。

[3]《左传·成公十六年》。

其所辖地区的非本族成员。《左传·昭公五年》记载晋“韩赋七邑，皆成县也”，就是明证。一般来说，在春秋前期，卿大夫的“私属”和其“族军”是等同一致的；到了春秋后期，随着“县鄙”之人纷纷涌入军队，卿大夫的“私属”成分也有了变化，不再局囿于本族成员了。

按周礼的有关规定，执政一级的“嗣大夫”（即“卿”）可以拥有一定数量的私人武装（一般不超过百乘）。所谓“有赋于军”“卿赋百乘”“卿备百邑”，就是这层意思。春秋时期，这一制度得到了延续和发展。卿大夫一般都拥有一定数量的私人武装。然而，在春秋前期，由于各国公室权力相对集中，故这些“私属”受到国家的严格控制，并要为公室效力。一旦其对诸侯国政权构成威胁，公室便要断然予以制止。例如，当郑国的共叔段“命西鄙、北鄙贰于已……完聚，缮甲兵，具卒乘，将袭郑”[1]时，郑庄公立即派兵予以坚决的镇压。但是到了春秋中后期，各国内部政治力量此消彼长，君权开始旁落，导致公室无力维护对“私属”武装的控制。“私属”武装从而迅速发展了起来，并基本摆脱了中央政权对它的束缚和羁约。这具体表现为：

第一，“私属”武装力量人数激增，规模可观。如公元前592年，晋国郤克出使齐国，被耻笑受辱后，即向景公请求伐齐，景公不允许，郤克遂“请以其私属”伐齐[2]。“私属”，杜预注谓“家众”，这说明晋国大夫的私家军队已具有相当可观的规模，可以单独用于讨伐一个大国。又如公元前487年，吴军伐鲁，兵抵泗上，鲁大夫微虎准备夜袭吴军，“私属徒七百人三踊于幕庭”[3]。鲁国在春秋时兵力不多，微虎也仅为普通大夫，但

[1]《左传·隐公元年》。

[2]《左传·宣公十七年》。

[3]《左传·哀公八年》。

连他都拥有“七百人”的“私属”，春秋后期私属军队之发展可见一斑。

第二，各国的“私属”在军事行动中的作用和地位日益显得重要和突出，有些“私属”基本上取代诸侯“公族”“王族”而成为军中冲锋陷阵的精锐之师，往往能对战局的进程和结果产生很大的影响。如晋国在公元前597年与楚国邲之战时，其下军大夫知庄子因他儿子为楚军所俘，便“以其族反之”[1]。又如公元前548年吴楚舒鸠之战中，楚子彊、息桓、子捷、子骈、子盂“五人以其私卒先击吴师，吴师奔”[2]。楚国卿大夫的“私属”能将吴军一举击溃，足见其战斗力之强劲。

第三，卿大夫的“私属”武装在国家武装体系中所占的比例越来越大，成为左右局势的重要力量甚至是决定性力量。当时不少强大的卿大夫，趁公室衰微之机，公然将公室军队的人员、装备以及地方县邑之兵等加以分割，收编到自己的私家武装之中。如鲁国“三桓”“作三军，三分公室而各有其一，三子各毁其乘”[3]就是显著的一例。在晋国，强室郤至“其富半公室，其家半三军”[4]，韩氏所谓的七县，羊舌氏的二县，就拥有兵车900乘。在鲁国，则是“鲁之群室，众于齐之兵车，一室敌车优矣”[5]，以至于鲁国仅动用“季氏之甲七千”和冉有所率的“武城人三百”徒卒[6]，便在稷曲之战中战胜了强大的齐军。在其他诸侯国中，“私属”在国家武装力量体系中所占的比重，也同样有明显的提高。

---

[1] 《左传·宣公十二年》。

[2] 《左传·襄公二十五年》。

[3] 《左传·襄公十一年》。

[4] 《国语·晋语八》。

[5] 《左传·哀公十一年》。

[6] 《左传·哀公十一年》。

第四，与当时整个社会政治发展大势相一致，“私属”武装在继续参与对外征战活动的同时，其更多地被用来从事各国内部卿族之间的兼并斗争。如在晋国，六卿之间展开了你死我活的倾轧交锋，连年兵戎相见，其中各自所动员的军队主体，就是己之“私属”。又如在齐国，陈、鲍、栾、高四大宗族互相攻伐，拼得鱼死网破，他们的“私属”也在其中扮演了极其重要的角色。由此可见，春秋后期各国卿大夫“私属”武装的职能侧重点已有所转移，开始成为新兴势力剪除异己、夺取政权的武装工具。从这个意义上说，“私属”军队的独立和发展，在春秋军制发展史上占有重要的地位，其作为各国武装力量体制中的活跃因素有其积极的价值。

4. 以车兵、步兵为主体的兵种

春秋时期社会经济、政治以及军事自身的重大变革，给当时诸侯列国的兵种建设带来了深远的影响。其主要标志是兵种的增加和各兵种在军队中所占地位的初步改变以及由此而出现的列国兵力结构上的调整和变化。

与殷商和西周时期只有步、车两大兵种所不同的是，春秋时期列国军队中，已开始形成车兵、步兵、舟兵三大兵种，在个别国家里，还出现了骑兵的雏型。

车兵是春秋时期中原地区大多数国家军队中的主力兵种。当时一个国家拥有战车数量的多少，往往被用作衡量实力强弱的主要标准。因此一些军事强国常被称为“千乘之国”。其国内的强宗大卿也被称作“百乘之家”。当两国之间出现军事对抗时，车兵弱小的一方总是畏惧战车部队庞大的对手；而拥有强大车兵部队的诸侯，也往往以此震慑他国，胁迫其臣服于己。如在平丘之会的过程中，晋治兵于邾南，叔向放风说：“寡君有甲车四千乘在，虽以无道行之，必可畏也。况其率道，其何敌之有？”[1]齐人迫于晋国实力，最终听命于晋。

车兵作为当时列国军队的主力兵种，还表现在以下几方面。第一，当时在中原地区进行的重大战争，一般都是以战车来决定最终胜负的。一些具有代表性的战例，如繻葛之战、崤之战、城濮之战、艾陵之战等，概莫能外。第二，各国扩军的重点，是增加战车数量，加强车兵的建设。如晋军由城濮之战时的七百乘增至春秋后期的五六千乘，楚军全盛时发展到近万乘，齐军由桓公时的千乘增加到春秋末的数千乘，等等。由于各国把发展车兵作为军队建设的重点之一，所以到了春秋末年，连莒这样的小国都有了“千乘”的车兵部队[2]，可证《论语·先进》所言“千乘之国，摄乎大国之间”之不虚。第三，当时各国对战果或损失的统计，也往往以战车数量为尺度。如崤之战中秦师全军覆没，史称其“匹马只轮无返”；晋大败齐军于廪丘，其所取战果之标志就是“得车二千，得尸三万”；齐伐冠氏“丧车五百”，吴齐艾陵之战中齐又丧失“革车八百乘，甲首三千”；等等。所以著名兵学家孙武在总结当时战争的情况时即说“凡用兵之法，驰车千驷，革车千乘，带甲十万”[3]，把兵车放在军队兵种的首要位置。

当然，这种情况自春秋后期起发生了重要的变化。随着社会的变革和战争地域与规模的扩大，步兵的地位迅速提高，车兵的位置逐渐降低，开始了由盛而衰的演变。这一过程递嬗到战国时期，最终导致战车不复为战争中的核心。

步兵是一个古老的兵种，在夏、商和西周前期曾发挥过重要作用。《尚书·牧誓》：“今日之事，不愆于六步、七步，乃止，

---

[1]《左传·昭公十三年》。

[2]《左传·襄公十八年》记载，莒与鲁都曾向晋“请以车千乘”，以攻齐国。

[3]《孙子兵法·作战篇》。

春秋时期虎鹰搏击青铜戈

春秋时期虢太子元徒戈

春秋时期齐高子戈

齐焉。夫子勖哉！”这如实地反映了当时步兵大方阵作战的状况及其特点。

自西周后期到春秋前期，由于车战逐渐成为主要的作战方式，步兵的地位曾有所下降。但是，车战毕竟要受到地形条件的制约，只适宜在平原地区进行，而步兵作战的领域则要广阔得多。因此步兵依然是当时军队中的主力兵种之一。

据文献记载，春秋前期诸侯国中建立步兵并单独用于作战的，主要有郑、晋诸国。郑立国于无险可守的平原地区，最早使用步兵来守卫疆土和反击戎狄袭扰。《左传·隐公四年》记载，郑在抗击宋、卫诸国联军的作战中，就是动用步卒应敌的：“诸侯之师败郑徒兵，取其禾而还。”《左传·襄公元年》记载，郑又一次以步兵抵御诸侯之师：“晋韩厥、荀偃帅诸侯之师伐郑，入其郛，败其徒兵于洧上。”郑国徒兵虽两次战败，但并未因此而没落，反而在困难中得到发展壮大，终于在日后镇压“萑苻之盗”的作战中发挥了强大的战斗力，《左传·昭公二十年》记载“(大叔)兴徒兵以攻萑苻之盗，尽杀之”。

春秋前期晋国的步兵也相当著名。地形多山、邻接戎狄的晋国较早注意建立独立的步兵部队，称为“行”。晋献公时即建有左行和右行。晋文公在作“三军”的同时，又“作三行以御狄”，即在原有二行的基础上增设中行。他们不隶属于战车部队的编制，主要承担与戎狄作战、保卫和开拓晋国疆土的任务。

当然，受社会多种条件的影响和限制，春秋前期步兵发展缓慢。这种情况到春秋后期才有大的改观。当时由于军事制度的改革、军队成分的变化以及作战方式的复杂化，步兵的地位日益重要。尤其是当时戎狄长于步兵作战，而易受地形限制、队形较稀疏、攻防阵式较呆板的战车部队难以对付灵活机动的步兵进攻，这极大地推动了步兵的发展。这方面晋国又走在诸侯国的前列。《左传·昭公元年》记载：“晋中行穆子败无终及群狄于大原，崇卒也。将战，魏舒曰：‘彼徒我车，所遇又厄，以什共车，必克。困诸厄，又克。请皆卒，自我始。’乃毁车以为行，五乘为三伍。”这一“毁车为行”之举，实为步兵发展史上的一座里程碑。从此步兵迅速发展，在战争中发挥出越来越大的作用。在公元前493年的铁之战中，公孙龙以500名步兵夜袭郑军，夺回赵鞅的蜂旗，就明显地表现出步兵在战争中的优越性。

春秋后期步兵的发展，也与吴、越诸国的崛起有关。当时东南地区的吴、越国势勃兴，由于受丘陵、水网等特殊地形条件的制约，故步兵十分发达。像吴国在黄池之会上，曾以一百人为一行，一百行为一方阵，用步兵排列阵势，威慑诸侯。[1]在实战中，吴、越等国的步兵表现突出。吴国阖闾伐楚时能长驱直入，五战入郢，一个主要原因就是拥有一支轻甲利兵的先锋队，它由500名大力士和3000名善奔走的能士组成，可以长途奔袭，将楚军追赶得没有喘息的空隙。越国步兵的战斗力也很强，在笠泽之战中，越军与吴军夹河对峙，越军以两翼步兵佯攻，掩护越王率主力偷渡，一举大败吴军。这次战斗中越王的中军就是由6000“私卒君子”组成的步兵。这些战例均表明，步兵已在一些战争中起着决定性的作用。中原诸国为了同新兴的吴、越相抗衡，也自然要进一步重视对步兵的建设。如此南北对应，遂为战国时期步兵再次跃居各兵种之首从而主宰战场奠定了坚实的基础。

舟船在商周时期就已被用于军事行动，但基本上局限于军事后勤补给等狭小范围。到了春秋时期，随着战争扩大到江、河、湖、海各类水域，舟兵遂得到较迅速的发展。当时，齐、楚、吴、越等国相继建立了强大的舟师，开展水战，在战争中发挥独

[1] 《国语·吴语》中说：“（吴王）陈王卒，百人以为彻行，百行。”韦昭注曰：“以百人为一行，百行为万人，谓之方阵。”

特的作用。舟兵已发展成为这些国家一支独立的新兵种。

《左传·襄公二十四年》记载“楚子为舟师以伐吴”，这可视为文献中有明确年代记载的最早成型舟兵。据《左传》《国语》等典籍记载，吴、楚、越、齐等国之间，曾多次爆发过规模不小的战争，舟师均在其中扮演了较重要的角色。这表明最晚到春秋中后期，随着驾舟作战技术的进步和造船能力的提高，舟兵已开始在战争中崭露头角了。在当时，吴国舟师配备有“余皇”“大翼”一类的战船。越国的水军号称“习流”，战船名目有“戈船”“楼船”等。

就文献记载而言，吴、楚、越诸国舟兵的主要职能有两项。一是作为辅助部队，运输陆战主力抵达预定作战区域，确保其及时投入战斗。《左传·哀公十年》记载吴国大夫“徐承帅舟师，将自海入齐，齐人败之，吴师乃还”。《国语·吴语》记载勾践“率师沿海溯淮以绝吴路”“率中军溯江以袭吴”。这些记载都反映了当时舟师运输陆战部队的助战性质，表明舟师在当时已有了较大的发展，成为一些国家军队中比较重要的一支兵种。二是以作战主力身份投入水上会战，歼敌方水军之有生力量，控制水上作战主动权，进而实现既定军事战略目标。应该说，这一职能是水军存在和发展的根本条件，是水军成为独立兵种的基本标志。当时，舟师投入水上作战的现象是相当普遍的。如公元前525年的吴楚长岸之战中，楚舟师由于控制了大江上流，结果击败了吴舟师，俘获吴国战船“余皇”。又如吴越争战中，双方也曾“舟战于江”[1]。越、楚之间也曾发生过大规模的水战，《墨子·鲁问》对此有所追述：“昔者楚人与越人舟战于江……越人迎流而进，顺流而退，见利而进，见不利则其退速。越人因此若执，亟败楚人。”凡此种种，不胜枚举。

---

[1] 《国语·吴语》。

乘骑之习源于殷商时期，见于甲骨文的记载，当时可能有了数量极少的骑兵，但它的主要职责是用于驿传联络或追捕逃奴，在军事上尚无影响。春秋时期骑兵有了初步发展，但数量仍然很少，且通常是和兵车混合编制，仅仅是作为一个初兴的、半独立的兵种而存在。恩格斯曾指出："马匹用于乘骑和军队编有骑兵的部队，这自然首先发生在那些自古以来就产马，而且气候和青草适于马匹生长的国家。"[1]以此考察春秋历史，可知当时的骑兵主要被某些边远地区的游牧民族所采用。从中原地区来看，骑兵在军事上尚无多大的作为。到了春秋战国之交，骑射才开始较为广泛地实际应用于战争，出现了比较专门的骑兵部队。《战国策·赵策一》追述春秋末年有关史实，说赵襄子"使延陵生将车骑先之晋阳"。此处车、骑并提，表明骑兵的地位已有了某种程度的提高。

5. 春秋兵要地理与战略格局的演变

军事活动总是在一定的时间和空间中进行的。今天我们要总结春秋战争历史的进程及其影响，就有必要深入考察当时主要诸侯国的兵要地理状况，揭示其所处的地理环境与其战略动态、发展前景的内在联系。

春秋初期见于《左传》等史籍记载的大小诸侯国大约有140个，其中绝大多数面积狭窄、人口稀少，且往往有被称为夷狄的少数部族错杂散居其间。在长期的争霸兼并战争中，它们先后为大中型国家所吞灭。终春秋之世，真正具有经济、政治、军事实力和影响力的大中型国家，不过十多个而已。它们是周、晋、楚、齐、秦、鲁、宋、郑、吴、越、燕、曹、卫、陈、蔡、许

[1] 《马克思恩格斯全集》第14卷，人民出版社1964年版，第298页。

等。我们分析论述春秋主要诸侯国的兵要地理，当以这些国家为具体对象。

周。自平王东迁洛邑后，周王室在名义上仍为天下的共主，在春秋初年，它尚拥有一定的实力，在某种程度上还能够起到控制中原局面、调节诸侯关系的作用。这与其拥有较大的疆域、地居天下之中、地理形势优越有直接的关系。大体而言，当时东周王室奄有方圆六百里地的统治区域，包括今河南省洛阳、原阳、济源、修武、孟州、温县、沁阳、武陟、巩义、嵩县、登封、新安、宜阳、孟津、汝阳、鲁山、临颍等地。然而好景不长，在当时的历史条件下，王室衰微乃是不可逆转的趋势。周王室在周围勃兴诸侯国的不断进逼、蚕食之下，统治地域逐渐萎缩，优越地理条件日益丧失。对此，宋人吕祖谦曾有概括性的揭示和慨叹："呜呼！周自平王捐岐、丰以封秦，既失周之半矣。以破裂不全之周，兢兢自保，犹恐难立。岂容复有所侵削耶？奈何子孙犹不知惜，今日割虎牢畀郑，明日割酒泉畀虢。文、武境土，岁朘月削。至襄王之时，邻于亡矣。又顿捐数邑于晋，犹弃粮于陈、蔡之间，挥金于原、曾之室。果何以堪乎！"[1]形象地揭示了周王室战略地理环境日益恶化的趋势，这遂决定了周日益羸弱的地位。

晋。晋国为武王子唐叔虞始封之国，其根据地在今山西省南部一带。春秋之初，晋国并非头等大国，郭偃称"今晋国之方，偏侯也。其土又小，大国（指齐、秦等国）在侧，虽欲纵惑，未获专也"[2]，就是明证。然而，由于晋文侯在东周初年帮助周平王东迁，又杀死与平王争立的周携王，稳固了平王的统治地位，晋国自春秋初年起便拥有了政治上的主动。至曲沃武公代晋自

[1] 吕祖谦：《吕祖谦全集·左氏博议》，浙江古籍出版社2008年版，第6册第345页。

[2] 《国语·晋语一》。

立，统一晋国，晋国便进入了新的发展阶段。历春秋之世，晋国先后灭亡周围诸多蕞尔小国，如唐、韩、耿、霍、魏、西虢、虞、邢、滑、沈、姒、蓐、黄、赵、雍、翼等，又从周王室手中取得温、原、攒、茅、焦、杨等要邑，并征服诸多戎狄部落，国势迅速增强。到春秋中期以后，晋已据有今山西大部分、河北西南部、河南西北端、陕西东端以及山东西端，跨有五省境地，成为北部中原首屈一指的大国。这中间固有政治清明、外交成功、军力强大的因素在起作用，但也与兵要地理环境优越直接有关。从地理形势看，晋东有太行之险，南有王屋、崤函之固，西部跨越黄河而可依黄河、洛水为守，尽占中原北部河山之形胜。进可以攻，退可以守。故顾祖禹云："周之衰也，晋得南阳而霸业以成。"[1]

楚。楚国的始封君为熊绎，相传在周成王时受封，都丹阳（今湖北秭归一带）。春秋初年，楚国和晋国一样，其面积和实力均尚有限。但楚国的兵要地理环境相对优越，加上其以蛮夷之国自居，不受周礼传统的束缚，故始终以兼并小国、争霸中原为立国发展的基本宗旨。在春秋的大部分时期内，楚国一直建都于郢（今湖北江陵）。此地居南北中枢，北据汉沔，接襄汉之上游，襟带江湖，东连吴会，西通巴蜀，远接陕秦，且内阻山险，易守难攻。故顾祖禹引胡安国语："荆渚，江右上流也。故楚子自秭归徙都，日以富强。近并縠、邓，次及汉东，下收江、黄，横行淮、泗，遂兼吴、越，传六七百年而后止。此虽人谋，亦地势使然也。"[2]可见楚国就是凭借着优越的兵要地理条件，致力于对外扩张，兼并小国，兵进中原，与晋国为首的中原列国同盟一争高低。在三百余年中，它先后歼灭权、鄀、郧、绞、蓼、

[1] 顾祖禹：《读史方舆纪要》卷49《河南四》，中华书局2005年版，第2285页。

[2] 《读史方舆纪要》卷78《湖广四》，第3654页。

息、邓、申、吕、黄、江、巢、沈、舒蓼、舒庸、舒鸠、唐、微、濮、许、杞、随等六十余个小国，使自己的疆域扩大到今湖北大部、河南南部、江苏西端、陕西南端以及江西、安徽一部，横跨七八个省，一跃而成为春秋疆域第一大国。

齐。齐国为太公望姜尚始封之国，都营丘（今山东淄博东北）。后又先后定都薄姑（今山东滨州东南）、临淄。自西周以来，齐一直是雄踞东方的大国。进入春秋以后，齐国的国力有增无减。早在春秋初年，就形成了“庄、僖小伯”的强盛局面。至齐桓公统治期间，更在管仲的辅佐下，“尊王攘夷”，成就一代霸业。齐桓公卒后，齐国虽丧失了霸主的地位，但仍不失东方头号强国的规模。齐国战略地理环境比较有利，占据今山东大部分地区，东负大海，南以泰山山脉与鲁国为界，西及今山东与河南、河北交界之处，北倚黄河与北燕诸国相峙。地域东西长而南北狭，广运约六七百里。从兵要地理角度分析，齐国处于中原争战之地的边缘，既可进而西向角逐霸主地位，亦可退而固守山川形势，自成格局。对此古人曾有充分的论述：“济清河浊，足以为限；长城巨防，足以为塞”[1]，“夫齐，东有琅邪、即墨之饶，南有泰山之固，西有浊河之限，北有勃海之利，地方二千里，持戟百万，县隔千里之外”[2]。同时，齐国执行比较正确的争霸治国的方针，发展农业，鼓励工商，增强军力，并拥有相当丰富的战略资源。齐因此在春秋时期力压泰山以南的主要对手鲁国，吞并周围纪、成、谭、遂、障、阳、莱、介、牟、任、薛、郭、项、夷州等十四个小国，与晋、楚、秦堪称为“四大强国”。但是齐国由于拥有“县隔千里之外”的兵要地理环境，亦影响了其实施主动进攻的战略方针。其实齐国兵要地理的重要特点之一，是

---

[1]《读史方舆纪要》卷30《山东一》，第1455页。

[2]《史记·高祖本纪》。

"以自守则易弱以亡，以攻人则足以自强而集事"[1]，这也是为春秋历史进程本身所证明了的，"齐桓公南征北伐用霸诸侯，孝公以后齐仅为自守之国，是以终春秋之世，累代听命于晋，几夷于鲁、卫"[2]。

秦。秦始祖非子，受封于秦（今甘肃清水一带），本是周室的附庸小国。至襄公时，因勤王有功，周平王赐以岐西之地，秦始得列为诸侯。此后，经历代国君的苦心经营，秦国迅速崛起于西方，成为春秋时期屈指可数的大国之一。当时秦定都于雍（今陕西凤翔），并以此为中心，向四边蚕食扩张，大约占有今陕西中部及甘肃东南一带，东距黄河桃林、崤函之塞，南接秦岭，西依陇山，北或抵平凉、泾川附近。为了确立自己的霸权，对中原局势施加更大的影响，秦国的主要战略目标是东进，其所处的兵要地理环境则为此提供了一定的帮助。然而对秦国来说相当不利的是，当其崛起之际，正值东方近邻晋国国势强盛、号令中原之时。秦国东向发展势头为晋国所阻遏，二者虽多年兵戎相见，进行激烈的控制与反控制的斗争，但秦国终因国力不逮而基本处于下风，未能从根本上扭转被动局面。其南下发展，又直接同楚国发生利害冲突，也无法实现扩张目的。在这种情况下，秦国统治者遂根据自己的兵要地理条件，致力于向西经营，开拓疆域，巩固根基，平定汧渭之地，吞并召、芮、毛、毕、彭、酆、密、彤、郇、杜、亳、梁等十余国，进而攻灭周围不少戎狄部落，"益国十二，开地千里，遂霸西戎"[3]。这为秦国日后的进一步发展奠定了坚实的基础。

以上是名义上的"天下共主"东周王室与晋、楚、齐、秦四

---

[1]《读史方舆纪要》之《山东方舆纪要序》，第1436页。

[2]《读史方舆纪要》之《山东方舆纪要序》，第1436页。

[3]《史记·秦本纪》。

个一等强国的兵要地理概况，下面再进一步考察其他较重要的诸侯国的兵要地理形势。

郑。郑国为西周宣王时郑桓公始封之国。在西周末年的犬戎之难中，郑桓公死于勤王之役。其子掘突立，是为郑武公。其在位时，随平王东迁，都新郑（今河南新郑）。武公卒，其子寤生立，是为郑庄公。郑曾有功于东周王室，所谓“我周之东迁，晋、郑焉依”[1]。其与王室之关系最为亲近，且地又近在洛邑王畿附近，故其在春秋初年一段时间内颇受周天子的倚重，郑武公、郑庄公都曾为王室卿士，主中枢之大政。郑国凭借这一有利条件，远联齐、鲁，近攻宋、卫，并歼灭东虢、许、管、邬、祭等周围小国，在春秋初期率先崛起，几成霸主。但郑国的兵要地理环境并不十分有利。郑国地处河南腹心一带，虽有“河山控带，形胜甲于天下”[2]之誉，但也是四通八达之通衢，这种位于中原咽喉之地的地理条件，决定了郑国势必成为南北争夺的焦点，兵连祸结，庶几无可避免。同时由于它周围都是文化发达的地区，宋、卫、曹、陈诸国实力并不逊色于郑国，故郑国的任何军事行动，都必将受到强烈的反击。这种内线作战的态势，也给它本身的发展造成极大的限制。加上郑庄公父子在外交、军事方针上的一系列失误，更加速了郑国优势的丧失，使其成为晋楚争霸大环境中的苟且幸存者，“处大国之间，缮贡赋以共从者，犹惧有讨”[3]。这虽是当时一般中小国家的共同处境，但用来说明郑国在春秋战略格局中的情况，尤为妥帖。

宋。宋国为殷商后裔微子启的始封之国，都于商邱（今河南商丘）。其地约有今河南东南部、江苏北端以及山东西端，方

[1]《左传·隐公六年》。

[2]《读史方舆纪要》卷48《河南三》，第2214页。

[3]《国语·鲁语下》。

圆三四百里。它东与鲁国接壤，北与曹、卫相邻，西与郑国为界，南与陈、蔡衔接，战略地位亦相当重要。史书记载其“据江淮之上游，为汴洛之后劲……襟带河、济，屏蔽淮、徐，舟车之所会，自古争在中原……为腰膂之地”[1]。宋系亡国之余，爵为上公，终周之世，始终以宾国自居，在中原列国诸侯中地位比较特殊。在春秋战略格局中，宋国由于地处中原要冲，因此一直是各大国争取角逐的对象。但是，宋国不像郑国那样起着直接阻遏楚国北上或晋国东出的作用，所以其战略选择的回旋余地要比郑国优裕。一般地说，宋以东邻郑国为最现实的竞争对手，而以南方强楚为自身生存和发展的最大潜在威胁。所以它在绝大部分时间里与晋结成战略同盟，站在抵御楚国北上的最前列，经常起着影响中原霸局的作用。像弭兵之会就是由宋国倡导的，这并非偶然。然而总体看来，终春秋之世，宋国地位虽尊贵，但毕竟国力有限，只能在晋国争霸大业中担任“为王驱除”的角色而已。

鲁。鲁国为武王弟周公旦的始封之国，都于曲阜（今山东曲阜）。其地占有今山东东南一带以及江苏北部一隅，大致东到今沂水之东，南到今山东、江苏两省交界处，西至今山东郓城、钜野一带，北及泰山与汶水而同齐国为界；北邻强齐，南接吴、楚，西连宋、卫，东南和莒、郯等小国相望。从兵要地理角度分析，鲁国还是拥有一定优势的。所谓“据河、济之会，控淮、泗之交，北阻泰岱，东带琅邪，地大物繁，民殷土沃，用以根柢三楚，囊括三齐，直走宋、卫，长驱陈、许，足以方行于中夏矣”[2]。鲁国在春秋初年曾一时强盛，仅一败于齐，而四败宋，两败齐，一败卫、燕，几与强齐相匹。但是剩下的绝大部分时间里，鲁国一直处于弱小被动的境地。导致这一局面出现的主要缘

[1] 《读史方舆纪要》卷50《河南五》，第2339—2340页。

[2] 《读史方舆纪要》卷32《山东三》，第1509页。

由，当是鲁国统治者基本国策的失误，即只知死守周公礼乐之教，拘泥而不知变通，未曾依据有利的战略地理环境，利用列国争雄的矛盾，采取积极主动的战略发展方针，以致坐失良机，渐渐没落。由此可见，兵要地理环境的优劣固然重要，但必须得到正确的运用才能发挥其作用。正如顾祖禹所总结的那样："然自春秋以来，不能抗衡于齐、楚，而纷纭之际，豪杰竞起，未见能以兖州集事者，何欤？盖必悬权而动，所向无前，然后可以拊敌之项背，绝敌之咽喉。若坐拥数城，欲以俟敌之衰敝，未有得免于覆亡者也。"[1]

卫。卫国为武王弟康叔始封之国，初都朝歌（今河南淇县）。春秋初年卫国曾为狄人所灭，继而借齐桓公之力而复国，都楚丘（今河南滑县附近），后又迁都于帝丘（今河南濮阳附近），疆域日渐缩小。其地约有今河北南端、河南北端及山东西端之一部。在当时，卫国处中原腹心之北部，齐、鲁在其东，宋、曹居其南，晋、郑处其西。概括而言，卫在春秋争霸战略格局中的地位不如郑、宋、曹诸国重要。晋、楚等大国只要控制了郑、宋等国，也就可以同时控制卫国。卫国本身由于国微力弱，也很难对当时战略形势的演变施加大的影响。就春秋整个历史而言，卫国在较长的时期内和齐、宋诸国关系较为密切，并多依从晋国，同楚国北进势力相抗衡。卫国可谓中原诸侯集团抵御强楚争霸的第一道防线。它的战略地位重要性，在于防止楚国深入中原，并分割东西，致使晋国与齐、鲁等国的战略联系被切断。

陈、蔡、许。这三个诸侯国均疆域狭小，实力不强，且国都迁徙频繁，国祚旋绝旋续。如蔡先后都于上蔡、新蔡、下蔡；许先后迁都于六处；唯陈国相对稳定，一直建都于陈（今河南淮阳一带）。大体而言，三国之地在今河南东南部，与湖北、安徽两

[1]《读史方舆纪要》卷32《山东三》，第1509页。

省相交界，即汝水、颍水流域及淮水之上游地区。就兵要地理而言，三国为中原腹心之南方门户，楚在其南，鲁、宋在其东北，郑、晋在其西北，具有一定的战略意义。楚国北进，首当其冲者则为此三国；而齐、晋之御楚者，亦争战于此三国之境。故终春秋之世，此三国恒为中原列国与楚争夺之战场。但由于三国紧邻强楚，晋则与它们当中隔着郑、宋诸国，影响力殊微，所以三国实际上始终归入楚的势力范围，系楚忠实之附庸国，曾多次协助楚国对付晋、宋等国，成为楚北进争霸的桥头堡。

燕、曹。燕国为召公奭始封之地，与鲁国的情况一样，也是由其长子就国。燕国在春秋史上一般称作北燕，其地以今北京一带为中心，据有今河北一部。在当时，燕僻处中原北陲，杂处于山戎与诸狄之间，经济文化相对落后，地旷人寡。终春秋之世，其战略地位并不显得特别重要，其战略动态也似乎不曾对整个形势产生过太大的影响。其真正崛起，是在战国中期。曹国，地处今河南东北及山东西部一带，都于陶邑（今山东定陶）。曹国四周与宋、鲁、卫、郑诸国相邻，亦为四战之国，其兵要地理形势与卫国相似，唯实力与影响较卫国逊色。

吴、越。吴、越两国位处长江中下游地区。其中吴国都于吴（今江苏苏州），占有今江苏大部，兼及今安徽、浙江一部之地。其地东至海，南有太湖，西及皖北与楚国接壤，北据徐州与宋、鲁为界。越国都于会稽（今浙江绍兴），以今浙江中北部为活动中心。其地东至海，西至今江西境内，北至今浙江嘉兴一带与吴国为界。越灭吴后，其疆域曾拓展至今江苏北部、山东南部一带。吴、越在春秋前中期尚默默无闻，但至春秋中后期迅速崛起，“迭为霸王”。其地拥有江湖地利之胜，便于巩固后方，伺机而动，攻守皆宜，进退自如。对晋、楚诸国来说，吴、越是自己争霸中心战场的后方，谁拥有两国的支持，即可对敌后构成威胁，陷对手于两线作战的不利处境。故先有晋国拉拢吴国，以牵制楚国北进；后有楚国如法炮制，联络越国以消弥吴国威胁。由此可见，吴、越独特的兵要地理环境曾对春秋后期列国战略态势的递嬗产生过不可忽视的影响。吴、越两国亦凭依各自有利的兵要地理条件，际会风云，脱颖而出，成为春秋末年大国争霸中的重要角色。

兵要地理对春秋时期战略格局的演变有着重要的影响。无论是国与国之间的关系、国势的盛衰、一国疆域的拓展或缩小，还是一定时期内战略结盟、列国军队建设或作战方式的变革，都与特定兵要地理条件有关。概括而言，这种错综复杂的关系，体现在以下几个方面。

第一，中原边缘国家在激烈的诸侯争霸战争中具有更广阔、更有利的生存和发展空间。随着时间的推移，它们的疆域日益扩大，实力日趋强盛，成为主导春秋政治、经济、军事、外交形势的核心力量。《史记·十二诸侯年表序》尝云："晋阻三河，齐负东海，楚介江淮，秦因雍州之固，四海迭兴，更为伯主。"晋、齐、楚、秦为春秋时期的头等强国，造成这一局面的原因是多种多样的，但其中不乏有利的兵要地理环境之因素在起作用。所谓"距险而邻于小，若加之以德，可以大启"[1]，就是这个意思。

据上所述，这四个国家中除齐国以外，在春秋初年并非是最具地位和实力的国家。然而由于它们各自占据中原东南西北之一角，据有山河之险，地形便利，遂极大地促使其国势勃兴。这些国家（包括春秋后期的吴、越）和争霸中心地区——黄河中下游流域保持着相对的距离，在战略上处于外线作战的有利地位，在军事活动中很少有在自己国土上开战的被动状态。它们的作战行动基本上都在地处中原腹心的中小国家国土上展开，本土则较少遭受战争的灾祸。像城濮之战、邲之战、鄢陵之战等著名大战就

[1]《国语·郑语》。

属于这种情况。这样就大大减轻了这些国家的财富和人员损失，而将战争的后果较多地分摊到其他中小国家的身上，可谓攻守皆宜，进退主动。

中原边缘国家大多和文化发展相对落后的蛮夷戎狄等部族为邻，背靠空旷地带，所谓“戎狄之与邻，而远于王室”[1]。这些部族虽曾不同程度地对晋、秦、楚、齐诸国构成某种威胁，但就总体而言，这种威胁主要是骚扰侵掠，远远不曾达到倾覆其社稷的地步。反倒是这几个国家对错杂混居的蛮夷戎狄部族占有压倒性的优势，可以运用军事手段逐渐蚕食吞并之。尤其是晋、秦、楚、齐诸国在争夺中原霸权斗争中暂时受挫，南下北上或东进西出受阻，不得已而采取战略守势之时，往往适时调整战略方针，转而加强对少数部族的进攻和兼并，以巩固后方、扩张疆域、积聚力量，为下一轮争霸中原创造条件。如齐灭纪、莱、谭诸国；晋攻灭长狄、赤狄、白狄诸多部落；楚经略江、淮流域，吞并群舒、百濮，“并国二十六，开地三千里”[2]；秦尽灭绵诸（今甘肃天水）等西戎各国，“并国二十，遂霸西戎”[3]。就都是充分利用所据兵要地理环境优势而发展壮大自己的具体例证。

中原边缘国家在地理位置上都不在中原腹心范围，因此受中原文化圈的影响比郑、卫诸国弱，在其身上较少有旧传统的包袱，从而容易更新观念，因时变革，满足时代前进的要求。无论是在军队的扩充、战术的变化上，还是在官制的建设、田制的改革中，都反映出它们积极进取、顺应潮流的基本面貌。从春秋的具体史实看，打破旧礼制所规定的军队限额最坚决，扩军规模最庞大、速度最迅速的，是它们；田制改革走在前列，官制建设自

---

[1] 《左传·昭公十五年》。

[2] 《韩非子·有度》。

[3] 《史记·李斯列传》。

成特点，立足于理顺战时管理体制需要的，是它们；根据地形条件特点（如晋多山地，楚多丘陵与江河湖泊），结合对周边部族作战的需要，而改革车兵，发展步兵与舟兵，采用奇谲诡诈战法的，仍然是它们（吴、越的情况亦类似）。

由此可见，正是有利的兵要地理环境，使得这些中原边缘国家能够在继承传统的同时，善于汲取当地固有文化（包括戎狄等部族的文化）中的有益成分，不断创新，努力进取，从而有效地避免了重蹈中原腹心国家“让旧的束缚住新的、死的窒息了活的”这一覆辙。从这个意义上说，打破中原车战一统局面，促成步兵的重新崛起、舟兵的广泛组建、骑兵的初步萌芽，其中起主导作用的就是这些国家；而实现作战方式的转变，导致班固所说“自春秋至于战国，出奇设伏，变诈之兵并作”的现象出现，也是这些国家扮演主要角色。我们不是地理条件决定论者，但是我们并不否认地理条件对历史进程所起的作用。齐、晋、楚、秦、吴、越等国兴亡盛衰的历史，正是这方面颇具说服力的确证。

第二，中原腹心地区的诸侯国生存空间狭窄，战略回旋余地局促，多为四战之地，长期处于列国争霸战争的中心旋涡。加之这些国家浸淫周礼旧文化传统甚深，政略、战略保守，缺乏开拓创新精神，因此其发展受到严重限制，积贫积弱，日趋衰微。终春秋之世，它们只能成为当时争霸战争全局中的配角，听凭大国摆布。

所谓中原腹心地区的国家，多半为“虞、夏、商、周之胤”，位处黄河的中下游地区。它们以东迁以后的周王室为中心，包括郑、卫、宋、曹、鲁、许、陈、蔡、申等国。有的学者将其界定为“周文化圈”[1]，这是有道理的。从文化上说，这些国家比较繁荣发达，为当时最重要的文化中心。这在《左传》

[1] 参见晁福林：《霸权迭兴　春秋霸主论》，生活·读书·新知三联书店1992版。

等文献上有较多的反映。例如《左传・襄公十年》载:“诸侯宋、鲁于是观礼。”《左传・昭公二年》云:“周礼尽在鲁矣。”《论语・雍也》中，孔子也有“鲁一变，至于道”的说法。可是在春秋时期，这些国家多不强盛，国土狭小，军力单薄，很少能够拓展疆域，主宰中原战略局势。相反，它们纷纷沦为大国的附庸，成为强国相互争夺控制的焦点，在诸多大国的夹缝中苟延残喘。虽然其间也曾产生过几位颇为风光的“霸主”，如郑庄公和宋襄公等，但都是转瞬即逝，昙花一现，没能形成更大的气候。

这一现象的发生，其原因是相当复杂的。一般论者多认为它们对旧文化、旧制度的保存尤为丰富和深厚，而受旧文化、旧制度束缚较深，传统变为包袱，反而成了后进者。[1]换言之，即历史文化传统负担过重，影响和限制了这些国家的进步与发展。这一看法是可以成立的。中原腹心国家普遍选择“犹秉周礼”的经文治武方略，立场比较保守，缺乏对新生事物的敏锐反应力和博大容纳力，从而使自己游离于时代潮流的主导趋势之外。仅就军事活动领域来考察，这些国家普遍奉行“战不逐奔，诛不填服”“成列而鼓”等僵化教条，遵循旧军礼重“偏战”的原则。何休在《春秋公羊传解诂・桓公十年》中对“偏”进行过解释:“偏，一面也。结日定地，各居一面，鸣鼓而战，不相诈。”宋襄公在宋楚泓水之战中的表演，就是这方面的典型。他侈谈“古之为军也，不以阻隘也……不鼓不成列”，鼓吹“君子不重伤，不禽二毛”[2]，放弃有利的战机，结果导致宋军惨败于楚师，转眼间破灭了自己的“霸主”迷梦，成为千古笑谈。宋襄公的事例固然是个极端，但是其他中原列国的情况也没有强到哪里去。《司马法》“以礼为固，以仁为胜”的战争原则是它们开展军事活动的

---

[1]　参见金景芳:《中国奴隶社会史》，上海人民出版社1993版。

[2]　《左传・僖公二十二年》。

共识，而在这种文化氛围的笼罩制约之下，其就不能不陷于攻守皆困的被动处境了。

但是，将这些国家衰弱的原因仅仅归结于它们迷恋旧文化、旧制度，承受传统的包袱过重这一点，是不够全面辩证的。这些国家之所以在当时成为前进中的后进者，还有其他的原因。其中它们所处兵要地理环境的不利，就是一个不可忽视的因素。这种不利大致包含两个方面。其一，这些国家都处于中原腹心地带，在战略上陷于内线作战的处境。其地四通八达，多面受敌，为兵家所必争。从兵法上说，这属于《孙子兵法·九地篇》所谓“我得则利，彼得亦利”的“争地”。这一特点，决定了它们只能成为争霸战争的主战场，兵连祸结，内外交困，以致严重限制了经济发展、政治稳定和军事强盛。其二，这些中原腹心国家作为个体存在时，其周围都是与自己疆域大小相仿、实力强弱相近的同类国家，虽说各国之间有一定数量的隙地可供争夺，但是毕竟范围比较有限，绝不像楚、晋、齐、秦诸国那样背临广袤的空旷地带，能供自己开拓经略。因此它们当中任何一国的战略动向，都为其他诸国所高度警惕，即使有所动作，亦只能浅尝辄止，甚至得不偿失。而由于彼此实力相近，任何一国都无法拥有置对手于死地的优势，所以只好长期拉锯相持。就在这样不死不活的僵持中，它们错过了战略发展的有利时机，沦丧为新兴大国的附庸仆从。

第三，春秋主要诸侯国的兵要地理，直接制约着当时各国之间战略关系的确定或变化，乃至整个天下战略格局的平衡或动荡。换言之，春秋时期列国战略主攻方向的制定和调整、外交结盟关系的建立和破裂，都可以从列国所拥有的兵要地理特定条件中找到一定的原因。同时，在这个动态变化过程中，也伴随着“伐谋伐交”“远交近攻”等战略决策思想以及“严其险阻”、扼守关隘等战术应用原则的或萌芽或成熟。

秦、晋两国由盟邦转变为世仇，可谓兵要地理决定国与国之间关系的一个颇具代表性的缩影。春秋前期，秦、晋两国往来频繁，关系密切，互通婚姻，实为同盟。“秦晋之好”遂成为盟国相互信任、相互支持、共襄大业的代名词。尤其是秦国，在先后扶持晋惠公、晋文公回国登基，稳定晋国政局，巩固秦、晋同盟方面，曾发挥过重要的作用。如晋文公自秦归晋时，秦穆公曾予以兵力上的援助，“秦伯送卫于晋三千人，实纪纲之仆”[1]；并协助晋文公铲除晋怀公的残余势力。史载秦穆公东平晋乱，这是有根据的。

然而，两国所处的兵要地理条件，决定了两国的战略结盟只能是暂时的，双方的关系必然会随着时间的推移而恶化。秦国要染指中原，争夺霸权，必定要越过黄河，锐意东进。而晋国要独霸中原，号令天下，也必定要竭力遏阻秦国的东进，将秦国的活动范围限制在西方一隅。两强相遇，双方都以维护各自的国家利益为行动准则，激烈的冲突遂不可避免，双方的关系也就自然而然由同盟互助转化为尖锐敌对状态，且不存在任何调和缓解的可能。

公元前627年爆发的秦晋崤之战，是双方关系彻底破裂的重要标志。在这场战事之后，两国之间又先后发生了彭衙之战、河曲之战、麻隧之战、栎之战、棫林之战等一系列战事，双方互有胜负，但总的形势是晋占据着主动，具有战略上的优势。这些战争的根本症结，是秦要克服东进争霸的障碍，将自己的势力延伸到中原腹心地区；而晋国则千方百计要挫败秦的战略企图，维护自己在中原的根本利益。双方作战的焦点，是争夺对战略要地桃林、崤山的控制。由于晋国在这场斗争中，将“崤函之险”牢牢掌握在自己的手中，因此使秦国终春秋之世未能得志于中原。可

[1]《左传·僖公二十四年》。

是这种因兵要地理背景而引起的秦晋联盟的破裂，致使秦国转而同楚国结盟，极大地牵制了晋国的行动，使晋国无法集中力量与楚国决战。相反，楚国则得以乘机拓展疆域，增强实力，甚至发展到“问鼎中原”的地步。春秋时期整个战略格局为之发生了巨大的改变。

制定和推行“远交近攻”策略，从后方牵制主要敌手，使之陷于多面作战的被动处境，从而实现己方的战略意图，这是春秋时期列国军事外交斗争的重要内容，也是当时军事艺术日益高明的显著表现。这在郑庄公初霸实践中即已呈现端倪。当时郑国就是远结齐、鲁，近攻宋、卫，进而所向披靡、雄视中原。其后，齐、晋联手对付楚、秦，晋国联吴制约强楚，楚国借越牵制吴国，越国“亲于齐，深结于晋，阴固于楚”[1]，以力克强吴，所遵循的也都是类似的战略方针。而这类举动能层出不穷，且屡试不爽，在很大程度上也是由当事国的兵要地理条件所决定的。在地理位置上间隔甚远、彼此间暂时不会发生直接冲突的情况下，自然可以互相借助对方的力量来首先打击主要的敌人。

当然，这种格局也并非一成不变，一旦共同的主要对手被削弱或消灭，双方的地理位置接近，那么原先的盟国也可能反目成仇，形同水火。如弭兵之会后，随着楚国势力的退缩，中原列国与楚的矛盾冲突缓解，齐、晋这两个主要抗楚盟国的关系就开始趋于紧张，多次兵戎相见。又如晋、吴本为战略盟国，但在吴国五战入郢击破强楚、夫椒之战迫使越国臣服后，吴国就开始经营中原，而与晋国为敌了，于是便有了黄池争霸的一幕。再如越国，当它在从事灭吴战争时，曾经亲齐、结晋、联楚，可是一旦实现了吞并吴国的战略目的，使己之疆域推进到淮泗流域，也就立即放弃原先的亲齐、结晋方针，而要同中原列国一争高低了。

---

[1] 赵晔著，张觉校注：《吴越春秋校注·勾践归国外传》，岳麓书社2006年版，第219页。

如史书所载，“越灭吴，上征上国。宋、郑、鲁、卫、陈、蔡执玉之君皆入朝”[1]；“勾践已平吴，乃以兵北渡淮……当是时，越兵横行于江、淮东，诸侯毕贺，号称霸王”[2]。

由此可见，春秋时期列国的兵要地理环境，是影响和制约列国军事外交关系变化、国势兴盛衰微以及各自战略方针制定的重要因素。今天我们要全面了解和深入把握春秋战略格局的递嬗轨迹，就必须注意对列国兵要地理状况的考察和分析。

[1] 《国语·吴语》。

[2] 《史记·越王勾践世家》。

三、战国时期的军事嬗变

1. 步兵跃居诸兵种之首

进入战国时期，各国开始大规模组建步兵。这一局面的出现与当时推行郡县普遍征兵制以及铁兵器和新式弩投入战场直接相关。

郡县普遍征兵制的推行，使得大量民众涌入军队。由于没有当甲士的经验和受训练的条件，他们大多只能成为步兵，因此造成战国时期步兵数量急剧增加。

步兵的大量组建更与当时兵器的改良和战术的发展密不可分。战国时期的弩可射六百步以外，有一种“连弩”，射程更可达九百步之远。“积弩齐发”成为步兵在广阔的正面战场上遏制密集车阵进攻最具威力的手段。另外，当时铁制兵器被较广泛地应用于战争。铁的资源丰富，价格低廉，铁兵器可以大量生产，这就为大量步兵的组建提供了必要的物质条件。

战国时期各国均拥有数量庞大的步兵部队。当时人们在列举军事力量时，已经普遍将“带甲”与“车乘”分开称呼。所谓“带甲”，就是成建制的步兵部队，它们一般都被置放于“车”“骑”之前。这显示出步兵已成为各国的第一兵种，地位最为重要。《战国策·韩策一》对秦国兵力的记载是“带甲百余万，车千乘，骑万匹”，步兵的数量相当巨大。魏国则招募大批勇士，组成精锐步兵“武卒”（亦称“武士”）20余万人，此外尚有其他步兵50万人，数量亦十分可观。《史记·苏秦列传》记载：

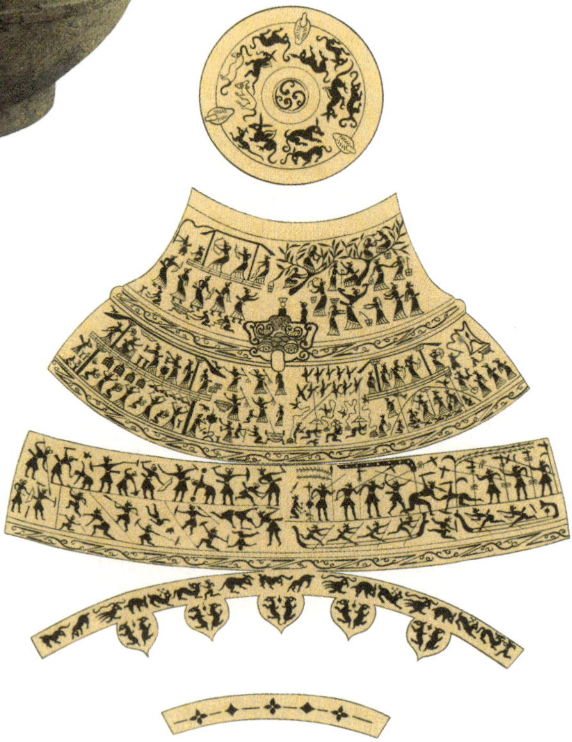

战国水陆攻战纹铜壶

出土于四川成都，现藏四川博物院。铜壶通体用金银嵌错出丰富图案，画面共分四层：第一层，习射和采桑；第二层，宴乐战舞和弋射、习射；第三层，水陆攻战，左为步战仰攻，右为水陆战争；第四层，狩猎和双兽桃形图案。

“武士二十万，苍头二十万，奋击二十万，厮徒十万。”秦、魏两国的步兵状况实际上就是当时各国步兵建设的一个缩影。

步兵的全面发展，也反映为当时步兵编制体制的完善和军事训练重心的转移。当时魏国军队的编制体制就是十进制辅以五进制的什伍制度，秦国军队的编制是五人一伍、五十人一屯、百人一将、五百人一主。这表明建制步兵的结构体系已相当完备。同时各国的军事训练的重点，也由原先的主要训练车士熟习射、御技能，而一变为主要训练步卒的队列和技术战术，包括行军宿营、信号识别、阵法布列等。这种军事训练重心的转移，也从一个侧面反映了步兵的发展及其地位的日趋重要。

从战国时期的战争情况看，步兵也是当时作战中的主体，对战争胜负起着相当关键的作用。如韩国的步兵在战场上素以勇力著称：“被坚甲，蹠劲弩，带利剑，一人当百，不足言也。”[1]又如在著名的长平之战中，秦赵双方投入的步兵均达50万人，战线绵延一百数十里，持续作战达6个月之久，成为战国时步兵重兵集团大规模野战的典型战例，这充分显示出步战的成熟和步兵在战争中的主导地位。

2. 车兵地位的变化

春秋后期起，步兵重新崛起，车兵的地位相对降低。这一过程递嬗到战国，遂导致战车不再是战争中的核心，而成为步、车、骑协同作战中的一部分，车兵的地位也退居到步兵之后。这种情况的产生原因是多方面的，其中荦荦大端者，不外乎战场地域的扩大、士兵成分的改变、战争规模的增大、新式兵器的出现、作战方式的改变等。尽管如此，车兵在当时军队中仍是主力

---

[1] 《战国策·韩策一》。

兵种之一，在战争中发挥着重要作用：

第一，战车数量的多寡，乃是衡量一国军力的重要标志。张仪、苏秦、苏代、公孙衍等人，在游说各国诸侯论及某国军力时，总要指出“车千乘”“车七百乘”“车六百乘”之类，同时盛赞一些国家战车的精良，如苏秦称道“齐车之良”。由此可知，战车在战争中仍占有重要的地位。

第二，先秦文献中对车战的描述比比皆是，这可以说是对当时动用兵车作战的史实的有力证明。《史记·韩世家》载：“（楚王）警四境之内，兴师言救韩，命战车满道路。”又如公元前405年，韩、赵、魏三国联合伐齐，“大败之，齐将死，得车二千”[1]。诗人屈原的《国殇》诗中，对当时车战盛况有极其生动的描绘：盾牌手里拿，身披犀牛甲。敌我车轮两交错，刀剑相砍杀。战旗一片遮了天，敌兵仿佛云连绵。你箭来，我箭往，恐后争先，谁也不相让。阵势冲破乱了行，车上四马，一死一受伤。埋了两车轮，不解马头缰，擂得战鼓冬冬响。天昏地暗，鬼哭神号，片甲不留，死在疆场上。[2]在这里，屈原把一车四马的配备、车兵的甲胄兵器、指挥用的旗鼓、双方弓箭的对射、双方兵车驰击位置交错时发生的格斗等生动情景，都真切地描绘出来。屈原为战国中期人，他能以车战为题材进行文学描写，说明在当时车战仍然是比较频繁的。

第三，当时的兵书大量论述了战车的使用及其在作战中的特点，这也表明车战在当时仍是重要的作战方式之一，车兵在军队中仍占有较高地位。《孙膑兵法·八阵》提出：“易则多其车。”可见，在当时平原地带作战中，战车依然被广泛使用。《吴

---

[1] 《吕氏春秋·不广》。

[2] 参见郭沫若：《屈原赋今译》，作家出版社1953年版。屈原《九歌·国殇》原文：“操吴戈兮被犀甲，车错毂兮短兵接。旌蔽日兮敌若云，矢交坠兮士争先。凌余阵兮躐余行，左骖殪兮右刃伤。霾两轮兮絷四马，援玉枹兮击鸣鼓。天时坠兮威灵怒，严杀尽兮弃原野。”

子·图国》记载魏“革车奄户，缦轮笼毂”，形象描述了当时兵车的形制。至于《六韬》，则更是对战车的作战特点与功能做了细致的阐述。它专列《战车》一篇，列举车之“十死八胜”，系统总结了兵车作战的十种不利地形和八种有利情况，并在《均兵》一篇中突出强调了战车的作用：“车者，军之羽翼也。所以陷坚阵，要强敌，遮走北也。”并论述了车兵在平原地区的威力。

第四，考古发掘也表明车战和车兵在战国时期占有比较重要的地位。陕西秦始皇兵马俑坑的排列情况是：车兵、骑兵、步兵分别编组，协同作战。战车部队作为一支独立的兵种，仍具有相当的规模。这样就印证了文献材料关于战国车兵情况记载的可信性。

3.“胡服骑射”与骑兵的全面发展

乘骑之习源于殷商时代，这见于甲骨文的记载，但当时单骑主要是用于驿传联络，并无军事上的意义。春秋时期主要是西北边远地区的一些游牧民族使用骑兵，受此风气影响，晋国军队中配属有少量零散的骑兵，但在中原战场上似乎还看不到他们的踪影。

直到春秋战国之交，骑射才开始较广泛地应用于实战当中。在先秦史料中，“骑”字最早出现在《墨子》和《吴子》，就是一个很好的证明。《战国策·赵策一》追述春秋末年有关史实，称赵襄子“使延陵生将车骑先之晋阳”。此处将车、骑并提，表明骑兵已经具有单独建制，在行军序列中占有一席之地了。《吴子》中讲到“千乘万骑，兼之徒步”“分车列骑”，孙膑讲到“用骑十利”，这些情况表明人们已经开始从总结经验、概括理论的角度论述骑兵。到了公元前4世纪末，赵国的武灵王出于边防作战的需要，命令民众改穿窄袖的胡服操练骑射，组成了独立

战国时期青铜马

现藏故宫博物院。

的骑兵部队。这是一次重大的军事改革，骑兵因此作为独立兵种，开始在中原各国普遍地发展起来。至于匈奴等少数民族，更是精于骑射，拥有强悍善战的骑兵队伍。

战国时期各大国的骑兵建设规模相当可观。在当时，骑兵与步兵、车兵一样，均为各国军队的主力兵种之一。从张仪、苏秦等策士的描述来看，当时各国拥有骑万匹（秦、赵、楚）、骑六千匹（燕）、骑五千匹（魏）数量不等的骑兵部队。赵国骑兵部队的建设和运用，正是当时骑兵发展的一个缩影。赵武灵王“胡服骑射”之后，骑兵遂成为其军队中最重要的兵种，在征服中山国和对林胡、楼烦“辟地千里”的战争中，曾发挥过重要的作用。赵奢、廉颇、李牧等赵国名将都善于使用骑兵。如李牧“常居代雁门，备匈奴……日击数牛飨士，习射骑”[1]，曾亲率骑兵13 000人，与车兵、步兵联合作战，斩杀匈奴10余万骑。

其他诸侯国动用骑兵作战并取得良好效果的事例也不在少数。如长平之战中，秦国骑兵奇袭赵营，与步兵协同作战，为战争的胜利立下汗马功劳。又如齐国的骑兵也经常发挥作用，明朝董说《七国考》引《孙子笺》云：“齐宣王以文骑六百匹伐燕。”[2]

古代兵家认为骑兵作战的特点是“急疾捷先”[3]。这决定了在战国时期，骑兵是作为快速机动部队而与战车配合使用的，主要用于担负正面突击、邀敌、侧翼包抄、奇袭、长途追击、敌后骚扰等作战任务。在战场上，常常部署于侧翼，攻击敌人的侧后。由于战国时期骑兵规模已有大的发展，骑兵战术已达到一定水平，故当时的兵学著作注重对骑兵的建设和运用进行理论上的总结。如《六韬・犬韬・战骑》曾将骑兵的基本战术归纳为“十

---

[1] 《史记・廉颇蔺相如列传》。

[2] 董说：《七国考》，中华书局1956年版，第304页。

[3] 《吕氏春秋・论威》。

胜”和“九败”。其中“十胜”（今本仅存“八胜”）为进攻战术，包括进攻时机和地点的选择；“九败”乃骑兵作战应注意避免的事项，例如，要避免中敌埋伏，防止被敌方断绝退路等。

从骑兵在作战中担负的任务可以看出，战国时期的骑兵在军队中的地位是在步兵和车兵之下的。当时一些史书与兵书，在讲到兵力时都把骑兵列在步兵和车兵之后。但当时衡量一国国力的强弱，主要不是以骑兵的多少，而是以战车的多少为标准的，如称“千乘之国”“万乘之国”等。在记述作战行动时，往往把战车放在重要的位置，而较少提及骑兵。如《战国策》记载秦国与魏国、楚国的数次战争，只提到秦国军队战车和步兵的数量，而未提及骑兵；《司马法》在讲战术时，也只讲到战车和步兵。地下考古发掘也反映了这种情况。举世闻名的秦陵兵马俑共分三组，第一组是步兵排成的大方阵，队间有6乘兵车，似为指挥官的乘具；第二组是战车排成的小方阵；第三组是1乘战车和68名武士。这反映了当时各级指挥员主要还是乘战车指挥作战的，战车比骑兵具有更重要的作用。所谓“步为腹心，车为羽翼，骑为耳目，三者相待，参合乃行”，这样的作战格局正是在战国时期形成的。

为了适应骑兵发展的需要，战国时期部分诸侯国一方面从北方游牧民族那里引进大批良马，另一方面北边的燕、赵地区和西方的秦国也开辟了牧马场，大规模牧养马匹。养马技术在当时有了长足的进步，出现了一批高超的养马专家及养马学专著。长沙马王堆三号汉墓出土的战国晚期帛书《相马经》，即为目前所能见到的世界上最早的马匹外貌学专著。战马的训练与保养在当时受到普遍的重视，这在《吴子·治兵》中有比较充分的反映，既要“戢其耳目，无令惊骇，习其驰逐，闲其进止”，又要“安其处所，适其水草，节其饥饱”。出土的秦律《厩苑律》对战马的管理也作出了具体规定，说明马政事业在当时也开始建立起来。

4. 舟师的发展

战国时期，舟师作为一支特殊的新型兵种，在滨海和江河较多的诸侯国中也获得了相当的发展，成为一支配合陆地作战的有生力量。[1]在战国诸雄中，以楚国与秦国的舟师实力、作用最可称道。楚国的舟师自春秋以来经历了多次战斗，在当时拥有相当的实力。秦国为了达到兼并六国的目的，也大力加强水军的建设。史书记载："司马错率巴蜀众十万，大舶船万艘，米六百万斛，浮江伐楚。"[2]又据《战国策·燕策二》记载，秦曾警告楚说："蜀地之甲，轻舟浮于汶，乘夏水而下江，五日而至郢。汉中之甲，乘舟出于巴，乘夏水而下汉，四日而至五渚。"这表明秦国在巴蜀地区拥有大量的运兵船，可以沿长江东下。史实也证实了这一点，当年司马错曾率军10万，携米600万斛，乘舫船万艘沿江顺流而下进攻楚国。

在魏国方向，秦国有黄河舟师配合陆路的军事行动。《战国策·燕策二》记载："秦正告魏曰：'我举安邑，塞女戟，韩氏、太原卷。我下枳道、南阳、封、冀，包两周，乘夏水，浮轻舟，强弩在前，铦戈在后，决荥口，魏无大梁；决白马之口，魏无济阳；决宿胥之口，魏无虚、顿丘。陆攻则击河内，水攻则灭大梁。'魏氏以为然，故事秦。"这段记载对秦国黄河舟师的实力及其在作战中的地位作出了生动的描绘。

战国时期的战船有多种名称：大翼、小翼、突冒、楼船、桥船等。船上的战士，有的称为"船军"。河南卫辉山彪镇出土的战国前期水陆攻战纹铜鉴，纹饰完整清晰，用精美的图案细致地

[1] 吴如嵩等：《战国军事史》，军事科学出版社1998年版，第78页。

[2] 常璩：《华阳国志·蜀志》，齐鲁书社2010年版，第27页。

表现了当时战船的特点和激烈的水战场面：战船形制修长，无帆无舵，由棹手划桨操纵。一艘战船分上下两层，上层武士多人分别手持戈、戟、矛、弓箭等长短兵器与敌格斗。并有挥旗、击鼓等指挥者。指挥者击鼓，水兵奋力拼杀，远距离用弓箭杀伤敌人，近身用戈、矛、短剑搏斗。下层一列水手持桨划水，并身佩短剑。这真实地反映了战国时期舟师的形象，也表明水战已成为一种习见的事物。

尽管战国时期舟师已有了较大的发展，但总的来说尚处于初创的阶段。一是规模不大，基本上只对陆战起一定的配合作用。二是作战水域不广。三是当时兵书尚未对水战作专门的总结和研究。《孙膑兵法·十阵》中曾有“水战之法”，但所讲亦较简略。水军的较大规模建设和水战的进一步发展是在秦汉魏晋南北朝时期。

5. 战国时期的关塞防御与城池攻守

战国时期，战争目的由单纯的争霸称雄一改而为兼并土地、鲸吞人口资源，使得春秋那种“津梁未发，要塞未修，城险未设，渠答未张”[1]的军事现象成为历史陈迹，关塞遂成为战争中激烈争夺的目标。当时各国都强调“四塞以为固”，希望通过扼守要点来争取战场优势，因此纷纷派遣重兵守御关塞，“诸侯之有关梁……盖自战国始也”[2]。“备边竟，完要塞，谨关梁，塞蹊径”[3]，于是成为国防建设的重要内容。

战国时期各国具有战略意义的重要关塞，据董说《七国考》

---

[1]《尉缭子·攻权》。

[2]《盐铁论·险固》。

[3]《礼记·月令》。

统计，大抵有四十处：秦国东有函谷关（今河南灵宝北），南有武关（今陕西商洛东），西有散关（今陕西宝鸡西南），北有萧关（今宁夏固原东南）；楚国北有方城（今河南南阳东），西有扜关（今重庆奉节东）；齐国西有博关（今山东博平东北），南有阳关（今山东宁阳东北）；赵国北有无穷之门（今河北张北南）、句注塞（今山西代县西）、井陉塞（今河北井陉北），西北有高阙塞（今内蒙古乌拉特后旗南）、挺关（今陕西榆林西北）；魏国有蒲坂关（今山西永济西）；韩国有成皋险塞（今河南荥阳西）、商阪之塞（今陕西商洛南）；至于燕国，则有令疵塞（今河北迁安西）、居庸塞（今北京昌平居庸关）；等等。

这些关塞平时多驻有军队防守，如韩国用于“守徼亭障塞”者有十万人之多[1]；魏国“卒戍四方，守亭障者参列，粟粮漕庾，不下十万”[2]；《史记·白起王翦列传》记载王龁“陷赵军，取二鄣四尉”，可见赵国对关塞亦予以防守。《管子·地图》中提到军事指挥员要对险隘、困阻之地的情况了如指掌，这也从侧面透露了战国时对驻兵防守关塞要地的重视。平时的守御，为战时启用关塞御敌奠定了基础。一旦战争爆发，各诸侯国就“夷关折符”[3]，力争拒敌于国门之外。

战国时期城池的修筑有了新的发展，城邑数量急剧增多，规模也迅速扩大，“千丈之城，万家之邑”比比皆是。如通过考古发掘查明，齐国都城临淄共有内外两城，内城周长约7000米，外城周长达14 000米。又如邯郸城遗址，分王城和郭城，仅郭城东西宽约3200米，南北长约4800米，有20米左右宽的城墙。

当时各国都普遍注意城邑的修筑，致力于加强其防守的能

[1] 《史记·张仪列传》。

[2] 《战国策·魏策一》。

[3] 《孙子兵法·九地篇》。

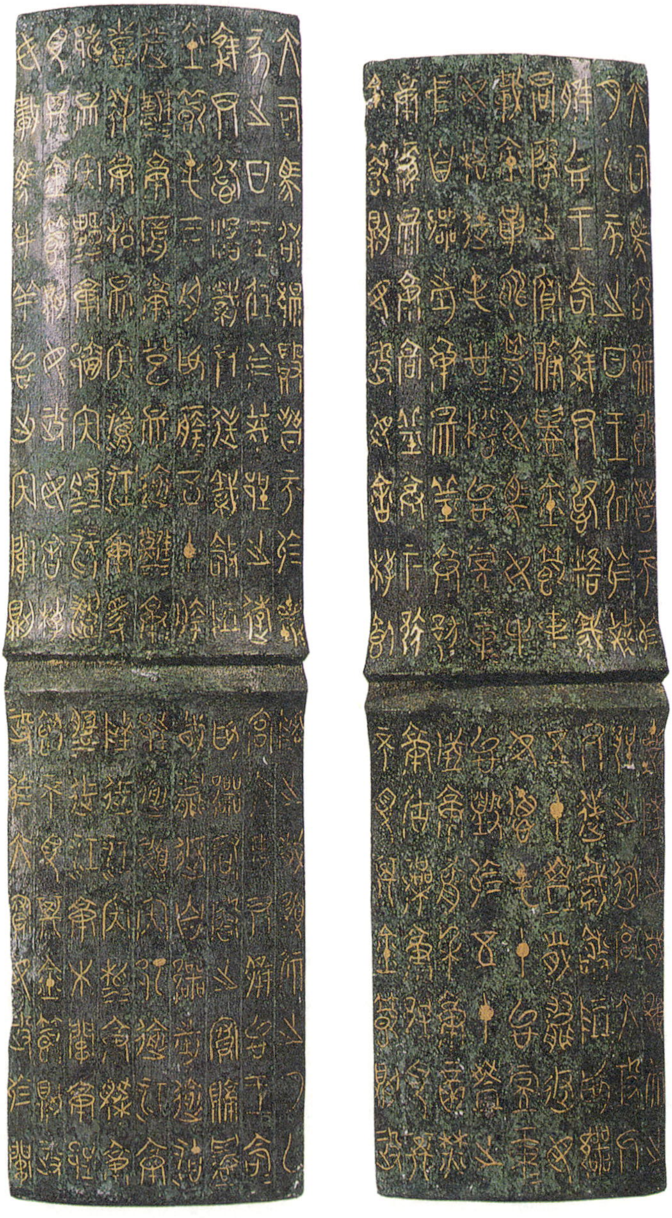

错金鄂君启铜节

出土于安徽寿县，现藏中国国家博物馆。这是战国时期楚怀王颁发给鄂君启的通行凭证，其中规定了水陆交通运输的路线、运载额、运输种类和免税条件等。

力，“为城郭者，非妄费于民聚土壤也，诚为守也”[1]，故而“量土地肥墝而立邑。建城称地，以城称人，以人称粟”[2]，努力做到池深而广，城坚而厚。

各国重视城邑的修筑和防守绝非偶然。首先，从战略上考虑，当时的城邑往往是经济、政治、文化发达地区，又是关系到一个地区甚至全局安危的战略要地。它们或控制着交通要冲，或控制着地区经济命脉，成为常说的“兵家必争之地”，在整个战局中起着支撑点作用。如邯郸之战中对邯郸的争夺，燕齐之战中对即墨、莒的争夺，都是关系到社稷存亡的角逐。又如秦、韩之激战宜阳，就在于宜阳的得失直接关系到秦东进战略的成败。其次，对于指挥艺术高明的将帅来说，在城邑攻守中，能够以城为依托，大量歼灭或牵制敌军，达成一定的战略目标。如齐国田单凭依“三里之城，五里之郭”的即墨城，长期固守，适时出击，终于复国。最后，城邑作为战争的重要后勤基地，粮食、衣物、武器、钱财乃至兵员，基本上都聚藏其中，所谓“豪杰雄俊，坚甲利兵，劲弩强矢，尽在郭中”[3]。所以从兵员补充和物资供应来说，城邑就是各种军事行动的主要支撑点，守住了城邑，既可保全己方军队和物资供应来源，同时也可削弱敌军在这一地区的物资供应来源。

战国城邑防御方法因此也得到长足进步。据《墨子》《商君书》《孙膑兵法》《六韬》《尉缭子》等相关典籍的论述可知，当时的城邑防御是一种全民动员的整体作战，包括以下几点。第一，充分作好守城的准备，“池深而广，城坚而厚，士民备，薪食给，弩坚矢强，矛戟称之”[4]，“厚以高，壕池深以广，楼橹

---

[1]《尉缭子·守权》。

[2]《尉缭子·兵谈》。

[3]《尉缭子·守权》。

[4]《尉缭子·守权》。

修，守备缮利”[1]。第二，妥善部署兵力，发动和组织全民投入守城作战，“壮男为一军，壮女为一军，男女之老弱者为一军”[2]，分别担任守城中适宜的任务。第三，在城外修建各种防御性工事，拆去城外房屋，坚壁清野，“使客无得以助攻备”[3]；同时搞好己方的战争物资储备，持久作战，做到“薪食足以支三月以上”[4]。第四，守城作战之时，先是凭借外围工事阻滞和消耗敌人，再逐次撤退至城邑主阵地，用各种手段抗击敌军的攻城方法，积极防御，内外配合，即所谓“中外相应”，“十万之军，顿于城下，救必开之，守必出之”[5]。实施顽强坚守与适时出击相结合的作战方式，对攻城敌军一方面予以阻击，另一方面等待条件成熟时再予以尽可能的歼灭。

6. 军队数量的激增与兵役制度的变化

殷商、西周时期，由于生产力不够发达，并且受“国人兵役制”的束缚，军队数量相对有限。这从当时军队的组织编制上就可以看出来，军队的最高建制是“师”级，“军”的建制尚未出现。进入春秋后，周王室权力下移，诸侯国之间不断进行争霸兼并战争，使军队数量相应得到递增，“军”的建制开始出现。尤其是晋、楚、齐、秦等大国，扩军的规模更为迅速和庞大。如晋国，按规定只能拥有一军的兵力，但晋献公时即扩为二军加二行（步兵），晋文公在城濮之战前夕“蒐于被庐，作三军，谋

[1]《墨子・备城门》。

[2]《商君书・兵守》。

[3]《商君书・兵守》。

[4]《墨子・备城门》。

[5]《尉缭子・守权》。

元帅”[1]，并别建步兵“三行”，稍后更扩充到四军、五军、六军，完全打破了“周礼”中大国三军、次国二军、小国一军的规定束缚。当然，春秋前期军队规模总的来说还不是很大。管仲治齐，士乡十五，共三军，为三万人。晋文公作三军，亦不过三万余人，即使后来扩至五军、六军时，兵员也不过六七万人。

到春秋中后期，各国军队数额的扩充规模与速度出现大的飞跃。究其原因，一是“国”“野”普遍征兵制的实行，二是物质的丰富能够装备更多的军队，三是激烈战事频繁的需要。物质上的可能、组织上的条件、现实中的需要三者结合，使各国军队在春秋末年急剧扩增。如晋国在公元前6世纪后期全国有49县，每县多者可征发100乘兵力，全国共有4000余乘兵力，比之于城濮之战时晋国动员700乘兵力，增加了近6倍。又如楚国，灵王在位时仅是陈、蔡、东不羹、西不羹四个大县便“赋皆千乘”，若再加上申、息等地的军队，兵力当有万乘，兵数达数十万人。所谓“万乘之国”便在这时出现了。

进入战国后，兵员的剧增更是以无可遏制的势头上升，秦、楚两国都是带甲百万，车千乘，骑万匹；齐、赵、魏、韩、燕诸国也都带甲数十万，车数百乘，骑数千匹不等。伊阙之战，秦军在白起统率下阵斩韩、魏联军24万人；长平之战，白起坑杀赵军降卒40余万，均从一个侧面反映出当时军队人数之庞大可观。

需要指出的是，无论是春秋后期的各国兵额，还是战国时期的七雄兵力，都不能看成是各国实有的现役兵力数额，而应该视为当时各国所能征发的兵额总数。苏秦在估算齐国兵力时指出：“临淄之中七万户，臣窃度之，下户三男子，三七二十一万，不待发于远县，而临淄之卒，固以二十一万矣。”[2]这里苏秦所

[1]《左传·僖公二十七年》。

[2]《战国策·齐策一》。

战国时期持剑武士木俑

现藏湖南省博物馆。木俑身着长袍，足穿长靴，手持短剑，气势威武雄壮。这对于研究南方楚人服饰文化和古代军事史有重大意义。

讲的即是以一户三男子从征为准所能组建的军队员额。它表明，春秋、战国时期各国所谓“赋皆千乘”“带甲百万”“带甲数十万”，指的是可供征发的兵员数额，并非指齐装满员的军队数额。从当时两千万人口总数与军队数额之间的比值关系来看，上述各国军队的数额也应该看作是可征兵数。[1]

战国时期，随着郡县制在各国得到普遍推行，兼并统一战争进入高潮，“争地以战，杀人盈野；争城以战，杀人盈城”[2]，封建国家开始全面实行以郡县为单位的征兵制度，即一律按照郡、县、乡、里等地方行政体系征发“编户齐民”的民众入伍从战。但这种郡县征兵制的性质依然是临战征聚，每逢大战，全面征兵。如著名的长平之战中，秦昭襄王亲临前线，征发河内一带“年十五以上，悉诣长平”[3]。又如秦在灭楚之战中，“空秦国甲士”[4]，征集60万人，由名将王翦统领伐楚。

在郡县普遍征兵制条件下，军队成分完全平民化，不仅丁壮男子要入伍从征，在特定情况下连妇女老幼也要入伍服役，担任守城、修筑工事、转运粮秣的任务。各国纷纷为之建立以征发兵役为中心内容的“傅籍”制度。所谓“傅籍”，就是指普通男子（秦国甚至包括妇女）在达到一定服役年龄后，必须将姓名登记在公家的适役名籍上，“四境之内，丈夫女子皆有名于上，生者著，死者削”[5]。并根据需要，服一定期限的徭役和兵役。

战国郡县普遍征兵制是春秋后期国野普遍征兵制的完善与发展，奠定了中国古代征兵制的基本方式与特征，它满足了当时步兵作战再次成为主要作战形式、战争规模不断扩大的要求，是合

---

[1] 黄朴民：《战国兵额刍议》，《中国史研究》1994年1期。

[2] 《孟子·离娄上》。

[3] 《史记·白起王翦列传》。

[4] 《史记·白起王翦列传》。

[5] 《商君书·境内》。

乎军事历史发展趋势的。但是它在实际推行过程中，也给民众带来了沉重的负担。如果说春秋以前的兵役制度是国人权利与义务的结合，“执干戈以卫社稷”曾被引为一种光荣，那么战国的兵役则根本没有权利可言，而完全变成一种单纯的义务了。

战争条件的变化，对士兵的素质、作战技能提出了更高的要求，所以各国在推行郡县征兵制的同时，也开始初步尝试实行募兵制度。

当时，各国通过训练、考核，招募选拔了一批精锐士卒，被称为“选练之士”。这样的部队，在齐国叫作“技击”，在魏国称为“武卒”，在秦国则称作“锐士”，有的国家还把一些负辱逃罪的亡命之徒“相聚为一卒”，组成近似于“敢死队”一类的部队。

这类部队的考核标准十分严格。如魏国武卒的考选要求是：“衣三属之甲，操十二石之弩，负服矢五十个，置戈其上，冠胄带剑，赢三日之粮，日中而趋百里。”[1]由于标准严格，入选不易，这些士兵一经选取就能获得优厚的待遇，或免除其家庭的赋役，或“利其田宅”，分到好的田宅。如果他们在作战中立功，则被颁赐以“锱金”，“五甲首而隶五家”。这实际上是将社会上“庸徒鬻卖之道”引入军队建设。这样招募而来的“百金之士”具有相当优良的素质条件，乃是能力较高的职业军人，成为各国军队中的主力，人数虽不很多，但在作战中发挥着关键作用。

这种通过招募途径所组成的部队，与郡县征兵制下的士卒已有所不同。他们不再从事农业生产，而成为严格意义上的常备军。秦国商鞅变法，设法招徕三晋地区的农民在秦国从事耕作，供给“当粮”，而秦民则专力习武。这也是军、民分开各司其职的一种制度。

[1]《荀子·议兵》。

当然，战国时期招募兵员的方法仍然是建立在普遍征兵制基础上的，所谓“技击”“武卒”“锐士”，基本上是从业已服役的兵卒中遴选拔擢，并不完全是面向社会广泛招募。这和后世严格意义上的募兵制尚有一定的差别。从这个意义上说，战国时期那种招募“选士”的方法，只能视之为募兵制的滥觞。

7. “横则秦帝，纵则楚王”——战国地缘战略形势及其演变

战国时期，华夏民族的活动范围西起渭水流域，东至黄河下游，南到长江中下游流域，北达蓟辽地区。在这广阔的地域上，并立着秦、楚、赵、齐、魏、韩、燕七个诸侯大国，此外，还在相当长的一段时间里存在着宋、鲁、赵、周等次要诸侯国。这些大小诸侯国分别形成了四个大的文化类型，即三晋文化、荆楚文化、燕齐文化、邹鲁文化，其中以三晋文化为主导。由于周、宋、鲁等小国对当时战略格局的演变没有太大的影响，所以我们分析论述战国时期的兵要地理，当以七雄为具体的对象。

战国七雄中，以秦、楚、齐为头等强国。秦是所谓“虎狼之国”，“有吞天下之心”。楚国的实力也很可观，“凡天下强国，非秦而楚，非楚而秦，两国敌侔交争，其势不两立”[1]，有“横成则秦帝，纵成则楚王”之说。齐国自西周以来始终为东方大国，战国中期更一跃而为第一流强国，史称齐湣王为东帝、秦昭王为西帝，即是证明。魏与赵为第二等强国，“魏王拥土千里，带甲三十六万”，“秦王恐之，寝不安席，食不甘味”；[2]至于赵国，《史记·苏秦列传》称“当今之时，山东之建国莫强于赵”。不

---

[1] 《战国策·楚策一》。

[2] 《战国策·齐策五》。

同的是，魏国强盛于战国之初，赵国崛起于战国中后期。韩与燕相对来说较为弱小，韩国的战略地位无足轻重，“今天下散而事秦，则韩最轻矣；天下合而离秦，则韩最弱矣”[1]；燕国本来就弱小，诸强均认为它不足畏。这说明韩、燕在七雄竞争中处于软弱无力的境地。以上为战国七雄的一般情况，以下分别论述它们的政治形势、军事实力及地理条件。

秦国。秦是春秋四方强国之一，据有今陕西大部和甘肃一部，即东据黄河桃林、崤函之塞，南接秦岭，西依陇山，北抵平凉、泾川附近。但由于强晋在崤函一带设防，扼其咽喉，秦国长期无法东出逐鹿中原。然而到了战国时，历史为秦国提供了新的机遇，强晋分裂为魏、韩、赵三国，力量大大削弱，秦国遂把握时机，重启东进战略。秦孝公任用商鞅进行变法，开阡陌，废井田，致力耕战，推行“尚首功”的政策，遂使秦国迅速强盛起来，为秦国夺得战略优势，进而为兼并天下打下了坚实的基础。在此基础上，秦国又实施连横策略、远交近攻等一系列正确的策略方针，为其战略目标的实现开辟了道路。至战国中期，秦国的实力已俨然驾乎山东任何一国之上。《史记·张仪列传》记载：“秦地半天下，兵敌四国，被险带河，四塞以为固。虎贲之士百余万，车千乘，骑万匹，积粟如丘山。法令既明，士卒安难乐死，主明以严，将智以武，虽无出甲，席卷常山之险，必折天下之脊，天下有后服者先亡。”尤其是秦国的民风尚武乐战，骁勇强悍，怯于私斗而勇于公仇，所以秦国的军队战斗力在七雄中为最强。《荀子·议兵》称“魏氏之武卒不可以遇秦之锐士”，《吴子·料敌》也认为“秦性强，其地险，其政严，其赏罚信，其人不让，皆有斗心，故散而自战”。这样的军队在作战中自然是所向披靡，攻守皆宜了，所谓“山东之士被甲蒙胄以会战，秦人捐

[1]《战国策·韩策三》。

甲徒裼以趋敌，左挈人头，右挟生虏。夫秦卒与山东之卒，犹孟贲之与怯夫；以重力相压，犹乌获之与婴儿”[1]。

秦国战略优势地位的确定，与其兵要地理环境优越密切相关。《汉书·地理志》云：“秦地天下三分之一，而人众不过什三，然量其富居什六。”秦统治中心关中地区的地理条件更是十分优越，它作为四塞之地，“带山阻河，地势便利”，处于进可攻、退可守的有利地位。占有关中，便能行动自由，拥有对敌主动权。兼之它土地肥饶，水利灌溉系统发达，物产丰富，“号称陆海，为九州膏腴……沃野千里，民以富饶”[2]，能够支持长期的战争活动，故一直成为秦国实施兼并统一战略的有力保障。值得注意的是，秦国长期贯彻拓土开疆、扩展战略纵深、巩固战略后方、争夺战略要枢的方针，先后攻占河西、上郡、陕等地，完全控制黄河天险与崤函要塞，向南灭亡巴蜀、夺取汉中，向西北攻灭义渠，向东占领黔中、陶邑、南阳、河内等战略要地，几乎将主要的兵家必争之地大部分都划入了自己的疆域，进一步占有了地理环境上的优势，为其展开席卷天下、统一六国的战略行动创造了非常有利的条件。用苏秦的话说，就是“秦四塞之国，被山带渭，东有关河，西有汉中，南有巴蜀，北有代马，此天府也。以秦士民之众，兵法之教，可以吞天下，称帝而治”[3]。

楚国。楚国在战国七雄中疆域最大，全盛时其地占有今湖北、湖南、安徽三省之全部以及贵州、陕西、河南、山东、江苏诸省之一部。楚文化滋生于江汉流域，具有其独特的风格，很少受周礼传统文化的束缚。故自其立国以来，始终以兼并小国、逐鹿中原为战略上的根本选择，并取得了重大的成果，成为能与

[1]《史记·张仪列传》。

[2]《汉书·地理志》。

[3]《史记·苏秦列传》。

战国时期武士斗兽纹铜镜

出土于湖北云梦睡虎地秦墓，现藏中国国家博物馆。铜镜背面花纹以细线勾连纹作地，上有两个左手持盾、右手握剑的武士，与两只豹子搏斗。画面表现出秦人尚武的精神。

秦国全面抗衡的唯一强国。而且就当时的情况而言，楚强则秦弱，秦强则楚弱，二者势不两立。战国时期，楚国扮演了合纵抗秦的中坚角色，曾多次出面组织合纵阵线，遏制秦国咄咄逼人的进攻势头。而楚国能发挥这样的作用，在很大程度上是和它地大物博、人口众庶、军力充足、兵要地理条件有利直接相关的。众所周知，在战国大部分时期内，楚国的统治中心在郢（今湖北荆州），它地处南北中枢，北据汉沔，襟带江湖，东连吴会，西通巴蜀，远接陕秦，且内阻山河之险，易守难攻。故苏秦认为："楚，天下之强国也……西有黔中、巫郡，东有夏州、海阳，南有洞庭、苍梧，北有陉塞、郇阳，地方五千余里，带甲百万，车千乘，骑万匹，粟支十年。此霸王之资也。夫以楚之强与王之贤，天下莫能当也。"[1]

然而，楚国在地缘战略上的优势，却随着其政治的腐朽、外交的失败而渐渐消磨殆尽。在战国时期，楚国旧的宗族贵族势力始终强盛，政治黑暗，吏治腐败，上下离心，民怨沸腾。除了楚悼王任用吴起进行改革后稍有振作之外，楚国长期走下坡路，直到走向灭亡。对此，秦将白起曾有准确的分析："楚王恃其国大，不恤其政，而群臣相妒以功，谄谀用事，良臣斥疏，百姓心离，城池不修，既无良臣，又无守备。"[2]吴起也曾指出楚军的弱点："楚性弱，其地广，其政骚，其民疲，故整而不久。"[3]尤为致命的是，楚国在外交事务上也屡犯错误，虽然组织和参加合纵抗秦，却往往瞻前顾后、虎头蛇尾，没有能真心全力以赴。楚王又听信纵横家张仪之言，企图与秦国约为"兄弟之国"，轻率地瓦解了与齐国的战略同盟，终陷于孤立挨打的处境。在这样的背

[1]《史记·苏秦列传》。

[2]《战国策·中山策》。

[3]《吴子·料敌》。

景之下，楚国地虽广，人虽众，兵虽多，地理环境虽优越，也不能不江河日下、危亡必至了。等到秦国据有汉中、巴蜀、黔中之地，两路出兵，一路出武关，一路下黔中，对楚国形成夹击之势后，楚国就大势尽去，只能坐以待亡了。

齐国。战国中期，齐威王发愤图强，改革吏治，任用邹忌、田忌、孙膑等贤能之士，发展农业生产，增强军事实力，在战国七雄中崭露头角，“地广民众，兵强士勇”[1]。及至宣王、湣王之世，齐国实力达到了巅峰，短短近百年内，齐国先后大破魏军于桂陵和马陵，终结了魏国的霸权；伐燕灭宋，张扬齐国声威于天下，左右着当时的战略局势。史称“齐地方二千余里，带甲数十万，粟如丘山。三军之良，五家之兵，进如锋矢，战如雷霆，解如风雨”[2]。但是到了乐毅率五国联军伐齐之后，齐虽凭借田单即墨保卫战的胜利而免于覆灭，但实力已受根本性的损伤，难以重振雄风，更无法对战国历史的进程施加决定性影响了。

齐国在战国时期的兴衰存亡，固然与其政治的得失、军事的成败、经济的利弊、外交的正误直接有关，但也不能不看到地理环境、民风习俗所起的作用。换言之，在齐国所选择的基本国策、所制定的军事战略和外交斗争方针的背后，蕴含着其特定的地理环境和民风习俗的深层次因素。

齐国占有渔盐之利，农业发达，工商业繁荣，民众生活比较富裕。这一点司马迁在《史记·货殖列传》中有概括的描述：“齐带山海，膏壤千里，宜桑麻，人民多文彩布帛鱼盐。临淄亦海岱之间一都会也。其俗宽缓阔达，而足智，好议论，地重，难动摇，怯于众斗，勇于持刺。”优裕的生活环境，使得齐国民众不乐意于耕战，这直接导致齐国军队战斗力不强。所谓“齐之技

---

[1] 《史记·张仪列传》。

[2] 《史记·苏秦列传》。

击不可以遇魏氏之武卒”[1]，“夫齐性刚，其国富，君臣骄奢而简于细民，其政宽而禄不均，一阵两心，前重后轻，故（齐阵）重而不坚”[2]云云，正反映了齐军缺乏战斗力的特点。从战略地理环境来看，齐国处于中原争战之地的边缘，既可西进，雄霸诸侯；亦可退守，固据山川形势，自成格局。在较长的时间里，强秦如果进攻齐国，必须经过三晋的地盘，所以其兵锋对齐国并不构成太大的威胁，齐国自然能御土自守，南面称孤。但是正由于齐国拥有“悬隔千里之外”的兵要地理环境，它遂丧失了主动进攻的积极态度，在强秦面前，安于现状，不思进取，“四十有余年不受兵”。到了战国末年，齐国更是朝秦输诚，坐视秦国连年攻打三晋以及楚、燕，使得秦能够逐一灭掉五国。五国既亡，秦军大举伐齐，兵入临淄，齐国终于未能逃脱彻底覆灭的命运。

魏国。魏国是从晋国分裂出来的一个诸侯国。地方千里，经济发达，“南有鸿沟、陈、汝南、许、郾、昆阳、召陵、舞阳、新都、新郪，东有淮、颍、煮枣、无胥，西有长城之界，北有河外、卷、衍、酸枣，地方千里。地名虽小，然而田舍庐庑之数，曾无所刍牧。人民之众，车马之多，日夜行不绝，輷輷殷殷，若有三军之众”[3]。魏文侯在位时，礼贤卜子夏、田子方、段干木等儒家人物，重用吴起、李悝、西门豹等才能之士，实行改革，富国强兵，先后攻伐秦、中山。魏国因此在战国初年率先崛起，称霸中原。魏惠王时，魏国势力达到极盛，史称“梁君伐楚胜齐，制赵、韩之兵，驱十二诸侯以朝天子于孟津”[4]。魏国的军队数量庞大、战斗力强劲，在当时也是闻名遐迩。吴起为西河守期间，魏军在吴起统率下，“与诸侯大战七十六，全胜六十四，余则钧

[1]《荀子·议兵》。

[2]《吴子·料敌》。

[3]《史记·苏秦列传》。

[4]《战国策·秦策五》。

解，辟土四面，拓地千里”[1]。在当时，魏是天下头号强国。

然而，从兵要地理环境角度考察，魏国的处境十分不利。它生存空间比较狭窄，战略回旋余地局促。这主要表现为其地四通八达，多面受敌，无险要可供守御，为兵家所必争，在战略上陷于内线作战的被动局面。这一点张仪曾有扼要的评述：“魏地方不至千里，卒不过三十万。地四平，诸侯四通辐辏，无名山大川之限。从郑至梁二百余里，车驰人走，不待力而至。梁南与楚境，西与韩境，北与赵境，东与齐境，卒戍四方，守亭鄣者不下十万。梁之地势，固战场也。梁南与楚而不与齐，则齐攻其东；东与齐而不与赵，则赵攻其北；不合于韩，则韩攻其西；不亲于楚，则楚攻其南。此所谓四分五裂之道也。”[2]张仪所言，虽或有夸张之处，但基本上是准确的。魏国的这一地理形势特点，决定它只能成为兼并战争的主战场，兵连祸结，内外交困，以致严重限制了其经济发展、政治稳定和军事强盛。魏国还选择了错误的四面出击战略方针，导致河西之地失守于秦，桂陵、马陵之战惨败于齐，更加速了其由盛转衰的步伐。

赵国。赵亦是从晋国分裂出来的诸侯国。其疆域北邻林胡、楼烦，东北与燕、东胡接界，东与中山、齐为邻，南与卫、魏、韩交错，西亦与魏、韩毗连。赵建国伊始，赵烈侯即任用牛畜、荀欣、徐越、公仲连等贤能之士，初行改革，国内称治。赵武灵王在位时，更推行以“胡服骑射”为标志的大规模改革，使国家实力迅速增强，取得了攻灭中山以及北逐楼烦、东胡的重大胜利。赵国成为七雄中后起的强国，“当今之时，山东之建国莫如赵强。赵地方二千里，带甲数十万，车千乘，骑万匹，粟支十

[1]《吴子·图国》。

[2]《史记·张仪列传》。

年”[1]。赵国强盛之后，多次充当合纵抗秦的首领，成为抵抗秦国东进的头号对手。在赵国的遏制下，秦兵一度不敢出函谷关达十五年之久。

赵国能够支撑战国后期抗秦大局，同样是与其民风习俗与兵要地理环境相联系的。赵地居北，“地薄人众”，其民风“丈夫相聚游戏，悲歌亢慨”[2]，“矜夸功名，报仇过直”，“好气为奸，不事农商，自全晋时，已患其剽悍，而武灵王又益厉之”，“其民鄙朴，少礼文，好射猎”。[3]总之其特点是“号为难治”。这样的民风，决定了赵国的军队拥有十分强大的战斗力，造就了廉颇、李牧、赵奢等一代名将，从而在兼并战争中战胜攻取、拓土开疆。就兵要地理环境而言，赵国也处于有利的位置，西有常山，南有河漳，东有清河，北有燕国，居高临下，难攻易守。

秦国对赵国的强盛和抗秦威胁是心中有数的，它看到“天下之士合从相聚于赵，而欲攻秦”[4]，是自己兼并天下的巨大障碍，所以必然要以赵国为新的主要打击对象。于是秦国适时改变出豫西通道以东进的战略方针，改由出晋南豫北通道以攻击赵国。它先是“举安邑而塞女戟，韩之太原绝；下轵道、南阳、高，伐魏绝韩，包二周”[5]，对赵构成战略包围之势，断赵之右臂，待时机成熟后，又直接给赵国以凌厉的打击。赵虽利用地势之便，殊死抗衡，也曾取得过阏与之战等胜利，但终因实力不逮，攻守易势，而处于战略被动的境地。长平一战，赵军主力悉被歼灭，其亡国绝祚，也就指日可待了。地理形势之胜，终究未能挽救赵国。

[1]《战国策·赵策二》。
[2]《史记·货殖列传》。
[3]《汉书·地理志》。
[4]《战国策·秦策三》。
[5]《战国策·赵策四》。

韩国。韩国作为三晋之一，在战国七雄中国力较为薄弱，地瘠民贫，又是四战之地，处境极为艰难。张仪尝言：“韩地险恶山居，五谷所生，非菽而麦，民之食大抵菽饭藿羹。一岁不收，民不餍糟糠。地不过九百里，无二岁之食。”[1]应该说，这是符合韩国实际情况的描述。然而韩国的兵要地理环境也有其长处。其疆域虽然不广，但是北有巩、成皋之固，西有宜阳、商阪之塞，东有宛、穰、洧水，南有陉山，地方九百余里，形势亦堪称险要。尤其是韩国的兵器驰名天下，“天下之强弓劲弩皆从韩出……（剑戟）皆陆断牛马，水截鹄雁，当敌则斩，坚甲铁幕，革抉㕹芮，无不毕具”[2]。其军队的战斗力也因之而非常强劲，有一人当百之称。加上韩昭侯在位时，任用申不害进行改革，“内修政教，外应诸侯，十五年。终申子之身，国治兵强，无侵韩者”[3]。地理环境的有利条件，兼之其他因素，使韩国能够在七雄争战中坚持很长一段时间，这也算得上是一个奇迹了。然而，韩国毕竟弱小，暂时的抗争并不能改变日益削弱的趋势。等到秦军一旦东取成皋、荥阳，割裂韩国为两部分，韩国所剩下的唯有坐以待毙而已。

燕国。燕国都蓟，其疆域“东有朝鲜、辽东，北有林胡、楼烦，西有云中、九原，南有嘑沱、易水”[4]。在春秋时期，燕僻处中原北陲，其战略地位并不十分重要。进入战国后，燕国真正开始崛起，与秦楚等六国并驱而争先，“地方二千余里，带甲数十万，车六百乘，骑六千匹，粟支数年。南有碣石、雁门之饶，北有枣栗之利，民虽不佃作而足于枣栗矣。此所谓天府者也”[5]。

---

[1]《史记·张仪列传》。

[2]《史记·苏秦列传》。

[3]《史记·老子韩非列传》。

[4]《史记·苏秦列传》。

[5]《史记·苏秦列传》。

尤其是燕昭王任用乐毅五路伐齐，大获全胜，更使燕国声威远播，震动诸侯。

但是燕国毕竟是战国七雄中弱小的一国，其军队的战斗力从总体上说也不算强，《吴子·料敌》称“燕性悫，其民慎，好勇义，寡诈谋，故守而不走”。它得以后亡，主要原因是僻在边陲，远离强秦的兵锋，兵要地理环境对其生存有利。对秦国来说，主要的打击目标是三晋和楚国；而对山东诸国来说，当务之急，是设法与强秦抗衡，僻处北方的燕国并不是它们的攻击对象。诚如苏秦所言：“夫燕之所以不犯寇被甲兵者，以赵之为蔽其南矣……且夫秦之攻燕也，逾云中、九原，过代、上谷，弥地数千里，虽得燕城，秦计固不能守也。秦之不能害燕亦明矣。”[1]燕国正是凭借这一有利的兵要地理形势，在强国的争战夹缝中顽强地生存了下来。然而一旦秦国灭亡了三晋，燕国便变为秦国刀俎上的鱼肉。

无论是国与国之间的关系、国势的盛衰，还是各国在一定时期里战略方针的制定、军队的建设及作战方式的变革，都与特定的兵要地理条件有关。战国时期这种错综复杂的关系，大致集中体现在以下几个方面。

第一，兼并统一的大势与攻守方针的异同。伴随着铁马金戈、鼙鼓旌旗，历史进入了战国时期，同时战争也以不可阻拦的气势迈上了新的台阶。在当时，随着旧的生产关系大厦的倾覆，土地占有权也相对分散。有土地就有人口，有人口就有赋税，就能组建军队，也就意味着拥有了财富和权力。因此，对土地和人口资源的争夺和控制，也就合乎逻辑地成为战国战争活动的根本宗旨。换言之，对土地的争夺贯穿于战国时期战争的始终。这一兼并战争的属性，是与春秋时期争夺霸主名分和地位的争霸

[1]《史记·苏秦列传》。

战争迥异其趣的，所以刘向在《〈战国策〉书录》中说："万乘之国七，千乘之国五，敌侔争权，盖为战国。贪饕无耻，竞进无厌；国异政教，各自制断；上无天子，下无方伯；力功争强，胜者为右；兵革不休，诈伪并起。"战争目的决定战争手段，当时兼并战争的激烈和残酷程度要远远超过以往的争霸战争，孟子所说"争地以战，杀人盈野；争城以战，杀人盈城"，正反映了这一特点。

随着兼并战争的进展，在政治上，各诸侯国交流和联系日趋加强，统一的曙光渐渐到来。孟子在答梁惠王时指出天下"定乎一"，就十分确切地反映了这一历史发展趋势。在经济上，由于社会生产力的迅速发展，商业和交通的不断繁荣，各个地区在经济上的依赖与联系已相当密切，这一点杨宽先生在其《战国史》一书中曾有翔实的论说。种种情况表明，战国晚期已出现了"四海之内若一家"的新气象，这种政治上、经济上的大一统发展大势，势必要在军事领域得到深刻的体现。通过战争完成全国的统一，遂成为历史前进的主流。

统一战争的进程，使得地理环境对各国攻守形势的影响日益突出。这种影响集中体现为七雄在战略环境中所处的不同地位。大致而言，秦、楚、燕、齐诸国处于战略外线的有利位置；三晋，尤其是魏、韩，则处于战略内线的不利位置。具体地说，秦楚诸国拥有战略进攻或对敌包围的态势，其军队通常处于主动地位，有力量优势。它们与战争的中心地区——中原（黄河中下游流域）保持着相对的距离，时常采取外线作战的行动，不复"诸侯自战其地"的被动状态，而其所据的山河之险，又保证了其能够攻守皆宜、进退主动。反之，魏、韩则处于战略防御或被敌人战略包围的态势。它们地处中原腹地，被称为"天下之胸腹"，四周大国环列，西有秦，东临齐，北接赵、燕，南邻楚，是十分典型的"四战之地"，很容易陷入多面作战的不利境地，战略地理环境较为恶劣。其军事行动的特点往往是陷于内线作战而不能自拔，被动挨打，成为失败的一方。

当然，只拥有地理形势之胜尚不足以确保自己在统一战争中的最终胜利，楚、齐等国的覆灭即为明证。然而，如果拥有了兵要地理的优势，又能推行彻底改革以做到富国强兵，兼而实施高明的战略方针，那么就可以最终横扫六合，完成统一。在这里，《孙子兵法·地形篇》所说的“地形者，兵之助也，料敌制胜，计险厄远近，上将之道也”的价值，也就真正得到了体现。秦国的情况正是如此，“因四塞之固，据崤、函之阻，跨陇、蜀之饶，听众人之策，乘六世之烈，以蚕食六国，兼诸侯，并有天下”[1]。由此可见，在兼并统一的大趋势中，列国攻守方针的异同，在很大程度上源于各自兵要地理环境，这是我们在研究战国军事史时所不可忽略的问题。

第二，合纵连横的运用与远交近攻的实施。战国七雄的兵要地理环境，直接制约着当时各国之间战略关系的确定和变化以及整个天下战略格局的平衡或动荡。换言之，战国时期列国战略主攻方向的制定和调整，外交结盟关系的建立或破裂，都可以从列国所拥有的兵要地理特定条件中寻找到一定的原因。其中“合纵连横”“远交近攻”这两种战略方针的提出和实施，就是这方面比较典型的例子。

合纵连横，是战国时期军事外交斗争的集中体现。据《韩非子·五蠹》，所谓“合纵”，即“合众弱以攻一强”，就是众多弱国联合起来抵抗一个强国，以防止强国的兼并；所谓“连横”，即“事一强以攻众弱”，就是由强国拉拢某些弱国来进攻另外一些弱国，以达到兼并土地的目的。这一策略开始登台时，七雄或合纵，或连横，并无定数。如秦国也搞合纵，派兵参加五国合纵

[1]《〈战国策〉书录》。

攻齐之役就是典型的例子，楚、齐诸国也搞过连横。但到了战国中后期秦国独强格局形成后，连横便成了秦国的专利，而山东六国则通过合纵来抵御秦国的东进。

战国纵横家对合纵连横的重要性予以充分的强调，认为“安民之本，在于择交，择交而得则民安，择安而不得则民终身不安”[1]。连身为法家的韩非子也对此作出肯定的评价：“从（纵）成必霸……横成必王。”[2]而他们在这一问题的着眼点,很大程度上也落实在列国兵要地理形势以及实力对比方面。如苏秦指出：“臣窃以天下之地图案之，诸侯之地五倍于秦，料度诸侯之卒十倍于秦，六国为一，并力西向而攻秦，秦必破矣。”[3]苏秦还认为，山东六国如不合纵，那么秦必定乘机东进，占领更多的战略要地，使六国兵要地理环境日益恶化，最终为秦所灭。所以合纵的目的之一，是遏阻秦国于函谷关以西，不让它东进占据更多的战略要地。同样的道理，秦国搞连横的战略目标之一，也是要占领关东的重要战略据点，使自己的兵要地理环境变得更为有利，从而为统一六国创造条件。事实证明，秦国的连横活动取得了很大成果，“拔三川之地，西并巴蜀，北收上郡，南取汉中”，“散六国之从（纵），使之西面而事秦”。[4]

制定和推行“远交近攻”政策，从侧后牵制主要敌手，使之陷于多面作战的被动处境，以实现己方的战略意图，这也是战国七雄军事外交斗争的重要内容，而尤以秦国在这方面做得最为成功。“远交近攻”作为一种多国并峙背景下的战略方针，起源很早，在春秋时期，郑、齐、晋、楚、吴、越等国在争霸战争中都曾运用过此策，但是作为一个明确的提法则始于范雎。他在向秦

[1]《史记·苏秦列传》。

[2]《韩非子·忠孝》。

[3]《史记·苏秦列传》。

[4]《史记·李斯列传》。

昭襄王献策时建议“远交而近攻，得寸则王之寸也，得尺亦王之尺也”，强调“今夫韩、魏，中国之处而天下之枢也，王其欲霸，必亲中国以为天下枢，以威楚、赵。楚强则附赵，赵强则附楚，楚、赵皆附，齐必惧矣。齐惧，必卑辞重币以事秦。齐附而韩、魏因可虏也”。[1]秦昭襄王纳其策，果然在战争中取得重大胜利，为秦统一六国增加了非常重要的筹码。

从更深的层次考虑，远交近攻方针的制定和实施，在很大程度上也是由当事国当时当地的兵要地理环境所决定的。就秦国而言，与自己利害最相关的是韩、魏两国。它们在晋南、豫西的土地与关中平原相邻，在秦卧榻之侧，是秦东进的第一道障碍，如商鞅和范雎所言：“秦之与魏，譬若人之有腹心疾，非魏并秦，秦即并魏”[2]；“秦韩之地形，相错如绣，秦之有韩，若木之有蠹”[3]。所以秦为了排除这种威胁，打开东进统一天下的道路，自然要把魏、韩列为首要打击对象。反之，对齐、燕这样地理距离上间隔甚远的诸侯国，在彼此间暂时不会发生直接冲突的情况下，秦自然可以远交，互相借助对方的力量来首先打击主要的敌人，从而由点及面，各个击破。

第三，战略纵深的延伸与战略要地的争夺。所谓战略纵深，既指战略部署的纵向深度，也指战略部署的纵深地区。战略纵深地区通常部署有大量战争预备力量，设有重要的军事基地，是人力、物力资源的重要基地和前方作战的依托，对支持战争、保障战略全局的稳定具有重要意义。战国诸雄都高度重视战略纵深的拓展和延伸，说明兵要地理环境对列国军事战略的影响不容忽视。

---

[1] 《史记·范雎蔡泽列传》。

[2] 《史记·商君列传》。

[3] 《史记·范雎蔡泽列传》。

七雄之中，致力于战略纵深的延伸并收到显著效果者，首推秦国和赵国。秦国自春秋以来，始终重视对周边部族的进攻和兼并，巩固后方，扩张疆域，延伸战略纵深，积聚力量，为争霸中原创造条件。进入战国后，秦国在拓展战略纵深方面更为积极，它吞并巴蜀、攻灭义渠就是最具典型意义的例子。对于进攻巴蜀的战略意义，司马错曾作过精辟的分析："夫蜀，西僻之国也，而戎翟之长也，有桀纣之乱。以秦攻之，譬如使豺狼逐群羊。得其地足以广国，取其财足以富民缮兵，不伤众而彼已服焉。"[1]据此，司马错建议先攻巴蜀，以扩展秦国的战略纵深。秦惠王采纳了司马错的意见，起兵伐蜀，将蜀国兼并。后来，秦又多次出兵攻打西北的义渠。经过长年的战争，秦最终彻底消灭义渠，进一步扩大了疆域，延伸了战略纵深。应该说秦致力于扩展战略纵深的做法对于进一步改善其兵要地理环境意义重大，对秦的强盛和统一战争的进行具有突出作用。

赵国在扩展自己的战略纵深方面，也有可圈可点之处。这突出表现为赵武灵王实行胡服骑射改革后，利用增强了的实力，先后五次起兵攻打中山，终于在公元前296年灭亡中山，除去了"腹心"之患。赵攘地北至燕（今北京）、代（在今河北蔚县东北），西至云中（在今内蒙古托克托东北）、九原（在今内蒙古包头西），大大延伸了战略纵深，改善了兵要地理环境，为其在战国中后期的崛起、成为抗秦的主力奠定了坚实的基础。

兵要地理对战国七雄军事战略的制约，还表现为列国均重视对战略要地的争夺和控制。所谓战略要地，是指对战略全局有重大影响的地区，亦称战略重地。它包括重要的交通枢纽，地理上具有战略地位的要地、要塞等。在战国时期，战略要地的得失对战争的进程乃至结局同样具有重大的影响，所以七雄十分重视控

[1]《史记·张仪列传》。

制和夺取战略要地。

这里，我们仍以秦国为例来说明战略要地的得失对兵要地理环境的变化、统一战争的进程所产生的重大影响。从整个攻守形势来说，魏、韩地处中原腹心，相当于现代地缘政治学说所讲的“心脏地带”，谁控制了这一“心脏地带”，谁就控制了整个七雄格局。所以秦国对战略要地的争夺，从大的方面讲，就是进攻和控制魏、韩，“以绝从（纵）亲之要（腰）”[1]。而山东六国合纵抗秦的主要目的之一，也是为了不让韩、魏这一“心脏地带”落入秦国的手中。然而秦国毕竟棋高一着，通过外交上的纵横捭阖和军事上的凌厉打击，终于控制了韩、魏这一“心脏地带”，迫使韩、魏倒向秦国的阵营：“称东藩，筑帝宫，受冠带，祠春秋”[2]；“出则为捍蔽，入则为席荐”[3]。

从具体的战略要地争夺来看，在很长时间里，秦国用兵的重点是指向河西（今陕西境内黄河西岸一带）、崤函以及河内（今河南北部与河北南部地区）。秦与魏争夺河西这一战略要地历经多年，其间该地曾数易其手。公元前330年，秦终于从魏国手中夺得河西，不久又攻占上郡（今陕西榆林）以及河东的部分土地。从此，黄河天险便为秦国所完全掌握，秦国威震一时，它随即开始了东进扩张，把战火燃向山东六国。由此可见，秦国占领河西之地，为其实施兼并统一战略迈出了第一步。

对崤函的争夺和控制，是秦国改善自身战略地理环境、从事统一战略活动的又一个重要步骤。早在春秋中期，秦晋之间就为争夺战略要地桃林、崤函的控制权而兵戎相见。然而由于晋国始终将“崤函之险”牢牢掌握在自己的手中，秦国终春秋之世也未

---

[1] 《战国策·秦策四》。

[2] 《战国策·魏策一》。

[3] 《韩非子·存韩》。

杜虎符

出土于陕西西安，现藏陕西历史博物馆。状呈虎形，背面有槽，颈上有一小孔，是与另一半虎符套合使用的。虎符上有错金铭文40字：“兵甲之符，右在君，左在杜，凡兴士被甲，用兵五十人以上，必会君符，乃敢行之，燔燧之事，虽毋会符，行殴。”有学者研究，杜虎符作于战国秦惠文王称“君”时期。

能得志于中原。正因崤函具有这样重要的战略地位，故秦国从公元前329年起便对其全力进攻，志在必得。经过激烈的争夺，秦终于全面控制了崤函，在那里设置函谷关，从而确保其退可以守住关中门户，使八百里秦川安全无虞；进可以出兵豫东，争雄天下，完成统一。

晋南豫北通道东端的河内之地属魏，为赵、魏、齐三国交界之处，战略地位十分重要，所以也是秦国争夺的主要对象。秦军经过苦战，于公元前3世纪中叶占领此地，从而在黄河以北建立了一个插入中原的桥头堡，截断了赵、燕与楚、魏、韩诸国的联系；并陈兵东边，迫近齐境，使之不敢加入合纵联盟。秦国对这一战略要地的控制，其意义正如后人所评论的那样，是“夫以常山为天下脊，则此卫及阳晋当天下胸，盖其地是秦、晋、齐、楚之交道也。以言秦兵据阳晋，是大关天下胸，则他国不得动也”[1]。

当秦国占领了河西、崤函以及河内等战略要地后，其兵要地理环境遂得到根本的改善，其统一六国的前景也就变得平坦无阻、水到渠成了。

[1]《史记·张仪列传》司马贞“索隐”。

第三章

兵学的整合与革新

从“以仁为本，以礼为固”到“出奇设伏，变诈之兵并作”，我们的民族走过了多少岁月……

一、"古司马兵法"与礼乐文明下的兵学

西周是礼乐文明的全盛时期，武王伐纣、周公东征、昭王南伐、穆王西巡、宣王中兴、幽王失国等一系列战争事件，给军事思想的发展注入了新的生机，而礼乐文明的繁荣也为军事思想的进步提供了合适的温床。在这种背景之下，军事思想遂进入了初步成形的阶段。这既表现为《尚书》《周易》《诗经》《逸周书》《周礼》等典籍对军事问题均有不同程度的探讨和总结，也反映为当时已出现了一些专门记载和论述军事问题的书籍，如以"古司马兵法"为类名的《军志》《军政》《令典》《大度之书》等。它们对兵学现象作出了自己的分析与判断，提出了一系列重要的军事原则。如《周易》主张"师出以律，否臧凶"[1]，强调严肃军纪，令行禁止；重视地形地貌与征伐作战之间的关系，即"迷复，凶，有灾眚。用行师，终有大败；以其国，君凶：至于十年不克征"[2]；重视民众在战争活动中的作用，即"众允，悔亡"[3]，"观我生进退"[4]；强调对比双方力量，以在此基础上作出攻守的抉择，即"晋其角，维用伐邑"[5]；提倡战术上巧妙利用地形，引诱敌人加以伏击，即"需于泥，致寇至"[6]，"伏戎于

[1]《周易·师卦·初六》。

[2]《周易·复卦·上六》。

[3]《周易·晋卦·六三》。

[4]《周易·观卦·六三》。

[5]《周易·晋卦·上九》。

[6]《周易·需卦·九三》。

莽，升其高陵”[1]，“师左次，无咎”[2]；讲求师出有名，主张积极防御，即“击蒙，不利为寇，利御寇”[3]。这些内容表明，《周易》的确是一部富有深刻军事思想的古老著作，它为中国古代兵学思想的形成和发展，提供了非常丰富的思想素材，可谓弥足珍贵。无怪乎宋代王应麟要这么说：“盖《易》之为书，兵法尽备，其理一也。”[4]

其他像《周礼》《尚书》以及“古司马兵法”门下的《军政》《军志》，同样对军事问题提出了理性的认识。如《周礼·夏官·大司马》关于战争目的的论述就非常深刻，它主张战争的出发点是征讨不义，所谓正邦国的“九伐之法”便是这一观念的具体注脚，即只有当对方犯有“凭弱犯寡”“贼贤害民”“放弑其君”等九种严重罪过时，所谓“会之以发禁者九”[5]，才可以兴师征讨。这样既肯定了征伐的必要性，又防止了穷兵黩武的行径，实为“重战”与“慎战”并重的正确观念。

又如《军志》重视辩证看待和处理战争中先发制人与后发制人的关系，即“先人有夺人之心，后人有待其衰”[6]；强调吊民伐罪，德主兵辅，即“有德不可敌”[7]；主张在战争中知彼知已，适可而止，即“允当则归”“知难而退”[8]。这反映了“古司马兵法”在兵学问题上的独到见解。

再如“古司马兵法”和《尚书》均提倡运用大方阵战法，

[1] 《周易·同人卦·九三》。

[2] 《周易·师卦·六四》。

[3] 《周易·蒙卦·上九》。

[4] 王应麟:《困学纪闻》，上海古籍出版社2015年版，第21页。

[5] “九伐之法”的内容，也见于今本《司马法·仁本》。

[6] 《左传·昭公二十一年》引《军志》。

[7] 《左传·僖公二十八年》引《军志》。

[8] 《左传·僖公二十八年》引《军志》。

“成列而鼓”[1]，“不愆于六步、七步，乃止，齐焉……不愆于四伐、五伐、六伐、七伐，乃止，齐焉”[2]；主张在战争善后上“又能舍服，是以明其勇也”[3]。这一系列军事原则在指导当时的军事实践中发挥了重要作用，并对后世军事思想的构筑产生深远的影响，像《孙子兵法》中所说的“穷寇勿迫”等用兵纲领便是从“古司马兵法”相关原则中脱胎而来的。

从另一个角度讲，西周时期（一直延续到春秋中期）军事思想，其载体形式主要表现为“军法”，还不是纯粹意义上的“兵法”。所谓“军法”与“兵法”的区分，即“广义的军事艺术”和“狭义的军事艺术”之别。[4]“兵法”主要是指“用兵之法”，重点是有关作战的指导原则和具体方法；“军法”则多带有条例和操典的性质，即古代以征募兵员、装备军队和训练军队为主要内容的各种条例规定，包括军赋制度、军队编制、军事装备条规、指挥联络方式、阵法与垒法、军中礼仪与奖惩措施等。“军法”一般属于官修文书的范围，虽然中间也包含有具体用兵之法的内容，但是与大量的典章法规成分相比，实属零散稀少。由于它们是殷周礼乐文明在军事领域内的集中体现，又可以称为“军礼”。这种“兵法”包容于“军法”之内而未曾独立成为专门军事艺术的情况表明，在西周时期，军事思想虽然已经有了长足的发展，但却远未臻于成熟，而这又是与当时整个军事学术进步的基本状态相适应、相同步的。

西周时期，文献典籍“皆官府藏而世守之，民间无有”。在这样的历史条件下，兵学典籍系由官方统一编纂、专职传授，而非个人的创作。这类文献泛称为“司马兵法”，换言之，西周时

[1] 《司马法·仁本》。

[2] 《尚书·牧誓》。

[3] 《司马法·仁本》。

[4] 参见李零：《吴孙子发微》，中华书局1995年版，前言。

的"古司马兵法"，实乃当时言兵之"成宪"或"典志"。从这个意义上讲，西周军事思想可以理解为"古司马兵法"笼括下的兵学。[1]

至于"古司马兵法"的军事思想，其主要特点是在战争观、治军理论、作战指导思想原则上，充分反映和贯彻"军礼"的基本精神，提倡"以礼为固，以仁为胜"；主张行"九伐之法"，"不鼓不成列"，"不杀黄口，不获二毛"；贵"偏战"而贱"诈战"，"结日定地，各居一面，鸣鼓而战，不相诈"。这正是汉代班固所指出的"下及汤武受命，以师克乱而济百姓，动之以仁义，行之以礼让，司马法是其遗事也"[2]。在以《孙子兵法》为代表的成熟兵学产生之前，"古司马兵法"是一个不可逾越的酝酿、过渡阶段。

---

[1] 参见黄朴民:《"古司马兵法"本事索隐》,《文史》2004年第2辑。

[2] 《汉书·艺文志·兵书略序》。

二、《孙子兵法》的兵学理论体系

宋代郑友贤在《十家注孙子遗说并序》中指出："武之为法也，包四种，笼百家，以奇正相生为变。是以谋者见之谓之谋，巧者见之谓之巧，三军由之而莫能知之。"参之本书，可知郑氏之论洵非虚言。《孙子兵法》内涵丰富，几乎包举了军事学上的各个领域，以下我们从几个方面着重进行阐述。

1.《孙子兵法》的哲学基础

任何思想家都是按照一定的哲学观念来构建自己的学说体系的，一定的哲学观念制约和指导着思想家的基本价值取向，这方面孙武也不例外。他丰富的军事思想之所以具有进步性、合理性，归根结底是自己在兵学著作中始终坚持了一条正确的思想认识路线。整部《孙子兵法》完全建立在合理的哲学基础之上。

《孙子兵法》的哲学基础，首先表现为朴素唯物主义理论指导。孙武反对鬼神天意，崇尚事实分析。在《孙子兵法》中，孙武对"天"作了唯物主义的解释，认为"天者，阴阳、寒暑、时制也"，肯定天道不过是一种自然的现象，而不再有主宰的性质。这样就和当时影响犹存的视天为人格神的宗教神学观划清了界限。基于这样的认识，孙武明确强调"先知者，不可取于鬼神，不可象于事，不可验于度，必取于人，知敌之情者也"[1]，

[1]《孙子兵法·用间篇》。

孙武像（明万历《三才图绘》刻本）

反对用阴阳杂占的方法去认识战争，主张“禁祥去疑”[1]。因此在观察战争问题上，孙武着眼于“道、天、地、将、法”等“五事”[2]，提倡在客观事实基础上作出判断，预测胜负。在孙武那里，战争是被当作一种客观物质运动现象来对待的。注重实际，不尚空谈，乃是其兵学思想的最大特色之一。如《形篇》所说的“地生度，度生量，量生数，数生称，称生胜”，就是一种把战争胜负的终极原因归结于物质条件的努力。特别值得指出的是，《孙子兵法》中有许多以征引“五行”观念来论证战争的客观物质性的内容。《势篇》说“声不过五，五声之变，不可胜听也；色不过五，五色之变，不可胜观也；味不过五，五味之变，不可胜尝也”，就是一例。这里的“五行”与《左传》等书的“五行”一样，都是被当作物质世界万事万物的最基本属性来看待的。而且孙武还更进了一步，将万事万物的演绎、派生和变化归结为“五行”的本质内涵，并在此基础上引申出“奇正”“虚实”等作战指导范畴。[3]由此可见，孙武的战争理论，其出发点正是他的唯物主义物质观。

《孙子兵法》的哲学基础，其次表现为朴素辩证法思想的思辩特征。孙武能够以普遍联系、相互依存的观点、立场和方法来认识和把握军事问题。第一，他将军事问题视为一个整体来对待。他讲“道、天、地、将、法”，就是以联系的观点将政治、军事、天时地利条件、法制建设、人才拔擢等各项因素作为完整系统来进行考虑。第二，孙武的兵学基本范畴，如“奇正”“虚实”“主客”“攻守”等，也无不以相互依存、互为关系的形式而存在，一方不存在，对方也就不存在，如无“虚”也就

[1] 《孙子兵法·九地篇》。

[2] 《孙子兵法·计篇》。

[3] 参见黄朴民：《五行问题与孙子兵法》，载《孙子新探》，解放军出版社1990年版。

无“实”，无“正”也就无“奇”，彼此间都是对立统一和普遍联系。第三，不仅相互对立的事物具有联系统一性，就是同一事物内部也存在着不同倾向相互对立、互为渗透的属性，孙武将它用于战争指导：“是故智者之虑，必杂于利害。杂于利，而务可信也；杂于害，而患可解也”[1]；“故不尽知用兵之害者，则不能尽知用兵之利也”[2]。正是这些辩证联系的观点，使得孙武的理论具有巨大的圆融性。

朴素辩证法思想的重要内容之一，是主张把握事物转化上的“节”与“度”。遵循这一思想，孙武在对待战争大事上既高度重视、透彻研究，又非常谨慎，努力追求“不战而屈人之兵”的理想境界。这正是其备战与慎战观念的哲学前提。在具体作战、治军问题上，这种朴素辩证法思想也得到了有力的贯彻。如孙武既强调“军争”，认为这是克敌制胜的必要环节，又主张“军争”必有节制，过犹不及。又如《九变篇》论述将之“五危”，即将领的五个致命弱点：“必死，可杀也；必生，可虏也；忿速，可侮也；廉洁，可辱也；爱民，可烦也。”其实勇于牺牲、善于保全、同仇敌忾、廉洁自律、爱民善卒等，本来都是将帅应具备的优良品德，然而如果过了度的话，即发展到“必”这一程度，那么其性质也就起了转化，走向反面，而成为“覆军杀将”悲剧的起因。另外，孙武在治军上既主张“视卒如婴儿”，“视卒如爱子”，又反对“厚而不能使，爱而不能令，乱而不能治”；在作战指导上既强调“胜可知而不可为”，又肯定“胜可为”等，也均是本着朴素辩证法思想观念的重要阐述。

《孙子兵法》也蕴含着朴素辩证法关于事物发展普遍属性的理论。其中较为典型的例子，就是孙武运用发展变化的观点来阐

[1]《孙子兵法·九变篇》。

[2]《孙子兵法·作战篇》。

述缕析“奇正”问题的哲学含义，《势篇》言：“故善出奇者，无穷如天地，不竭如江河。终而复始，日月是也；死而复生，四时是也……战势不过奇正，奇正之变，不可胜穷也；奇正相生，如循环之无端，孰能穷之。”这里无论是遣词用句，还是精神实质，都显然与老子等人的论述有相似的一面。《势篇》有“乱生于治，怯生于勇，弱生于强”，《虚实篇》有“五行无常胜，四时无常位，日有短长，月有死生”等等，都同样体现了这种精神。

当然，《孙子兵法》对古代朴素辩证法思想是既有继承又有发展的。这主要表现为两点。第一，孙武注意辨别真伪，抓住事物本质。他看到，在战场上为了迷惑敌人，真真假假、虚虚实实乃是一种常见的现象。因此只有透过现象抓住本质，不为外在的表面现象所迷惑，才能赢得胜利。他详细分析列举的三十余种“相敌”之法，就是从纷繁复杂的战争现象中所揭示的认识本质、抓住关键的经验总结。这标志着孙武真正理解了朴素辩证法的精髓。第二，孙武反对消极被动，强调发挥人的主观能动作用。与老子朴素辩证法一味主张贵柔守雌、反对刚强进取，具有明显保守性不同，《孙子兵法》中的朴素辩证法思想充满了积极主动的进取精神，在尊重客观实际的同时，提倡发挥人们的主观能动作用。所以孙武主张“择人而任势”[1]，“计利以听，乃为之势”[2]，“敌逸能劳之，饱能饥之，安能动之……形人而我无形”[3]。总而言之，是要辩证观察问题，积极创造条件，实现克敌制胜的目的。

《孙子兵法》哲学基础，最后表现为民本政治思想精神的洋溢。春秋时期是我国古代民本主义思潮初步兴起的重要阶段，当

---

[1] 《孙子兵法·势篇》。

[2] 《孙子兵法·计篇》。

[3] 《孙子兵法·虚实篇》。

时的思想家都普遍注意考虑民众的欲求，尊重民众的愿望，关心民众的生计，争取民众的归附。这在《孙子兵法》中也有集中的反映。孙武的许多精彩命题和论述，都是在民本主义的指导和规范下提出并展开的。诸如《计篇》“道者，令民与上同意也，故以可以与之死，可以与之生，而不畏危”，《谋攻篇》“上下同欲者胜”，《形篇》“善用兵者，修道而保法，故能为胜败之政”，《行军篇》“令素行者，与众相得也”，《地形篇》“进不求名，退不避罪，唯人是保”等等，就是比较显著的例子。很显然，孙武在这里已经将战争的胜负同政治的清明与否直接加以联系和对应了。至于清明的政治，在孙子眼里则等同于关心民生、争取民心，使上下和谐、同心同德，即所谓“令民与上同意”“上下同欲”“与众相得”云云。而达到这一目标的手段方式，就是“修道而保法”“唯人是保”等等。所有这一切，均深深打上了民本主义的烙印，也是孙武兵学理论具有历史进步性的具体表现。

2. 慎战与备战并重的战争观念

春秋时期战争频繁，诸侯列国争霸不休、兼并无已。《孙子兵法》当然要反映这一时代特色，这就决定了孙武在战争问题上鲜明地提出慎战与备战并重的主张。换言之，“安国全军”是孙武战争观的基本线索。

孙武对战争采取十分慎重的态度，《孙子兵法》开宗明义就提出：“兵者，国之大事，死生之地，存亡之道，不可不察也。”既然战争是关系到国家存亡的头等大事，所以孙武多次告诫并提醒统治者必须慎重对待战争，指出“亡国不可以复存，死者不可以复生。故明君慎之,良将警之”[1]。对于那种缺乏政治目标和战略价值而轻启战端的愚蠢做法，孙武持坚决反对的态度：“主不可以怒而兴师,将不可以愠而致战。”[2]他要求战场指挥员做到“战道不胜，主曰必战，无战可也”[3]。

然而主张慎战并不意味着反对战争。《孙子兵法》提倡慎战的主旨，在于强调战争的政治目的应当遵循新兴阶级的功利主义原则，即做到“非利不动，非得不用，非危不战……合于利而动，不合于利而止”[4]；不战则已，战则必胜。这种既重战又慎战的观点，使孙武的战争观念既不同于儒家、墨家的非战主张，也与稍后法家的嗜战立场有所区别。由此可见，孙武的慎战出发点是“安国全军”，以最终赢得战争的胜利。

孙武是清醒的现实主义者。鉴于战争不可避免，且对社会经济、国家前途的巨大影响，他把准备战争和指导战争的问题提到了极其重要的位置，强调做到有备无患：“用兵之法，无恃其不来，恃吾有以待也；无恃其不攻，恃吾有所不可攻也。”[5]这就是说，要把立足点放在做好充分准备，以强大的军事实力迫使敌人不敢轻易发动战争的基点上。

基于慎战和备战并重的战争观念，孙武顺着逻辑推导出用兵的理想境界，这就是一个“全”字。所谓“全”就是全胜。《孙子兵法》中提到“全”的地方有十余处，主要集中在《谋攻篇》。孙武认为“百战百胜”非“善之善者”，高明的战争指导者应该做到“屈人之兵而非战也，拔人之城而非攻也，毁人之国而非久也”，从而实现战略、战役、战斗的全胜，即“必以全争

[1] 《孙子兵法·火攻篇》。

[2] 《孙子兵法·火攻篇》。

[3] 《孙子兵法·地形篇》。

[4] 《孙子兵法·火攻篇》。

[5] 《孙子兵法·九变篇》。

于天下，故兵不顿而利可全”，用全胜的计谋争胜于天下，“不战而屈人之兵”。为了达到这一境界，孙武提出了“上兵伐谋，其次伐交”的主张，认为指导战争的上策是挫败敌人的谋略，其次是展示强大的兵威慑服敌人。至于“伐兵”“攻城”，那就等而下之了。由此可见，孙武的“全胜”思想，实际上仍然是其慎战和备战思想在作战指导上的反映。慎战与备战、重战思想犹如一条红线，贯串于《孙子兵法》十三篇中。

如果不得已进行战争，孙武主张实行进攻速胜战略。他明确提出，从事战争的目的是“掠乡分众，廓地分利”[1]，即掠取他国的人力物力资源，扩张版图，在争霸兼并战争中立于不败之地。在《九地篇》中，孙武更以明确的语言表明了自己的进攻战略：“夫霸王之兵，伐大国，则其众不得聚；威加于敌，则其交不得合。”从历史发展的角度看，孙武这一战争观是符合新兴势力的要求的，是与社会大变革的潮流相一致的，具有突出的进步意义。

3.“令文齐武”的治军思想

为了适应新兴地主阶级建设军队、从事战争的需要，孙武曾提出不少治军原则，形成了比较系统的治军思想。归纳起来，其治军思想主要包括严明赏罚、重视选将、将权贵一、严格训练、统一号令、爱卒善俘诸方面。[2]

严明赏罚，是调动将士积极性、提高部队战斗力的重要途径之一。孙武对此予以高度重视。在《计篇》中他将“法”列为“五事”的一项，把“赏罚孰明”作为判断战争胜负的重要因素

---

[1] 《孙子兵法·军争篇》。

[2] 参见黄朴民：《孙子治军思想述论》，《孙子学刊》1996年第1期。

之一。他说：“令之以文，齐之以武，是谓必取。”[1]所谓“文”，就是精神教育、物质奖励；所谓“武”，就是军纪军法，强调重刑严罚。他认为治军必须拥有文武两手，做到恩威并施：“卒未亲附而罚之，则不服，不服则难用也；卒已亲附而罚不行，则不可用也。”[2]否则就不能造就一支具有战斗力的部队：“厚而不能使，爱而不能令，乱而不能治，譬如骄子，不可用也。”[3]

要严明赏罚，关键在于有法可依、有律可循，否则严明赏罚便无从谈起。所以孙武非常重视军队的法制建设，把“法令孰行”列为判断战争胜负的标准之一。他认为部队必须有一定的组织编制，明确各级人员的职守：“法者，曲制、官道、主用也。”[4]他指出“治乱，数也”，“凡治众如治寡，分数是也”[5]。至于法制建设的重点，孙武认为是统一号令、加强纪律。他说“斗众如斗寡，形名是也”[6]，主张用金鼓旌旗来统一将士的耳目，约束部队的行动，从而达到“勇者不得独进，怯者不得独退”[7]的目的。当然，孙武主张在执法问题上也应该做到随时变宜，以更好地发挥法纪的作用。所谓“施无法之赏，悬无政之令”[8]就是这层意思。这体现了《孙子兵法》既讲求执法严肃性又注重执法灵活性的实事求是态度。

军事指挥员的素质优劣，在很大程度上影响到军队建设和战争胜负。孙武对此有较深刻的认识，因此强调将帅在战争中的地位和作用，并对将领的选拔提出了具体而严格的要求。他指出，

[1]《孙子兵法·行军篇》。
[2]《孙子兵法·行军篇》。
[3]《孙子兵法·地形篇》。
[4]《孙子兵法·计篇》。
[5]《孙子兵法·势篇》。
[6]《孙子兵法·势篇》。
[7]《孙子兵法·军争篇》。
[8]《孙子兵法·九地篇》。

将帅是国君的助手，辅佐周密，国家就一定强盛；辅佐有缺陷，国家就一定衰弱。显然，他是把优秀将帅的作用提到“生民之司命，国家安危之主”的高度来认识的。为此，他重视将帅队伍的建设，认为一名贤将必须具备“智、信、仁、勇、严”等条件。将帅在处事上，要“进不求名，退不避罪，唯人是保”[1]；在才能上，要知彼知己，知天知地，善于因机变化；在管理上，要令行禁止，与众相得，使士卒亲附；在修养上，要沉着冷静，以正治军，避免犯骄横自大、轻举妄动、勇而无谋、贪生怕死等毛病。

为了确保将帅在战争中进行有效、灵活的指挥，孙武主张将权要适当地集中和专一，反对国君脱离实际情况干涉或遥控部队的指挥事宜。《谋攻篇》指出，国君危害军事行动的情况有三种：不了解军队不能前进而硬让军队前进，不了解军队不能后退而硬令军队后退，这叫作束缚军队；不了解军队的内部事务，而去干预军队的行政，就会使得将士困惑；不懂得军事上的权宜机变，而去干涉军队的指挥，就会使得将士产生疑虑。他进而认为，出现这类情况会导致扰乱军心、自取败亡的结果。可见，军事上的成败，其前提之一是将能而君不御。正是在这个意义上，《孙子兵法》提倡“君命有所不受”，将它确定为一条重要的治军原则。

《孙子兵法》也比较注重部队的训练问题，主张严格练兵，提高战斗力，把军队训练的质量作为重要的制胜因素。孙武指出，“教道不明”“兵无选锋”[2]是造成作战失败的重要原因，切不可等闲视之。为了训练出一支英勇善战的劲旅，孙武提倡爱护士卒，认为做到“视卒如婴儿”“视卒如爱子”是训练好部队的先决条件。孙武这一爱兵主张的动机是明确的，由此可造成“上

[1] 《孙子兵法·地形篇》。

[2] 《孙子兵法·地形篇》。选锋，指选择精锐之士作为突击前锋。

下同欲”、上下一致的良好官兵关系，保证部队达到“投之无所往，死且不北……犯三军之众，若使一人”[1]这样的最佳临战状态。同时《孙子兵法》还提出对敌军战俘要“卒善而养之”[2]，从而在削弱敌人的同时，使自己“胜敌而益强”。这一思想也是值得肯定的。

4. 主动灵活、因敌变化的制胜之道

“善战”思想在整部《孙子兵法》中占有主导地位，“兵以诈立，以利动，以分合为变”是孙武兵学实用理性的集中体现。一部《孙子兵法》，归根结底是教人如何用兵打仗，去夺取战争的胜利。这正是我们今天正确把握《孙子兵法》的重心所在。[3]

《孙子兵法》中制胜之道的内容非常丰富，简要归纳，大致有以下几个方面。

第一，知彼知己，知天知地，全面了解和掌握各种情况，在此基础上筹划战略全局，实施战役指导，赢得战争胜利。孙武认为，从事战争的先决条件是要做到知彼知己。因为只有正确估量敌我情况才能作出正确的判断，定下正确的决心，制定正确的方针。为此，他主张在开战之前就要对敌我双方的主客观条件——“五事七计”——有全面的了解，进行仔细周密的考察，以期对战争胜负趋势作出正确的预测，并据此制订己方的战略战术。在实施作战指导过程中，也要随时将“知彼知己”“知天知地”作为行动的纲领。《军争篇》云：“不知诸侯之谋者，不能豫交；不知山林、险阻、沮泽之形者，不能行军；不用乡导者，不能得地

[1] 《孙子兵法·九地篇》。

[2] 《孙子兵法·作战篇》。

[3] 参见黄朴民：《孙子的制胜之道》，《军事历史研究》1995年第2期。

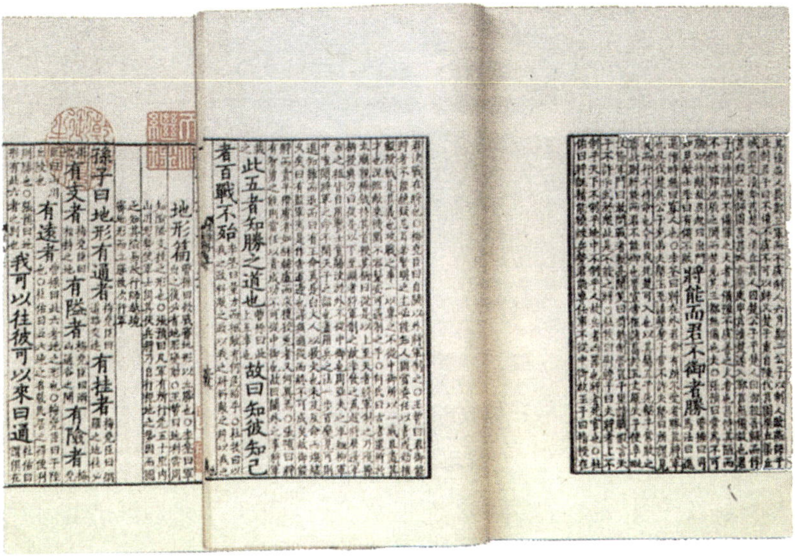

《十一家注孙子》书影

南宋刻本，清天禄琳琅旧藏，现藏上海图书馆。

利。”为了了解和掌握敌情，《孙子兵法》提倡“用间”，把这看成是“知敌之情实”的主要手段。《用间篇》集中论述了用间的原则和方法，主张“五间并起”而以“反间”为主。在战场交锋中，孙武也强调最大限度地查明敌情，《行军篇》中著名的三十余种“相敌”方法就是在这样的背景下提出的。[1]由此可见，“知彼知己”乃是《孙子兵法》制胜之道的出发点和基础。

第二，致人而不致于人，牢牢掌握战争主动权。孙武认为要确保自己在战争中永远立于不败之地，就必须创造条件，始终把握战争的主动权，而掌握主动权的核心，关键在于做到致人而不致于人，即调动敌人而不为敌人所调动。关于如何争取主动权，《孙子兵法》中有精辟的论述，其主要内容不外乎以下几点。一是加强军队实力，造成对敌力量对比上的绝对优势：“胜兵若以镒称铢……胜者之战民也，若决积水于千仞之溪者，形也。”[2]二是造势任势，发挥主观能动性，主动灵活地打击敌人。《势篇》言：“善战者，其势险，其节短，势如彍弩，节如发机……求之于势，不责于人，故能择人而任势。”这表明孙武是把造势和任势列为争取主动权的重要环节之一，其含义就是要在强大的军事实力基础上，发挥将帅的杰出指挥才能，创造和利用有利的作战态势，主动有效地克敌制胜。三是奇正并用，避实击虚。孙武认

[1]《孙子兵法·行军篇》：“敌近而静者，恃其险也；远而挑战者，欲人之进也；其所居易者，利也。众树动者，来也；众草多障者，疑也；鸟起者，伏也；兽骇者，覆也；尘高而锐者，车来也；卑而广者，徒来也；散而条达者，樵采也；少而往来者，营军也。辞卑而益备者，进也；辞强而进驱者，退也；轻车先出居其侧者，陈也；无约而请和者，谋也；奔走而陈兵车者，期也；半进半退者，诱也。杖而立者，饥也；汲而先饮者，渴也；见利而不进者，劳也；鸟集者，虚也；夜呼者，恐也；军扰者，将不重也；旌旗动者，乱也；吏怒者，倦也；粟马肉食，军无悬缻，不返其舍者，穷寇也；谆谆翕翕，徐与人言者，失众也；数赏者，窘也；数罚者，困也；先暴而后畏其众者，不精之至也；来委谢者，欲休息也。兵怒而相迎，久而不合，又不相去，必谨察之。”

[2]《孙子兵法·形篇》。

为要掌握战场主动权，在作战指挥上，既要解决战术的“奇正”变化运用问题，做到“以正合，以奇胜”，同时还应根据战场情势的变化而灵活变换奇正战法——“奇正之变，不可胜穷也”[1]；又要正确贯彻避实而击虚的原则，避开敌人的强点，攻击敌人虚弱但却关键的部位，从根本上战胜敌人，达到“善攻者，敌不知其所守；善守者，敌不知其所攻”[2]的目的。可见，致人而不致于人，掌握战争主动权，实为《孙子兵法》制胜之道的精髓和灵魂。

第三，示形动敌，兵者诡道，不拘一格，因敌制胜。这是《孙子兵法》制胜之道的主要手段和方式。孙武认为要掌握战场主动权，就必须在作战指挥上坚决贯彻“兵者诡道”的原则。他指出，军事家指挥艺术的奥妙，就在于“能而示之不能，用而示之不用，近而示之远，远而示之近。利而诱之，乱而取之，实而备之，强而避之，怒而挠之，卑而骄之，佚而劳之，亲而离之”[3]。唯有如此，方可攻其无备，出其不意。这种诡诈战法的核心，则是“示形动敌”，即“善动敌者，形之，敌必从之；予之，敌必取之；以利动之，以卒待之”[4]。孙武强调战场上克敌制胜的最上乘境界乃是“形人而我无形……形兵之极，至于无形”[5]。一旦做到这一点，那么防御时即可“藏于九地之下”，进攻时即可“动于九天之上”，制敌于死地，“自保而全胜”。[6]与此同时，孙武也充分认识到用兵打仗贵在灵活机动，随机应变。所以他特别强调“因敌制胜”的重要性，指出“兵无常势，水

[1] 《孙子兵法·势篇》。

[2] 《孙子兵法·虚实篇》。

[3] 《孙子兵法·计篇》。

[4] 《孙子兵法·势篇》。

[5] 《孙子兵法·虚实篇》。

[6] 《孙子兵法·形篇》。

无常形，能因敌变化而取胜者，谓之神”[1]，“践墨随敌，以决战事”[2]。其主旨均立足于“战胜不复，而应形于无穷”[3]这一点上。可见不拘一格、“因敌制胜”既是实践“诡道”战法的前提，也是《孙子兵法》制胜之道之所以高明的体现。

第四，“兵贵胜，不贵久”，强调速战速决，推崇作战行动的突然性、进攻性、运动性，这是《孙子兵法》制胜之道的显著特点。孙武对战争给国家、民众所带来的严重后果有着清醒的认识，所以他坚决主张速战速决，在最短的时间里以最小的代价取得最大的战果，反对疲师耗财。为此他反复阐述“兵贵胜，不贵久”的道理，指出“善用兵者，役不再籍，粮不三载，取用于国，因粮于敌”[4]。为了达到速战速决的战略目的，《孙子兵法》主张在采取军事行动时，一是要做到突然性，使敌人处于猝不及防的被动状态，即所谓“兵之情主速，乘人之不及，由不虞之道，攻其所不戒也”[5]，努力达到动如脱兔、敌不及拒的最佳效果。二是要做到运动性，即提倡野外机动作战，调动敌人并在野战中予以歼灭性打击，即所谓“顺详敌之意，并敌一向，千里杀将”[6]，“以迂为直，以患为利，故迂其途而诱之以利，后人发，先人至”[7]。总之是要使部队始终保持主动地位，行动自如。三是要做到隐蔽性，使对手无从窥知我方的作战意图，从而确保我方军事行动的突然性能够达到，运动性能够实现。《九地篇》“易其事，革其谋，使人无识；易其居，迂其途，使人不得虑”，《虚

[1] 《孙子兵法·虚实篇》。
[2] 《孙子兵法·九地篇》。
[3] 《孙子兵法·虚实篇》。
[4] 《孙子兵法·作战篇》。
[5] 《孙子兵法·九地篇》。
[6] 《孙子兵法·九地篇》。
[7] 《孙子兵法·军争篇》。

实篇》“因形而错胜于众，众不能知；人皆知我所以胜之形，而莫知吾所以制胜之形”，讲的都是这个道理。孙武认为，只要在军事行动中真正做到了隐蔽、突然、机动，那么就能够速战速决，出奇制胜。

第五，正确选择主攻方向，集中优势兵力，逐个歼灭敌人，这是《孙子兵法》制胜之道的突出环节。作战双方，谁具有优势的战场地位，谁就拥有军队行动的主动权，这是战争的通则。《孙子兵法》对此作了充分的揭示。《谋攻篇》强调“识众寡之用者胜”，所谓“众寡”，就是指兵力的对比，而“用”则是指兵力的使用。孙武认为，要取得战争的胜利，就必须在战场交锋时以优势兵力去对付劣势之敌，集中兵力，以镒称铢。所以他反复阐述集中兵力问题的重要性，并一再提出具体的集中优势兵力的主张：“并力”“并敌一向”“并气积力”，从而达到“以众击寡”的目的。当然，战场的态势是千变万化的，集中兵力的方法也应该因敌制宜，所谓“十则围之，五则攻之，倍则分之”[1]就这个意思。孙武进而指出，通过众寡分合以求集中兵力、掌握主动，关键在于发挥主观能动作用，善于创造条件。从战术上说，即要做到“形人而我无形，则我专而敌分；我专为一，敌分为十，是以十攻其一也，则我众而敌寡；能以众击寡者，则吾之所与战者约矣”[2]。他认为，在兵力部署上，不分主次方向而单纯企求“无所不备”，则势必“无所不寡”，也就失去了主动地位的物质基础。据此，《孙子兵法》一再提醒战争指导者要避免犯“以一击十”“以少合众”这一类分散兵力的错误，因为那样做是“败之道也”，到头来一定会覆军杀将、自取其辱。

第六，察知天候地理，巧妙利用地利，根据地形条件制定切

---

[1]《孙子兵法·谋攻篇》。

[2]《孙子兵法·虚实篇》。

合实际的战略战术，确保作战胜利，这是《孙子兵法》制胜之道的重要内容。众所周知，在冷兵器时代，掌握和利用地形对于战争的胜负关系甚大。孙武是中国古代第一位系统探讨地形条件与军事斗争成败相互关系的军事大师。他在《九地篇》中阐述战略地理问题，提出了军队在九种不同战略地理条件下作战的基本指导原则，又在《行军》《地形》诸篇中着重论述了战术地理问题。他指出，在行军作战中要善于“处军”，利用有利的地形，避开不利的地形。为此他列举了在山地、江河、沼泽、平原等四种地形环境中的处军原则，并进而将利用地形的基本特点归纳为“凡军好高而恶下，贵阳而贱阴，养生而处实”[1]。从当时的实战要求出发，孙武还具体分析了军队在作战中可能遇到的“通”“挂”“支”“隘”“险”“远”六种地形，并就这六种不同的地形条件，提出了具体而适宜的用兵方法。总之，《孙子兵法》主张将帅要熟悉和巧妙利用地形条件：“夫地形者，兵之助也。料敌制胜，计险厄、远近，上将之道也。”[2]这表明孙武是中国古代军事地理学的奠基者，《孙子兵法》有关巧妙利用地形地理问题的论述是其制胜之道的重要组成部分，极大地丰富了古典军事理论，在军事学术发展史上占有重要的地位。

明代兵书《投笔肤谈》认为：“《七书》之中，惟《孙子》纯粹，书仅十三篇，而用兵之法悉备。”[3]《孙子兵法》堪称古代军事理论的集大成者，构筑了古典军事理论的框架，使后世许多兵学家难以逾越。作为中国古代兵学宝库的一笔珍贵遗产，《孙子兵法》是不朽的。

---

[1] 《孙子兵法·行军篇》。

[2] 《孙子兵法·地形篇》。

[3] 程素红：《中国历代兵书集成》，团结出版社1999年版，第3卷第1613页。

三、三晋兵学的建树及其特色

军事思想作为整个思想文化形态的重要组成部分，它的产生、发展、成熟，与人类社会的思想意识形态总体发展演化有着强烈的历史一致性与逻辑一致性，也与地域文明的主导趋势相同步。从这个意义上说，中国古代的兵学文化，自先秦时期开始就显示出鲜明的地域特征。大致而言，它主要体现为三大类型，即三晋兵学文化、齐鲁兵学文化以及以楚、吴、越为代表的南方兵学文化。

三晋兵学文化以其丰富的内涵和独特的品格而在中国古典兵学发展史上占有显著的地位，并成为三晋文化的重要组成部分。原生形态的三晋文化主要指春秋时期晋国以及战国时期韩、赵、魏一带的中原文化。关中地区的秦文化主要受三晋文化的滋育和影响，曾在秦地活动的思想家，如商鞅、范雎、韩非等人，也主要来自三晋地区。秦文化本身缺乏自己的显著特色，所以也可以归入三晋文化类型。毫无疑问，三晋文化的形成，是与三晋的战略地缘条件以及当时的天下争战形势密切联系的。三晋处于四战之地，战略上为内线作战态势，地理上缺少天然屏障和战略纵深回旋余地（韩、魏尤甚），为了在激烈残酷的争霸兼并斗争中争取主动，求得生存和发展，这些诸侯国统治者一般都能以务实理性的精神治国经军，对内注意改革、练兵、储粮，提倡法治，广揽人才，致力于富国强兵；对外则随时权衡各诸侯国形势，利用矛盾，结交与国，合纵连横。三晋地区从而形成了注重实效、质朴平实、致力农战、以力制胜的文化传统。

这样的历史文化背景，使得三晋兵学文化早早趋于成熟。这种成熟主要表现为兵学传统源远流长，成果丰硕，并具有自己的鲜明个性。具体而言，首先是兵学著作数量丰，形式多样。据《汉书·艺文志·兵书略》记载，可明确认定属于三晋兵学系统的著名兵书就有“公孙鞅二十七篇”“吴起四十八篇”“庞煖三篇”“兒良一篇”“广武君一篇”“尉缭三十一篇”“魏公子二十一篇”“师旷八篇”“苌弘十五篇”“魏氏射法六篇”等，其兵家数量之多，甚至超过了号称“甲冠天下”的齐鲁兵学。只是由于其大部分内容已经散佚，且被收入“武经七书”的兵书不如齐国兵书为多，才给人们以一种错觉：似乎三晋兵书少于齐鲁兵书。尽管如此，现存的三晋系统的兵书仍蔚为大观。如《尉缭子》《吴子》被列入经典的“武经七书”之列；又如史书典籍所提及的重要兵家中，三晋兵家都占有相当大的比重，《汉书·刑法志》言“吴有孙武，齐有孙膑，魏有吴起，秦有商鞅，皆禽敌立胜，垂著篇籍”，《史记·陈涉世家》言“吴起、孙膑、带陀、兒良、王廖、田忌、廉颇、赵奢之伦制其兵”，等等。这里的吴起、商鞅、兒良、王廖、廉颇、赵奢等人，均系三晋系统的杰出兵家。尤其值得注意的是，人们在总结、揭示兵家不同流派的特点时，也往往以三晋兵家作为具体阐释的对象，如《吕氏春秋·不二》云：“王廖贵先，兒良贵后。”将王廖、兒良分别列为“先发制人”与“后发制人”用兵理论的代表。所有这些，都表明三晋兵学并非像有些学者所认为的那样，属于厚重少文、富于实践而缺乏理论归纳，而是拥有厚实的理论积淀，具备大量的著述载体。

其次是呈现出理论与实践相结合、学理与操作相统一的鲜明特征。与齐鲁兵学较多地关注兵学理论体系构筑的情况有所不同，三晋兵学在重视理论建树的同时，也十分强调理论与实践之间的沟通，讲求兵学理论的可操作性。众所周知，三晋地区（包括秦地）的政治指导思想是法家学说，其基本特点是执着功利、

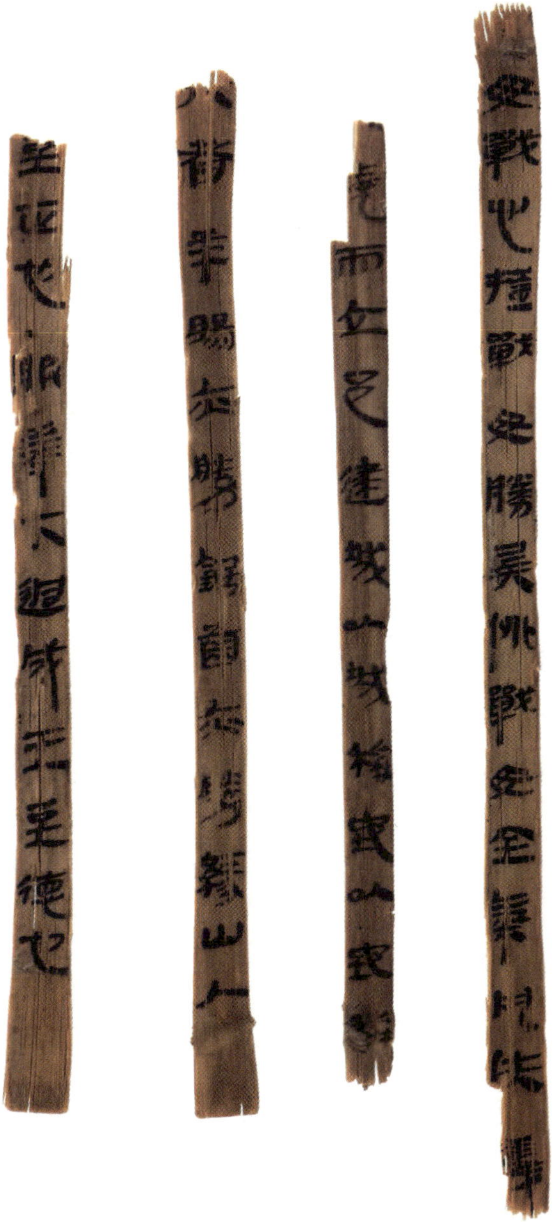

银雀山汉简《尉缭子》

讲究实用，这就决定了其最大限度地强调理论的可操作性。受法家思想实用理性的规范与制约，三晋兵学合乎逻辑地致力于理论联系实际，以操作性的有无或大小来衡量兵学自身的价值和意义。这一点在现存的《尉缭子》一书中有很突出的表现。今本《尉缭子》共二十四篇，其中《重刑令》《伍制令》《束伍令》《分塞令》等法令条例便占了十篇，几乎是全书的一半；而这些条令规章均为非常具体的军队管理方法，其可操作性之强不言而喻。即使在其他篇章中，其崇尚功利、注重实用的特征也同样明显，如《制谈》《原官》诸篇之言军制设置；《攻权》《守权》《战权》诸篇之言攻、战、守三种不同形式的战法要领，都以满足用兵作战上的可操作性为宗旨。正是因为理论与实践沟通顺畅，学理与操作性结合无间，所以当时三晋以及受其文化笼罩的秦地名将辈出，成为战争中的主宰，白起、廉颇、赵奢、李牧、庞涓、信陵君、蒙恬、王翦等人便是他们中间的卓越代表。而三晋与秦地的军队战斗力亦远比齐、楚诸国军队强大，荀子的看法充分证明了这一点。《荀子·议兵》云："齐之技击不可以遇魏氏之武卒，魏氏之武卒不可以遇秦之锐士。"

最后是内涵丰富、体系完整、观点鲜明、思维辩证，注重将厉行耕战、增强实力、推行法制、严明赏罚置于优先的位置。具体地说，就是在战争观上积极主战，强调通过战争的手段达到一定的政治目的，所谓"国之所以兴者，农战也"[1]，提倡"诛暴乱，禁不义"的义战；同时又主张慎战，反对穷兵黩武，"故兵者，凶器也；争者，逆德也；将者，死官也。故不得已而用之"[2]。在治军观上，主张高度集权，严格治军，追求令行禁止的效果："故先王明赏以劝之，严刑以威之。赏刑明，则民尽死；

[1] 《商君书·农战》。

[2] 《尉缭子·武议》。

民尽死，则兵强主尊。”[1]强调“制必先定”，在执法上做到公正公允：“杀一人而三军震者，杀之；赏一人而万人喜者，赏之。杀之贵大，赏之贵小。当杀而虽贵重，必杀之，是刑上究也；赏及牛童马圉者，是赏下流也。”[2]提倡将帅以身作则，身先士卒，把“号令明，法则审”看作克敌制胜的基本保证。在作战指导上，注重谋略和战前准备，讲究廊庙决策，“兵胜于朝廷”；主张“权敌审将而后举兵”，以实力发言，先为不可胜；强调在战争中奇正变通，争取主动权，先发制人，出其不意，守中有攻；以打歼灭战为作战的最佳选择，“战不必胜，不可以言战；攻不必拔，不可以言攻”。[3]在战略上，特别重视处理政治与军事的辩证关系，提倡文武并用、军政合一，“凡战法必本于政……政久持胜术者，必强至王”[4]，“兵者，以武为植，以文为种；武为表，文为里”[5]。这些特征在《尉缭子》《吴子》等三晋兵学著作和《商君书》《韩非子》《荀子》等三晋文化体系内的诸子论兵之作中都有显著的体现。

概而言之，三晋兵学特别贴近先秦至两汉时期军队建设与战争活动的实际，突出反映了当时军队作战的特点与规律，对后世兵学的发展产生了深远的影响，其在军事史上的地位实不亚于齐鲁兵学。清代朱墉在《武经七书汇解》中说：“七子谈兵，人人挟有识见。而引古谈今，学问博洽，首推尉缭。”[6]这一观点，可以说是对以《尉缭子》为代表的三晋兵学在中国兵学史上的地位与贡献，作出了恰如其分且又实至名归的界定。

---

[1] 《韩非子·饰邪》。

[2] 《尉缭子·武议》。

[3] 《尉缭子·攻权》。

[4] 《商君书·战法》。

[5] 《尉缭子·兵令上》。

[6] 朱墉：《武经七书汇解》，中州古籍出版社1989年版，第217页。

第四章

从争霸走向兼并与统一（上）

周王室衰微后，中国的历史成了霸主们的舞台，郑庄公、齐桓公、宋襄公、晋文公、楚庄王、秦穆公、吴王夫差、越王勾践等一个个风云人物纷纷登台亮相，合力导演了一部风云激荡的春秋历史。

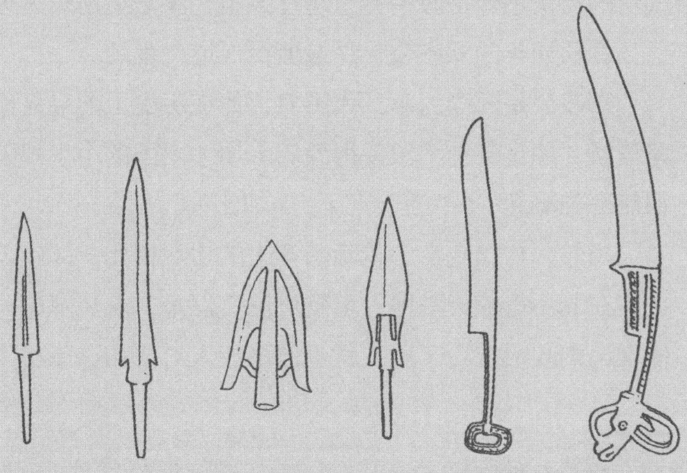

一、春秋争霸的先声——“小霸”郑庄公的政治智慧

只要看看神州大地到处都把《孙子兵法》《三十六计》《厚黑学》捆绑在一起吆喝贩卖，只要留意一下人们在欺生宰熟、坑蒙拐骗方面无师自通的高超演技，你就不能不承认，热衷权谋、深富韬略的确是中国文化传统的有机组成部分，所谓“帝王之兵，以全取胜，是以贵谋而贱战”[1]，所谓“攻人以谋不以力，用兵斗智不斗多”[2]云云，正是这种文化传统的简练概括、形象写照。

它往好里说，是崇高智慧，善于“四两拨千斤”；往坏处讲，是心术不正，鬼蜮伎俩。但不管你喜欢还是不喜欢，它总是存在，总有人把它视为政治手腕与能力，誉之为“识时务”、有水准。事实上也是这样，历史上大凡在政治上有所建树的人物，其成功的秘诀不外乎政治智慧超凡入圣，谋略运用炉火纯青。

春秋初年的郑庄公，是最值得说道一番的。

郑庄公是郑国的第三代国君，他在历史上的最大作为，是筚路蓝缕，通过各种手段使得西周末期才立国的小小郑国，在春秋初年率先崛起，“小霸”天下，一鸣惊人。

当然，与汉武帝、乾隆帝等人的功业相比，郑庄公这点事功也实在算不得惊天动地、可歌可泣。但是，若从郑庄公所作所为体现出的政治技巧来看，就不能不让人对他的深厚功力、绵长气

---

[1] 《汉书·赵充国传》。

[2] 欧阳修:《欧阳修全集》卷46《准诏言事上书》，中华书局2001年版，第649页。

韵表示由衷佩服了。

郑庄公政治手腕的老练，第一表现在料事能准。《孙子兵法》上说“知彼知己，百战不殆”[1]，又说“多算胜，少算不胜”[2]，一个政治人物是否成熟，不看他是否口惹悬河，不看他是否善于作秀，就看他有没有睿智的头脑，能否透过复杂纷纭的表象，一眼明了事物的本质，掌握战略态势的走向，做到未雨绸缪，“先为不可胜，以待敌之可胜……胜兵先胜而后求战”[3]。这正是《管子》中提到的既“遍知”又“早知”的道理，如果所知有缺环，便不能掌握全局；而所知不及时，便会失去时效性，成了“马后炮”。郑庄公在这方面可谓高手。他与其父郑武公、其祖郑桓公三代均为周王室的卿士，对周王室的大小事务、各种矛盾了若指掌，谙熟于心。因此，作为局内人，他比其他人更早更清晰地看到周王室外强中干、色厉内荏的事实，看到“天而既厌周德矣”的形势，周天子权威的没落乃是不可逆转。凭实力进行政治上的重新洗牌，“礼乐征伐自诸侯出”的机会即将来临，“先下手为强，后下手遭殃”。郑庄公遂当机立断，高明决策，第一个跳出来。他利用操控王室政务的便利条件，发展自己的势力，比曹操早上一千多年就玩起“挟天子以令诸侯”的把戏，先后联鲁、伐宋、侵陈、灭许，一举造就“郑庄公小霸”的风光局面。

等到羽翼基本丰满后，郑庄公又敢于转过身来向周天子叫板，甚至不忌冒天下之大不韪，与周天子兵戈相向。全天下为之惊诧莫名，只好站在一旁看着郑庄公一步步攀登上霸主的宝座，成为开春秋一代风气之先的人物。而郑庄公敢于这般肆无忌惮，就在于他早已算准了周王室的反应，早就看穿了周天子的那些能耐。

[1]《孙子兵法·谋攻篇》。

[2]《孙子兵法·计篇》。

[3]《孙子兵法·形篇》。

郑庄公政治手段的娴熟、政治操盘能力的突出，第二表现为遇事能忍。“克段于鄢”就典型地反映了郑庄公遇事能忍的政治风格。郑庄公的母亲武姜在生他时难产，吃足了苦头，因此郑庄公从小就不讨母亲的喜欢；姜氏所宠信溺爱的，是郑庄公的胞弟共叔段。武姜的爱憎好恶就为日后的冲突埋下了深深的隐患。从《左传》的相关记载来看，武姜是一个心胸狭窄、权力欲很强的女人。郑庄公登基后，她一直插手政治，替爱子共叔段经营前途。她先是打军事要地制邑的主意，遭到挫折；随后又逼迫郑庄公将共叔段分封到京城（今河南荥阳东南），立为“京城大叔”。共叔段进驻京城之后，立即大修城邑，图谋不轨。大臣祭仲目睹这一情况，提醒庄公要防止出现政出多门、尾大不掉的局面，以免威胁到自己的统治。但郑庄公一笑了之，以一句“多行不义必自毙”应付过去。面对武姜与共叔段这种串通一气、给自己多方制造麻烦的局面，郑庄公做到了隐忍不发，故意装出一副无关痛痒、漫不经心的样子，忍下一时之气。共叔段见自己的举动没有遭到兄长的制止，便变本加厉，将郑国西部和北部的城邑攫为己有，进一步扩充自己的势力。共叔段的得寸进尺，让郑庄公的臣子们都感到“是可忍，孰不可忍”。公子吕就催促郑庄公迅速采取行动，以免变生肘下、祸起萧墙：“国不堪贰，君将若之何？欲与大叔，臣请事之；若弗与，则请除之，无生民心。”[1]可郑庄公这时还是一再忍受，以“不义，不昵，厚将崩”为理由婉言谢绝了公子吕等人的建议。真可谓忍耐功夫修炼到了家。

郑庄公的遇事能忍，也反映在他处理与周王室的关系问题上。冰冻三尺，非一日之寒，郑国与周王室之间的矛盾由来已久。周平王在位时为了稍加限制和分散郑庄公的权力，曾打算任命虢公忌父为卿士，但为郑庄公所侦知。郑庄公对此甚为不满，

---

[1] 《左传·隐公元年》。

对周平王提出质询。平王竭力否认，结果发生了“周郑交质”事件。周以王子狐在郑国为人质，郑则以太子忽为人质于周。一场风波表面上暂时平息，可实际上双方互相猜忌更趋严重。

公元前720年周平王去世，其孙姬林继位，是为周桓王。在这之前，在郑国充当人质的王子狐已客死于郑国。王子狐的死使得桓王痛恨郑庄公的专横忌刻、无法无天，加之桓王本人年少气盛，缺乏政治经验，因此上台伊始，他便急不可待地处处侮辱和打击郑庄公，双方的关系日趋冷淡恶劣。

郑庄公毕竟富有政治经验，他知道完全和周天子闹僵并不符合郑国的根本利益，所以他不愿激化矛盾。面对周桓王的作梗为难，他努力克制内心的恼怒，甚至在公元前717年主动前去王都洛阳朝拜周桓王，希望缓解长期以来彼此间的对立情绪。谁知周桓王一点儿也不买郑庄公的账，给郑庄公吃了个闭门羹。

接着周桓王又极不理智地干了两桩让郑庄公极度不愉快的事情：一是任命虢公忌父为王室右卿士，让他与身为左卿士的郑庄公分庭抗礼；二是强行向郑庄公索取了鄔、芀、刘、邘这四座郑国城邑，而以本不属于周王所有的城邑作交换，这等于是给郑庄公开了一张空头支票。此番作弄使郑庄公极没面子，气不打一处来，但他深知“小不忍则乱大谋”的道理，最终还是按捺住怒火，硬生生地忍了。这种打落牙齿往肚里咽的忍劲，实在了得。可见遇事能忍是郑庄公显著的性格特征，而老谋深算、工于心计、喜怒不形于色，则正是郑庄公战略意识高度成熟的突出标志。

郑庄公政治手腕的老练，第三表现为他出手能狠，干净利落。郑庄公在胞弟逼宫问题上的隐忍，在周桓王刁难打击面前的退让，说到底还是韬光养晦、后发制人的做法。用军事术语讲，这是积极防御，即以防御退却为手段、以反攻制敌为目的的攻势防御。他不曾对自己的胞弟和周桓王马上实施反制，不是他软弱胆怯，而是他不会在没有准备就绪的情况下过早地和对手摊牌。所以，郑庄公在隐忍退让的同时，私底下一直在作充分的准备，以求一招制敌。反观郑庄公的对手，他们都对郑庄公的真实意图茫然无知，其种种行为正中郑庄公的下怀。共叔段在母亲武姜的支持下，一直准备篡权夺位。郑庄公的隐忍放纵，使得他更加得意忘形，自以为机会来临，打算发动叛乱，趁机夺权。公元前722年，共叔段整治城郭，积聚粮草，修缮武器，训练军队，并勾结武姜充当内应，准备偷袭郑国国都。

郑庄公遂当机立断，命令公子吕统率200辆战车讨伐共叔段。在郑军山呼海啸般的强大攻势下，京邑的民众也起来反对共叔段，共叔段被迫出逃到鄢（今河南鄢陵境内），郑庄公亲自统率大军征伐鄢邑。共叔段势穷力蹙，全线溃败，只好逃出郑国，流亡到卫国的共邑（今河南滑县）。至此，郑庄公彻底清除了内部的分裂势力，巩固了自己的统治地位。

公元前707年，周桓王下令剥夺郑庄公王室左卿士的职位后，郑庄公从此不再去朝觐周桓王。周桓王认为必须惩罚郑庄公无礼犯上的行为，便于同年秋天，亲率周、陈、蔡、卫联军对郑国发起进攻。郑庄公率兵迎战，双方军队遂在繻葛（今河南长葛）一带摆开战场，进行决战。

交战前夕，双方调兵遣将，布列阵势。周桓王将周室联军分为三支：左军、右军、中军。其左军由卿士周公黑肩指挥，陈军附属于内；右军由卿士虢公林父指挥，蔡、卫军附属其中；作为主力的中军则由桓王本人亲自指挥。郑庄公针对联军这一部署，也将郑军编组成中军、左拒、右拒（“拒”是方阵的意思）三个部分，指派祭仲、曼伯等大臣分别指挥左、右拒，自己则亲率中军，准备与周室联军一决雌雄。

正式交战之前，郑国大夫公子元对周室联军的组成情况进行了分析。他认为，陈国国内正发生动乱，其兵无斗志、将无战心，如果先对联军左翼实施打击，陈军一定会土崩瓦解，不堪一击；而蔡、卫两军的战斗不强，届时也将难以抗衡郑军的进攻。据此，公子元建议郑庄公首先击破联军的薄弱部分——左右两翼，然后再集中优势兵力进攻联军的主力——中军。

郑庄公欣然接受了这一先弱后强、各个击破的作战方针。另一位郑国大夫高渠弥鉴于以往郑军与北狄作战时，郑前锋步兵被击破，后续战车失去掩护，以致无法同步兵进行有效协同作战的教训，主张改变具体的作战方式，编成“鱼丽阵”以应敌。“鱼丽阵”的基本特点是“先偏后伍”“伍承弥缝”，即把战车布列在前面，将步卒疏散配置于战车两侧及后方，形成车步协同配合、攻防灵活自如的整体。在左、中、右三军部署上，是两翼靠前，中军稍后，成倒“品”字形，像张网捕鱼似地打击敌人。郑庄公不愧为一代雄主，善于开诚布公，集思广益，对高渠弥的建议拍案叫好，当即吩咐具体落实。

会战开始后，郑军按照既定作战部署向周室联军发起猛攻，旗动而鼓，击鼓而进。郑大夫曼伯指挥右军方阵，以泰山压顶之势攻击联军左翼的陈军。陈军果然士气低落，一触即溃，联军左翼遂告解体。与此同时，郑大夫祭仲也指挥郑军左方阵，奋勇进击蔡、卫两军所在的联军右翼部队。蔡、卫军的情况也不比陈军好多少，未经几个回合的交锋，便弃盔丢甲，纷纷败退。周联军中军为溃兵所扰，军心动摇，阵势顿时纷乱。郑庄公立即摇旗指挥郑军中军，向周中军发动攻击。祭仲、曼伯麾下的郑军左右两大方阵也乘势合围，“以正合，以奇胜”，夹击周室中军。

失去了左右两翼掩护协同的周中军，无法抵抗郑国三军的合击，仓皇后撤，周桓王本人也被郑将祝聃射中了肩膀。败得一塌糊涂，周桓王无奈，只好下令部队脱离战场，保住部分力量。这就是所谓“桓王肩上箭”的来历。

无论是“克段于鄢”也好，还是繻葛之战也罢，都让我们看到了郑庄公在关键时候的果毅坚决、敢作敢为，还有他的的铁血手腕、磐石意志。由此可见，出手能狠，正是郑庄公战略智慧超人一等，能够真正成就大事的显著标志。

郑庄公政治手腕运用上的娴熟、斗争艺术的炉火纯青，第四表现为善后能稳。孔子说："过犹不及。"老子言："天之道，其犹张弓欤？高者抑之，下者举之；有余者损之，不足者补之。"《孙子兵法·军争篇》也说："军争为利，军争为危，举军而争利则不及，委军而争利则辎重捐。"真正高明的战略家对战略目标的设定都是非常理智的，决不会在胜利面前头脑发热、忘乎所以，而是能注意掌握分寸、张弛自如。

郑庄公在这方面的作为，同样出神入化、可圈可点。当共叔段逃窜共地之后，郑庄公便鸣金收兵，不再追击。因为他完全知道，这个时候的共叔段已众叛亲离，形孤势单，再也折腾不起什么大浪了，实在不值得继续花工夫去对付。

另外，由于郑庄公的母亲武姜在这场叛乱中扮演过很不光彩的角色，她企图与共叔段里应外合，置郑庄公于死地，如《左传·隐公元年》记载："大叔完聚，缮甲兵，具卒乘，将袭郑，夫人将启之。"对此，郑庄公的内心是既痛苦又愤恨，遂指天画地发下毒誓，永远不再见武姜的面："不及黄泉，无相见也！"但是为了社稷大局，他最终还是与武姜和解了，"大隧之中，其乐也融融……大隧之外，其乐也泄泄"，二人"遂为母子如初"。[1]事实上，能否真正"为母子如初"，尽释前嫌，那只有天知道！可在表面上，样子终究还过得去，郑庄公也借此而赢得"孝"名。

至于繻葛之战善后问题上的举措，更反映出郑庄公的机心深密，棋高一着。当郑国在战场上大获全胜已成定局时，郑军上下

[1]《左传·隐公元年》。

十分振奋，余勇可贾。祝聃等将领遂积极请战，建议郑军乘胜追击，以扩大战果。但是郑庄公坚决拒绝了部属们的请战要求，头脑异常冷静地表示：“君子不欲多上人，况敢陵天子乎！苟自救也，社稷无陨，多矣。”[1]下令终止追击，放对手一马。

不仅如此，他还在当天晚上派遣专人前往周室联军的大营，慰问肩上中箭负伤的周桓王，给周桓王一个台阶下，使得双方之间的关系没有闹到彻底破裂的地步。这样他既赢得了利益，显足了威风；又留有了余地，杜绝了后患，左右逢源，进退裕如。郑庄公战略识见的高明，真是令人叹为观止。

意气风发的郑庄公“小霸”事业，早已烟消云散。然而，郑庄公的战略意识与政治手腕却依旧让今天的读史者无比钦仰，不胜叹服！

的确，从更深的层次进行考察，我们应该承认，料事能准、遇事能忍、出手能狠、善后能稳，是古今中外成就大事业之人所要具备的基本素质。同时，它又可以成为今天从事国际战略角逐的有益借鉴：在风云变幻、错综复杂的国际形势面前，一定要头脑清醒、沉着冷静，对局面有准确的分析，对大势有高明的预见，对自己有恰当的定位，不为假象迷惑双眼，不因义愤蒙蔽理智；在某些情况下，有必要韬光养晦、自敛锋芒、创造条件、等待时机，如《老子》所云：“以天下之至柔，驰骋天下之至坚。”在关系国家民族核心利益的问题上，若条件成熟、机遇来临，理应坚决出手，断然处置，一举而克，期于必成；至于在具体的斗争策略运用过程中，则必须巧妙地做到有张有弛、有理有节、斗而不破、全胜至上，即所谓“张而不弛，文武弗能也；弛而不张，文武弗为也；一张一弛，文武之道也”[2]！

[1]《左传·桓公五年》。

[2]《礼记·杂记下》。

二、齐桓公“一匡天下”

提起春秋的历史，大家总会想到春秋五霸。关于春秋五霸，历史上有两种不同的说法：一为齐桓公、宋襄公、晋文公、秦穆公、楚庄王，二为齐桓公、晋文公、楚庄王、吴王阖闾、越王勾践。无论哪种说法，齐桓公都被尊为五霸之首。他在“南夷与北狄交，中国不绝若线”[1]的情况下挺身而出，率领中原诸侯尊王攘夷，捍卫华夏民族与华夏文化的尊严，“九合诸侯，一匡天下”，不失为春秋第一霸主。

齐桓公能在风云激荡的春秋初年脱颖而出，成为功业最为辉煌的霸主，固然有诸多的客观有利条件和历史原因：比如齐庄公、僖公为齐国打下的坚实基础；再比如王室衰微、夷狄交侵，诸夏客观上需要这么一位大英雄站出来维系天下秩序，抵御夷狄的侵略。但这些客观条件只能提供建功立业的有利环境，并不能自动合成辉煌的功业，更主要的还是齐桓公自己卓越的领导能力和英明决断。如果我们通考齐桓公登上霸主巅峰的整个过程，就会发现得人任贤、把握时机、正确抉择是他成就辉煌霸业的关键。

1. 得人任贤

《管子·版法解》云：“佐贤则君尊、国安、民治，无佐则君

[1] 《公羊传·僖公四年》。

卑、国危、民乱。”道出了人才对于治国的重要性。对君主来说，要治理好国家，其中最重要的莫过于发现人才，并把人才放到合适的位子上去发挥才干。至于君主本人，既不可能全德全能，也不必要躬亲细务。齐桓公无疑是这样的典范。就个人私德而言，齐桓公不仅算不上圣贤，甚至可以说有比较大的缺憾。比如他自己就曾招认“有大邪三”：好田猎盘游、好饮酒作乐、好色。但这些私德方面的缺陷，并未妨碍他治国平天下，关键就在于他能尊礼贤才、委用贤才、信任贤才。

齐桓公用人的高明之处，主要体现在他对最大的竞争对手公子纠阵营里的核心谋士、也是屡次加害他的主谋管仲的选拔任用上。齐桓公与管仲的恩怨，要追溯到齐桓公的父亲齐僖公在位时期。齐僖公是齐国比较有作为的君主，他在位期间，致力于和郑、鲁两个周王室最亲近的姬姓诸侯搞好关系，在郑庄公的引荐下得到周王室的青睐。在他的主持下，齐国“通商工之业，便鱼盐之利”“尊贤尚功”，由疆域不过百里、人口稀少且多为盐碱地的小诸侯逐渐成为大国，并成功组织了“瓦屋会盟”，齐僖公成为春秋初期赫赫有名的“小伯”。齐僖公子嗣众多，其中身为太子的诸儿（后来的齐襄公）并不入齐国各种政治势力的法眼，大家预料他继位之后会出乱子。相反地，大家倒是一致看好公子小白（后来的齐桓公）和公子纠，甚至早早地把振兴齐国的希望寄托在他们两位身上。在齐国众卿大夫的推波助澜下，公子小白和公子纠两人周围很快形成了各自的小圈子，其中公子小白智囊团里的核心人物是鲍叔牙，公子纠圈子里的主心骨则是管仲。两个圈子的人马都野心勃勃地觊觎齐国君位，并把对方看作最大的竞争对手，长期明争暗斗，不可开交。

齐僖公薨，诸儿继位，是为齐襄公。果然不出人们所料，这位“花花大少”很快就把齐国搞得乌烟瘴气。他最荒唐的行为就是和他的亲妹妹，也就是鲁桓公的夫人文姜通奸。此事被鲁桓公发现。为防丑行败露，二人合谋，竟然把在齐国访问的鲁桓公灌醉杀死。在鲁国的强烈抗议下，齐襄公杀掉了他派去结果鲁桓公性命的凶手公子彭生，以平息鲁国的怨气。但从此齐国与鲁国关系破裂，由与国变为敌国。齐襄公的另一大荒唐事是言而无信，喜欢食言而肥，最终也因此葬送了自己的小命。齐襄公派连称、管至父戍守葵丘，当时葵丘处在宋、郑等国的包围之中，于齐国而言，已算得上是“远恶军州”，所以连称和管至父并不愿去。为了安慰他俩，齐襄公与他们约定今年瓜成熟时去，到明年瓜成熟时便派人去换防，戍期为一年，所谓“瓜时而往，及瓜而代”。一晃又是一年瓜熟时，连称和管至父归心似箭，天天盼着来人换防接班，可齐襄公再也不理这茬。两人托关系请人在齐襄公面前提及换防的事，又被齐襄公一口拒绝。眼看归家无望，两人恨透了食言的齐襄公，与公孙无知以及被齐襄公纳为嫔妃的连称堂妹勾结起来，准备干掉齐襄公。

公孙无知是齐僖公同母之弟夷仲年的儿子，齐僖公非常喜欢他，让他享受太子的待遇。齐襄公为太子时，对这位堂弟很是看不顺眼，两人之间还发生过打斗，齐襄公继位之后便剥夺了他的待遇，公孙无知因此怀恨在心。连称的堂妹入宫以后备受冷落，不知何故，以荒淫闻名的齐襄公就是看她不上，她心中对齐襄公也是颇多怨怼。这四位失意者为改变自己目前的窘局而勾结起来，准备把齐襄公除掉，以公孙无知取而代之，约定事成之后立连称的堂妹为夫人。连称的堂妹利用在宫中的有利条件，负责寻找最佳的动手时机。

公元前686年，齐襄公狩猎游玩。狩猎时遇到一头野猪，有人告诉他这头野猪是他杀害的替死鬼彭生冤魂变的。齐襄公大怒，于是搭箭便射。这头野猪被激怒了，吼叫着向齐襄公猛扑过来。齐襄公本来就心中有鬼，见此情形真的以为是彭生的鬼魂向他寻仇，顿时吓得魂飞魄散，从车子上掉下来，脚也扭坏了，鞋子也掉了。他顾不上拣鞋子，掉头就跑，连滚带爬逃回宫中。

齐襄公这次出游，把连称的那位堂妹也带来了。心怀鬼胎的她见襄公打猎受伤，心中暗喜，把这一情况透露给了连称、管至父、公孙无知。他们乘此机会发动政变将齐襄公杀死，立公孙无知为齐侯。

公孙无知一伙通过政变上台，但他们并不比齐襄公更强，除了分赃之外没有任何兴利除弊的举措，所以齐国人民并不支持他们。第二年春天，曾经和公孙无知有过节的雍廪将公孙无知袭杀，齐国的各种政治势力又重新把目光聚集在公子小白和公子纠身上。这样，为了争夺君位，公子纠和公子小白两大集团的斗争也趋于白热化。

公子纠的母亲是鲁国人，因此齐国大乱时公子纠逃到鲁国避难。出于自身利益的考虑，鲁国成了公子纠在这场君位争夺战中的靠山。而公子小白的母亲是莒国人，所以小白在莒国避难。公孙无知的死讯传来，两大集团都加紧行动。当时的情况是，两人享有同等的继承权，谁先回国谁就能占得先机。莒近鲁远，为了确保公子纠胜出，管仲暗设毒计，他在鲁国的支持之下，于莒国通往齐国的大道上设下伏兵，准备半路截杀小白。当小白的人马毫无戒备地通过时，管仲亲自拈弓搭箭，直射小白。岂料人算不如天算，阴差阳错，这一箭正中小白的带钩，机智的小白就势躺倒装死，骗过了管仲，继而日夜兼程，抢先赶回齐国，在国、高两大世族的支持下即位，是为齐桓公。而管仲以为小白已死，再无人可对公子纠的继位形成威胁，便与公子纠一路优哉游哉地慢慢往回赶。六天之后回到齐国，却发现一切都晚了。为夺回君位，管仲勾结野心勃勃有意争霸的鲁庄公，对齐国展开猛烈的军事进攻，意图在齐桓公政权立足未稳之际将其颠覆。好在齐军同仇敌忾，在乾时会战中一举击溃鲁军，齐桓公的地位得以巩固，开始组建治国的领导班子。这时，鲍叔牙郑重其事地向齐桓公推

汉画像石“管仲射小白”

山东嘉祥武氏祠东汉画像石“管仲射小白”，画面中执弓者当是管仲，卧地中箭者当是公子小白，执伞盖护小白者当是鲍叔牙。

荐管仲，并且要求齐桓公任命管仲为相。

对于齐桓公来说，管仲可谓不共戴天的仇人，但这个仇人却非同一般，鲁国著名的智囊施伯评价他说："管子，天下之才也，所在之国，则必得志于天下。"[1]如何处置管仲，对齐桓公来说还真是个不小的考验。就个人感情而言，齐桓公完全可以以直报怨，快意恩仇，将管仲杀掉以雪心头之恨。但是作为一国之主，施政用人，需有整体眼光，以国家利益为重，绝不能把个人恩怨凌驾于国家利益之上。经过一番权衡，齐桓公听从了鲍叔牙的建议，运用外交手段迫使鲁国君臣将躲在鲁国避难的管仲遣送回国，并亲自相迎，要任命他为相。出乎桓公意料的是，管仲当场又向桓公提条件，要钱、要地位、要身份：

> 桓公解管仲之束缚而相之。管仲曰："臣有宠矣，然而臣卑。"公曰："使子立高、国之上。"管仲曰："臣贵矣，然而臣贫。"公曰："使子有三归之家。"管仲曰："臣富矣，然而臣疏。"于是立以为仲父。[2]

这段话今天读起来，有两处可能不太容易理解。一是管仲既然入阁拜相了，自然是一人之下万人之上，为什么他还说自己卑？其实，春秋时期相只是一种行政职务，帮助国君处理国事，虽然权力很大，却无关乎地位高下。那个时候地位高下主要看爵位，诸侯爵位分公、侯、伯、子、男五等。诸侯国内再分封，就主要是卿、大夫、士这三级，卿、大夫的采邑叫作家，他们再分封下去，更低一等的领地就叫作室。《左传·桓公二年》说"天子建国，诸侯立家，卿置侧室，大夫有贰宗"，讲的就是这种制度。

[1]《国语·齐语》。

[2]《韩非子·难一》。

管仲虽然被任命为相，但其爵位还是比较低级的士，怕被齐国的老牌贵族看不起，所以自称卑。第二个比较难以理解的地方，就是“三归之家”，关于这一点，古人有很多说法，不一一列举。比较靠谱的，是说桓公赐予管仲的采邑，相当于一般卿大夫家的三倍，故称“三归之家”。

管仲的这一做派，换了别人只怕很难容忍，但齐桓公一看就明白了其中的玄机。欲立大功、成大事，必须先揽大权、处尊位。像管仲这样的“天下之才”，要施展自己的才干，使国家“得志于天下”，就需要相当的平台和与之匹配的权力、威望、地位。所谓“尊其爵，厚其禄，重其权，而后可以议天下之机，虑天下之变”[1]。孔子在谈到这件事时说：“管仲之贤而不得此三权者，亦不能使其君南面而称伯。”[2]所以，对于管仲提出的条件，齐桓公一口答应下来。

齐桓公任命管仲为上卿，爵位在老牌大贵族国氏、高氏之上，又使管仲有三归之家，尊他为“仲父”，一举确立了管仲在整个辅臣集团中的核心地位。对于齐桓公这一举措，荀子给予极高的评价：“夫齐桓公有天下之大节焉，夫孰能亡之？倓然见管仲之能足以托国也，是天下之大知也。安忘其怒，出忘其雠，遂立为仲父，是天下之大决也。立以为仲父，而贵戚莫之敢妒也；与之高、国之位，而本朝之臣莫之敢恶也；与之书社三百，而富人莫之敢距也；贵贱长少，秩秩焉莫不从桓公而贵敬之，是天下之大节也。诸侯有一节如是，则莫之能亡也；桓公兼此数节者而尽有之，夫又何可亡也？其霸也宜哉！非幸也，数也。”[3]

确立了管仲在辅臣集团中的核心地位之后，齐桓公就放权

[1] 苏洵著，曾枣庄、金成礼笺注：《嘉祐集笺注》卷4《远虑》，上海古籍出版社1993年版，第83页。

[2] 《史记·管晏列传》。

[3] 《荀子·仲尼》。

于管仲，让他放开手脚，尽情施展自己在治国理政方面的才干。《吕氏春秋·任数》记载了这样一则小故事：

> 有司请事于齐桓公，桓公曰：“以告仲父。”有司又请，公曰：“告仲父。”若是三。习者曰：“一则仲父，二则告仲父，易哉为君！”桓公曰：“吾未得仲父则难，已得仲父之后，曷为其不易也？”

在齐桓公的支持下，管仲对齐国的内政外交提出一揽子改革计划。管仲以“修旧法”为名，改革内政，“连五家之兵，设轻重鱼盐之利，以赡贫穷，禄贤能，齐人皆说”[1]。齐国很快富强起来，为齐桓公霸业打下了坚实的基础。

其实，齐桓公尊贤任能不仅仅止于一管仲，对于其他有才有德之士，他都能做到尊礼而信任之，让他们尽情地施展才华，建功立业。他曾经去拜会一位低层的官吏，三顾茅庐依然没有如愿，搞得随从都很不耐烦，劝他说：“这么一个小人物，劳驾您亲自前往还不得见，就算了吧，已给他足够的面子了。”齐桓公听了，立即严肃地批评他们：“这是什么话！我听说老百姓不追求富贵的，不向君主低头；君主不慕义强仁的，也不屈身于老百姓。老百姓可以不追求富贵，我作为一国之君还能不慕义强仁吗？”依然坚持前往拜会那位低级官吏，去了五次才得见。为了求贤兴国，他还听从管仲的建议，不惜金币玉帛，派遣一支庞大的专门招揽贤才的队伍，周游四方，收揽天下英雄。卫国人宁戚自荐于齐桓公，对齐桓公大谈治国之道，桓公为之折服，立即任命宁戚为卿，这在古代属于超越常规的提拔。齐国的大臣生怕宁戚是个江湖骗子，一致反对齐桓公的决定，并建议齐桓公先派人

---

[1]《史记·齐太公世家》。

去卫国打探一下宁戚的品行，再做决定也不迟。但齐桓公并不这样想，他对群臣表示，宁戚这个人有大才干，也很可能有小缺陷，若派人去打探来他的小缺陷，放在心里反而别扭，容易影响对他的放手使用；没有十全十美的人才，我是用其所长。正所谓"察察者有所不见，恢恢者何所不容"[1]，用人不求全责备，不以小恶掩人大善，这又是齐桓公的一大优点。事实证明，齐桓公的眼光没错，就连管仲也不得不承认，在组织农业生产以更好地开发耕地潜能这方面自己远不如宁戚，并建议齐桓公任命宁戚为大司田，使其成为齐桓公图谋霸业的一个重要帮手。

作为一位真正优秀的君主，并不一定非得拥有多方面杰出的才华，最为关键的是，要善于招揽人才为己所用。正是因为齐桓公尊礼信任贤才的用人之道，在他周围聚集了一大批学有专长的人才，比如熟悉礼仪和外交辞令的隰朋、正直敢言的鲍叔牙、执法公正严明的弦宁、善治军旅的王子城父，再加上农业管理专家宁戚，这五位都是当时一流的人才。齐桓公本着"德当其位、功当其禄、能当其官"的原则，以隰朋为大行，以弦宁为大理，以鲍叔牙为谏臣，以宁戚为大司田，以王子城父为大司马，组建了当时一流的领导班子。所以刘向认为，齐桓公能任贤使能，是他"九合诸侯，一匡天下"的最重要原因。

2. 因时而动，顺势而为

齐桓公能够成为春秋时期最风光的霸主，除了成功的用人之道外，善于把握战略时机也是一个重要的因素。所谓"时势造英雄"，齐桓公所处的时代，是个呼唤英雄的时代。可以说，齐桓公提出争霸战略，并一步步走向霸主的宝座，既是顺应时势的潮

[1] 陆贾著，王利器校注：《新语校注·辅政》，中华书局2012年版，第54页。

流，更是回应时代的需要。周王室东迁后，在最初的几十年里，威信并未完全丧失，在维持天下的秩序方面多少还能发挥天下共主的作用。我们可以看到，在春秋初年晋国的内乱中，到处都有周王室忙碌的身影，周天子多次率领诸侯征讨进攻晋侯的曲沃集团。在翼城的晋侯之所以没被曲沃方面很快灭掉，全赖周王室的支持。但总的来说，周王室的没落已成不可挽回之势。公元前707年周郑繻葛之战可以说是个转折点，从此以后，周天子基本上威信扫地，再也无法充当天下秩序维护者的角色。不仅如此，周天子有时连王室内部的事情也摆不平，需要诸侯出面调停。原本的“礼乐征伐自天子出”演化为“礼乐征伐自诸侯出”。晋国内乱中，一直站在晋侯这边的周王室于公元前678年眼睁睁地看着曲沃武公灭掉晋侯，尽管心里一百个不愿意，但在得到武公的贿赂后，不得已封曲沃武公为晋侯。在这个礼崩乐坏的时代中，列国并峙，互相征战不休，所谓“周室微，诸侯力政，争相并”[1]，天下陷入没有秩序的混乱中。人们总是喜欢抱怨旧秩序的不合理，却往往在打破旧的秩序之后，才发现原来真正可怕的是无秩序！这是历史留给我们的教训。

当中原地区因周王室的衰落而陷入无秩序的混乱时，夷狄却乘机崛起。雄踞南方的楚国这时开始强大起来，不断对外侵略扩张。以随国为首的汉阳诸姬抵抗不住楚国的持续进攻，先后臣服，成为楚国的附庸。此后，楚国依仗强大的军事力量不时侵凌中原诸侯，对“诸夏”形成巨大的压力。北方的狄人部落也乘机入侵，邢、燕等诸侯国都时刻受到严重的威胁，有时连周王室也不能避免夷狄的侵扰，所谓“当此之时，上无明天子，下无贤方伯，诸侯力政，强者为君。南夷与北狄交争，中国不绝如线矣。

[1]《史记·秦本纪》。

臣弑君，子弑父，天下莫能禁止”[1]。郑、鲁、宋、齐乘势壮大自己的实力，成为号召一方的强国，联合诸夏对抗夷狄的侵扰。郑庄公、齐僖公、鲁庄公相继称“小霸”，但限于各种原因，也最终未能成为天下公认的盟主。整顿天下秩序和抗击夷狄侵扰这两大问题依然没有解决。

因此，此时的天下或者说诸夏地区强烈需要一个霸主来作为秩序的维护者和抗击夷狄的领头雁。郑国在郑庄公薨后，陷入二十年的内乱中，自顾尚且不暇，霸业戛然而止。鲁国由于自身实力所限，有心无力。齐国有了齐僖公打下的“小霸”的基础，恰恰处于崛起的最佳时期。所以，齐桓公继位后不久，即与管仲一起制订了图谋霸业的计划。这一计划的提出，可以说既顺应了时势的要求，又充分考虑了齐国的实际情况，是对战略机遇准确而及时的把握。

3. 正确的战略抉择

齐桓公成功的第三个重要因素，就是君臣确立霸图之后，又作出了正确的战略抉择：首先改革内政，增强自身的实力；再恩威并用，修睦邻邦，改善周边的国际环境；最后在时机成熟后，树起“尊王攘夷”的大旗，北伐戎狄，南拒强楚，组织诸侯会盟，自己也顺势将霸业推向顶峰。

执政之初，为实现霸图，齐桓公也首先选择了加强军事力量的建设，欲以武力作为称霸的后盾。齐桓公的这一决策遭到管仲的反对，他反复向桓公阐明“内政不修，外举事不济”[2]的道理，君臣遂达成一致，将精力转移到改革整顿内政上来。齐桓公与管

[1] 袁康著，李步嘉校释：《越绝书校释·越绝吴内传》，中华书局2013年版，第83页。

[2] 《管子·大匡》。

仲打着"修旧法"的旗号，对行政管理、经济、税收、军事等领域都进行了大刀阔斧的改革。

其一，定民之居，成民之事，协调好士农工商"四民"的关系。管仲认为士农工商四类人民都是国家的基础。为了保持社会的稳定和经济的健康发展，这四类人民"不可使杂处"，理由是"杂处则其言哤、其事乱"，故而"圣王之处士必于闲燕，处农必就田野，处工必就官府，处商必就市井"，使四民对自己的职业"少而习焉，其心安焉，不见异物而迁焉"，能够做专做精。这就是说，士农工商四民的聚居地要有所区分，而且要相对稳定，防止他们见异思迁。具体说来，则是"三其国""五其鄙"。所谓"三其国"就是把国都分为二十一乡，"商工之乡六，士农之乡十五"，齐桓公亲自帅十一乡，大贵族高子、国子各帅五乡。同时立"三军"，也分别由齐桓公、高子、国子率领。另外"公立三官之臣，市立三乡，工立三族，泽立三虞，山立三衡。制五家为轨，轨有长；十轨为里，里有司；四里为连，连有长；十连为乡，乡有良人；三乡一帅"。在国都建立起严密的管理体系。所谓"五其鄙"是指在郊区"制五家为轨，轨有长；六轨为邑，邑有司；十邑为率，率有长；十率为乡，乡有良人；三乡为属，属有帅；五属一大夫。武政听属，文政听乡，各保而听，毋有淫佚者"。[1]实行这种"定民之居"的办法，不仅有利于管理，有利于分工，而且有利于同业内部的互相影响、互相学习。更重要的是，这种制度实际上是寓兵于农，有利于兵民之间的转换。由于大家长期生活在一起，夜间作战，只要听到声音就辨别出敌我；白天作战，只要看见容貌，大家就能认识，无形中提高了齐国军队的战斗力。管仲还认为，老百姓太穷太富都不好，太富则对爵禄不会动心，太穷则不畏刑罚，两极分化会导致国家法令不

[1]《管子·小匡》。

行。为了保持“四民”相对平等的经济地位，必须“富能夺，贫能予”[1]。“为末作奇巧者，一日作而五日食，农夫终岁之作，不足以自食”[2]；农民是社会的多数，农业又是经济的基础，对这种情况必须进行调节。手工业则宜实行官营和私营两套体制，对不同行业采取不同的、灵活的管理办法。能工巧匠不准生产奢侈品，而是必须满足全社会的需要。富商巨贾如果任其自流，其后果是“贫者失其财”“农业失其五谷”，商人最终操纵国家的经济命脉，甚至干预政治，造成“一国而二君二王”。[3]所以在发展商业的同时，必须打击富商巨贾。盐铁、粮食、布帛等重要物资均由国家垄断经营。

其二，相地而衰征，关市几而不征。这是管仲针对郊区农业和商业的改革。所谓“相地而衰征”，据《国语·齐语》，其内容为“陆、阜、陵、墐、井、田、畴均”，即根据田地土质的好坏美恶，区分“陆、阜、陵、墐、井、田、畴”的不同情况，从而确定对土地征收赋税的多少。《管子·大匡》中还讲到了具体的征收办法：“案田而税，二岁而税一。上年十取三，中年十取二，下年十取一，岁饥不税。”这里不仅考虑到了土地的情况，而且考虑到了年景，这种税收制度无疑要更加合理。所谓“关市几而不征”，是指对于来往的货物，无论几经周转，都免征关税和市税。这一政策的施行极大地刺激了齐国商业的发展，也吸引了周边诸侯国的商人前来齐国做生意，不仅大大有利于齐国人民的富裕和经济的繁荣发展，还通过商业纽带把周边诸侯国与齐国的利益捆绑在一起。另外，为了增加军资，解决军队的武器问题，管仲还规定犯了罪可以用盔甲和武器来赎罪：犯重罪，可以

[1]《管子·揆度》。

[2]《管子·治国》。

[3]《管子·轻重》。

用兵甲与戟等赎罪；犯轻罪，可以用盾牌与戟等赎罪；犯小罪，可以用一定数量的铜铁赎罪。这样在不加重人民负担的情况下就很轻松地改善了军队的装备，同时又使犯罪的人得到改过自新的机会，这一政策受到了人民的拥护。

管仲在齐桓公支持下对内政的改革，虽然打着“修旧法”的旗号，其目的不过是让人们容易接受而已，考察改革的实质，是对已经不适应社会历史发展的旧有制度的根本改变。“画野分民乱井田，百王礼乐散寒烟。”他们的这一改革彻底颠覆了西周初年周公所建立的以“周礼”为基本框架的礼乐井田制度，开春秋变法之先声，为齐国的霸业奠定了坚实的基础。“齐国遵其政，常强于诸侯。”[1]

随着齐国实力的增强，齐桓公开始主动参与天下事务，并逐步取得了天下事务的主导权。对于霸主来说，在诸侯中的影响力和控制力比绝对实力更为重要。因此，图谋霸业需要综合运用政治、外交、军事等多种手段，恩威并施，绝不是单纯靠武力压服那么简单。在综合分析列国形势之后，为增强齐国在诸侯国中的影响力，齐桓公和管仲制定了两大策略：一是充分利用周王室“天下共主”的政治符号意义，竖起“尊王”的大旗，争取周王室授权，使齐国的争霸活动合法化；二是恩威并施，改善与周边诸侯国的关系，以“攘夷”这根利益纽带团结诸夏。

当时的周王室尽管已经衰落到一个二等诸侯国的地位，许多诸侯国也不再把它放在眼中，但是周王作为“天下共主”的符号意义，由于历史文化的原因，并没有伴随着国势衰落而消失。环顾四周，南有强楚，秦、晋也在加速崛起，和这些诸侯国相比，齐国并没有绝对的优势。孟子所谓“以齐王，由反手也”[2]，不过

---

[1] 《史记·管晏列传》。

[2] 《孟子·公孙丑上》。

一厢情愿，未可当真。所以，拉起周天子这杆“天下共主”的大旗，以“攘夷”这根利益的纽带团结诸夏，以互利共赢的外交模式来改善与周边的关系，同时恩威并施，对个别蓄意作对的诸侯国果断出手削平，以增强齐国军事威慑力，在当时来看，是实现齐国霸业的最佳战略选择。

公元前684年，齐桓公拿在他流亡时期对他招待不周的谭国小试牛刀，出兵将其吞并，显示了齐国的实力。两年后，宋国发生内乱，南宫万弑宋闵公。之后，宋国公室及其拥护者与南宫家族发生激烈的战斗。是时，周釐王刚刚即位，诸侯国反应冷淡，无人前往朝贺。齐桓公抓住这次机会出手，全面展示了齐国主导政治事务的能力。齐桓公和管仲商定派使者去朝贺周釐王，向天下诸侯作出尊王的姿态，同时自告奋勇平息宋乱，争取周天子的授权。备受诸侯冷落的周釐王见强大的齐国率先来朝，又主动请命去戡定宋国，简直受宠若惊，也乐得做顺水人情。在周天子的授权下，公元前681年，齐桓公在北杏（今山东东阿北）召集诸侯会盟，宋、陈、蔡、邾等国参加。这次会盟的主题是平定宋乱，承认宋桓公的地位。通过这次会盟，齐国在天下事务中的影响力大大增强，威望也有所提高。

随后，齐桓公为了宣示武力，对拒绝参加会盟的遂国和鲁国大打出手。在一举灭掉遂国后，齐桓公即大举讨伐鲁国。自桓公继位以来，齐鲁关系一直不怎么样。鲁庄公也野心勃勃，不甘屈居齐国之下，处心积虑地与齐国作对。所以这次战争齐桓公志在必得，在齐军的猛烈进攻之下鲁军溃败，鲁庄公被迫割地求和。随后两国在柯地会盟，正式讲和，鲁国的勇士曹沫突然冲出来劫持了齐桓公，要他返还侵占的鲁国土地。齐桓公被迫应允，曹沫见愿望达到，放过桓公，退到自己的位子上。重获自由的桓公气不打一处来，当时即欲反悔，怒冲冲地准备杀掉曹沫，并拒绝归还鲁国的土地。管仲从长远考虑劝齐桓公信守诺言，归还鲁地，一来改善齐鲁关系，二来取信于天下。齐桓公听从了管仲的意见，将三次战争侵占的鲁国土地悉数归还。桓公此举为自己换回巨大声誉，"诸侯闻之，皆信齐而欲附焉"[1]，在争霸的途中迈出重要一步。《公羊传》评价说："要盟可犯，而桓公不欺；曹子可仇，而桓公不怨。桓公之信著乎天下，自柯之盟始焉。"[2]所谓"要盟"，就是在被胁迫状态下签订的条约或达成的协议，即使放在今天的国际法中，也是不被承认的，完全可以不遵守。齐桓公反其道而行之，以极小的代价，换来了诸侯的亲附和拥戴。在管仲的建议下，齐国又归还了侵占卫国、燕国等国的土地，齐国的外部环境进一步改善。

在以恩信结诸侯的同时，对于背信弃义、朝三暮四的国家，齐桓公也绝不手软，保持足够的威慑力。宋桓公回国后，随即背弃北杏会盟的盟约，与齐国越走越远。齐桓公得知后，即纠合陈国、曹国，并敦请周王室出兵参与，共同伐宋，直至宋认输。为此，在周天子的使臣单伯的参与下，公元前679年，齐桓公再次于鄄地召集诸侯会盟，卫国、郑国、宋国都来参加，齐桓公正式成为霸主。

登上霸主的宝座，不仅仅是至高无上的荣誉，还意味着要承担更多的大国义务。尤其是面对夷狄的侵扰，要敢于挺身而出，该出手时就出手，肩负起保障诸夏诸侯国的安全和利益的责任。唯其如此，才能获得诸侯的拥戴。

公元前664年，地处东北一隅的燕国遭到山戎的疯狂进攻，无力抵抗，遂向齐桓公告急。齐桓公接到报告后，征得周王室同意，立即召集天下诸侯，并要求大诸侯国出战车200乘、士卒2000人，小诸侯国出战车100乘、士卒1000人，自己则帅战车

---

[1]《史记·齐太公世家》。

[2]《公羊传·庄公十三年》。

1000乘和管仲、隰朋等主要谋士亲征，北伐山戎以救燕国。齐桓公带领大军率先到达缘陵（今山东昌乐东南），待诸侯大军到齐后，即率领联军向山戎发动猛烈的攻击，一举将山戎击溃，解了燕国大难。战后，齐桓公又亲自分配战利品，缴获的车、甲等由小诸侯国均分，较大的诸侯国中其地与山戎相接的，分山戎的土地与之，齐国则一毫莫取。

这次由齐桓公发起的联合伐山戎救燕的行动，得到了大多数诸侯国的拥护，但地处北边的孤竹与令支两个国家由于与山戎关系密切，没有响应。对于这种公然挑衅霸主权威的举动，齐桓公在取得伐山戎的决定性胜利后，果断出手，予以强硬的回应。他于召陵召集南方诸侯，以孤竹、令支"上不听天子令，下无礼诸侯"[1]为由出兵讨伐。这一仗，齐与诸侯联军深入孤竹、令支腹地，狠狠教训了这两个不听招呼的国家。通过伐山戎救燕和北伐孤竹、令支两次大的战役，齐桓公宣示了霸主的权威，进一步赢得中原诸侯的拥戴，也打击了北方夷狄的势力。

嗣后，齐桓公在参与诸侯国事务方面更加积极主动，出手也更加果断。公元前661年，狄人伐邢，齐桓公闻讯派兵，打退狄人。不久，狄人又攻邢国。齐桓公以霸主的身份，召集宋、曹两国与齐组成联军出兵救邢，并把邢国的都城迁到夷仪（今山东聊城西），又帮助邢国筑城，救助邢国难民。公元前660年，狄人伐卫，灭了卫国。齐桓公再召宋国出兵救卫，收拢卫国难民，重建卫都于楚丘（今河南滑县）。"迁邢于夷仪……封卫于楚丘。邢迁如归，卫国忘亡。"[2]

通过这几次行动，齐国将北方纳入自己的势力范围，其霸业在北方得以巩固。稳定了北方之后，齐桓公随即掉转矛头，集中

[1]《管子·大匡》。

[2]《左传·闵公二年》。

精力对付最大最强的楚国。与此同时，楚国也在南方大肆扩张，"楚强，陵江汉间小国，小国皆畏之"[1]。中原诸侯在楚的逼迫下惴惴不安，都希望有人能站出来帮他们解除来自强楚的威胁。而不制服强楚，齐桓公的霸业也终难影响南方，甚至有失掉中原的危险。齐楚之间的冲突一触即发。

公元前656年，齐桓公先下手为强，率齐、宋、陈、卫、郑、许、曹等诸侯联军，以蔡国将自己休掉的蔡姬另嫁为借口，出兵讨伐已成为楚国附庸的蔡国。在强大的诸侯联军面前，弱小的蔡国不堪一击，齐桓公随即移师伐楚，双方于楚地陉（今河南漯河郾城区）形成对峙局面。骄横一时的楚成王虽被齐与诸侯联军的气势所慑服，但他仰仗楚国强大的实力，并不愿意示弱，派遣屈完到齐国军中质问齐桓公："君处北海，寡人处南海，唯是风马牛不相及也，不虞君之涉吾地也，何故？"[2]屈完这番话完全是对齐桓公的调侃：齐君您远居北海，我们楚王自居南海，天远地隔，犹如牛马怀春各不相干；想不到您不远千里兴师动众地来我们这地方，到底为了什么事，犯得着吗？语调里透着轻松与自信，直指齐桓公师出无名，拷问他挑起战争的合法性。在春秋初期，虽然已是礼崩乐坏，但崩而未溃，一些礼乐文明的理念影响犹存。譬如战争，礼乐文明讲求的是"争义不争利"，一定要师出有名，否则即不合法，在道义上输了一筹。"师以曲为老"，如果出师不合道义，对士气来说会是很大的打击，也会直接影响到战斗力。

面对屈完的挑衅，管仲理直气壮地予以还击。他指出，当年周王室派召康公策封太公时曾赋予齐国"五侯九伯，女实征之，以夹辅周室"的特权，又赐太公履，东至于海，西至于河，南至

[1] 《史记·楚世家》。

[2] 《左传·僖公四年》。

于穆陵，北至于无棣，授权齐国都可以代天子征伐。管仲还抓住楚国与天下共主周王室多次兵戎相见，且多年不向王室进贡这一事实，历数楚国多年不向王室进贡苞茅以致王室无法滤酒而影响到祭祀，以及昭王南征楚国死于征途等罪行，声言这就是齐国出兵的理由，要求楚国对以上事实予以回应。

楚和齐都是周初封建的诸侯国，只不过齐的始祖姜太公是周王朝伐商战争的统帅，周初第一功臣，属于王室倚重的核心人物，所以周王立齐为侯爵之国。楚国的始祖鬻熊则是周文王一个比较边缘化的谋士，司马迁在《史记·楚世家》中说“鬻熊子事文王，蚤卒”。他地位不高，再加上早死，没能等到革命成功的那一天，所以后代被封在蛮荒的楚地，为子爵。武王临终前担心年幼的成王压不住场面，便在内安排周公辅佐成王处理政务，在外安排军事才干出众的太公随时出手镇压不服气的诸侯。楚国和周王室一直若即若离，每年仅仅象征性地向王室进贡一点苞茅、橘、柚等地方特产来表示臣服。后来楚强大，因侵凌周边的小诸侯国遭到周王室的讨伐，双方关系破裂，楚遂停止向王室进贡。周昭王曾亲征楚国，并取得大胜。不甘心失败的楚国佯为屈服，据传他们用胶黏合木板做了艘大船给昭王用，船到汉水中流解体，昭王也就永沉江底。管仲引用周王室赋予齐国的特权，直言这次兴兵就是来问楚国的两大罪状，是“以王命讨不庭”，完全占据了道义的制高点。屈完只得服软，答应立即恢复向王室进贡。经过一段时间的交涉，齐桓公率军退驻召陵，一面给楚国以台阶下，一面继续保持对楚国的军事压力。最终，楚国在强大的军事压力下屈服，屈完与以齐国为首的诸侯联军在召陵举行会盟，承认了齐桓公的霸主地位。齐国对楚国的这次胜利，保障了中原诸侯国的安全，把齐桓公的霸业推向了顶峰。

公元前652年，周惠王去世，太子姬郑的地位并不稳固。为了安定王室，齐桓公会同各诸侯国拥立太子，是为周襄王。之后，齐桓公大会诸侯于葵丘。《孟子·告子下》详细记载了这次会盟的情况：

> 葵丘之会，诸侯束牲载书而不歃血。初命曰，诛不孝，无易树子，无以妾为妻。再命曰，尊贤育才，以彰有德。三命曰，敬老慈幼，无忘宾旅。四命曰，士无世官，官事无摄，取士必得，无专杀大夫。五命曰，无曲防，无遏籴，无有封而不告。曰，凡我同盟之人，既盟之后，言归于好。

这次会盟，诸侯以牺牲祭祀天地，经过协商，订立了盟约。盟约的内容共六条。第一条讲的是维护家庭秩序，诛杀不孝之人，同时做父亲的也不能随便以庶子取代嫡子，维护妻子的合法地位。第二条、第三条讲的是树立良好的社会风尚和社会秩序，包括尊贤使能、培育人才、敬老爱幼、善待宾客等。第四条讲的是国家政治秩序，要废除权贵们对政权的垄断，官职不得世袭；不得让官员兼职；选官任人公平公正，量材叙用；要维护官员的基本权利，国君不得专杀。第五条讲的是诸侯国秩序，水资源要共享，不可堵塞水源影响其他国家用水；不能阻碍粮食在各国的流通；不得擅自封赏大臣不告天子。最后特别申明：凡是订立盟约的国家，从此之后要抛弃旧怨，言归于好，共同遵守盟约。值得注意的是，孟子还特别指出，这次会盟没有歃血，说明气氛的融洽，与盟诸侯之间都相互信任。周襄王得知会盟的消息后，专门派宰孔以“钦差大臣”的身份参加，并赐齐桓公文、武胙（祭祀周文王、周武王所用的大块肉）、彤弓矢、大辂（诸侯朝服之车），表示周王室正式承认齐桓公的霸主地位，由他来代替周天子主持天下局势、维护天下秩序。这时的齐国已经全面压倒它的竞争对手晋、楚、秦，齐桓公成为无可争议的的霸主。

常言道“英雄难过美人关”，齐桓公也是如此。但英雄更大的考验，似乎是暮年关。许多大英雄一到晚年，往往意气消磨、英风不再，尽做糊涂事。晚年的齐桓公就倒在了这双重关口。齐桓公好色，有三位夫人，可惜都无子。又有六位如夫人：长卫姬，生武孟；少卫姬，生惠公；郑姬，生孝公；葛嬴，生昭公；密姬，生懿公；宋华子，生公子雍。齐桓公无嫡子，使得这六位如夫人的儿子都有资格竞争君位。本来齐桓公与管仲已经立孝公为太子，并把他托付给宋襄公，但长卫姬与齐桓公的宠臣雍巫以及宦官竖刁相勾结，欲以武孟取代孝公。在他们的撺掇下，齐桓公稀里糊涂地答应了，为内乱埋下了祸根。

公元前645年，管仲卒。接着，管仲推荐接替自己相位的隰朋又去世了。失掉了这两位贤辅，齐桓公也没了主心骨，奸邪的小人易牙、开方和竖刁得宠。不久，年老的齐桓公也卧床不起，易牙、开方、竖刁乘机封锁宫门，窃取了齐国的最高权力。齐桓公的儿子们纷纷与他们相勾结，个个觊觎君位，齐国宫廷陷入内乱，卧病的齐桓公无人管顾，竟被活活饿死！最终宋襄公不负重托，率军拥立孝公，平定了齐国内乱。而此时齐桓公已死去五六个月，尸体都爬满了虫子，依然没有入殓。直至宋襄公仗义出手，扶立齐孝公继位后，齐桓公才得以入土为安。经过这一番折腾，齐国的霸业也如滚滚长江东逝水，一去不复返了！

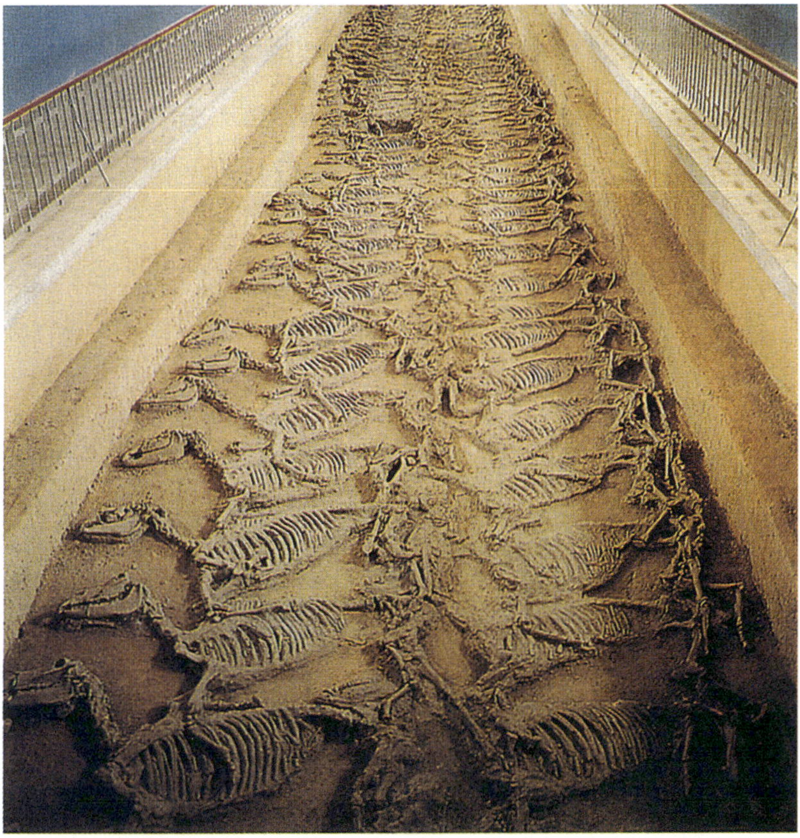

临淄齐国故城殉马坑

在今山东淄博齐故城东北。

三、礼乐文明余晖下的宋襄公

在漫长的历史长河中，有两类人经常扮演悲剧的角色，具有象征性意义。

一类是时代的开启者，即那些见微知著，站在滚滚历史潮流的最前列，比一般人先认准方向、跨出一步的前驱者。就像鲁迅先生所比喻的那样，别人才刚刚端起枪进行瞄准，他们却已经扣动板机把子弹先射了出去。这类人的下场往往很悲惨，总是成为历史祭坛上的牺牲品。中国古代的商鞅、吴起、王安石，近代的谭嗣同、徐锡麟、秋瑾等，就是这类人的代表。

另一类则是时代的终结者，即那些身子已进入新的社会，可脑袋仍旧留在旧的世纪，始终奉行和守卫传统的思想意识、行为准则，尽一切力量抵御着时代冲击、新潮洗礼的迂阔者。他们的结局同样不那么美妙，一生崎岖坎坷姑且不说，更倒霉的是还往往成了后世众多聪明人（或自以为是聪明人）的笑柄而受嘲讽、遭奚落。有扈氏、宋襄公、王莽算得上是这类人的典型。

春秋时期宋国君主宋襄公实在很不幸，他虽然有幸地挤入"春秋五霸"的行列，可是留在大家印象里的，仅仅是他人生中的一大败笔：于泓水之战中同楚国雄师正面抗衡，在敌我力量悬殊的情况下，他还坚守礼乐文明的准则，主动放弃有利时机，结果大败，惨不忍睹。

1. 宋国的由来与“举二代三恪”

宋襄公之所以恪守礼乐文明的精神而不知变通，这也与他的出身有关：从某种程度上来说，宋襄公和他的宋国就是礼乐文明的产物。礼乐文明的内容非常丰富，其中一条非常重要的原则，就是对于失败者并不赶尽杀绝，而是本着人道主义精神给予出路。其中在改朝换代之际，“举二代三恪”就是这一原则的最好体现。《礼记·乐记》中曾记载孔子的话说：“武王克殷反商，未及下车，而封黄帝之后于蓟，封帝尧之后于祝，封帝舜之后于陈；下车而封夏后氏之后于杞，投殷之后于宋。”这是孔子对“举二代三恪”这一史实的概括，其中一些细节与史实有所出入。武王伐商后，虽然诛杀了纣及其帮凶，但对于商王朝的后裔则相当宽容，将商王纣的儿子武庚封于殷，仍领有商都周围的地盘（尽管在武庚的周围又封了自己的三个兄弟管叔、蔡叔和霍叔来监视遏制他，谓之“三监”）。不久，武王驾崩，成王年幼，“三监”与辅政的周公不睦。看到有机可乘，武庚与“三监”勾结再度起兵，想重振大商王朝。周公当机立断，先争取周王朝两个重要人物太公、召公的支持，然后果断出兵平叛。经过一番殊死搏斗，武庚与“三监”惨败。然而周公并没有因为武庚的再次叛乱就将殷人赶尽杀绝，他又封纣王的哥哥微子于宋，取代武庚统领殷大部分遗民并奉殷祀。这就是宋国的由来。

新兴的周王朝封大禹之后于杞以奉夏祀，封微子于宋，是为“举二代”。所谓“二代”，是指此前的两个王朝夏和商，又称“二王”。“天子存二代之后”，以示尊贤。此外，武王又封黄帝之后于蓟，帝尧之后于祝，帝舜之后于陈。黄帝、尧、舜后裔的封国蓟、祝、陈，据东汉经学大师郑玄的解释，称为“三恪”[1]。“恪”就是敬的意思，表示对他们曾经做出丰功伟绩的祖先的敬意。

“举二代三恪”的内容非常丰富，并不仅仅是给他们封块地盘。尤其是作为“二王之后”的杞与宋，相比周王室其他的同姓诸侯和异姓功臣的封国，他们拥有更高的地位，享有更多特权。

何休在《春秋公羊传解诂・隐公三年》中说：“王者封二王后，地方百里，爵称公，客待之而不臣也。”周天子对二王之后封以上公之爵，待以宾客之礼，不把他们当作臣服的对象，这是一条重要原则。周朝的爵分为五等：公、侯、伯、子、男，其中公是最高的一等。在周王室所封建的诸侯中，只有杞、宋为公爵，可以世袭。除此之外，就连周公、太公、召公他们的封国鲁、齐、燕也仅仅是侯爵。后来所谓齐桓公、鲁庄公、燕昭王、楚庄王等这些名号，都是自封的。《左传・僖公二十四年》又载皇武子答郑伯的话：“宋，先代之后也，于周为客，天子有事膰焉，有丧拜焉。”“膰”是祭祀祖庙（在周朝为文王武王的庙）的祭肉。在古代，“国之大事，在祀与戎”，祭祀是国家至为重要的政治活动，只有极少数地位高的诸侯国才能分得天子祭祖之肉。这些诸侯国，一是周天子的同宗，分给他祭肉是表示“亲亲”，比如鲁国和晋国；二即作为周天子客人的杞、宋二国；三是周王室衰落后，代替周天子维持天下秩序的霸主，比如齐桓公。宋国能分得周天子祭祖所用的“膰”，表明宋国在周王室享有非同寻常的地位。另外，周天子驾崩后，宋公去吊丧，新即位的嗣天子要用平等的礼节答拜，这一点也是其他诸侯国没法比的。当然，杞国也享有与宋国同等的待遇。只不过杞国力微弱，

---

[1] 对“三恪”的解释也有不同看法，杜预在注《左传》时认为“三恪”是指作为夏、商“二王之后”的杞、宋再加上舜后裔的封国陈。

被强国赶得东躲西逃、到处搬迁，到春秋时不知怎么就成了伯爵之国。《左传》出现的杞国国君大都作“杞伯”。

其实，杞、宋两国不仅是享有高规格的礼遇，他们几乎不向周天子承担任何实际的义务。据《左传·昭公二十五年》载，这一年晋国主持黄父会盟，准备会同诸侯安定王室。晋大夫赵鞅提出要诸侯“输王粟，具成人”，而参与会盟的宋大夫乐大心直接予以拒绝：“我不输粟。我于周为客，若之何使客？”虽然为赵鞅驳回，理由是自践土会盟以来，“宋何役之不会，而何盟之不同”，宋国早已不把自己当作客人看待，与其他诸侯一道行动，并且还明确承诺过“同恤王室”，但是这至少说明，按照周王朝的礼乐制度，宋确实没有向周王室输贡纳赋的义务。宋不仅不向周王室承担贡赋义务，也不向周天子述职，所谓“二王之后不考功”，几乎是一个完全独立的王国。

作为礼乐文明的一项重要内容，天子“举二代三恪”的实质，是本着人道主义精神，给失败者以出路，尊重他们的基本权利和尊严。这样失败者才不会走极端，这有利于减少社会仇恨，培养正当竞争的社会氛围，让整个社会充满人性的光辉。保障失败者的基本权利和尊严，也是现代文明的一条重要原则，就这点来说，周朝的礼乐文明与现代文明在精神上是一致的。

2. 力小而任重：宋襄公争霸的悲剧

公元前643年，赫赫有名的“春秋五霸”之首齐桓公寿终正寝。齐国内部当即爆发夺权之乱，称霸中原几十年的大国经过这么一折腾，形象变坏，国力转衰，煌煌霸业也随之成为明日黄花。

齐桓公之死严重震荡了天下局势，彻底颠覆了当时的诸侯国战略格局，使得中原诸侯陷入群龙无首的无序状态，成为一盘散沙。西方的秦国和北方的晋国虽然也兵强马壮、实力可观，但由于正致力于整合内部以及在黄河上游拓展势力，暂时还不能腾出手来，打逐鹿中原、问鼎天下的主意。这样一来，召陵之盟后一直让齐桓公按住脑袋的南方强国——楚国，便重萌野心、蠢蠢欲动，企图乘机挥师北进，将霸权抢夺到自己的手里。

在中原列国的眼里，南方地区的楚国乃是一不开化的“蛮夷之邦”，如今它要大举北进，发号施令，按“内诸侯而外夷狄”原则衡量，自然是天大的灾难，即所谓“南夷与北狄交，中国不绝如线”！对此他们忐忑不安、愤愤不平，可又束手无策，徒呼奈何！在这样的背景之下，一贯自我标榜“礼义仁信”、自我感觉良好的宋襄公便粉墨登场了。他的企图说白了也简单，就是想凭借宋为公国、爵位最尊的地位，以及曾经践行齐桓公临终嘱咐、统帅诸侯之师平定齐国内乱的余威，招摇登场，出面领导中原诸侯抵抗楚国势力的北上，坐一坐齐桓公留下的那把霸主交椅，并进而伺机恢复殷商的故业。

人生的忧患与困惑，在于人们常常存有各种私心杂念；而有了私心杂念，则不免会“妄作”，由“动”而“浊”而“浑”。事实上，宋襄公在当时要想称霸，困难重重，甚至可以说是水中月、镜中花。这首先是宋国的综合实力远远不如楚国。众所周知，实力乃是从事争霸的先决条件，所谓“胜兵若以镒称铢，败兵若以铢称镒”，只有先“立于不败之地”，方能够“不失敌之败也”。[1]这一规律，古今中外一概如此。其次是宋国地处中原腹心，为四战之地，四面都是一马平川，无高山大河作天然屏障，打起仗来易攻难守、多线受敌，兵要地理环境十分不利。最后是宋襄公本人水准不高，“有心杀贼，无力回天”。宋襄公虽有仁厚的名声，如早年愿让王位给庶兄，信守和践履齐桓公之托奉立齐孝公即位等，但毕竟器局有限、能力薄弱。更何况他在争

[1]《孙子兵法·形篇》。

霸的过程中还屡屡犯下政治、外交上的低级错误，譬如残酷诛杀鄫君、轻率攻打曹国等，害得中原诸侯对宋国离心离德，渐行渐远。

所以说，宋襄公蛇吞大象、不自量力的做法，只能置自己于非常被动的困境。当年，楚国对齐桓公是力不从心、无可奈何，但这时候对付宋襄公却是游刃有余、稳操胜券。所以楚国处心积虑要教训宋襄公，并借此杀鸡儆猴，给其他中原诸侯一个下马威，结果导致了泓水之战的爆发。

宋襄公一心一意想圆自己的霸主美梦，然而国力有限，捉襟见肘。他拿不出别的像样高招，只能依样画葫芦，简单模仿当年齐桓公的做法，擎举起“仁义”这个法宝，拉扯开“礼信”这杆大旗。为此，他多次登台作秀，召集诸侯举行盟会，借以制造声势，抬高自己的身价。遗憾的是，他玩弄的这套把戏，实在表演得相当拙劣，让人不敢恭维。不仅遭到诸多小国的冷遇，无人喝彩，无人捧场，更受到楚国君臣的算计，左支右绌，进退维谷。在公元前639年秋天举行的宋地盂邑（今河南睢县西北）盟会上，宋襄公对楚国的战略动向茫然无知，又一口拒绝公子目夷提出的多带战车、以防不测的合理建议，反而兴冲冲地轻车简从前往出席，结果在盟会上话不投机，就被不讲“信义”的楚成王生擒活捉，中了算计。

楚军押着沦为阶下囚的宋襄公乘势攻打宋国都城，幸亏有公子目夷等人率领宋国军民殊死抵抗，才挫败了楚军速战速决的战略企图。楚成王后来也觉得留着宋襄公也没有太大的价值，反而要增添自己的负担，于是就让鲁僖公出面居中调停，做个顺水人情，在同年冬天的薄地盟会上将饱受屈辱的宋襄公释放回国。

宋襄公遭此一番奇耻大辱，既痛恨楚成王不守信义、出尔反尔，更愤慨其他诸侯国见风使舵、背宋附楚，因此连做梦也想着怎样寻找机会报仇雪恨。他自知军力不是楚国的对手，暂时不敢主动去摸这个烫手的山芋，而是先把一肚子闷气发泄在带头向楚国套近乎的郑国头上，决定兴师讨伐它，以显示一下自己的威风，捞回自己曾做楚军囚俘而丢失的面子。对许多人来说，虚的面子比实的里子更为重要，宋襄公当然也不例外。

宋国大司马公孙固和宋襄公的异母兄长公子目夷都是头脑比较清醒的人。他们都懂得贸然出兵攻打郑国会引起诸侯国纠纷，导致楚国出兵干涉，使得宋国走向真正失败的深渊。所以他们异口同声劝阻宋襄公头脑冷静，千万不可逞一时之快而一味蛮干。可是自视甚高、刚愎自用的宋襄公正处于亢奋迷糊状态，哪里听得进去，反而为自己的所作所为找歪理，诡辩说："假如老天爷尚不嫌弃我的话，殷商的故业是可以得到复兴的。"事已至此，若再反对只会自讨没趣，所以公孙固等人闭上嘴巴，保持缄默。

宋襄公一意孤行，联合卫、滕、许三小国之君，领着兵马去攻打郑国。郑文公闻报宋国兵马大举掩杀过来，心里倒也并不怎么惧怕，想着反正有强大的楚国做着自己的靠山，宋襄公又能奈我如何！于是他派遣使节昼夜兼程赴楚国求讨救兵，果然请动了楚成王的大驾。楚国雄师浩浩荡荡向北开进，直扑宋国边境，援救落难中的郑国。宋襄公得到这个消息，一下子就愣住了，被迫无奈急急忙忙从郑国前线撤出自己的部队。

3．泓水之战与礼乐文明的终结

公元前638年，宋军主力返抵宋国本土。可是这时楚军却不依不饶，仍然向宋国挺进。面对楚军咄咄逼人的嚣张气焰，这一回宋襄公准备豁出去了，决心将楚军拒之于国门以外，以维护最后的尊严。为此，他屯驻主力于泓水（涡河的支流，经今河南柘城）以北，"以逸待劳，以近待远，以静待躁"，等待楚军送上门来。

楚军开进泓水南岸，稍事休整，就开始涉水渡河。这时宋军早已布列好了阵势，长戟在手，弓箭上弦，可以随时主动出击，“致人而不致于人”。宋国大司马公孙固鉴于楚宋两军众寡悬殊，但宋军已占先机之利的实际情况，建议宋襄公放下君子的架子，把握战机，趁楚军渡河到一半时予以打击，使其“前后不相及，众寡不相恃，贵贱不相救，上下不相收，卒离而不集，兵合而不齐”[1]，占个便宜。但是宋襄公断然拒绝：哪里有这样的道理呀，当敌人正在过河时打过去，岂非趁人之危，还算得上是讲仁义的军队吗？结果楚军舒舒服服全部渡过泓水。

楚军渡河完毕，便开始布列阵势。这时，公孙固又奉劝宋襄公乘楚军列阵未毕、行列未定之际发起攻击，以挽狂澜于既倒。宋襄公竟连声责备公孙固：你这人太不讲道义，真的太不君子了！人家队伍还没有排好，怎么可以打！

一直等到楚军布阵完毕，一切准备就绪之后，宋襄公这才下令敲击战鼓，与楚军同时发起进攻。可是这一切都晚了，楚军就像大水冲塌堤坝似的直涌过来，宋军望风披靡，节节败退。一阵激烈的厮杀下来，弱小的宋军丢盔弃甲，宋襄公的大腿也受了重伤，其精锐的门官（近卫军）一个也不曾逃脱，悉数成了楚军的刀下之鬼。在公子目夷等人的拼死掩护之下，宋襄公好不容易突出重围，狼狈不堪地逃窜回都城。宋襄公一手挑起的泓水之战就这样在滑稽的场景中画上了句号。

泓水之战后，宋国的众多大臣目睹丧师辱国的惨象，不免心理失衡、牢骚满腹，纷纷埋怨宋襄公高唱仁义至上、礼信为先而导致损兵折将、一蹶不振。可是宋襄公本人却很不服气，还在那里振振有词，替自己的仁道精神、贵族雅量进行辩解：用兵打仗嘛，根本要义是追求仁义、申明礼信，所以君子不伤害已经受了

[1]《孙子兵法·九地篇》。

伤的敌人，不捕捉那些头发花白的中年老兵，不在险隘之处阻遏敌人，不主动攻打还没有摆列好阵势的敌人。

总而言之，一切都要讲究“仁义礼信”，可见他本人对贵族精神的崇尚和执着之坚定。第二年夏天，宋襄公终因大腿伤势过重，带着满脑子“仁义礼信”的“军礼”原则和用兵教条去见他的先公先王了。

泓水之战的规模虽然不是很大，但是在中国古代战争发展史上却具有划时代的意义；宋襄公虽然算不得是一个叱咤风云的风流人物，然而在新旧社会交替中却具有象征性的价值。泓水之战标志着商周以来以“成列而鼓”为基本特色的“礼义之兵”行将退出历史舞台，新型的以“诡诈奇谲”为主导的作战方式正在全面崛起；也标志着崇尚贵族精神的宋襄公等人日子越来越不好过，而擅使谋略的孙武等人正左右逢源。于是，宋襄公作为战争舞台上的完败者，让后世讥笑了数千年；而提倡“兵者诡道”、主张“兵以诈立，以利动，以分合为变”的孙武，则因其五战入郢大破楚军的业绩，加上撰著兵学圣典《孙子兵法》的功勋而被尊奉为“百世兵家之师”，扬名千秋。

评价事物离不开一定的时空条件，宋襄公在泓水之战中的所作所为，并非他本人心血来潮、视战争如儿戏，而是他努力保持正人君子尊严、恪守战争基本规则约束的选择。

游戏有规则，道德有底线。在当时，这个规则就是“军礼”，这个底线就是“仁义”。“以礼为固，以仁为胜”，就是体现“军礼”基本要求的《司马法》所强调的。用兵打仗应该“正而不诈”，要堂堂正正，光明磊落。这种“军礼”传统，曾延续了数百年，这就是《汉书·艺文志·兵书略》所说的：“下及汤武受命，以师克乱而济百姓，动之以仁义，行之以礼让，《司马法》是其遗事也。”

但是随着整个社会条件的改变，军事领域的“军礼”原则开始面临严峻的挑战。“合于利而动，不合于利而止”[1]，光荣的礼乐精神在许多人眼里显得有些不合时宜，而优雅的贵族风度更被不少急功近利的人们看作累赘，唯恐去之不及。宋襄公所处的时代，正是这种新旧格局递嬗的关键阶段，在“礼义之兵”渐走下坡路之际，“诡诈之兵”却呼之欲出、独擅胜场了。一如《汉书·艺文志·兵书略》所言：“自春秋至于战国，出奇设伏，变诈之兵并作。”

宋襄公的悲剧是他在这新旧遽变的大势面前，反应过于迟钝，脑筋太不开窍。在大家不以小人为耻、竟相效仿小人的氛围之下，贵族精神就被弃之若敝履了。因此，《淮南子·氾论训》以调侃的笔调道出了对坚守精神家园、维护贵族风范做法的基本态度，这也许可以看成是当时主流的舆情：“古之伐国，不杀黄口，不获二毛，于古为义，于今为笑。古之所以为荣者，今之所以为辱也！”

宋襄公泓水之败以及随后的死亡，在中国历史上具有象征性的意义，而且深层次影响着中国人的思维特征与行为方式。“成王败寇”成了人们衡量价值的基本尺度，只要能够达到目的，就可以无所顾忌，不择一切手段。于是，道德往往失去底线，游戏常常没了规则；脸皮越来越厚，心肠越来越黑，手段越来越毒，不但不感到任何羞耻，反而沾沾自喜。烧杀抢掠，“争城以战，杀人盈城；争地以战，杀人盈野”，遂成了常态；坑蒙拐骗，无所不用其极，遂变作成功的标志。君子之风日去，小人之气日长。优雅的骑士精神和面对面的决斗，相较于“三十六计”式的暗算，高下立判。人们渐渐忘却了在绝对的功利之上还有一个绝对的道德。

这种风气的弥漫，原因自然很多，但宋襄公的命运及其影响

[1]《孙子兵法·火攻篇》。

宋公栾戈

现藏中国国家博物馆。戈上有错金鸟篆体铭文“宋公栾之造戈”，宋公栾即宋景公。

则是其中不可忽略的因素。从这个意义上说，宋襄公之死就不仅仅是他个人的悲剧，而且也是中国历史上一切想做君子而不得之人的共同不幸！

四、秦穆公的战略短见

“春秋五霸”，名头响亮，可究竟是哪五位霸主？历来言人人殊，说法各异。其中比较通行的名单有两份：一是指齐桓公、宋襄公、晋文公、秦穆公、楚庄王；另一说是指齐桓公、晋文公、楚庄王、吴王夫差、越王勾践。而在这两说之中，似乎又以第一种说法为更多的人们所认可。

虽说都是霸主，但是这五人的分量，也即其霸业成就及影响，却不可等量齐观。齐桓公、晋文公、楚庄王可以算是一个档次，他们号称霸主，当属名副其实。而宋襄公被列为五霸之一却颇有些不伦不类。他的高雅贵族风度固然让人肃然起敬，可他的那份霸业则难免教人啼笑皆非。

至于秦穆公，则是一个异类，换句话说，他属于不尴不尬的角色。说他不济吧，他在当时的国际大舞台上活跃得很，又是“勤王”又是“盟会”，知名度、出镜率一点也不逊色于其他人。更何况他也曾“益国十二，开地千里，遂霸西戎”[1]，为秦国在春秋战国期间的雄起作了非常扎实的铺垫，多少混出个“霸主”的模样。可如果真的把他算成是霸主，却似乎又不是那么一回事。毕竟他没有像齐桓、晋文、楚庄那样，一本正经地充当过中原的霸主，他的事业局促于西北一隅，从来不曾达到过光辉的顶点，相反总是笼罩在晋国霸业的巨大阴影之下，他也只好在当时上演的争霸大战中敲敲边鼓、跑跑龙套。总而言之，秦穆公在当时更

[1] 《史记·秦本纪》。

像是搅局的角色，把他列为“春秋五霸”之一，或许比较勉强。

秦穆公之所以没有能成太大的气候，固然有种种客观因素的制约。在他“出道”的时候，齐、晋、楚已俨然蔚为大国，中原这块大蛋糕基本已被它们抢先分割完毕。秦国长期僻处西北一隅，中原诸侯“戎翟遇之”。自身先天不足、后天失调，秦国想要入局并充当霸主，困难之大，可想而知。然而这并不是说秦穆公一点机会也没有，如果战略高明、战术对头，秦穆公还是可以有一番大的作为。问题的症结还是出在秦穆公自己的身上，是他战略眼光的短视和战略举措的失当，直接导致了其雄心勃勃的争霸企图成了“水中之月，镜中之花”。

秦穆公在位前后三十九年，平心而论，他为秦国的崛起与发展还是做了不少力所能及的工作。他四处延揽人才，打破常规，任用百里奚、蹇叔、由余、邳豹等一群贤能；扎扎实实发展经济，大刀阔斧扩充军备，今日东征，明天西讨，使得秦国的势力迅速扩展到渭水流域的大部分地区。总之，秦国在他的领导下，虽然不能跻身为一流大国，但终究算得上成了地区强国。

拥有了比较雄厚的资本，他自然期冀去成就更大的功业。这功业就是带领秦国走出狭窄的关中地区，东进中原，称霸诸侯。尽管秦穆公也知道要做到这一点绝非一件容易的事，但他不甘心就此淡泊寂寞，偏居西隅。但秦穆公的战略措施跟他的战略目标是完全南辕北辙的。照着秦穆公自己的如意算盘，秦国东进战略步骤应该是：先想方设法同晋国搞好关系，对晋国的政局施加影响，通过缔结婚姻、提供援助等手段，逐渐控制晋国；一旦在这方面得手，再大兵出崤函，从容图霸业，指点江山，号令天下。

于是，他趁着晋国内部发生骊姬之乱而政局动荡的机会，加大力度干预晋国内部的事务，操纵晋国国君的废立。他先是派军队保驾护航，把晋惠公扶持上台，而后又默许晋怀公继位。可是这两位受保护者都不尽如人意，位子刚刚坐稳，羽翼稍稍丰满，便将秦穆公晾在一边。晋惠公更是撕破脸皮与秦穆公作对，出动军队在韩原与秦国对战，两国之间的气氛完全恶化，使秦穆公原先的计划统统泡汤。

秦穆公决心重新物色代理人。他具体的做法，便是提供军事援助，进行武装干涉，帮助长期流亡在外的公子重耳返回晋国，从晋怀公的手中抢过政权，使重耳成为晋国的新主人，是为日后大名赫赫的晋文公。同时，秦穆公又把自己的女儿文嬴下嫁给晋文公，延续所谓的“秦晋之好”，希望借助政治联姻的途径，笼络住晋文公，让他成为秦国争霸中原事业中的一颗过河卒子。

遗憾的是，秦穆公过于乐观了。他忘了一个最基本的道理，在国家与国家之间的关系上，既没有永远的朋友，也没有永远的敌人，有的只是永远不变的利益。秦国想要染指中原，争夺霸权，势必要越渡黄河，锐意东进；晋国要独霸中原，号令诸侯，也势必要紧紧关上秦国东出的门户，将秦国的活动范围死死地框定在西方一隅。在这方面，两国之间的利害冲突是根本性的，是绝对无法调和的。

晋文公即位后，一门心思追求“取威定霸”，丝毫没有让秦穆公昔日的恩情束缚住自己手脚。当然，他也不主动和秦穆公撕破脸面。在不触及晋国根本利益的前提下，晋文公有时也不忘拉上秦穆公一把，让他跟着自己抖抖威风。但在晋文公心中，双方的定位是明确无误的，即我晋国是当仁不让的主角，你秦国只能当插科打诨的配角，彼此关系绝对不容颠倒。

这时候秦穆公才发现，自己以前的筹码都下错了，心血都白费了。他三助晋君的努力，结果只是加速了晋文公成为诸侯霸主的进程；他多次参与盟会，多次投入军事行动（包括城濮之战中派兵增援晋国，一起教训楚国），也往往是名惠而实不至，全是在替晋国的霸业添砖加瓦！

假如秦穆公的战略失误只是走到这一步，还不算是输得血本无归。他至少可以同晋国维系表面上的一团和气，谋求一些利益。可秦穆公接下来的做法更离谱：他居然利令智昏，孤注一掷，想用武力来达到外交、政治所没有实现的目的。

晋文公在世时，秦穆公深知对手的厉害，所以不敢轻举妄动。谁知天遂人愿，晋文公死在了秦穆公的前头。这下秦穆公便浑身上下来了精神，觉得可以玩一把战略“豪赌”了。于是，他果断地拒绝了大臣蹇叔的劝诫，大起三军，越过晋国境土去袭击郑国，企图占领地处天下之中的战略要地，以作为自己称霸中原的前进基地。他一厢情愿地认为，晋襄公（在名义上算是他的外孙）刚刚登基，正忙于稳定内部，无暇顾及秦国方面的军事行动。所以，他在没有向晋国借道的情况下，派遣孟明视等三位大将，统率三百辆战车的兵力去偷袭郑国。

劳师袭远，兵家大忌；弃信背盟，庸人短视。结果自然可想而知，秦军不但没有把郑国给打下来，反而在崤山一带让晋国的伏兵杀得大败，三百辆战车全部报销，“匹马只轮无返”，孟明视、西乞术、白乙丙三位统帅全数做了晋军的俘虏。而秦晋两国之间保持多年的传统友谊，也随着崤函山谷中刀戟喊杀声的响起而烟消云散了。

更为糟糕的是，为报崤山惨败之仇，秦穆公又一而再、再而三地动用军队去找晋国的晦气，结果越输越惨，在彭衙之战中又让晋军杀得一败涂地、惨不忍睹。秦穆公距离充当中原霸主的目标也是越来越远。尽管他后来转而同楚国结盟，企图通过南北夹击，将晋国从中原霸主的宝座上给掀翻下来，但是他这么做，除了让楚国渔翁得利之外，对自己实现霸主梦想可是半点儿帮助也没有。

有“雄才”而无“大略”，秦穆公毕竟算不得是真正意义上的霸主，让他混迹于“春秋五霸”之列，似乎也太抬举了他。

秦公簋

出土于甘肃礼县，现藏中国国家博物馆。其铭文记载秦国立邦延续十二世，秦公承继其祖先功德，抚育万民，兼文武大臣辅佐，永固国基。王国维先生认为此器年代在秦徙雍以后，郭沫若先生认为此为秦景公时器，李学勤先生认为此为秦景公时器。目前学界多认同此器作于秦景公时。

五、晋国百年霸业的兴衰

1. 晋文公的图霸战略

春秋时期的周王室日益衰微，已不能维持“礼乐征伐自天子出”的局面，历史进入“诸侯力政、强者为君”的霸主政治时期，天下格局的主导者由周天子变成了次第兴起的“五霸”。所以，孟子提到这段历史时说：“其事则齐桓、晋文。”齐桓公和晋文公，已经成为春秋时期历史的符号，也是五霸中的杰出代表。齐桓公的煌煌霸业，前面已经讲过。但他一死，齐国马上陷入争夺君位的内乱中，霸业也随之烟消云散，尽管齐国还是有重要影响的大国。晋文公霸业规模和影响，足以和齐桓公比肩；但和齐桓公不同的是，晋国的霸业并未随着晋文公的去世而终止。自从登上霸主宝座之后，晋国的霸业延续了百余年之久，尽管一度被楚庄王抢去了风头，但晋文公之后的春秋时代，晋楚争霸一直是历史的主旋律，而晋国明显占据了上风。这份功劳，很大程度上要归到把晋国带上巅峰的晋文公。

晋文公早年的经历也颇为坎坷，在外漂泊流浪整整19年。“艰难困苦，玉汝于成”，正是这段艰难的经历，为他继位后成就霸业提供了难得的帮助。而他这段艰难传奇的经历，全拜他的父亲晋献公所赐。晋献公名诡诸，是曲沃武公之子；曲沃武公即晋武公，是晋穆侯的曾孙。他们本来属于晋国公族，被封在曲沃。自武公的父亲曲沃庄伯时开始，曲沃的势力逐渐强大起来，并不断进攻在翼城的晋侯。虽然在周王室的干涉下，其灭晋自立的阴谋没能实现，但曲沃越来越强大而晋越来越衰弱则是不可逆转的趋势。随着实力的进一步衰微，周王室终于无力继续维持“礼乐征伐自天子出”的政治秩序，公元前678年，曲沃武公如愿灭晋。曲沃武公灭晋后，将所得的晋之宝器财物全部献给周王室。已经沦落到二等诸侯国地步的周王室对实力强大的曲沃武公无可奈何，只好借坡下驴，受贿之后干脆封曲沃武公为晋侯。就这样，曲沃武公兼并了晋所有的土地，代晋自立。两年之后，武公去世，其子诡诸继立，是为晋献公。

如果不是因为“骊姬之爱，乱者五世”，在那个时代，晋献公绝对算得上风云人物。为了强化君主权力，增强政府行政力量，他继位之初，即采纳士𫇭的建议，一举消灭那些对公室构成很大威胁的群公子贵族，保证了晋国公室的权威。消除了内部隐患之后，晋献公又东征西讨，拓展了晋国的疆域。他先是大败骊戎，解除了西方部族对晋国的威胁，又伐东山、取屈、灭霍、灭魏、灭耿，不断开拓国土。他还巧施计谋，假途伐虢，一举灭掉虞、虢两个国家，拔掉了周王室干涉晋国内政的桥头堡，成为我国古代军事外交斗争的典范。他还突破周王室对晋国的军事限制，增强军事实力，将晋国的军队由一军扩编为二军，为之后晋文公扩编为三军作了铺垫。正是他在位期间的这些作为，使晋国开始崛起，成为举足轻重的大国，为后来文公的霸业奠定了坚实的基础。司马迁在《史记·晋世家》中这样描述他的功绩：“当此时，晋强，西有河西，与秦接境，北边翟，东至河内。”

就是这样一位有作为的君主，依然难逃“桃花劫”。因为宠爱美丽但不善良的骊姬，晋献公执意废掉素有贤名、忠孝双全的太子申生，另立骊姬所生的儿子奚齐为接班人。公子重耳和公子夷吾在太子申生死后，被迫流亡。

《史记·晋世家》先称“献公子八人”，但后来又借介子推的口说其实有九个儿子。晋献公到底几个儿子，今已无考。而实际卷入君位之争的有五个：献公夫人亦即齐桓公女儿齐姜所生的太子申生，戎国大戎狐姬所生的重耳，大戎狐姬妹妹小戎子生的夷吾，骊姬生的奚齐，以及骊姬陪嫁的妹妹生的卓子。这场悲剧的导演骊姬本来是晋献公的战利品，献公继位的第五个年头（公元前672年），为了开拓疆土，他出兵攻打骊戎[1]，灭了骊戎之君，将其两个女儿骊姬和骊姬的妹妹作为俘虏带回国内。面对绮年玉貌的骊姬，晋献公不禁怦然心动，被她的美色所吸引，便有意立骊姬为夫人。在那时，国君立夫人也是国家政治生活中的一件大事，马虎不得，首先要卜问吉凶。《左传·僖公四年》记载："初，晋献公欲以骊姬为夫人，卜之，不吉；筮之，吉。"卜是用龟甲占卜，而筮则是用蓍草，也即《周易》的算卦套路。卜筮的结果是一吉一凶，卜者于是谨慎地向晋献公提出建议：筮的结果不如卜的结果可靠，不如另选美女。但早被骊姬迷得神魂颠倒的晋献公根本听不进卜者的意见，何况还有一项结果是吉兆呢？于是他执意立骊姬为夫人，连同骊姬的妹妹也一同笑纳。在晋献公的几个儿子中，太子申生、公子重耳、公子夷吾三人是比较优秀的，在大臣中人脉很广，也颇受晋献公的器重。可是骊姬的到来改变了这一切，他开始渐渐地疏远这三个儿子。公元前665年，骊姬生奚齐，申生等三人的处境变得更加糟糕。献公因宠爱骊姬，也特别中意奚齐，有意立奚齐为太子。毫无疑问，申生、重耳和夷吾人气很高、人脉很广，是立奚齐的最大障碍。出于这一层原因，三人在晋献公眼里也由颇为器重的爱子变为必欲拔之而后快的眼中钉。

晋献公的想法，正中骊姬的下怀，在晋献公欲对申生三人下手的同时，骊姬也在暗中进行阴谋陷害三人的活动。她与晋献公所宠幸的"二五"——梁五与东关嬖五相勾结，这"二五"在骊

---

[1] 古代部族名。西戎的一支，姬姓。在今陕西省临潼骊山一带。

姬的授意下，借口晋的龙兴之地曲沃和两个边关重镇蒲与屈需要由重量级的人物去镇守，撺掇晋献公让申生去守曲沃、重耳去守蒲、夷吾去守屈，将三人全部打发到外地去。

正苦于无法处置三人的晋献公当即顺水推舟，于是，全国老百姓都知道太子申生和两位公子的处境大大不妙了，所谓“晋国以此知太子不立也”[1]。四年之后，晋献公扩充军制，将军队编制由周王室规定的一军扩充为二军。他自领上军，将下军划归申生，由申生率领下军攻伐小国，先后灭掉霍、魏、耿三国。献公本想借刀杀人，找茬把申生解决掉，没想到申生任务完成得很好，最终凯旋。所以晋献公万般无奈，只能在曲沃给申生筑城，让他驻扎在那里。这时献公的心腹士蒍也发现献公对申生的态度不正常，断定献公不会立申生为太子了，于是劝太子申生逃走。忠厚老实的申生没有听从士蒍的劝告，错失了一次逃生的良机。一年之后，晋献公故技重演，再次让申生率军伐东山。大臣里克看不下去了，批评献公不应如此对待太子，他一针见血地向献公指出，率军征伐不是太子所应干的事，这样会陷太子于两难：事事请示则难以在军队中树立威信，自作主张又会被指责为不孝。里克认为率军征伐应该是国君与大臣之事，如果国君亲征，太子要么抚军要么监国，其他的做法都不对。晋献公却意味深长地对里克说：“我儿子那么多，还不知立谁为太子好呢。”里克知道晋献公主意已定，很难改变了，就默默地退下，去见太子。此时太子也知道情况不妙，问里克是不是自己要被废。里克只好安慰太子，劝他尽心尽力做好自己的事，不要多想，顺其自然，一句话，“尽人事，听天命”！

可惜这次东山之行又没有找到借口，这时晋献公已经忍耐不住了，暗地里告诉骊姬说他想废掉太子另立奚齐。这个阴险狡黠

[1]《史记·晋世家》。

的女人尽管心里高兴得快要发了疯，表面上却做出一万个不愿意的样子，说什么诸侯早就知道立申生为太子了，老百姓也很拥护他，怎么能以我的原因而废掉嫡长子另立奚齐呢？然后她做出寻死觅活的样子。献公哪里会料到自己心爱的女人这么有心计，就暂且不提这回事了。此后骊姬时不时地在献公面前夸夸申生，但暗地里却，必欲置之死地而后快！

在搬掉申生这块绊脚石上，实际上骊姬比献公更着急，时时刻刻都在寻找机会。有一天，骊姬忽然来了灵感，心生一条毒计。她托词自己梦见了申生早死的母亲齐姜，让申生赶快回曲沃的祖庙去祭祀。申生不知是计，便欣然前往，祭祀归来，依照规矩把祭祀用过的“荐胙”进奉给献公。恰好献公当时在外游猎未归，骊姬抓住这个机会动手脚。她把这块大肉留在宫中，在里边下了毒药。献公回来后就要享用胙肉，骊姬表现出一副关心的样子，提醒说这块肉是申生从远方带来的，为安全起见，应该先试试再吃。说着她把祭酒洒在地上，地面隆起一个大包；将胙肉喂狗，狗死；让小臣吃胙肉，小臣死。晋献公顿时大怒，准备找太子算账。在此情势下，申生不敢去自白，只好逃往曲沃新城。晋献公得知申生出奔，更是怒不可遏，将太子的师傅杜原款处死。被逼到这分上，忠厚老实的申生不愿背着弑父的罪名逃亡，只好自缢而死。

除掉申生之后，重耳和夷吾便成了骊姬的下一个目标。恰巧这时重耳、夷吾赶来朝觐献公，都在绛都。骊姬一不做二不休，诬陷他俩参与了太子的阴谋，企图把两人一起除掉。申生之死给两人提了个醒，所以他们处处倍加小心。在听到骊姬要害自己的消息后，他俩急忙逃回封地，加强守备。献公见二人不辞而别，以为他们果真参与了太子申生的“阴谋”，立即派兵去讨伐。献公先是发兵攻打蒲城。蒲人之宦者勃鞮得令，敦促重耳快快自杀谢罪。重耳见勃鞮来势汹汹，知道反抗也是枉然，最好是三十六计走为上计，他索性下令：“君父之命不校。”并遍告部下：“校者吾仇也”。[1] 校就是反抗的意思，重耳让部下放弃抵抗，赶快逃命，也为自己赢得了不违君父之命的好名声。在宦者勃鞮的追杀下，重耳跳墙逃走，勃鞮追上去挥刀就砍，好在重耳身手够敏捷，只被砍断了衣袖。在狐偃、赵衰、颠颉、魏犨、司空季子等人的保护下，一路逃奔到了狄国——这也是重耳的外家。从此，17岁的重耳开始了他那充满艰辛的流亡生活。

在外漂泊流浪整整19年之后，重耳终于在秦国的武力支持下，于公元前636年回到了晋国都城绛城，利剑出鞘，一举剪灭晋怀公及其追随者，踏着血迹登上了国君的宝座，他就是历史上赫赫有名的晋文公。

19年在外羁泊流浪的生活，对晋文公而言，并不是虚度光阴。第一，它帮助晋文公本人完成了从一个纨绔子弟到杰出政治家的转变，使他在困境中磨砺了意志，增强了政治才干，所谓“贫贱忧戚，庸玉汝于成也”[2]。第二，这段历练使得晋文公了解了当时主要诸侯国的政治、军事、经济、外交等实际情况，初步掌握了诸侯列国的战略动态，为他即位后制定和实施图霸称雄战略方针，提供了十分可贵的第一手资料。第三，这次经历让晋文公考察、团结和起用了一大批忠心耿耿又才干出众的贤能之士。狐毛、狐偃、赵衰、先轸等人，都是当时晋国第一流的贵族大臣，他们始终追随晋文公，在漫长的流亡过程中同甘共苦、荣辱与共，从而形成了晋文公最为亲信依赖的贵族圈子。晋文公即位后，他们在经国治军方面发挥了巨大的作用，为晋文公日后的争霸事业提供了人才上的保障。第四，19年的流亡生涯，也在一定程度上影响了晋文公争霸战略方针的制定与实施。晋文公先后

[1] 《左传·僖公五年》。

[2] 张载：《张载集·正蒙·乾称篇》，中华书局1978年版，第63页。

到过多个诸侯国，有的对他礼遇有加、恩惠优渥，齐国、宋国、秦国等可归入此类；有的则对他不理不睬、冷若冰霜，甚至戏弄侮辱，如卫国、曹国和郑国。这种个人上的恩怨纠葛，难免要对晋文公制定图霸战略时产生或多或少的影响。城濮之战前夕，晋文公之所以扶宋、抑郑、伐卫、攻曹而亲近齐、秦，这固然是受与楚相争战略大局的基本制约，但同时也不可否认其当年个人遭遇的因素在无形中起着作用。

晋文公逐鹿中原、图霸天下的最大敌手，毫无疑义就是楚国。换句话说，晋文公要称霸诸侯、号令中原，就必须抑制并有效击退楚国的北进势头，通过战争这个手段，实现“取威定霸”的战略目标。从这个意义上讲，晋、楚之间战略决战的上演，仅仅是一个时间上的问题了。但是，齐桓公去世，宋襄公图霸昙花一现之后，楚国的势力已是炙手可热、更为膨胀，并深入北方，睥睨一切。汉水流域的诸多姬姓小国早为楚国所剪灭，陈、蔡两国早已成为楚之铁杆附庸，唯楚国马首是瞻。郑、许、曹、卫、鲁诸国，亦见风使舵，站队到楚国的猎猎战旗之下。在这种情势下，晋文公虽然拥有了晋献公等人打下的偌大基业，但要贸然与楚兵戎相见、一决雌雄，也的确存在着非常大的危险。对楚决战既然不可避免，但同时又困难重重、胜负难料，这就决定了晋文公即位后要全力以赴从事争霸战争的准备。这种准备，乃是全方位的。

第一，修明政治，任贤使能，稳定局势，巩固统治。晋文公即位后，得到了晋国大多数臣民的拥戴与支持，然而树欲静而风不止，仍然有极少数晋惠公、晋怀公的余党不甘心失败，企图制造混乱、挑起事端，以期趁火打劫、乱中夺权。晋文公对此毫不姑息，以雷霆万钧之势断然加以镇压。在即位同年，他在得到秦穆公密切配合的情况下，一举挫败权贵吕甥、郤芮等人的叛乱，稳定了政局，巩固了权力。在坚决镇压叛乱、消弭威胁的同时，晋文公对当年曾伤害过自己但此时愿意归附的政敌宽大容忍、既往不咎。他宽恕寺人披（勃鞮）追杀自己之罪，不追究头须盗窃财物之过错，就是这方面的具体例证。这样做的结果，是使得晋国上下人心安宁，众人归附。可见晋文公深谙“海纳百川，有容乃大”的为政之道，避免了犯“为丛驱雀，为渊驱鱼”的错误，有成熟政治家的风范。对于多年来一直跟随他历经患难、休戚与共的功臣，晋文公慷慨大方，予以优厚的奖赏：大的封邑，小的尊爵，以显示不忘旧恩的诚挚姿态。这一做法，与当年晋惠公过河拆桥、诛杀功臣的行径恰好形成鲜明的对照，很好地收买了人心。在稳定政局、和谐国内关系的基础上，晋文公进一步改良政治，任贤使能：建立卿制，由公卿处理日常军政事务，举大夫之贤能者担任此职，以杜绝公室兴风作浪、挑起动乱的机会；赋百官以职权而责以事功，拔擢贤才，重用狐偃、先轸、赵衰等有才能、有魄力的功臣；整饬纲纪，树立信守，以定上下之节，明确行止进退之礼，例如猎于囿陆时，功臣颠颉后至，晋文公即传令施以鞭刑，以示信赏必罚。另外，晋文公还能做到虚怀若谷、从善如流，提倡臣下直言极谏，“以志吾过，且旌善人”。通过上述努力，晋文公有效地巩固了内部的团结，造就了“昭旧族，爱亲戚，明贤良，尊贵宠，赏功劳，事耇老，礼宾旅，友故旧”的和谐局面，这就为其实施图霸战略方针消除了后顾之忧，创造了良好的政治环境。

第二，以文教立国，取信于民。国家的强大固然需要强大的军事力量作保障，但没有文教作基础，不能建立和谐有序的社会结构，这样的强大往往不能持久。晋文公归国后，听从狐偃的建议，对于国民先教而后用。他先是教民以义，为民兴利除弊，让老百姓对生活充满期待；接着又伐原示民以信。晋文公攻打原，将其包围，声明三日拿下，为此只带了三日的军粮。在原人的英勇抵抗下，三日未能攻下，他便下令撤军。而潜伏在原的间谍侦得消息，原人也已到了极限，正准备投降，因此力劝晋文公再坚持一下。晋文公当即表态："信，国之宝也，民之所庇也，得原失信，何以庇之？所亡滋多。"[1]他宁可失去原地，也决不失信于民，坚决拒绝潜伏者的要求。原人闻知备受感动，晋军撤退之后，便主动请降。所谓"民无信不立"，晋文公以守信而服原之举，在晋国内部很快就产生了重大影响，"民易资者不求丰焉，明征其辞"[2]。老百姓在日常贸易中都讲求信用，明码标价，货真价实，不再追求过于丰厚的利润。最后，晋文公又通过军事演习教民以礼，"作执秩以正其官"，从整顿官场入手，对全民普及礼仪教育。完成这些必要的准备，霸业也就水到渠成。《左传·僖公二十七年》说"出谷戍，释宋围，一战而霸，文之教也"，正是看出了晋文公能在短时期内内弭国乱、外霸诸侯，在于他能以文教立国，取信于民。

第三，善于把握战略机遇，借力发力，收取事半功倍之效。充分把握有利的战略机遇，顺时而动，无论是齐桓公还是晋文公，都是这方面的高手。欲成就霸业、号令诸侯，捷径莫过于勤王，取得周天子的认可，以求名正言顺。晋文公即位后，周襄王的弟弟王子带勾结狄人发动政变而自立，逃亡到郑国的襄王向诸侯告难。"急公好义"之士秦穆公闻讯而动，调集人马准备勤王。晋文公在狐偃的建议下，抢先一步把勤王的大旗抢在手中，出兵平定了王子带等乱党，护送襄王复位，一举在诸侯中树立了良好的形象。周天子自然也对晋文公无比感激。随着晋国的安定，原来一些屈服于楚国的中原诸侯开始动摇起来，多次受到楚国欺负的宋国首先倒向了晋国。兵强马壮的楚国自然不甘心失去中原诸侯，立即出兵伐宋，宋国向晋国告急。如果晋文公在此时果断出手，抗楚救宋，战而胜之，无疑是一次"报施救患，取威定霸"

[1]《左传·僖公二十五年》。

[2]《左传·僖公二十七年》。

的良机。晋文公在流亡期间，曾经受到宋襄公的礼遇，从这一点来说，宋于晋有恩。晋国若此时做了缩头乌龟，不敢与强楚硬碰硬，不仅要丢份，更重要的是会把中原诸侯拱手让给楚国，也就等于承认了楚国的霸业。以楚国的实力，一旦登上霸主的地位，再将其拉下殊非易事。所以在这一关头出手救宋抗楚，不仅是称霸的良机，也几乎可以说是唯一的机会。

经过反复掂量，晋文公扩军选帅，并选定楚国的盟国曹、卫作为重点打击目标。为什么不直接向楚发动进攻以解宋国之围，而是选择曹、卫作为目标？这其中大有玄机。晋文公流亡期间，楚也对他有所礼遇，直接攻楚理不直气不壮，还将留下恩将仇报的恶劣影响。何况楚国兵强马壮，晋军未必能赚到便宜。相反，曹、卫在晋文公流亡期间都曾经对其无礼，讨伐曹、卫师出有名，又容易得手。楚国若出兵救曹、卫，必然要放弃宋国而全力对付志在争霸的晋军，则晋国不仅可以迂回救宋，而且可将挑起战争的责任推卸掉，在道义上占上风。如果楚国装聋作哑，弃曹、卫于不管不顾之地，则等于向诸侯宣布自己畏惧晋国，不仅面子丢光、威风扫地，还将失去那些被迫向他臣服的小诸侯国的拥戴。晋文公君臣以伐曹、卫作为迂回救宋的手段，置对手楚国于战与不战的两难之地，实在是十分高明的战略抉择。

果然，在战与不战的选择上，楚国君臣内部出现了分歧。楚庄王对晋文公及其谋士集团的才干十分欣赏，认为与之角胜没有太大的把握，与其冒险一战，不如隐忍以待。为保全自己的盟国，楚国要求晋国放弃对曹、卫两国的侵占，同时作为交换条件，楚国也从宋国撤军。在这一要求得到满足后，楚庄王认为在找回面子的情况下应该见好就收，避免与正在崛起的晋国硬碰硬，免得损失更大。自负的楚军统帅子玉自恃兵强马壮，说什么也咽不下这口气，一意与晋军决战。楚成王也担心子玉尾大不掉，所以对求战心切的子玉并没有全力给予支持。君臣不合严重削弱了楚军的战斗力。面对咄咄逼人的骄兵子玉，晋文公君臣决定避其锋芒、诱敌深入，将军队后撤九十里，驻扎在城濮，与晋国的盟军宋、齐、秦等国军队汇合。晋文公这么一撤，又兑现了当初在楚国许下的“晋、楚治兵，遇于中原，其辟君三舍。若不获命，其左执鞭弭、右属橐鞬，以与君周旋”[1]的诺言。其中也绵里藏针地暗示楚国君臣不要逼人太甚，“退避三舍”已仁至义尽，再不自觉就别怪我不客气了。通过这次撤退，晋军在道义上和军事上都化被动为主动，在战略上占据了绝对的优势。楚军统帅子玉却被晋军迷惑，以为晋军畏惧楚军而逃，贸然帅大军追来。

公元前632年，劳师远袭的楚军向以逸待劳的晋秦等联军发动进攻。开战后，晋军又选取实力弱小、战备松懈的楚军右翼——陈、蔡联军——为突破口，胥臣把虎皮蒙在战马身上以壮大声威，率领下军直攻陈、蔡。从未见过如此大场面的陈、蔡联军在晋军的冲击下一触即溃。同时，晋军的一翼在狐毛、栾枝等人指挥下佯装战败逃亡。楚军主帅子玉难以判断前方虚实，过度的自信使他错以为真的有机可乘，于是令子西率领的楚之左军挥师直扑晋军。晋军见楚军已入圈套，立即以主力参战，先轸、郤溱指挥中军的主力部队猛击楚之左军，狐毛、狐偃又指挥上军夹击。楚之左军猝不及防，陷入了晋军主力的合击中，也很快崩溃。这时子玉的头脑才清醒过来，赶忙收拢残兵败将，未让中军再冒险出击，好歹保住了中军的有生力量。晋军大获全胜，在城濮休整三日，然后意气扬扬地向天下共主周王室进献战利品。周王室正式任命晋文公为霸主。这样，晋文公将齐桓公树立起来的霸主大旗正式接到手中，并大会诸侯。

城濮之败使楚国君臣的矛盾再度激化，子玉不服从命令导致

[1]《左传·僖公二十三年》。

大败，并将晋文公送上霸主的地位，楚成王愤怒异常，迫令子玉自杀。其后，芳吕臣继子玉执政，采取战略收缩，楚国失去了争霸中原的战略先机。

2. 晋景公与齐、晋鞌之战

晋国在晋灵公、晋成公统治期间，因内外各种错综复杂的原因，实力明显削弱，国势外强中干，仅拥有中原诸侯霸主的虚名，而并无其实。

在这样的背景下，晋景公姬据于公元前599年即位。他即位之初，就遭遇霉运。在公元前597年的晋、楚邲之战中，晋军丢盔弃甲，一败涂地。这样一来，晋国的国力更是江河日下，晋国的形象也是灰头土脸。而此时的楚国则在楚庄王的领导之下强劲崛起，犹如旭日东升。它西联秦国，东结齐、鲁，又与吴、越结盟，同时剪灭诸多小国，拓地开疆至淮、泗地区，进而北上控制陈、蔡，联结曹、卫，制服郑、宋，遂替代了晋国在中原的霸主地位。晋景公治下的晋国，完全陷于楚、秦与白狄、赤狄的多重包围之中，战略形势十分被动，殊为不利。

但是，晋景公是一位深富韬略、积极进取的君主，他决不甘心晋文公缔造的煌煌霸业在自己手中彻底垮掉。面对内外交困的战略态势，他发愤图强，致力于重振晋国的雄风。在他的统领下，晋国上下积极谋求复兴，并取得了显著的成就，为重新称霸中原奠定了坚实的基础。

晋景公重振晋国声威的战略总方针是：巩固内部，发展经济，扩充军备，然后争取与国，对敌各个击破，扭转不利的战略形势，进而伺机制服主要对手楚国。这一方针，不但贯彻于晋景公在位期间，而且还延续至晋厉公、晋悼公时代，成为晋国夺回和巩固中原霸权的基本国策。

汉画像石“晋灵公欲杀赵盾”

山东沂南北寨村东汉画像石“晋灵公欲杀赵盾”局部，画面中左一人佩剑前行，双手拉弓，左上榜题“晋灵公”；其足前一犬向前扑咬右边一人，榜题“敖也”；右一人向旁躲闪，左手握剑，右手扬袖，右上有榜无题，应是大臣赵盾。

在齐、晋鞌之战以前，这一战略原则，具体体现为以下几个方面：

第一，调整君臣关系，化解内部矛盾，减少各种内耗，力求戮力同心。晋国在同楚国争夺中原霸权的斗争中，之所以绩效有限甚至趋于下风，重要的原因之一，是自晋襄公、晋灵公以来，晋国内部卿大夫之间互相倾轧、彼此拆台、纷争不已。君臣之间钩心斗角、关系紧绷，时有冲突，这严重影响了晋国的争霸大业。这一点在邲之战中有突出的反映。这种痛苦的教训，使晋景公和晋国大多数大臣认识到勠力同心、保持团结的重要性。于是他们就痛省前非，能比较精诚地开展合作。景公本人开明通达，信任诸卿；士会、郤克、栾书、韩厥等人也能做到忠心辅佐，全力以赴，造就了较为良好的政治局面。

第二，韬光养晦，暂时回避与楚国的正面冲突，积蓄力量，伺机而动。鉴于楚国此时已实际控制中原大局且势力鼎盛的客观现实，晋国君臣采取了避其锋芒、后发制人的策略，不过早地和强劲对手作正面抗衡，以免影响复兴霸权之大业的顺利进行。公元前595年，楚国大举进攻晋最坚定的盟国宋国，将宋国都城围得水泄不通。次年春，危急中的宋国遣使向晋告急求援，可晋国却以"虽鞭之长，不及马腹；天方授楚，未可与争"[1]为由，拒绝了宋国的请求，致使宋国在绝望中投降楚国。公元前589年，楚国纠集包括秦、齐、鲁、郑、宋等重要国家在内的14个诸侯国在蜀（今山东泰安一带）会盟，这是春秋时期参加会盟国家数目最多的一次会盟，其目的当然在于炫耀楚的霸主地位，向晋国示威。晋国对此虽然极度愤懑，但仍未作公开的对抗，"是行也，晋辟楚，畏其众也"[2]。

---

[1] 《左传·宣公十五年》。

[2] 《左传·成公二年》。

晋国这一避楚锋芒、静观时变的策略应该说是正确的。它虽然带来暂时的、局部的损失（如失掉盟国宋国、自己威信受损等等），却为安定内部、扩充实力、再次争霸赢得了时间，准备了条件。

同时，晋景公君臣也并没有完全放弃对中原局势施加影响力的努力，以牵制楚国的行动。如邲之战后不久，晋国就对郑国采取了几次教训式的军事行动。公元前595年，晋景公起兵伐郑，“告于诸侯，蒐焉而还”，目的就是“示之以整，使谋而来”。[1]在总体方针上对楚的霸权容忍退让的同时，晋国仍适当地对楚国保持一定的压力，使其有所顾忌和收敛。

第三，出兵攻灭赤狄部落，拓展疆土，增强实力，为日后从楚国手中夺回中原霸权积累资本，创造条件。

晋国的北部地区散居着诸多戎狄部族。其中西北方主要是白狄，东北部则有赤狄。它们时常进犯和骚扰晋国，成为其肘腋之患。邲之战后，晋景公在对楚国采取战略守势的同时，集中力量对狄人进行军事打击。根据争霸中原的全盘考虑，晋景公把打击的矛头主要指向东北方向的赤狄部落。

公元前594年，晋景公派遣荀林父统率大军攻灭潞氏之狄（今山西长治、潞城一带），杀死潞王酆舒。次年，晋景公又委任士会率兵攻灭赤甲氏（今河北邢台东南）及留吁、铎辰（今山西屯留、黎城一带）等赤狄部族，尽占其地，将晋国的实际控制疆域大举拓展至太行山以东的黄河北岸地区。晋国成为中原北部西起河西洛水、桃林崤函，跨越黄河，东至邢（今河北邢台）、邺（今河南安阳北），南括南阳要地的一流强国。这不仅卓有成效地解除了来自东北方赤狄的巨大威胁，也大大地增强了晋国的综合国力，使得原先多面受敌的不利战略环境有所改观。有的论

[1]《左传·宣公十四年》。

者认为，晋景公决策攻伐赤狄，奄有其地，实际上是全面奠定晋国之后霸业的基础。

第四，分清主次矛盾，把握战略机遇，积极争取与国，打破孤立状态，以求转变被动、不利的战略态势，尽早摆脱四面受敌的困窘。

邲之战以后，中原地区绝大多数中小诸侯国均选边站队，承认楚国的霸权，接受楚国的操控，晋国的处境相当孤立、十分落寞。晋自崤之战以来，饱受秦楚结盟、左右夹击之痛，深知争取与国、联合对楚的重要性，故对此予以高度的重视。

在具体的行动过程中，晋景公将重点置放在对齐国的全力争取上。这是因为齐国素为东方大国，具有较强的实力，拥有较高的威望，若是能与其为同盟，一能对楚国产生很大的震慑力，二能感召中原地区的其他诸侯，使之重新对晋国产生归附之力。所以从战略全局考虑，齐国应该争取。另外，齐国虽亦为楚国所争取的对象，双方之间曾通使聘问，关系较为密切，但它毕竟尚未一面倒地依附楚国，仍处于中立的状态，地位比较超脱。只要行动及时，方法恰宜，晋国还是有希望将齐国争取到自己这一边的。所以从当时实际情况分析，齐国能够争取。

当然，齐国作为过去的天下霸主，自己又拥有强大的实力，是不会轻易地屈己事人的。所以，这就决定了晋景公争取齐为与国之过程不可能一帆风顺，必定要费上一番周折。晋景公只有在交替运用军事打击和外交斡旋手段的基础上，才能达到自己的战略目标，这也就是所谓以斗争求得联合、以施压换取协作的必有之义。

公元前592年，晋景公派遣中军副将郤克出使齐国，为建立晋、齐同盟投石问路。可是，一个意外风波的发生，葬送了双方合作的可能。当齐顷公接见郤克之时，为使其母亲萧同叔子开心，特地将她安排在帷幕后观看这一外交活动场面。郤克腿瘸，是个跛子，当时一同受接见的人员中还有秃头、驼背、独眼者，萧同叔子看到这批“奇形怪状”的使者进殿，忍俊不禁，和侍者一起在帷幕背后失声大笑。郤克闻之勃然大怒，认为这是对自己和晋国的极大侮辱，发誓报复。他当即中断使命，返回晋国，请求晋景公发兵伐齐。晋景公从争取齐国的大局考虑，拒绝了郤克的要求。

但齐国嘲弄晋景公使臣的无礼行径，毕竟为两国关系投下了严重的阴影，当事人郤克更是心怀愤懑，必欲报之而后快。鉴于既要积极争取齐国，又要适度地打击齐之骄横的双重目的，晋景公对齐采取了又拉又打的策略。晋国中军帅士会深谙晋景公的真实意图，告老致仕，主动让贤，让强硬派郤克出任中军帅执掌国政。

公元前591年春，晋景公在郤克的怂恿下，以前一年齐顷公未曾亲赴断道之会为借口，联合卫国，发兵攻伐齐国，兵锋直抵阳谷（今山东阳谷附近）。在晋国军事压力下，齐顷公亲赴缯地（今山东阳谷境内）与晋景公会盟，又遣公子强到晋国做人质。晋景公见齐国有屈服的表示，也不愿过分逼迫对手，免得其迅速倒向晋之宿敌楚国，所以暂时放过齐国，班师回朝。

两年之后，齐顷公认为缯之盟对其推行扩张战略多有不利，限制了齐国对鲁、卫等邻国的军事行动，适值楚国亦于此时遣使与齐通好，于是违背缯之盟，转而结楚。同时，齐顷公还发兵攻打鲁国，占领龙邑（今山东泰安西南），鲁的同盟国卫国出兵驰援，也为齐军所败。

鲁、卫两国知道自己无力同强齐相抗衡，便各派使臣前往晋国，请求晋景公出兵击齐。晋景公鉴于齐背缯之盟而联楚，自己的联齐战略暂时无法实现，且鲁、卫两国主动投靠，政治上比较主动，楚国方面则因楚庄王刚刚去世，正忙于内部事务而无暇对外，伐齐时机业已成熟，遂决定出兵，会同鲁、卫军队一道征伐齐国，希望通过战争的途径来实现联齐的目的。

晋景公共出动800乘战车，由郤克统帅，浩浩荡荡开进。在卫地，晋军与卫、鲁之兵会合，组成联军向齐军进击。齐军闻报晋联军来攻，顿感形势严峻，就向东撤退。晋联军紧追不舍，跟踪而至。是年六月，双方军队在鞌（山东济南东北）相对峙，准备进行正式的会战。

会战前夕，齐顷公首先派人向晋军下战书。郤克代表联军应战，双方约定在战场上一决雌雄。齐左军统帅高固先发制人，率先乘战车突入晋军阵中，缴获一辆晋军兵车。然后驰回齐垒，将战利品展示在齐军面前，得意扬扬说道："欲勇者，贾余余勇！"并报告齐顷公：晋军虽众，能战者少，不足惧也。高固的行动和对晋军实力的判断，助长了齐顷公的轻敌情绪，给齐军带来了灾难性的后果。

齐顷公对敌我双方情况茫昧无知，骄妄轻敌，会战伊始竟然扬言"余姑翦灭此而朝食"，不待战马披甲就杀向敌阵。双方军队进行了殊死拼杀，在战斗中，晋军统帅郤克的背部为箭矢所伤，血流及屦，但依然击鼓不绝以督军冲杀。御戎解张、车右郑丘缓也在身负重伤的情况下忠于职守，互相勉励，奋勇作战。在晋军将帅身先士卒、英勇无畏实际行动的感召下，晋军上下士气大振，无不以一当十，殊死杀敌，终于彻底摧毁了齐军的抵抗，大获全胜。

随后，晋军司马韩厥替代身受重伤的中军帅郤克，统率晋军对溃败中的齐军发起追击。齐顷公仓皇退却到华不注山下（今济南市东北），为晋军所追及，陷入重围。齐顷公车右逢丑父见情势危急，便和齐顷公换穿服装，交换座位，等到韩厥追至时，假意让齐顷公下车取水，齐顷公乘机逃逸，免却了为晋军所俘虏的命运。逢丑父本人则为韩厥所生擒活捉。至此，鞌之战以齐军惨败而告终结。

晋联军在取得鞌之战的胜利后，继续向齐国腹地推进，对齐都临淄（今山东淄博）构成合击之势。齐军新败，伤亡惨重，士气低落，无力再战。齐顷公被迫派遣上卿国佐前往晋军统帅部，献上玉磬和宝器，答应归还所侵占的鲁、卫两国的土地，请求同晋国媾和。

郤克对齐国的求和条件不屑一顾，另行提出了两项议和的前提：一是让齐顷公的母亲萧同叔子到晋国做人质；二是要齐国将该国的垄亩一律由南北走向改为东西走向。这是十分苛刻的条件。因为由国君之母充当人质，是对一个国家的极大侮辱；垄亩东西走向，则将大大利于晋国战车长驱直入，严重威胁齐国的安全。齐国对此自然无法答应。经过鲁、卫两国从中斡旋，晋国从对楚争霸战略大局的考虑出发，放弃了让萧同叔子为质和齐国“尽东其亩”的要求，以齐侯向晋朝觐和齐国退回所侵占的鲁、卫之地为议和条件，与齐国正式媾和。

公元前588年，齐顷公亲赴晋国朝见，正式承认晋国在诸侯中的盟主地位。晋景公也厚礼相待，以安抚齐顷公。公元前583年，晋景公又以霸主的身份让鲁国将鞌之战后所收复的汶阳之田重新划归给齐国，齐、晋同盟关系由此而愈为巩固。至此，晋景公终于实现了联齐抗楚的战略目标。

晋、齐鞌之战是春秋中叶具有相当战役规模和深远战略意义的一次作战。是役，晋军运用正确的战略战术，一举击败自命不凡的齐军，赢得重大的胜利；同时也达到了制服齐国，使其与自己结成同盟的战略目的。这对晋国改变同楚角逐中原时的不利态势，重建自己的霸主地位，具有重要意义。从这个角度上讲，鞌之战称得上是影响春秋历史进程的关键性战役之一。

3. 善始而无法善终的晋厉公

公元前581年，曾经为晋国复兴大业作出过重大贡献的晋景公去世，其子州蒲继位登基，是为晋厉公。这位晋厉公，并非碌碌无为的平庸之主，至少在执政的初期不是这样。他即位初年，就毫不动摇地继续执行其父晋景公制定的区别主次缓急、各个击破对手、重树晋国霸权的战略方针，且有所创新、有所开拓。史书上对他的评价“功烈多，服者众”[1]，乃是实至名归，洵无虚饰。

晋国在重夺霸主地位过程中，最主要的对手无疑是楚国。但是，晋厉公的高明之处在于，他并没有率先去寻楚国的晦气，一上来就演一场晋、楚强强碰撞的大戏，而是将晋国的进攻矛头首先指向了秦国。这应该称为“先剪羽翼，再捣腹心”的高招。

自从晋襄公在位期间爆发秦晋崤之战以来，秦晋同盟彻底解体。秦国像牛皮糖似的，始终不停对晋国进行骚扰，成为笼罩在晋国头上挥之不去的阴影。秦国总体实力远不如晋，它对晋国的军事攻击与外交对抗，并不能给晋国带来颠覆性的灾难；但是秦国的所作所为，对晋国的侧后构成了严重的威胁，使晋国处于两线作战的被动境地而无法集中力量去和楚国相抗衡，极大地干扰了晋国战略方针的顺利落实。因此，在解决主要对手楚国之前，晋国有必要先打击秦国，为日后顺利进行晋、楚两国之间的战略决战扫除各种障碍，创造有利条件。

晋厉公对秦国的策略，乃是多管齐下，打出一连串的组合拳，环环相扣，层层推进，始终把握着行动上的主动权，稳妥积极，按部就班，从而顺利地达到了其预期的战略目标。

第一，虚情假意向秦国表达愿意和谈的态度，放下身段，做

---

[1] 《国语·晋语六》。

出追求和平友好的政治、外交姿态，占领道德上、外交上、政治上的制高点，使自己以一个无辜者、欲议和而不能得的形象出现在世人眼前，将日后有可能发生的战争之责任，强加在对方的头上，在诸侯国层面争取更多的同情，博得更大的利益。为此，晋厉公于公元前580年约请秦桓公在令狐（今山西临猗西）相会，洽谈两国修好事宜。其实这完全是在演戏，他一开始就知道事情根本没有希望，因为秦、晋两国长期为敌，两国之间的利益冲突完全没有调和的余地，缺乏和平的起码信任与基础，要想通过一次盟会来构建和平，纯属异想天开。但他就是要这样做，目的就是影响舆论，赢得支持。果不其然，秦国轻易地上当了，不过那位秦桓公对盟会丝毫不守信用，一回国就背盟。更有甚者，他还变本加厉，居然挑头与晋为敌，相约楚国和狄族共同伐晋。秦国一味强硬地蛮干，使自己的外交形象完全破产，恰恰为晋厉公的反击提供了把柄。

第二，是想方设法拆散秦、楚之间的战略同盟，使秦国陷入孤立无援的困境，为晋国在军事上收拾秦国提供有力的保障。当时的楚国，正受制于侧后日益强大的吴国的骚扰与牵制，自顾不暇，力不从心，根本不想和晋国正面为敌。所以楚共王不但毫不犹豫地拒绝了秦国的合作攻晋建议，而且还把这一情况转告了晋国。晋厉公顺水推舟，为了使楚国在秦、晋冲突中置身局外、保持中立，他加紧了拆散秦、楚联盟的步骤，积极谋求改善同楚国的关系。公元前579年，在宋国华元的斡旋下，晋、楚两国各派代表在宋国都城西门外会盟，约定“凡晋、楚无相加戎，好恶同之，同恤灾危，备救凶患。若有害楚，则晋伐之；在晋，楚亦如之。交贽往来，道路无壅，谋其不协，而讨不庭”[1]。至此，晋、楚正式和好。尽管这仅仅是表面的和暂时的，但它毕竟达到了拆

[1] 《左传·成公十二年》。

散秦、楚联盟的目的，使晋厉公可以集中力量专心对付秦国了。

可是，秦国对晋厉公方面的战略动态茫昧无知，对自己不利的战略处境毫无觉察，居然率先挑起了秦、晋之间的战事。公元前579年秋，秦桓公约狄人攻打晋国，晋厉公断然反击，大败狄人。秦国的这一挑衅行为非但没有给晋国带来实际损失，反而为晋军伐秦提供了借口。

第三，派遣吕相出使秦国，发表“绝秦”宣言，向天下昭告秦国的罪状，发动舆论宣传攻势，为晋师伐秦寻找合理性与合法性。公元前578年，晋厉公决定与秦开战，一决雌雄。战前，晋厉公派遣大夫吕相赴秦，宣布与秦国绝交。在与秦绝交的讨伐宣言中，晋国方面历数双方关系变迁情况，表明历代晋国国君为维护秦晋之好所做的不懈努力，以及历代秦国国君的背信弃义。晋在开战前夕发表这份绝交书，一是在于诓骗楚国，使其误认为晋伐秦之举不过是清算秦、晋两国的旧恨宿怨，从而巧妙地掩盖晋伐秦实为其对楚战略之一环的真相；二是在于博取诸侯同情，认为晋欲谋和而秦无诚意，晋用兵乃是迫不得已，从而赢得诸侯对晋伐秦军事行动的理解与支持。应该说，晋的这番舆论攻势取得了相当大的成功。

第四，把握战机，集中兵力，迅捷进攻，给秦军以摧毁性的打击，胜利实现清除侧后威胁的战略目标。在为伐秦做好充分的舆论准备之后，晋厉公亲自率领晋国四军，并联合鲁、齐、宋、卫、郑、曹、邾、滕等八国部队征伐秦国。晋国这一次作战的意图非常明确，即集结起绝对优势兵力，在尽可能短的时间里彻底击破秦军，使之不复成为晋国的西方之患，而后再转而全力对付楚国。换言之，晋厉公的作战指导乃是集中兵力，尽敌为上，速战速决，一举而克。作战方针确定后，晋联军即展开行动，以迅雷不及掩耳之势直趋麻隧（今陕西泾阳西北），进逼秦军而阵，并随即发动突击。秦军在兵力上处于劣势，又背泾水而阵，进退失据，陷入被动。在晋军猛烈攻击下，秦军惨遭败绩，其在泾水以东的部队悉数被歼，秦将成差及不更女父等人被俘。秦桓公收拾残部，退却到今咸阳一带。晋厉公挥师乘胜追击，渡过泾水进抵侯丽（今陕西泾阳西）。至此，晋国痛击秦师的作战目的业已达到，遂胜利班师，麻隧之战终于以晋联军全面胜利而画上了句号。麻隧之战使秦国遭到一次极为沉重的失败。其精锐主力几乎损失殆尽，实力严重削弱，数世不振，在相当长的一段时间内无法再对晋国构成大的军事威胁，晋国从此可以集中力量与楚国争夺中原霸权了。

晋国在取得麻隧之战胜利后，即进入了争霸事业的最佳战略发展际遇期。这时，长期以来威胁晋国西部，牵制晋国力量的秦国元气大伤、无力东顾；齐、晋同盟正处于相对巩固的阶段；公元前576年，戚地（今河南濮阳北）会盟后，鲁、卫、郑、宋、曹、邾等大多数中原中小诸侯皆臣服于晋国；南方的吴国日趋强盛，它和晋国携手，与楚为敌，对楚的侧后构成严重的威胁，所谓“今三强服矣，敌楚而已”。晋国只需要等待有利的时机出现，即可与楚一战，以进一步确立自己在中原地区的霸权。

围绕着对郑国的争夺，晋厉公打击楚国、再振霸业的时机终于来临了。

郑国处于晋、楚争霸的中心地带，对晋、楚均采取骑墙的政策，或叛晋附楚，或背楚投晋。公元前576年它又脱离晋国的控制，而投靠楚国的阵营，并在公元前575年兴师去攻打晋的主要盟国宋国。郑国的所作所为，直接违犯了一年前诸侯在钟离（今安徽凤阳附近）之会上的盟约，而且还为楚国势力的北上提供了便利条件，作为诸侯盟主的晋国自然要做出相当激烈的反应。

伐郑的矛头真正指向是楚国，它带来的结果一定是晋、楚两强正式摊牌，必有一战。

在晋国御前战略决策会议上，晋厉公否定了范文子的温和主张，而支持中军帅栾书的强硬立场，下令启动大军，以栾书为统帅，并联合齐、鲁、宋、卫等国一道出兵浩浩荡荡杀向郑国，时在公元前575年四月。五月，晋军渡过黄河，然后向鄢陵（今河南鄢陵西南）方向开进，至鄢陵城北20里处驻营，以待齐、鲁、宋、卫诸军前来会师。从主动权争取上，晋厉公这是得了先手之利，即出动军队比较及时，"先据战地以待敌"，以逸待劳，以整击乱，赢得了相当大的主动。

郑成公闻报晋军杀到，急忙派遣使者向楚国告急。楚共王召集群臣商议对策，最后，楚共王采纳了司马子反的主战意见，乃亲率楚军，以司马子反为中军帅，迅速北上援救郑国，在与郑军会合后，开赴鄢陵。同年六月下旬，楚、晋双方主力在鄢陵相遭遇。一场战略性大会战就此揭开了帷幕。

晋厉公的杰出作战指挥艺术，在鄢陵之战一役中得到了淋漓尽致的体现。

首先，他能够在作战方针的讨论与决定过程中，集思广益，择善而从，采取了最合理最有效的应对之策。

当时，晋国的盟军齐、鲁、宋、卫之师尚在开赴鄢陵的途中，针对这一情况，楚军统帅部作出决策：趁齐、鲁等国军队未到达战场之前，先集中优势兵力击破晋军。为此，楚军于古代用兵所忌的晦日六月二十九日，趁晋军不备，利用晨雾作掩护，突然迫近晋军营垒布阵，以期同晋军速战速决。

晋军此时未见盟国援兵抵达，兵力上略处劣势，加之营垒前方有泥沼，楚军逼近而阵，己方兵车无法出营列阵，处于不利的地位。如何来应对这样的局面，晋军上层产生了分歧。中军帅栾书主张固守待援，伺机破敌。但新军佐郤至等人则反对"固垒而待之"的做法，强调指出楚军有六大弱点："二卿相恶"，楚军中军帅子反与左军帅子重关系恶劣；"王卒以旧"，楚王的亲兵暮气沉沉，缺乏斗志；"郑陈而不整"，郑军列阵不整齐；"蛮

栾书缶

传出土于河南辉县，现藏中国国家博物馆。器腹有错金铭文5行40字，称铸器为“栾书之子孙万世之宝”。容庚、张维持《殷周青铜器通论》将此器定名为“栾书缶”，认为栾书即栾武子，长期以来学界也认为此器是春秋中期晋国所作。20世纪90年代初，有学者根据考古材料，指出此器应是春秋中后期或战国时期的楚式器物。

军而不陈”，随楚出征的蛮军不懂阵法，乃乌合之众；“陈不违晦”，布阵于无月光之夜，大不吉利；“在陈而嚣”，楚军阵中士卒喧哗，秩序混乱。一句话，貌似强大的楚军，其实就是一只纸老虎而已。因此，郤至积极向晋厉公建言，主张利用楚军的弱点，先发制人，主动进攻楚师。

晋厉公虚怀若谷，十分欣赏郤至的见解，于是就毅然决然地改变先前固守待援、后发制人的作战计划，决心趋利避害，立即与楚联军展开决战。他随即下令在营垒中填平井灶，扩大列阵的空间，调动上、中、下军及新军布列攻战阵势。

其次，是能够在会战前夕认真“相敌”，料敌察机，制定较适宜的作战方案。

晋、楚双方在决战前夕都进行了战场侦察活动。晋军方面，晋厉公在楚旧臣苗贲皇的陪伴下，登上高台观察楚军的阵势。苗贲皇熟悉楚军内情，这时向晋厉公提出建议：“楚之良，在其中军王族而已。请分良以击其左右，而三军萃于王卒，必大败之。”[1]意思是说，楚军的精锐是在中军的王族部队，晋军据此应该先以精锐分击楚的左、右军，得手后，再合军集中攻击楚中军，这样一定能大败楚军。晋厉公欣然采纳了这一建议，及时改变原有阵势，由中军帅、佐各率精锐一部加强左、右两翼，确定了首先击破楚军中战斗力较弱的左、右军，而后围歼其中军的作战方案。

最后，在会战过程中，晋厉公既能根据楚军的阵势与地形特点，灵活机动实施指挥，又能当机立断，先发制人，并及时调整部署，因敌制胜。从而一举击败楚、郑联军，达到称霸中原的战略目的。

晋军部署既定，即在营内开辟通道，迅速出营，绕营前泥沼

---

[1]《左传·成公十六年》。

两侧向楚军发起猛攻。战场形势瞬息万变，在实际战斗中率先进行较量的，是晋、楚双方的中军主力。楚共王见晋厉公所在的晋中军兵力较薄弱，即率领楚中军发起进攻。但晋中军在晋厉公的直接统领下，展开顽强的抗击，顶住了压力，并射伤了楚共王的眼睛。

楚共王中箭负伤的消息很快传遍楚军，造成人心浮动。晋军乘势猛攻楚的左、右军。楚军以及协助其作战的蛮军、郑军抵挡不住，被逼压到不便通行的地形上，陷入被动，阵势大乱，纷纷向颍水南岸方向败退。双方从中午一直厮杀到夜幕降临，楚军损失沉重，公子茷也成了晋军的战俘。

楚共王见战事无什么胜利的把握，不得不鸣金收兵。本来，楚共王还想在次日再厮杀一场，挽回一点颜面。但侦知晋军正在厉兵秣马的消息后，他的勇气就丧失了一半；等他再知道令尹子反饮酒喝醉、无法起床视事的消息后，更是心灰意懒，万事皆休，徒然喟叹：“天败楚也夫！”于是带上残兵败将，宵遁撤退。

次日，晋军在晋厉公的统率下，胜利进占楚军的营地，在那里休整三天后凯旋，鄢陵之战至此终于以晋军的胜利而落幕了。

鄢陵之战的胜利，使得晋国在争霸中原的斗争中，又一次对楚国形成明显的优势。晋厉公再接再厉，加紧了对继续依附于楚的郑国的打击。公元前575年，晋厉公召集鲁、齐、卫、宋、邾等国在沙随（今河南宁陵北）举行会盟，又和周王室卿士尹武公一起率诸侯联军伐郑。次年，晋厉公统帅诸侯联军再次伐郑，周天子派遣卿士尹武公、单襄公参加，替晋厉公的决策背书，以表示王室的支持。伐郑之后，晋厉公在柯陵（今河南临颍北）召集诸侯会盟。同年冬天，晋厉公又一次统领诸侯军伐郑。

晋厉公这些伐郑军事行动，充分体现了他作为中原霸主的显著特色。第一，晋厉公每次征伐郑国，都是以召集诸侯、组成联军的方式来进行的。第二，晋厉公的每次伐郑之举，都得到名义上的天下共主——周天子的明确赞同、坚定支持。第三，楚国虽然为郑之盟国，但慑于诸侯联军的强大兵威，不敢轻举妄动、与晋国全面对抗。这一切均表明，在鄢陵之战后，晋国的霸业再一次进入了极盛的阶段。

然而，物极必反，理有固宜，盛极而衰，势所必然。当晋厉公的功业达到辉煌顶点的时候，就是晋国衰运萌芽之始，也正是晋厉公本人踏上不归之路的开端。

长期以来，晋国统治集团内部关系复杂，矛盾丛生，并经常激化从而引起残酷的争斗。君臣冲突，此起彼伏；强宗倾轧，无休无止。在强敌环伺、外患严重的情况下，这些尖锐剧烈的内部矛盾有时还能暂时地被掩盖起来，但是一旦强敌被击破、外患被消除，那么原先所潜伏的国内政治矛盾与冲突便会重上台面，迅速激化，导致内讧。孟子有云："无敌国外患者，国恒亡。"这真是一条颠扑不破的至理名言！

晋国的这种内在重大政治危机，也为晋国一些有识之士所认识。如范文子见到晋军从鄢陵战场上凯旋，不但没有感到高兴，反而是忧心忡忡，惶惶不可终日。他认为内乱迫在眉睫，甚至希望自己能早一点撒手人寰，得以幸免于难："君骄侈而克敌，是天益其疾也。难将作矣！爱我者惟祝我，使我速死，无及于难，范氏之福也。"[1]

形势的发展果真证实了范文子的预感。而在这中间，晋厉公的所作所为又是最为关键的因素。他在取得鄢陵之战大捷后忘乎所以，以为自己可以我行我素。他痛恨那些强卿大族的骄横霸道，决心予以迎头痛击。班师回都后，他即启动工作重心的转变，将主要精力用于解决国内问题，致力于削弱诸卿的权力，以巩固公室、强化君权。

[1] 《左传·成公十七年》。

按理说，他的初衷是合理的，也是必要的，但是在方式方法上却大有问题，导致矛盾激化，局势失控，一发而不可收拾，南辕北辙，适得其反。具体地说，晋厉公在处理国内政治、解决君臣矛盾上的重大失误，集中体现在三个方面：

一是用人不当，不足以成事。史载“晋厉公侈，多外嬖。反自鄢陵，欲尽去群大夫，而立其左右”[1]。与强卿大夫斗争，关键是自己这边要有足够多的干练之才，能替自己冲锋陷阵、克敌制胜。可晋厉公只信任自己身边极少数的几个宠幸佞臣，将他们引为心腹，委以重任，希望依靠他们去抗衡和打击强卿大族。为此，他起用了胥童、夷阳五、长鱼矫等宠臣。可这些人资历浅、人品差、能力弱，各方面均不足以服众，实在不堪担当大任，换言之，他们根本不是那些老谋深算的卿大夫的对手。想依靠他们打压诸卿、重振君权，不啻是缘木求鱼、一厢情愿。因此，晋厉公最后的失败从一开始就是注定了的。

二是手段过于强硬，大开杀戒，全面激化冲突。晋厉公一出手，就是一味强硬，而不知道政治成功的最大秘诀就是善于妥协、拿捏分寸。公元前574年，晋厉公认为时机成熟，决定对强卿大族实施毁灭性打击。其嬖臣胥童充当了急先锋，他积极建议晋厉公先拿郤氏开刀祭旗：“必先三郤。族大，多怨。去大族，不逼；敌多怨，有庸。”[2]晋厉公利令智昏，居然欣然采纳了这个杀气腾腾的意见，悍然举起屠刀，砍向郤氏家族。他将三郤——郤锜、郤犨、郤至一举加以诛戮。整个晋国政坛遂淹没于血泊之中。这种一意孤行、大肆屠戮的做法，自然搞得晋国上下人人自危，酝酿起更大更血腥的风暴。

三是关键时刻犹豫动摇，患得患失，半途而废，养虎遗患，

---

[1]《左传·成公十七年》。

[2]《左传·成公十七年》。

导致前功尽弃，一败涂地。在诛杀“三郤”之后，胥童等人又“以甲劫栾书、中行偃于朝”[1]，希望趁着诛灭郤氏之势，进而剪除栾、中行等大族。这虽然显得很残酷、很血腥，但毕竟不失为巩固君权、稳定局面之下策。可就在这性命攸关的决定性时刻，晋厉公却莫名其妙地犹豫了起来，说自己不愿意看到再流更多的血，不忍心扩大诛杀的范围，悲天悯人的情绪一上来，他居然下命令开释了栾书等人。

栾书、中行偃捡回小命后，即行反扑，纠集力量全面反攻倒算：先是杀死胥童，除去晋厉公的左膀右臂；然后在公元前573年，磨刀霍霍向君主，弑杀了晋厉公。

一代雄主晋厉公最后竟然落得如此的下场，应该说这是始料不及的。但是，偶然之中藏有必然，归根结底，是晋厉公他有勇气和能力挑战逆境，但却没有睿智与胸襟面对顺境。他的悲剧命运令人唏嘘，发人深省。

4. 晋悼公复霸

在春秋晋国历史上，晋悼公与他的复霸事业，是值得大书一笔的一页。

栾书、中行偃等人弑杀晋厉公之后，派人前往洛邑，迎接居住于王畿的晋襄公曾孙公子周返国继承君位。公子周当时14岁，但聪慧早熟，有胆有识，果敢深沉。他知道自己以公室支庶孽子的身份继承大统，形影相吊，势单力薄，处境险恶叵测，根本无法驾驭那些骄横跋扈的强宗大族，稍有不慎，便会和晋厉公一样，落得个身首异处的悲惨下场。为此，他一开始就注意调整各种关系，树立自己的权威。在返晋途经清原（今山西稷山东南）

[1]《左传·成公十七年》。

时，他对前来迎驾的晋国卿大夫们说："今大夫不忘文、襄之意而惠立桓叔之后，赖宗庙大夫之灵，得奉晋祀，岂敢不战战乎？大夫其亦佐寡人。"[1]对诸大夫拥立自己为君一事表示感谢。接着他话锋一转，申明自己能荣登大位，乃是"天意"所归、"神灵"所佑，要求诸大夫届时无保留地听从自己的命令："孤始愿不及此，虽及此，岂非天乎？抑人之求君，使出命也。立而不从，将安用君？二三子用我今日，否亦今日。共而从君，神之所福也。"[2]这一番软硬兼施、刚柔相济的话，给了那些平素骄横惯了的卿大夫以很大的震动，他们不得不异口同声地表态："群臣之愿也，敢不唯命是听。"[3]君臣双方遂缔结盟誓。不日，公子周在卿大夫的簇拥下，进入晋都绛城，朝于武宫（晋武公之庙），正式继位为君，是为晋悼公。

晋悼公是在晋国国内强宗大族桀傲不驯，晋、楚争霸依旧处于战略胶着、相持不下的背景下仓促即位的。这就决定了晋悼公的复霸努力必然是全方位的，即包括整顿内政、发展实力、联合与国、打击楚国等各个方面。

第一，限制、平衡、利用卿族势力，改善内政，稳定政局。晋悼公即位伊始，立即诛杀了夷阳五、长鱼矫等扰乱晋国政局的七名嬖臣。这一方面是借此显示自己作为国君拥有生杀予夺的至高无上权威，另一方面，也因夷阳五等人系当年晋厉公提拔重用的近臣，如今除去，正好表明自己与晋厉公划清界限，释放出支持卿族的态度和稳定政局的意愿，以稳住栾、中行等大族，赢得他们的拥戴。

当然，晋悼公也深为晋国公室萎靡不振、卿权太重，以致影

[1]《史记·晋世家》。

[2]《左传·成公十八年》。

[3]《左传·成公十八年》。

响晋争霸战略全局而忧虑。因此，他在力所能及的条件下对卿权加以必要的限制。其主要的手段有二。一是适当削弱卿族手上的军政大权，改革军队内部的统御体制，不让诸卿平时直接统率军队，改为由军尉治军，具体负责军队的训练、教育诸事宜。二是利用诸卿内部之间的矛盾，巧妙加以平衡和操纵。和当年晋厉公咄咄逼人、大刀阔斧压制强卿大宗的做法明显不同，晋悼公一般不和卿族针锋相对、剑拔弩张，他即位后不追究栾书、中行偃等人弑杀晋厉公事件，就是明证。在绝大多数情况下，他尽量使卿族之间的势力维持微妙的平衡状态，使其互相牵制、彼此消耗，以免卿族威胁君权。

为此，他精心地调整了文武卿相的人选，尤其重视恢复某些落魄卿族的地位，形成和炙手可热的卿族相抗衡的力量。比如他任命魏氏的魏相和魏颉、赵氏的赵武、范氏的士鲂等人为卿，魏绛为中军司马，士渥浊为太傅，韩无忌为公族大夫。这样，就分散了栾氏、中行氏手中的权力。效果是显著的，在他在位期间，晋国的政局相对稳定，做到了“四军无阙，八卿和睦”[1]，这与使卿族势力“均势平衡”的策略有一定的关系。

在稳定政局的基础上，晋悼公改良政治，发展经济，缓和社会矛盾，争取民心归附，为重振晋国的大国雄风进行了坚持不懈的努力。其具体措施，《国语》《左传》等史书多有记载。其要有：“施舍，已责，逮鳏寡，振废滞，匡乏困，救灾患，禁淫慝，薄赋敛，宥罪戾，节器用，时用民”[2]，“定百事，立百官，育门子，选贤良，兴旧族，出滞赏，毕故刑，赦囚系，宥闲罪，荐积德，逮鳏寡，振废淹，养老幼，恤孤疾”[3]。

---

[1] 《左传·襄公八年》。

[2] 《左传·成公十八年》。

[3] 《国语·晋语七》。

这些措施在实行数年之后，收到了明显的效果。史载晋国“举不失职，官不易方，爵不踰德，师不陵正，旅不偪师，民无谤言，所以复霸也”[1]。从这个意义上讲，历代史家称晋悼公为晋文公之后春秋最有作为的晋国君主，是有道理的。

第二，加强对宋、郑等国的争夺与控制。在政局趋于稳定、国力迅速提升的基础上，晋悼公开始加强对外争夺霸权活动的力度，并以此作为其复霸事业的中心。晋悼公对外争霸的主要方向，仍同其前任一样，是展开对郑、宋等中原腹心国家的争夺与控制：就宋国来说，主要是加强对它的控制；而就郑国而言，重点是强化对它的争夺。晋悼公的绝大部分战略措施与军事行动，都是围绕着这一基本目标而制定和实施的。

晋悼公即位那一年，楚国趁晋国忙于整顿内政、无暇外顾之际，联合郑国进犯宋国，攻占了宋国的要邑彭城（今江苏徐州），以此在晋国战略防线上打入了一个楔子，以直接威胁宋国，并进而牵制晋国的行动。宋国是晋国联络齐、鲁、吴、郲、曹、卫等国的通道，其得失与否，对晋国的霸业影响至为重大。因此，晋对宋的局势十分关心，念兹在兹。公元前573年秋天，宋派兵进围彭城。同年冬天，楚派遣大军援救彭城并攻伐宋国。宋国的执政大臣华元赴晋国告急求助。晋国中军主帅韩厥认为“成霸安强，自宋始矣”，晋悼公于是亲征救宋，迫使楚军撤退。次年，又牵头统领鲁、卫、晋多国联军攻克彭城。通过这次军事行动，晋国达到了保护和控制宋国的战略目的，为下一步进图郑国铺平了道路。

鄢陵之战后，楚国仍拥有相当可观的实力。由于郑国依旧死心塌地抱楚国的大腿，楚国因而还是能够控制住许、陈、蔡、江诸国。所以，晋悼公要抑制甚至将楚国势力驱逐出中原地区，在

[1] 《左传·成公十八年》。

少虡剑

出土于山西李峪村，现藏故宫博物院。少虡剑为春秋后期晋国兵器。

不同楚国作战略决战的前提下，只能把争夺郑国的归属列为主要的战略目标。

基于这样的考虑，晋悼公即位伊始，就展开了与楚国争夺郑国归属的长期斗争。公元前572年，晋国借平定宋国动乱的余威，由中军主将韩厥统率齐、鲁、晋、曹、邾多国联军进攻郑国，击败郑军，并乘胜进攻楚国、陈国的一些要地。楚军畏晋之强，不战而退。晋悼公小试牛刀，打出了自己的威风。次年，坚决与晋国为敌的郑成公寿终正寝，晋悼公趁此良机，会同宋、卫之师攻伐郑国。当时郑国内部分裂为亲楚、亲晋两派，但当政的是亲楚派公子驷，他依然坚持附楚，抗拒晋、宋、卫联军。同年冬天，晋国会同齐、鲁、宋、卫、曹、邾、滕、薛多国联军占领虎牢，筑虎牢城以制郑。楚国此时刚好有公子申与子重、子辛争权内乱事件发生，自顾不暇，无力援救郑国。郑国至此不得不背楚从晋。

晋悼公筑虎牢城以制郑这一着棋，是非常高明的战略举措。虎牢地势险峻，战略地位十分重要。晋军控制它之后，可以以逸待劳，对郑国的侧背构成严重的威胁，一旦攻打郑国，即可朝发而夕至。在这种情势面前，郑国不能不对晋国俯首称臣。晋国方面则可以进一步图谋陈、蔡，使整个中原的形势发生有利于自己的变化。所以，当公元前570年晋悼公与齐、鲁、卫、郑、宋、莒、邾诸国会于鸡泽（今河北邯郸东北）时，楚的铁杆小伙计陈国也主动前来参加，投靠输诚。这表明晋国争霸中原的形势一片大好，晋国保宋图郑的战略目标已初步实现，晋悼公复霸事业的关键一步已经迈出。

第三，采取“和戎”策略，有效地解除后顾之忧。晋国的北部散杂居住着不少戎狄部族，他们的力量虽然不是十分强大，却可以扮演搅局的角色，经常骚扰晋国的边地，给晋国的侧后造成一定的威胁。晋国为了摆脱多面受敌、两线作战的窘境，集中力量与楚国争霸，长期以来对北方戎狄部族实施军事打击和政治招抚相结合的策略，收到了较为显著的成效。这一基本国策也为晋悼公所继承执行，魏绛“和戎”之策的提出和成功，就是这方面的重大进展。

公元前569年，北方戎狄的无终（今山西太原一带）部族，见到晋国国势蒸蒸日上，而自己的难兄难弟，如白狄、赤狄等部，几乎全为晋国所剿灭。它不想落同样的悲惨下场，于是就派遣使臣孟乐携带虎豹皮等厚礼来到晋国，表示愿意率领诸戎对晋国纳贡求和。

对诸戎的诚意，晋悼公一开始时心存疑虑，认为“戎狄无亲而贪,不如伐之”[1]。大夫魏绛则认为这样简单化处理的做法并不妥当，他强调指出：“诸侯新服，陈新来和，将观于我。我德，则睦；否，则携贰。劳师于戎，而楚伐陈，必弗能救，是弃陈也。诸华必叛。戎，禽兽也。获戎失华，无乃不可乎！”[2]魏绛从对楚争霸的战略全局出发，主张北和诸戎。他进而具体分析了采取安抚办法跟戎狄交好关系的五大好处：“和戎有五利焉：戎狄荐居，贵货易土，土可贾焉，一也；边鄙不耸，民狎其野，穑人成功，二也；戎狄事晋，四邻振动，诸侯威怀，三也；以德绥戎，师徒不勤，甲兵不顿，四也；鉴于后羿，而用德度，远至迩安，五也。”[3]由此可见，“和戎”的举措，既可以促成戎狄事奉晋国，解除晋国的后顾之忧，使得晋国免于腹背受敌；同时，又可以使诸侯们畏威怀德，巩固联盟关系，以对付主要的敌人楚国，是具有积极的战略意义的。

晋悼公襟怀坦荡，从善如流，完全采纳了魏绛的和戎建言献

---

[1] 《左传·襄公四年》。

[2] 《左传·襄公四年》。

[3] 《左传·襄公四年》。

策，委派魏绛作为晋国的全权代表，和无终等戎狄部族缔结盟约，“修民事，田以时”。这一战略方针的实现，稳固了晋国的战略大后方，使晋国得以腾出全部的力量浩荡南下，与楚国争夺中原地区的霸权。这乃是晋悼公复霸事业上的又一个具有标志性意义的进展。

晋悼公通过整顿内政、从事对外军事行动以及实施北和诸戎等措施，奠定了晋国复霸的坚实基础。在这种背景下，他开如倾全国之力同楚国争夺中原霸权，其主要标志，就是发动“三驾之役”，疲楚误楚，争取到郑国的长期归附。为此，他采取了三方面的具体措施：第一，在国内赈济贫困，调动各方面的参战积极性，厉行节约，充分发掘战争的潜力；第二，多次举行诸侯盟会，制造声势，先声夺人，对楚国施加强大的政治、外交、军事上的压力；第三，也是最为重要的一点，是“三分四军”以疲楚，即把晋国的上、中、下军和新军以及诸侯军队分组成三个战役集团，轮流出征，轮番作战，以调动和疲惫楚军，牢牢控制战争的主动权，做到“致人而不致于人”。

一切就绪之后，晋悼公遂自公元前563年起，用近两年的时间，正式实施三分四军、轮番击楚的“三驾之役”。

在整个“三驾之役”的过程中，晋军灵活机动，进退自如，始终掌握着军事行动上的主动权。而楚军则是彻底陷入被动，穷于应付，疲于奔命，左支右绌，劳而无功，国力为之损耗，战略上计无所出，尽处下风。处在晋、楚争霸夹缝中的郑国，不得不作出完全投靠晋国的抉择。

公元前562年冬季，郑国正式全面倒向晋国，晋悼公遂与郑、鲁、卫、齐、宋等诸侯会盟于郑地萧鱼（今河南原阳东），正式订立盟约。由晋悼公为盟主的萧鱼大会，成为城濮之战以后、践土之盟以来，以晋国为盟主的又一次盛大的盟会。郑国从此附晋20余年而不再复叛，中原大局再度稳定。至此，晋悼公的“三驾之役”达到了预期的战略目标。

“三驾之役”的胜利和萧鱼之盟的举行，标志着楚国已无力北上与晋国作全面的抗衡，所谓“三驾而楚不能与晋争”；标志着晋国既定的保宋、服郑等一系列战略目标的全盘实现；标志着晋悼公一生复霸大业达到鼎盛。而他之所以能够实现夙愿，在于他的战略步骤设计和实施上的适宜恰当，即先内后外，先计后战，循序渐进，日积月累；在于他的战略措施的高明，即主攻方向明确，手段运用巧妙，进退尺度妥当，实施途径可行。从这个意义上讲，晋悼公不愧为春秋晋国历史上不世出的英主明君，在整个中国历史进程中自有其一席之地。

遗憾的是，正当晋悼公霸业如火如荼之际，公元前558年，年仅30岁的晋悼公遽然去世了。他的英年早逝，无论是对晋国内政的演变，还是对整个中原战略局势的发展，都产生了相当重大而深远的影响。具体地说，随着晋悼公的去世，晋国内部君臣之间脆弱而暂时的平衡又渐渐被打破，强卿大族之间的倾轧争夺日趋激烈，迫使晋国无力专注于对外控制诸侯、维持霸权，并导致齐、晋武装冲突的发生，以及楚国势力在一定程度上的复苏，从而使历代晋国君臣经艰苦卓绝努力所缔造的煌煌霸业走向动摇和瓦解。

六、弭兵大会：晋楚争霸的间歇曲

公元前546年由宋国大夫向戌发起，在宋国都城商丘举行的弭兵大会，是春秋历史进程中的一个重要转折点，也是春秋中后期列国争霸战争进入战略均势状态背景下的必然产物，对春秋乃至后来战国历史的发展产生过极其深远的影响。

在此之前，春秋诸侯中的头等强国晋、楚、齐、秦都竭尽所能全力向外扩张，秀肌肉挥拳头，一门心思通过战争这个主要手段，配合外交周旋，角逐霸权，经营中原。但在弭兵大会落幕之后，这四国开始消停下来，眼光转而向内，实现战略重心的转移，忙于国内事务，无暇外顾了。

例如，作为春秋大国争霸的最主要的两大角色，晋国与楚国，虽然仍免不了尔虞我诈，然而一直到春秋末年，两国在中原并没有大动干戈、杀个血流成河，这就是很好的证明。从这个意义上来讲，弭兵大会召开并获得成功，完全可以看作晋、楚两国中原争霸战争进入尾声的重大标志，争霸的主角该由正在崛起中的吴、越两国来担当了。

晋、楚两国参加向戌发起的弭兵大会，并达成平分霸权的协议，决不是它们突然爱好和平、尊崇道义，而而是因为长期的竞争与角逐，无法决出最终的胜负，无休止的僵持与胶着，让双方都陷于泥淖，难以为继。争霸的格局进入了战略均势的复杂状态，这种以相持为特征的战略均势，决定了双方有可能坐下来平心静气谈判并达成一定的妥协与谅解。

众所周知，春秋历史发展的最重要线索是晋、楚争霸。这中间有三场战事可谓具有里程碑的意义。这就是先后爆发于公元前632年的城濮之战，公元前597年的邲之战，以及公元前575年的鄢陵之战。这三场战事，都是晋、楚两大国之间战略性会战。其中，城濮之战是晋文公统率雄师，打得楚军落花流水，从而“取威定霸”，成为继齐桓公之后中原诸侯的真正霸主。邲之战则是楚庄王“一鸣惊人”，杀得晋军丢盔弃甲、溃不成军，从而取代晋国成为新的天下霸主。到了鄢陵之战，胜利的天平又向晋国一侧倾斜，晋厉公麾下的栾书、郤至诸将尽心用命，让楚、郑联军饱尝兵败如山倒的痛苦滋味。三场决定性会战，晋胜二场，楚赢一场，总体来说是晋稍占上风，但是楚毕竟也胜过一回，所以到头来，谁也无法拥有争霸角逐中的绝对优势，只能彼此僵持，互相对峙。

当然，在当时整个晋、楚争霸大格局中，晋国还是拥有一定的优势的。尤其是经历了晋悼公“复霸”阶段的“三驾之役”后，楚国的战略颓势显得更为突出。然而需要指出的是，“三驾之役”并没有真正彻底摧毁楚国赖以抗衡晋国的军事实力，双方态势或存在不利与有利的差异，但战略对峙的格局并未被打破，仍然是处于战略均势的状态。换言之，晋国自晋悼公复霸以后，虽对楚国已拥有了相对的战略优势，但是受种种条件的制约，晋国的这一优势并不能顺利发展成为胜势。

这从外因上讲，是经历了齐、晋平阴之战后，齐、晋联盟破裂，多次兵戎相见、大打出手，晋国从而削弱了自己的力量，牵制了自己的行动，分散了自己的资源。从内因上说，则是晋国公室日益衰微，国君大权逐渐旁落，卿大夫势力不断膨胀，内乱不已，纷争无止。这使得其不得不将自己的主要注意力转移到国内来，以致无法集中力量与楚国相角逐争雄。这一点早在晋悼公在位晚期就已经出现端倪，所谓晋国“实不能御楚，又不能庇郑”[1]。在这种情况之下，晋国统治集团实在不乐意为争夺和维系霸权而全力以赴，而是十分渴望有一个比较缓和与平静的外部环境，来调和内部矛盾，解决积重难返的国内问题。晋国别无更好的选择，所以有了罢兵停战的意向。

楚国对谈判与弭兵的愿望也同样强烈。自鄢陵之战惨败以来，楚国的实力受到相当严重的削弱，在与晋国争夺天下霸权的斗争中基本处于下风。尤其是晋悼公复霸后，楚国的盟国与仆从国越来越少，不但“中原枢纽”郑国彻底投入了晋国的怀抱，就连陈、蔡这样长期坚定的盟友也落井下石，与晋国“眉来眼去”，表现出动摇携贰的迹象。楚国的处境日趋孤立，加上侧后的句吴在晋国的一手扶植与策划下，不断进行骚扰和进犯，对自己构成严重的威胁。在这样的背景下，楚国也认识到“当今吾不能与晋争”[2]，“宜晋之伯也，有叔向以佐其卿，楚无以当之，不可与争”[3]。所以它非常希望暂时停止大规模的战争，获得一个和平间歇的环境，以恢复国力、重振声威。

至于郑、宋、曹、卫、陈、蔡等中小国家，备尝战争所带来的苦果，处于“其民人不获享其土利，夫妇辛苦垫隘，无所底告”[4]，“民死亡者，非其父兄，即其子弟。夫人愁痛，不知所庇”[5]的悲惨境地。因此，无论是统治者，还是平头百姓，都期盼着大国争霸能够止息，和平生活能够降临。

由此可见，厌倦战争、拒绝戈戟、渴望和平、追求安顿，业已成为广大民众和中小诸侯的共同心声，标志着进行弭兵完全具备了广泛的社会基础；晋、楚两大争霸主角危机败象已渐露端

[1]《左传·襄公十年》。

[2]《左传·襄公九年》。

[3]《左传·襄公二十七年》。

[4]《左传·襄公九年》。

[5]《左传·襄公八年》。

倪，没有力量继续从事大规模的争霸战争，标志着弭兵基本具备了现实层面的可能。而晋、楚两国主要执政者的明智决策，宋国大夫向戌的积极斡旋，使得主要大国能够顺应历史的潮流，将这种可能性及时、圆满地转变为现实。公元前546年的弭兵大会就在这样的背景下隆重热闹地开了起来。

公元前548年，晋国卿大夫赵文子（赵武）替代病死的范宣子出任晋国的首席执政。他深富韬略、老谋深算，对国际政治大势有相当清醒的认识，所以上台伊始，便正式将弭兵戢战作为国家的战略方针提了出来，毫不含糊地表示“自今以往，兵其少弭矣”[1]，并且明确指出当时已经初步具备了实行弭兵的条件：“齐崔、庆新得政，将求善于诸侯。武也知楚令尹。若敬行其礼，道之以文辞，以靖诸侯，兵可以弭。”[2]我们知道，晋国是争霸战争中的头号角色，此时又拥有对楚国的相对优势，只有它才具备主动挑起战争的条件，属于矛盾中的主要方面。如今它率先表示愿意放弃战争、追求和平，那么弭兵取得成功就有了一半以上的希望。

楚国的执政者令尹子囊同样反对与晋国继续进行争霸厮杀，希望收敛锋芒、韬光养晦，他之前曾坚定地表示：“当是时也，晋不可敌，事之而后可。”[3]所以，晋国有偃武修文的意向，正中楚国的下怀。正是在这种你情我愿又不易主动伸出橄榄枝的微妙时刻，宋国大夫向戌的机会来了，于是主动地站到历史舞台的中央，扮演和事佬，开展积极的外交穿梭活动，一举促成晋、楚弭兵大会的顺利召开。

向戌此人可不简单，他人脉极其广泛，与晋国赵文子和楚国

[1]《左传·襄公二十五年》。

[2]《左传·襄公二十五年》。

[3]《左传·襄公九年》。

令尹子囊都有很密切的私人交谊。在察觉和了解到晋、楚双方都有歇手不打的意向后，他便奔走于晋、楚等大国之间，宣传和推销他的弭兵主张。

他先是兴冲冲到了晋国，向赵文子提出弭兵的方案。赵文子的作风倒比较民主，将向戌的建议交付诸大夫进行讨论。大多数人都表示了赞同，其中韩宣子的分析尤为透彻。他的观点是："兵，民之残也，财用之蠹，小国之大灾也。将或弭之，虽曰不可，必将许之。弗许，楚将许之，以召诸侯，则我失为盟主矣。"[1]意思是：即便明明知道这只是场"弭兵秀"，也要假戏真做，否则丢了话语权，让对手利用，那就彻底陷入被动，必定是全盘皆输。诸大夫的反应，正符合赵文子本人的初衷，因此，向戌游说晋国弭兵的目的就水到渠成实现了。

接着，向戌又风尘仆仆跑到楚国，郑重建议楚国呼应晋国，进行弭兵。楚国正是求之不得，也十分爽快地答应了。

随后，向戌不辞辛苦抵达二等强国齐国，鼓动齐国积极参与弭兵大会。齐公室开始有点勉强，不太情愿出面给晋、楚背书，但拥有军政实权的新贵田文子却说："晋、楚许之，我焉得已？且人曰弭兵，而我弗许，则固携吾民矣，将焉用之。"[2]意思是：老大们定的事，我们不必唱反调，跟着走就是，不要做"蚍蜉撼树""螳臂当车"的蠢事，更何况我们本国的民意也是盼望和平，如果抵制"弭兵"，那就是与人民为敌，届时一定成为孤家寡人，祸不旋踵矣！终于说服齐景公同意参加"弭兵大会"。至此，向戌又下一城。

接着，向戌再接再厉，又先后抵达秦国和一些中小诸侯国，也凭着自己的如簧巧舌，很容易地争取到它们对弭兵倡议的认同

[1]《左传·襄公二十七年》。

[2]《左传·襄公二十七年》。

与支持。

一切就绪之后，向戌就在公元前546年的夏秋之交，广发“英雄帖”，约集晋、楚、齐、秦、宋、鲁、郑、卫、曹、许、陈、蔡、邾、滕等14国大夫来到宋国都城，在那里召开了规模盛大、礼仪庄严的弭兵大会。这样重要的会盟，居然是各国君主“隐形”，而全部由14个诸侯国大夫代表其国家出席，这在春秋历史上尚属于第一回，可见这也是礼乐征伐“自大夫出”的一个显著标识。

虽然在这次弭兵大会上小插曲不断，出现过诸如晋、楚争先歃血主盟，楚国一方“衷甲”（衣内穿着铠甲）意欲蛮干动武等紧张气氛，但是从总体来讲，是顺利与成功的，达到了弭兵休战的基本战略目的。

会议郑重其事地作出决定：以晋、楚为首，各国共同签订盟约，不再打仗，共享和平；晋、楚共为盟主，不分轩轾。自此之后，中小诸侯国对晋、楚要同时朝贡，“晋、楚之从交相见”，即晋、楚平分霸权，楚国的盟国要到晋国去朝聘，同理，晋国的盟国也要前往楚国朝聘。唯有齐国和秦国是和晋、楚几乎相当的大国，所以可以享受特殊的待遇：“晋之不能于齐，犹楚之不能于秦也。”[1]至此，轰轰烈烈的弭兵大会宣告结束，晋、楚两大强罢兵休战、平分霸权的格局就此正式确立了。

向戌所倡导的弭兵运动之实质，是所谓的晋、楚“共治”天下。换言之，乃是当时中原长期争霸两大主角晋、楚承认战略均势，互相妥协，分享霸权。

对于中小诸侯国来讲，弭兵休战的结果，实际上是用加倍的贡赋来换取征伐之苦的减轻，他们的使臣也就不得不跋山涉水，觐拜于晋、楚两国的朝廷，分别呈交“保护费”了。在这之前，

[1]《左传·襄公二十七年》。

中小诸侯国的贡赋就十分沉重了，如《左传·襄公二十四年》记载，晋国“范宣子为政，诸侯之币重，郑人病之”。弭兵大会后，随着贡赋的加倍，中小诸侯国的困难处境可想而知。当然，“羊毛出在羊身上”，其普通民众所遭受的剥削程度自然是层层加码。然而，弭兵毕竟大大地减少了战争，在一定的程度上带来了比较和平安全的社会环境，这多少还是具有积极意义的。

对于晋、楚等大国而言，弭兵的圆满成功，使得它们能够从漫长而沉重的对外争霸战争中暂时摆脱出来，这当然有利于减轻战争的负担，赢得宝贵的喘息与恢复时机。同时，随着外患的暂时淡出，各国内部的统治秩序就可以较好地理顺了，各种内政改革措施可陆续推出并着手实施了，利益集团的统治权益重新洗牌的速度也大大加快。这就有力地促进了统治集团内部的新生力量的成长壮大，为适应历史大潮流，在日后建立起新的运行机制，开辟了道路，创造了条件。

七、先赢后输——夫差的历史错位

吴越争霸是春秋争霸的尾曲，主角之一的吴国末代君主夫差，在争霸中先赢后输，最终一败涂地，亲手葬送曾经一度称雄于天下的吴国霸业，自己也落得个魂归黄泉的黯然下场。千百年来他被钉在历史的耻辱柱上，成为后人奚落、嘲讽的反面典型。

夫差在吴越争霸中之所以渐落下风，直至败亡，其原因人们多有考究。其中最有市场、最能忽悠大众可同时也是最不可谱的说法，就是所谓的“红颜祸水”论，即夫差在吴越夫椒之战大捷之后，趾高气扬，受伯嚭等佞臣的蛊惑，未能一举灭掉越国，而是始终沉湎于胜利的荣光，进取之心日衰，享乐之心日长，爱美人不爱江山，以致荒废国政，为敌所趁：总之，是大美人西施的妩媚妖娆，让夫差走上不归之路。

这样来分析和解释夫差的败亡，当然属于“小说家言”，虽然最容易迎合普通人的认知，但是，这实在将复杂的历史现象简单化、故事化了，只能视为茶余饭后的谈资，与严肃的历史研究并不相涉。换言之，如果将夫差败亡的原因归结为他贪图享乐、醉生梦死，将越国灭吴的主要功劳记到西施头上，这真可谓“失之毫厘，谬以千里”。毫无疑问，这是以男权为中心的社会文化生态主导下的历史叙事逻辑和大众乐于接受的社会心理机制所造成的，难怪乎让一些有识见的女子对此感到愤愤不平了：“君王城上竖降旗，妾在深宫那得知？十四万人齐解甲，更无一个是男儿！”

在历史学研究的层面，关于夫差失败、句吴覆灭的原因，比

吴王夫差矛

出土于湖北江陵，现藏湖北省博物馆。矛身刻有错金铭文“吴王夫差自作用矛”。

较通行的观点，是夫差在赢得夫椒之战决定性大捷之后，刚愎自用，昧于对战略局势的判断与分析，在战略方向选择上犯下大错，拒绝伍子胥提出的除恶务尽、一举灭越的正确战略建议，反而过早地实施战略重心的转移，把“北威齐晋”、称霸中原作为自己追求的战略目标。其对手勾践，利用夫差的战略错误，“十年生聚，十年教训”，卧薪尝胆，韬光养晦，在随后的吴越争战过程中，彻底打破“军礼”传统的束缚，不按正常的游戏规则出牌，甚至突破道德的底线。同时，勾践在诸侯国竞争大环境中“翻手为云，覆手为雨”，实现了越国战略利益的最大化。具体地说，就是奉行“结齐、亲楚、附晋、厚吴”的方针：“且鸷鸟之击也，必匿其形。今夫吴兵加齐、晋，怨深于楚、越，名高天下，实害周室。德少而功多，必淫自矜。为越计，莫若结齐、亲楚、附晋，以厚吴。吴之志广，必轻战。是我连其权，三国伐之，越承其弊，可克也。”[1]诱使夫差四面出击，到处树敌，自陷于孤立无援、顾此失彼的窘境，一脚跌入勾践给他预备的万丈深渊。

应该说，这样来释读吴王夫差的败亡，从逻辑与史实上是讲得通的。但这实际上并没有能完全说明这一现象发生的历史内在逻辑，也没有能真正揭示夫差之所以犯如此重大战略抉择失误的深层次原因，还存在着进一步分析与讨论的空间。因为，“服而舍之”“又能舍服”，这在“古司马兵法”中是一项基本的战争规则，也是春秋时期列国军事活动中被普遍奉行的行为方式。从这个意义上看，吴国在取得夫椒之战的胜利后，放过越王勾践，允许越国以附庸仆从国形式维系国祚以继续其统治，乃是合乎“军礼”传统的做法，也是能够为人们所普遍认可的选择，于理有据，与史相契，事出有因，无可厚非。反之，吴国如果违背

[1]《史记·越王勾践世家》。

“穷寇勿迫”的兵学规则，以斩尽杀绝为宗旨，汲汲致力于“堕其城，隳其国”，对越国“夷其宗庙，而火焚其彝器”，使得越国君臣民众“子孙为隶，不夷于民”，那反而是比较难以想象的举措。毕竟，吴王夫差作为周室泰伯、仲雍的后裔，多少会受周文化的浸染与熏陶，从而决定了其战争行为相对有所节制，这也是殆无疑义的。

从“军礼”的道义层面，彻底灭越在夫差看来，固然是一种不遵循礼乐文明的不义之举；而就现实的战略利益考量，剪灭越国也不见得是“合于利”的取舍。越国地处吴国之南，距离中原更为遥远，经济、文化比吴国明显落后。吴国“战胜攻取”，剪灭越国，在各诸侯国中也产生不了关键性的影响，对争霸中原并没有决定性的意义。或许正是有鉴于这样的认识，吴王夫差才没有将一举灭越以根绝后患，作为优先的战略选择。

吴王夫差之所以会做出这种在今天看来明显存在着严重问题的抉择，其实也是有其行为逻辑上的必然性的。从根本上讲，他的决定属于春秋时期战争性质规范下的合理反映，是春秋大国争霸条件下的逻辑结果。

众所周知，春秋历史的最显著特征，就是大国争霸。换言之，“取威定霸”，是当时有作为的大国君主“念兹在兹”的理想追求与事业目标。以争夺霸主名分和地位为目标的春秋争霸战争，除了铁血厮杀的残酷一面外，还存在着比较多的以迫使敌方屈服为宗旨的温和一面。这是与战国以后那种“争地以战，杀人盈野；争城以战，杀人盈城”的现象是有所区别的。

具体地说，在当时军事威慑要多于会战。《孙子兵法》所云“伐交”便是典型的军事威慑之法。其本义是通过布列阵势，显示强大实力，威慑敌人而逼迫其退缩或降服。它是三代与春秋前期通行的“观兵”威慑之法的理论总结和升华。以军事威慑和政治外交谋略迫使对方接受自已的条件而屈服，乃是当时普遍存在的战争指导原则。真正以主力进行会战以决定胜负的战争为数相对有限。所谓“霸主”，一方面固然兼并小国，坐大自己；另一方面在同其他大、中型国家发生冲突时，则多以双方妥协或敌方屈服为结局，而彻底消灭对方武装力量、摧毁对方政权的现象则较为罕见。齐桓公所从事的战争，就突出反映了这一战争指导原则。他在位43年，参与战争20余次。其中除了长勺之战、乾时之战等个别战例外，都是凭借军事行动的威慑作用，来达到预期的战略目的，即所谓“九合诸侯，不以兵车”。这是齐桓公战争指导上的一大特色，也是儒家人物异口同声称道其功业的缘由。

在春秋战争史上，齐桓公的所作所为并非孤立的现象。《左传》中就有很多类似的例子。如《左传·隐公元年》载：“惠公之季年，败宋师于黄，公立而求成焉。九月，及宋人盟于宿。”又如《左传·隐公八年》载：“齐人卒平宋、卫于郑。秋，会于温，盟于瓦屋，以释东门之役，礼也。”再如《左传·桓公八年》载：“秋，随及楚平。楚子将不许。斗伯比曰：天去其疾矣，随未可克也。乃盟而还。”其他像公元前700年，屈瑕率楚军大败绞师，结城下之盟而还；公元前571年，晋、卫、宋三国之师攻郑，城虎牢，逼迫郑国求和；凡此种种，不胜枚举。这些都充分反映了当时战争以屈服敌方为宗旨的普遍性。

这种以“军礼”原则规范来指导战争活动的时代特征，究其原因，与当时的大中型政权都属于贵族阶级专政，且相互又有宗族、姻亲关系分不开的。《左传·闵公元年》引管仲语：“诸夏亲昵，不可弃也。”即是对这种情况的揭示。而它反映在战争指导观念上，就不能不笼罩着一层温情脉脉的色彩。“兄弟之国”“甥舅之国”等名分的存在，决定了当时的战争指导讲究的是正而不诈，否则便是违背“军礼”，要受到人们的谴责，所谓“合诸侯而灭兄弟，非礼也”。班固《汉书·艺文志·兵书略》说：“下及汤武受命，以师克乱而济百姓，动之以仁义，行之以礼让，司马法是其遗事也。”这正是对春秋“大国争霸”战争指导基本特征的概括和揭示。

吴王夫差在夫椒之战获胜后所作的下一步战略抉择，就是以“争霸战争”的逻辑来进行的。在他看来，自己要成为像齐桓公、晋文公、楚庄王这样名垂青史的历史人物，吴国要真正拥有天下诸侯众望所归的中原霸主地位，唯一的选择，就是集中所有资源，创造条件，挥师北上，逐鹿中原，以强大的军事实力为后盾，通过军事上的战略威慑手段，从传统的中原霸主晋国那里夺取“霸主”的桂冠，替代晋国成为中原诸侯列国新的领袖，雄冠群雄，号令天下。

为此，吴王夫差不惜与晋国的主要同盟者、老牌霸主齐国兵戎相见，发动艾陵之战，将齐军杀得溃不成军，一败涂地。吴国阵斩齐国甲士3000余人，缴获齐国战车800余乘，敲山震虎，给晋国以巨大的震慑。与此同时，夫差还先后击败鲁军，兵抵泗上，迫使鲁哀公签订城下之盟；制服陈国，消除吴军北上时可能受到的侧翼威胁；开凿邗沟，“沟通江、淮”，为吴军北上争霸提供便捷的后勤保障。夫差还不惜恩将仇报，与多年来的“恩主”晋国撕破脸面、反目成仇，不顾晋国长期以来对吴国不遗余力加以扶植、支持的恩德，摧毁两国之间来之不易的信任与友谊，直截了当对晋国的霸主地位发起咄咄逼人的挑战。

吴王夫差的折腾，终于得到了他所希望的回报。在公元前482年的“黄池之会”上，他以“于周室，我为长”的理由，以武力为威慑，“三军皆哗扣以振旅，其声动天地”[1]，在会盟上力压晋定公，率先歃血，从而得以从晋国手中争得了霸主的宝座。[2]

[1] 《国语·吴语》。

[2] 关于黄池之会上谁为盟主之事，现存的史料记载有出入。《国语·吴语》《公羊传·哀公十三年》以及《史记》的《秦本纪》《晋世家》《赵世家》谓吴王夫差为盟主；《左传·哀公十三年》和《史记·吴太伯世家》则谓晋定公为盟主。本书从前说。

就争霸宏图的视角考察，吴王夫差的举措并无大的问题，从某种程度上讲，甚至可以称为是成功的。毕竟，他将僻处东南一隅的吴国带上了中原争霸舞台的中心位置，他本人也实现了成为一代霸主的夙愿。但是，他的最大问题，是昧于现实形势的变化，没有意识到当时军事斗争的性质已发生彻底的转型。归根结底，他的战略思维进入了“误区”，战略选择出现了方向性的错误，南辕北辙，适得其反，走入“图虚名而处实祸”的困境。

当时战争的本质性变化，就是“争霸战争”已基本上退出历史舞台，新型的“兼并战争”业已粉墨登场。即自春秋后期起，兼并战争已取代争霸战争而成为了战争活动中的主要形态。

春秋战国之交，随着旧的生产关系大厦的倾覆，土地占有权也相对分散。有土地就有人口，有人口就有赋税，就能组建军队，也就意味着拥有了财富和权力。因此，对土地和人口资源的争夺和控制，也就合乎逻辑地成为当时战争活动的根本宗旨。这种兼并战争的属性，是与以往争夺霸主名分和地位的春秋争霸战争迥异其趣的。

战争的手段是由战争的目的所决定的。兼并战争的激烈和残酷程度要远远超过以往的争霸战争。春秋后期，已丝毫见不到邲之战、鄢陵之战中那种彬彬有礼的“军礼”遗风，战场上曾经有过的“君子不重伤，不禽二毛”“不鼓不成列”“战不逐奔，诛不填服”的贵族高尚风度，早已被弃如敝屣了。从此战场上只有无所不用其极的酷烈，只有惨绝人寰的血腥，这正是兼并战争条件下的必然结果。

早在公元前506年的柏举之战当中，吴军的欺敌误敌、纵深突袭、连续作战、大创聚歼、釜底抽薪、劫掠报复等战术指导，已摆脱了以往争霸战争的寻常方式，而打上了以歼敌有生力量、置对手于万劫不复之死地的兼并战争鲜明特色。由此可见，无论是从战争的目的看，还是从战争的手段看，春秋后期的战争已很难称得上为争霸战争，而当属于兼并战争。这也标志着战争历史行将打开崭新的一页。接下来，以晋阳之战为起点，以“争地以战，杀人盈野；争城以战，杀人盈城”为中心的战国时代兼并战争便要开始全面上演了。

面对时代条件的变迁与战争性质的转换，作为战略决策者，“与时迁移，应物变化”，主动顺应潮流，牢牢立足现实，及时调整战略思维，启动战略指导方针的转型，乃是其把握主动，“立于不败之地，而不失敌之败”，从而卓有成效实现其战略目标的关键。而具体到由“争霸”到“兼并”的战争指导上，则突出地反映为是继续墨守成规，以赢取“名声”为宗旨；还是及时开拓创新，以获得“实利”为鹄的。

在当时的吴国君臣中，有这样清醒的战略认识之人并非不存在，伍子胥就是其中的突出代表。他已经明白地意识到，当时战争的性质已有根本的改变，争当霸主的“虚名”，不应该成为吴国的主要战略诉求，必须按照孙武所揭示的新型战争战略指导原则来引领吴国的战略进攻。所谓“兵以诈立，以利动，以分合为变”，“合于利而动，不合于利则止”，要以“功利”为根本考量，避免因图“虚名”而招致“实祸”。在他看来，“北威齐、晋”，不具有战略上的迫切性，甚至是得不偿失、无利可图。而乘胜追击、一鼓作气，彻底灭亡越国，才是利益攸关、当务之急，所谓“越之在吴也，犹人之有腹心之疾也。夫越王之不忘败吴，于其心也侙然，服士以伺吾间。今王非越是图，而齐、鲁以为忧。夫齐、鲁譬诸疾，疥癣也，岂能涉江、淮以与我争此地哉？将必越实有吴土”[1]。基于这样的认识，伍子胥一再强调释齐、晋而攻灭越国，完成吴国对越的兼并。很显然，伍子胥的战略思维已实现了质的飞跃，牢牢地立足于“兼并”而非“争霸”

[1]《国语·吴语》。

的战略层面了。

遗憾的是，作为吴国战略指导方针的最高决策者与最后定夺者，吴王夫差的战略思维并不能做到与时俱进、适时转变。他依旧是迂腐地抱着业已过时的“争霸战争”的战略思维而不放，昧于时势，依旧做着争当一代“霸主”的春秋大梦。所以。他能轻易地认同佞臣伯嚭的那套说辞：“古之伐国者，服之而已。（越）今已服矣，又何求焉！”[1]面临关键的战略选择，铸下大错，致力于“北威齐、晋”，去追逐在当时已是徒有其表的那一个“天下霸主”的迷梦，而轻易放弃了一举灭越的大好机会，给对手勾践提供了喘息与反扑的条件，最后酿成身败名裂、国祚中绝的苦酒。

公元前473年，吴都姑苏城在被越国雄师围困近三年之后，已是势穷力蹙、难以为继。越王勾践把握战机，遂于同年十一月指挥越军对姑苏城发动总攻击。守城吴军一触即溃，姑苏城迅速沦陷于越人之手。被围困的夫差在走投无路的情况下，派遣王孙雒以卑词尊礼向勾践求和，但为勾践断然拒绝：“昔天以越赐吴，而吴不受；今天以吴赐越，孤敢不听天之命，而听君之令乎？”[2]吴王夫差无可奈何、万念俱灰，绝望中自缢身亡。至此，曾经强盛一时的吴国终于为后起的越国所吞灭，彻底成为了历史。

显而易见，吴王夫差之败亡，败就败在对春秋后期战略形势变化的茫昧无知，在不适宜的时间里，做了不适宜的决策。换句话说，这就是他战略视野狭窄、战略思维偏执、战略能力低下，没有能根据战争宗旨已由“争霸”转变为“兼并”这一转折来相应调整自己的政治立场、更新自己的战略思维、转换自己的战略指导，使自己陷入被动而无法脱身，走向失败而难以救赎。

---

[1] 《国语·越语上》。

[2] 《国语·吴语》。

八、最后的霸主——越王勾践的负面示范

在春秋争霸的舞台上，越王勾践赶上了末班车，分得最后一杯羹。虽然在与吴王夫差较量的初期阶段，他一败涂地，他本人连同妻子儿女、将相谋臣一同做了吴国君臣的皂隶。但他不弃不馁，以忍辱换取东山再起的机会。好在吴王夫差虽然身子已踏进列国兼并的历史时期半步，但脑袋还留在争霸的旧时代，他轻易放弃吞并越国的天赐良机，给了越王勾践报仇雪耻的机会。越王勾践卧薪尝胆，“十年生聚，十年教训”，终于在吴越两国的生死较量中笑到了最后。换言之，他从绝境中奋起，历经艰苦卓绝的奋斗，终于统率越国子民一举战胜盘踞在今太湖流域一带的吴国雄师，逆袭成功。灭吴之后，越王勾践“乃以兵北渡淮，与齐、晋诸侯会于徐州，致贡于周。周元王使人赐勾践胙，命为伯”，“当是时，越兵横行于江、淮东，诸侯毕贺，号称霸王”。[1]他成为春秋历史上的最后一位霸主。勾践的奋斗与成就，称得上是东山再起的典范。

正是因为这个缘故，越王勾践便成为了历史上备受肯定和推崇的正面人物。中国人素来奉行“功利至上”的原则，所谓“成王败寇”，尤其是像勾践这样原本处于绝对劣势地位的人物，居然能凭借自己的不懈努力，而实现强弱态势的彻底转换，由失败者一变而成为胜利者，这实在是太教人赞叹了。在他身上，可以看到一种百折不挠的精神。韧性与坚强，乃成就大事的前提，一

[1] 《史记·越王勾践世家》。

越王勾践剑

出土于湖北江陵，现藏湖北省博物馆。剑身刻有鸟篆铭文“越王勾践自作用剑”。

般人很难具备，可是勾践他做到了，这不能不让人惊诧，更不能不让人佩服。于是乎，数千年来，勾践就成了不屈服于命运、能够将未来掌握在自己手上的永远象征，所谓“胆剑精神”也作为中华民族的精神文化资源而被讴歌至今天。

但是，历史的基本观点告诉我们，任何历史人物、历史事件的考察与评价，都不能离开“知人论世”的立场，不能以“成王败寇”的功利主义为唯一的判断标准。勾践固然赢了，但说到底赢得并不光彩；夫差的确输了，但输得很有尊严。勾践的胜利，说到底是以突破人类道德良知的底线，蔑视和毁灭公认的规则为前提的；夫差身死国灭，同样是为他始终按规则出牌而付出惨痛的代价。从这个意义上讲，不加分析、不加区别地一味肯定越王勾践和绝对否定吴王夫差，在历史的价值取向上是会有问题的。因为它必然会导致价值观的紊乱和善恶观的颠倒，造成小人文化的猖獗和君子精神的沉沦。

越王勾践的本性，从根本上来讲，可以用八个字来概括，即“狼子野心，蛇蝎心肠”。范蠡说他“长颈鸟啄”，可谓非常到位。这种本性加上坚韧的毅力和出众的才能，可以对社会规范造成严重的破坏。早在携李之战中，面对强大的吴军和身经百战的前辈吴王阖闾，勾践居然剑走偏锋，在阵前让数百囚徒排成三列当众自刎，并趁着吴军将士目瞪口呆、惊魂未定之际发起进攻，一举而克。这种不按常理出牌的做法，充斥着血腥与残忍。

此后，越王勾践“食髓知味”，在吴越角逐中一而再、再而三地使出类似的招数。他将煮熟的稻种送给吴国，导致遭遇天灾之苦难的吴国民众雪上加霜，农田颗粒无收，就是颇为典型的事例。

众所周知，按照当时通行的“军礼”原则，“不加丧，不因凶”是军事行动的重要戒律之一。也就是说，不能趁人家国君新丧、正进行权力交接之时展开进攻，也不允许在敌对国家遭逢天灾、出现饥荒凶年之时发动战争。不仅如此，敌对国家之间还有在凶荒年份互为救助的义务。这就是上古的“人道主义”传统。例如当年秦晋互为敌国，可晋国闹灾荒时，秦国就施之以援手，将大批的粮食通过舟运赠送晋国，以解晋国民众的燃眉之急。《左传》对此有详尽的记载，称为“泛舟之役”。

这种传统一直延伸到春秋末年，吴王夫差很好地恪守了这种“救荒赈灾”的基本原则。越国闹灾荒时，向吴国提出借稻种的请求时，吴国毫不迟疑地满足了对方的愿望。可是风水轮流转，等到吴国遇上同样的困难，向越国借稻种之时，越王勾践不出借也就算了，可他竟然想出恶毒的招数，将稻种煮熟了之后再行出借。这样的种子播种在大地上，当然不会发芽，更不会成长，使得吴国错失救荒赈灾的最佳时机，进一步加重了灾难的苦果。相形之下，吴王夫差就吃亏在他内心深处尚存留着一定的贵族精神之气息。作为一个统治者，他当然也不是什么善茬，可是吴国毕竟是泰伯、仲雍历尽千辛万苦所建立的国家，周礼文化的传统相对保留得较多，所以在原则问题上，作为泰伯的后裔，吴王夫差还是能够按照既有的规则出牌的。“军礼”提倡“服而舍人”，孔夫子也主张“兴灭国，继绝世，举逸民”，这就是战争“善后”问题上的公认规则。因此，当夫椒之战大获全胜之际，吴王夫差对越王勾践没有采取赶尽杀绝的做法，而是按“军礼”的要求办事，放越王勾践一马，允许越国继续存在。这也是合乎逻辑、合乎常规的选择，当属事有必至，理有固然。

问题是，吴王夫差的君子之举，遇上了像越王勾践这样的小人行径，就显得完全徒劳，堪称笑话了。无怪乎，后人要为夫差的“一日纵敌，数世之患”而一掬同情之泪了。唐代诗人胡曾重临会稽山，凭吊吴越争霸的遗址，赋诗伤之：“越王兵败已山栖，岂望全生出会稽。何事夫差无远虑，更开罗网放鲸鲵。”

越王勾践为达到目的可以不择手段，没有任何思想负担地滥用各种招数。他最终就赢了，赢得“理直气壮”，胜得“圆满亮丽”。而后人对此不仅没有丝毫的谴责，反而津津乐道他的“成功”、他的“霸业”，只看到其“卧薪尝胆”、快意复仇的光鲜，而有意无意地抹去其不光彩的手段，这不能不说是历史的扭曲与悲哀，也给后世的人们做出了一个负面的示范。而曾经笼罩在礼乐文明的余晖中，带有温情色彩的争霸战争也一去不返了。

第五章 从争霸走向兼并与统一（下）

从春秋到战国，流逝的不仅是时间，还有礼乐文明的余晖。“存亡继绝”的霸主不再是各国诸侯的追求，他们有了新的目标：土地与人民！因而战争也变得更加惨烈……

一、晋阳之战——从争霸到兼并的历史性转折

爆发于公元前455年的晋阳攻守战，是春秋战国之际，晋国内部四个强卿大族智、赵、韩、魏之间为争夺统治权益、兼并对手而进行的一场战争。是役前后历时两年左右，以赵、韩、魏三家联合攻灭智氏并瓜分其土地而告终。它对中国历史的发展具有较为重大的影响，就是在这场战争之后，才逐渐形成了“三家分晋”的历史新局面，古往今来的历史学家多将此事看作揭开战国历史帷幕的重要标志。

春秋末年，晋国政治生态出现了晋君权力被剥夺、强卿大宗主宰国内政治的局面。公元前490年，范氏、中行氏在残酷血腥的内乱中遭受灭顶之灾。此前，曾权倾一时的栾氏、郤氏也先后覆灭，智、赵、韩、魏把持国政。但“四卿”同样不能和平相处，很快又出现激烈的冲突，这样便点燃了晋阳之战的导火索。

“四卿”之中，以智伯瑶一族的实力最为雄厚。智伯利令智昏，忘乎所以，向韩、赵、魏三家索取土地，韩、魏两家被迫献地，但赵襄子却断然拒绝了智伯的要求。智伯怒火中烧，便调集军队攻打赵氏，并胁迫韩、魏两氏出兵协同作战。赵襄子采纳谋臣张孟谈的建议，起兵抗击智伯的进攻。他制定了坚城固守、持久抗敌、伺机反攻的防御方针，选择民心向赵、墙高池深、粮草充足的晋阳（今山西太原西南）进行固守。

攻守双方在晋阳城下相持一年有余，战争进入了僵持的局面。这时，急于求成的智伯沉不住气了，决定引导晋水（汾水）灌淹晋阳城。水攻，在冷兵器时代是一种重要的特殊战法，《孙子兵法》

侯马盟书

出土于山西侯马秦村盟誓遗址。据研究，这批盟书是春秋晚期晋国贵族赵鞅与邯郸赵氏宗族、中行寅、范吉射等盟誓的文书，是当时晋国贵族争权夺利矛盾尖锐化的产物。

就有“水可以绝，不可以夺”的论述。智伯的水攻，一开始还是颇有威力的，它使晋阳城浸泡在洪水之中，形势十分危急。但是守城军民斗志旺盛，殊死抵抗，硬是将智伯联军阻挡在危城之外。

在战事最激烈的时候，赵襄子的智囊张孟谈潜出城外，秘密会见韩康子和魏桓子，以唇亡齿寒的道理打动他们，劝说他们暗中倒戈，确定了三家联合进攻智氏的方针。一切就绪后，赵襄子在韩、魏两氏的配合策应下，派遣精兵实施偷袭，放水倒灌智伯军大营。智伯军在突袭面前惊慌失措，乱成一团。赵军主力乘势从晋阳城中正面出击，韩、魏两军则从侧翼发起夹攻，大破智伯军，擒杀智伯，尽灭智氏宗族，瓜分其土地，为日后“三家分晋”奠定了坚实的基础。[1]

在晋阳攻守战中，赵襄子做到了指挥若定。他善于利用民心，激发士气，充分准备，“先为不可胜，以待敌之可胜”，挫败了智伯围攻孤城、速战速决的作战企图。当智伯以水灌淹城池，守城作战进入最艰巨的阶段时，赵襄子及守城军民又临危不惧、誓死抵抗。他采纳谋士张孟谈的建议，利用韩、魏两家与智伯之间的深刻矛盾，瓦解智伯的统一战线，使其陷于彻底的孤立，为日后的决战创造了有利的态势。当“伐谋”“伐交”顺利得手后，赵襄子又能及时制定正确的破敌之策，以其人之道还治其人之身，用大水倒灌智伯的营垒，予敌以出其不意的打击。在初战告捷的形势下，赵襄子牢牢地把握战机，一鼓作气，迅速全面出击，摧枯拉朽，横扫千军，取得了聚歼敌人的彻底胜利。

反观智伯的失败，在很大程度上也是他咎由自取。他恃强凌弱，一味迷信武力，丧失民心，在政治上陷入了被动；他四面出击，到处树敌，在外交上陷入了孤立；他违背“兵贵胜而不贵久”的原则，长年顿兵于坚城之下，白白损耗了实力；他昧于对

[1] 参见黄朴民：《先秦喋血》，华夏出版社1996年版，第97—99页。

自己“同盟者”动向的了解和掌握，以至于为对手所乘。当对方用水攻转而对付自己之时，他又惊慌失措，计无所出，未能做到随机应变，组织起积极有效的抵御，终于一败涂地，真可谓“败兵先战而后求胜”的一个范例。其身死族灭，为天下笑，应该说并非偶然。

晋阳之战的总体规模虽然不大，但意义却相当突出。它的最大特色，就是标志着春秋时期以争霸为主流的战争的终结，战国时代以兼并为本质的战争的到来。

春秋战国之交，随着旧的生产关系大厦的倾覆，土地占有权也相对分散。有土地就有人口，有人口就有赋税，就能组建军队，也就意味着拥有了财富和权力。因此，对土地和人口资源的争夺和控制，也就合乎逻辑地成为当时战争活动的根本宗旨。在这方面，晋阳之战具有开创性和代表性的意义。它以智氏向韩、魏、赵勒索土地而开始，又以三家瓜分智氏土地而告终。智伯胁迫韩、魏与己联合攻赵，是用三分赵地为诱饵；而赵襄子策动韩、魏倒戈，也是以瓜分智伯土地为条件。由此可见，对土地的争夺贯穿于这场战争的始终。这一兼并战争的属性，是与以往争夺霸主名分和地位的春秋争霸战争迥异其趣的。

战争的手段是由战争的目的所决定的。兼并战争的激烈和残酷程度要远远超过以往的争霸战争。这一点在晋阳之战中同样表现得十分明显：智伯决晋水灌淹城池，长围晋阳两年，必欲置赵氏势力于死地而后快；同样，赵、韩、魏击败智伯军以后，也是擒杀智伯，尽诛其族，瓜分其地。这里已丝毫见不到邲之战、鄢陵之战中那种彬彬有礼的旧“军礼”遗风，只有无所不用其极的酷烈和惨绝人寰的血腥，这正是兼并战争条件下的必然结果。

所以，无论是从战争的目的看，还是从战争的手段看，晋阳之战都具有里程碑式的地位，它标志着战争历史行将打开崭新的一页，战国时代兼并战争开始全面上演了。

二、桂陵、马陵之战与魏国的衰落

韩、赵、魏三家分晋，标志着历史上新的一页又打开了。魏、韩、赵、齐、秦、楚、燕七个大国占据了历史舞台的中心位置，上演了一幕幕纵横捭阖、干戈不休、争雄兼并、你死我活的历史话剧。人们根据这一时代特色，将这一历史阶段命名为“战国”，是名副其实的。

在战国七雄之中，最先崛起的是地处天下之中的魏国。公元前445年魏文侯即位，任用李悝、吴起、西门豹、段干木等贤能之士，进行各方面的改革：在政治上，基本废除了世袭的禄位制度，推行因功授禄的政策，建立起比较清明、健全的官僚体制；在经济上，改变不适应生产力发展的井田旧制，“尽地力之教”，抽“什一之税”，创制“平籴法”，兴修水利，鼓励开荒，促进了社会秩序的稳定和农业生产的发展；在军事上，加强军队建设，推行“武卒”选拔制度，重视军事训练，提高部队的战斗力。通过这些改革，魏国一跃而成为战国初期最为强盛的国家。魏惠王继位以后，继承文侯、武侯的霸业，继续积极向外扩张，更使魏国君临天下，不可一世。

战国时期魏国鎏金嵌玉镶琉璃银带钩

出土于河南辉县，现藏中国国家博物馆。

但是魏国本身也存在着先天性的不足。它被称为“天下之胸腹”，四周大国环列 ，西有秦，东临齐，北接赵，南邻楚，是典型的“四战之地”，很容易陷入多面作战的不利境地，战略地理环境较为恶劣。可是魏国几代统治者对这一点缺乏清醒的认识，反而采取了战略上“四面出击”的错误方针，这不但分散了力量，消耗了实力，而且也容易四面树敌，陷于被动。所以魏国在最为兴盛的同时，也埋下了其日后衰落的根子。

魏国的勃兴和称霸，直接威胁和损害了楚、齐、秦等国的利益，引起这些国家的普遍恐惧和忌恨，共中尤以齐、魏之间的矛盾最为尖锐。

齐国自西周以来一直是东方地区的大国，齐威王即位后，使贤任能，改革吏治，强化中央集权，进行国防建设，国势日渐壮大。面临魏国向东扩张的严重威胁，齐国积极利用韩、赵诸国和魏国之间的矛盾与冲突，趁魏国深深地陷入数面受敌的内线作战之际，展开了对魏的激烈斗争。

战争是政治的继续，齐、魏的矛盾冲突在当时只能通过战争的手段来加以解决。就在这样的背景下，公元前353年爆发了桂陵之战。

当时赵成侯为了摆脱魏国霸权的控制，进而达到兼并土地、扩张势力的目的，于公元前356年在平陆（今山东汶上）和齐威王、宋桓侯相会，同时又和燕文公结好。赵国的举动引起魏惠王的极大不满。适逢公元前354年，赵国向依附于魏国的卫国动武，迫使卫国屈服称臣。于是魏国便借口保护卫国，出兵攻赵，包围了其国都邯郸。赵与齐有同盟关系，这时见局势危急，遂于公元前353年遣使向齐国求援。

齐威王闻报赵国告急，就召集文武大臣进行商议。邹忌反对出兵救赵。段干朋则认为不救赵既会失去在赵国的信用，又会给齐国争雄造成困难，因而主张救赵。他同时指出，从战略全局考虑，如果立即出兵前赴邯郸，赵国既不会遭到损失，魏军也不会消耗实力，对于齐国长远的利益来说是弊大于利。因此他主张实施使魏与赵相互削弱而后“承魏之弊”的战略方针。具体地说，是先派少量兵力南攻襄陵，以牵制魏国；待魏军攻破邯郸，魏、赵双方均师劳兵疲之际，再予以正面的攻击。段干朋这一谋略显然有一石三鸟的用意：第一，南攻襄陵，牵制魏军，使其陷于两面作战的窘境；第二，向赵表示信守盟约、提供援助的姿态，帮助赵国坚定其抗击魏国的决心；第三，让魏、赵继续互相攻伐，最后导致赵国遭受重创、魏国实力削弱的结果，从而为齐国战胜魏国并在日后控制赵国创造有利的条件。这一计谋为齐威王所采纳，他决定以部分军队联合宋、卫南攻襄陵，主力暂时按兵不动，静观事态的发展，准备伺机出动，以求一举成功。

当时魏国的扩张也引起楚国的敌视。因此，楚宣王便乘魏国出兵攻赵、后方空虚之际，派遣将军景舍率领部队向魏国南部的睢、濊地区进攻。而西边的秦国也不甘寂寞，发兵先后攻打魏国的少梁、安邑等要地。这样，魏国实际上已处于四面作战的困难境地。幸亏它实力相当雄厚，主将庞涓又决心破赵，不为其他战场的局势所动摇，因而一直勉力维持着邯郸方面的主攻局面。

魏国以主力攻赵，两军相持近一年。当邯郸形势危在旦夕且赵、魏两国均已非常疲惫之时，齐威王认为出兵与魏军决战的时机业已成熟，于是就任命田忌为主将，孙膑为军师，统率齐军主力救援赵国。

田忌打算直奔邯郸，同魏军主力交锋，以解救赵围。孙膑不赞成这种硬碰硬的战法，提出了“批亢捣虚”“疾走大梁”的正确建议。他说：要解开乱成一团的丝线，不能用手硬拉硬扯；要疏解别人的聚殴，自己不能直接进去参与打斗。派兵解围的道理也是一样，不能以硬碰硬，而应该采取“批亢捣虚”的办法，就是撇开强点，攻击弱点，避实击虚，冲其要害，使敌人感到形势不利，出现后顾之忧，自然也就解围了。孙膑进一步分析说：现在魏、赵相攻多时，魏军的精锐部队全在赵国，留在自己国内的是一些老弱之卒。根据这一情况，他建议田忌迅速向魏国的都城大梁（今河南开封）进军，切断魏国的交通要道，攻击它防备空虚的地方。他认为一旦这么做，魏军必然被迫回师自救，齐军既可以一举而解赵国之围，又能使魏军疲于奔命，便于最终取胜。

田忌虚心采纳了孙膑这一作战建议，统率齐军主力迅速向大梁方向挺进。大梁是魏国政治、经济、文化中心，此时处于危急之中，魏军不得不以少数兵力控制历尽艰辛刚刚攻克的邯郸，而由庞涓率主力急忙回救大梁。这时候，齐军已把桂陵（今山东菏泽，一说今河南长垣）作为预定的作战区域，迎击魏军于归途之中。魏军由于长期攻赵，兵力消耗很大，加上长途跋涉急行军，士卒疲惫不堪，面对占有先机之利、休整良好、士气旺盛的齐军的截击，顿时陷入了被动挨打的困境，终于遭受到一次沉重的失败。魏国所攻占的邯郸等地，至此也就得而复失了。

战国前中期，魏国的实力要胜过齐国，其军队也比齐军精锐善战，所以荀子曾说“齐之技击不可以遇魏氏之武卒”，然而齐军最终在桂陵之战中重创了魏军。其主要原因，就是齐国战略方针的正确和孙膑作战指挥艺术的高明。在战略上，齐国适宜地表示了救赵的意向，从而使赵国坚定了抵抗魏军的决心，拖延疲顿魏军；及时对次要的襄陵方向实施佯攻，使魏军陷入多线作战的被动处境；正确把握住魏、赵双方精疲力竭的有利时机，果断出击。在作战指导方面，孙膑能够正确分析敌我形势，选择适宜的作战方向，进攻敌人既是要害又呈空虚的国都大梁，迫使魏军回师援救；然后以逸待劳，乘敌之隙打了一个漂亮的阻击战，一举而克，自始至终都牢牢掌握住主动权。另外，主将田忌虚怀若谷、从善如流，也为孙膑实施高明作战指导、夺取胜利提供了必要的前提。至于魏军的失败，则在于战略上未能掌握诸侯列国的

孙膑像（明人绘）

动向，长期顿兵坚城之下造成将士疲敝、后方空虚，加上作战指导上消极被动，让对方牵着自己的鼻子走，最终遭到惨败的命运。

魏国虽在桂陵之战中遭到重创，但毕竟实力雄厚，没有一蹶不振。公元前342年，魏国又穷兵黩武，派兵去攻打比它弱小的兄弟之邦——韩国。韩国自然不是魏国的对手，危急中赶忙派遣使者奉书向齐国求救。齐国君臣又聚在一起商议对策。邹忌依然充当反对派，不主张出兵，而田忌则力主发兵救援。齐威王征求孙膑的意见，孙膑既不同意不救，也不赞成早救，而是主张“深结韩之亲，而晚承魏之弊”，即首先向韩国表示必定出兵相救，促使韩国全力抗魏，当韩处于危亡之际，再发兵救援，从而“尊名”“重利”，一举两得。为国家战略利益计，齐威王采纳了孙膑这一计策，决定助韩一臂之力。

韩国得到齐国将来援救的允诺，人心振奋，竭尽全力抵抗魏军的进攻，但结果仍然是五战皆败，只好再次向齐国告急。齐威王抓住魏、韩都已疲惫的时机，任命田忌为主将、田婴为副将，率领齐军直趋大梁。孙膑在齐军中的角色，一如前次桂陵之战那样：充任军师，居中调度。

魏国见齐军出动，便将兵锋指向齐军。魏惠王任命太子申为上将军，庞涓为将，统率雄师十万之众，气势汹汹地向齐军直扑过去，企图和齐军一决胜负。

这时齐军已进入魏国境内纵深地带，魏军尾随而来，一场鏖战无法避免。敌强我弱，这仗该怎么打？孙膑胸有成竹，指挥若定。他针对魏军剽悍善战、素来轻视齐军的实际情况，正确判断魏军一定会骄傲轻敌，急于求战，轻兵冒进。根据这一分析，孙膑觉得战胜貌似强大的魏军是完全有把握的。其手段不是别的，就是要充分利用敌人的轻敌心理，示形误敌，诱其深入，尔后伺机予以出其不意的致命打击。他的设想，深受齐军主将田忌的赞同。于是在认真研究了具体战场地形条件之后，他们共同定下了“减灶诱敌”、设伏聚歼的作战指导方针。

战争的进程完全按照齐军的预定计划进行。齐军同魏军稍有接触，就立即佯败后撤。为了诱使魏军进行追击，齐军按照孙膑预先的部署，施展了“减灶”的高招：第一天挖了10万人煮饭用的土灶，到了第二天减少成为5万灶，第三又减少到3万灶，故意造成在魏军的紧紧追逼下士卒大批逃亡的假象。

魏军主将庞涓见齐军退却避战而又天天减灶，便不禁得意忘形起来，武断地认定齐军斗志涣散、士卒逃亡过半。于是乎他丢下步兵和辎重，只带着一部分轻装精锐骑兵，昼夜兼程追赶齐军，一门心思朝着死路直奔而去。

孙膑根据魏军的行军速度，判断魏军将于三日后黄昏时分进抵马陵（今山东郯城，一说今河南范县）。马陵一带道路崎岖狭窄，树木草丛茂盛，地势相当险阻，是打伏击战的绝佳处所。于是孙膑利用这一有利地形，选择齐军中一万名善射的弓箭手事先埋伏在道路的两侧，规定到夜间以火光为号一齐放射箭镞，并让人把路旁一棵大树皮剥掉，在上面大书“庞涓死于此树之下”的字样。

庞涓带领魏军骑兵，果真于孙膑预计的时间里一头撞入齐军的伏击圈中。庞涓见剥了皮的大树干上写着字，但天色昏暗，看不清楚，便让人点起火把照明。可是树上的字还没有读完，只听得战鼓如雷声隆隆般擂响，齐军万弩齐发，箭如飞蝗，给魏军以迅雷不及掩耳的打击。魏军顿时惊恐失措，大败溃乱，不是被杀，就是投降。庞涓智穷力竭，眼见败局已定，愤愧莫名，只好拔剑自刎。齐军乘胜追击，又连续大破魏军，前后歼敌10万余人，并将魏军名义上的主帅太子申生擒活捉。马陵之战就这样以魏军惨败而告终结。

马陵之战是我国历史上一场典型的“示假隐真”、欺敌误敌、设伏聚歼的成功战例。齐军的凯旋奏捷，除了其把握救韩时机得当、将帅之间密切合作、正确预测战场地点和作战时间以外，知彼知己、善于“示形”、巧设埋伏、后发制人，乃是克敌制胜的关键性因素。“减灶”就是这次作战中“示形”的主要方式，它实际上就是兵圣孙武“能而示之不能，用而示之不用”，以及“以利动之，以卒待之”等“诡道”作战原则在实战中的具体体现。

桂陵之战、马陵之战是战国前中期齐、魏两大国之间的著名战争，它们在历史发展中具有深远的影响，对于战国时期整个战略格局的演变，意义十分重大。具体地说，它们从根本上削弱了魏国的军事实力。从此，魏国一步步走下坡路。公元前334年，齐、魏两国国君在徐州会盟，魏国将霸主地位拱手让给了齐国。秦国则乘机于公元前330年进攻魏国的河西地区，大败魏军于雕阴（今陕西甘泉南），俘获魏西部防线主帅龙贾，歼灭魏军四万五千人，魏国被迫将河西之地割让给秦国。至此魏国终于失去来之不易的列国首强地位。而齐国则挟战胜之余威，得到进一步的发展，成为当时数一数二的强大国家，战国历史进入了齐、秦两强东西并峙的新的阶段。

三、赵武灵王“胡服骑射”与赵国的崛起

在历史的变革期，能够打破常规、顺应历史潮流、吸纳新事物的改革家就会得时代之先手，在激烈的竞争中占据战略优势。春秋战国时期是礼崩乐坏的时代，也是一个大变革的时代，这样的改革家并不少见，而赵武灵王就是其中杰出的代表。赵国能够长期抗衡强秦，在长平之战前是秦国兼并关东六国的一大障碍，从某种程度上来讲，乃是拜赵武灵王改革的余荫所赐。

赵武灵王十五六岁即位，正值战国列强争雄最为激烈的时期。年少的他还不能很好地把握整个国家大局，于是以宗室阳文君赵豹为相，并选取三位博学多闻之人作为师傅，辅导自己；又置左右司过三人，专门负责监督谏诤自己。赵国政事主要委托这几个人处理。经过两年的过渡期，他在逐渐熟悉政务之后，才接过国家的军政大权，开始了对赵国二十多年的经营，并很快展现出自己的政治天分。

听政之初，为了稳定人心，他特别优礼肃侯在位时宠信的大臣肥义，借助他的忠心与威望来压住局面。他在继位的第五年，与韩国联姻，进一步加强了与韩国的关系。最能体现他的远见的，是在他继位的第八个年头，魏将公孙衍劝魏、韩、赵、中山、燕五个国家的君主都称王。此前，各诸侯国在名义上还尊奉周王室为天下共主，尽管已经不再把周王室最初给他们的封爵放在眼中了，原为伯爵、子爵的也一律自称公侯。但称公侯和称王的政治象征意义大大不同，“王”代表着更高的地位和荣耀，是当时最高的称号。就连那弹丸之地的中山国国君，也对王的称号

垂涎不已。然而赵武灵王却一眼看穿了“王”这件华丽的外衣之下空无一物，它并不能给赵国带来任何实际的好处，于是他果断地拒绝了。事实上，因称王而惹祸的例子在当时并不少见，比如那个弹丸之地的中山国，就因为称王，惹得齐国看不顺眼，多次欲讨伐它。

尽管赵武灵王当时并没有称王，但他却有成就一番王业的雄心壮志藏在心里。称王首先要有实力做后盾，从兵要地理来讲，赵国的形势并不是很好。它北临中山、楼烦、林胡等政权，西接强秦，南濒韩、魏，又是易攻难守的四战之地。在这险恶的环境中杀出重围，绝非易事。首先要自身强大，其次还要洞悉国际风云，在外交上纵横捭阖。韩、魏与赵同出于晋，有较多的共同利益。而地处关中易守难攻的秦是三晋的死敌。秦只要出关发展，必然侵蚀三晋的地盘，所谓“三晋合而秦弱，三晋离而秦强，此天下之所明也”[1]。在这一战略大局的把握上，赵武灵王头脑很清醒，他捐弃与韩、魏的前嫌，与韩、魏结成联盟。公元前317年，三晋并力伐秦，却遭遇大败，再加上齐国趁火打劫，赵国损失惨重。但这次惨痛的教训也使赵武灵王更加清醒，他开始重新调整自己的战略布局。赵国要向西与强秦争胜，首先需要稳固后方，改变四面受敌、兵力分散的不利局面。而中山、楼烦、林胡等始终是赵国需要时刻防范的敌人。尤其是楼烦、林胡，他们擅长以骑兵搞突袭战，倏忽而来，一番洗劫后又倏忽而去，对中原地区以车战为主的军队而言，他们占据绝对的主动。为稳固后方，吞并中山、楼烦、林胡，拓展战略纵深，在继位的第十九年，雄才大略的赵武灵王作出了一个举世震惊的决定：建立骑兵部队，以快制快！

历史发展到战国时期，我国的主要军种依然是车兵，以乘为

[1] 《战国策·赵策一》。

单位。一乘通常包括四匹驾车的马和甲士三人。中间两匹驾车的马称“两服”，两边的两匹称“两骖”。在三个甲士中，一人居中驾车，左右两边的分别称“车左”“车右”。车左为小组长，手持弓箭，以射为主；车右手持戈，以击为主要攻击手段。作战的主要方式是让军队在地势开阔的平原地带排成阵势，以阵地战为主。这种兵种不仅行动不便、速度奇慢，还需要大量的人力物力作为后勤保障。《孙子兵法》对此有清醒的认识：“驰车千驷，革车千乘，带甲十万。千里馈粮，则内外之费，宾客之用，胶漆之财，车甲之奉，费日千金，然后十万之师举矣。”[1]“凡兴师十万，出征千里，百姓之费，公家之奉，日费千金。内外骚动，怠于道路，不得操事者，七十万家。”[2]随着时代的发展，车兵的弊端越来越显露出来，之后虽然出现了步兵、舟兵，但总体看来，战国前中期车兵仍然是主要兵种。

赵武灵王为了改变军队在装备上的劣势，建立强大的军队，实现自己的宏大抱负，决定向狄、胡学习，建立骑兵部队。这种大胆的改革毫无疑问会遭到抵制。但就是在这艰难的环境中，赵武灵王成功了，这是我国历史上少有的轻巧地冲破重重阻力的改革！说到其中的诀窍，其实不过三点：以身作则，让国人看到改革的诚意和决心；不拈轻怕重，不回避矛盾，拿最大牌的反对者开刀；对待改革的反对派晓之以理、动之以情，恩威并用，不一棍子打死，不激化矛盾。

改革的命令颁布后，第一个穿胡服的就是赵武灵王本人。接着，他又将胡服公开赐给支持改革的元老重臣肥义，由他们两人带头穿起。赵武灵王与大臣肥义以身作则、率先垂范脱去宽大舒适的诸夏衣冠，换上紧身窄袖胡服的行为，在国人中收到很好的

[1] 《孙子兵法·作战篇》。

[2] 《孙子兵法·用间篇》。

影响。但改革遭到阻挠也是必然的，赵武灵王的叔父公子成听到穿胡服的诏令后，心里老大的不快，便告病归家休息，表达了自己不合作的态度，给赵武灵王碰了个软钉子。如何处理公子成这个改革的“钉子户”问题，关系到胡服骑射的成败。如果纵容公子成的挑衅行为，无疑会助长反对派的气焰。但拔掉这个“钉子户”，也不能一味使蛮劲，动用暴力手段。赵武灵王听说后，便派遣王孙绁带着自己的话去拜访这位尊长，做他的工作。两人见面之后，王孙绁开宗明义，向公子成转达赵武灵王的意思：家事，应该尊重老一辈的意见，听您的；国事，应该服从国君的旨意，您得听从我的，这是“古今之公行”的大原则。王孙绁接着以赵武灵王的口吻指出，“制国有常，而利民为本；从政有经，而令行为上”[1]，只要对老百姓有利的，就是天然合理的，务必保证政令的畅通。这一番表态，有理有据，绵里藏针，对公子成施加了足够的压力，同时也显示了赵武灵王自己绝不会走回头路的决心。之后王孙绁话头一转，代赵武灵王承认了改革有一些弊端，比如胡服确实不像传统的华夏衣冠那样舒适。只是如果从建功立业的角度去考虑这件事，就会豁然开朗了，因为它适合骑马射箭，有利于国防军事建设。最后王孙绁对公子成表示，对国家有利的事情，我们就应该坚定地去做，而这事要是能得到像您老这般德高望重的贵戚支持，阻力就会减少许多，也就更容易成功。所以还是希望您老带头穿胡服，支持改革。

公子成也是明白人，他听出了这番软硬兼施的话的分量，首先向王孙绁表示，自己是真的病了，并不是故意反对改革。接着，他又提出了自己反对改革的那一大套理论：中原人民聪明，物产丰饶，更是“贤圣之所教也，仁义之所施也，诗书礼乐之所用也”，是远方的那些夷狄所学习的榜样；现在君主要“袭远方

---

[1] 《战国策·赵策二》。

之服，变古之教，易古人道"[1]，全盘夷狄化，人民不答应，希望君主慎重考虑。

王孙绁回去，向赵武灵王如实汇报，赵武灵王遂决定亲自出马，啃掉公子成这块硬骨头。赵武灵王亲自来到公子成家里，向他解释改革的正当性。他首先从理论上批驳了公子成企图保存故俗反对改革的错误，指出服装的本质目的是方便日用，礼的精神在于便于行事，所以，圣人在充分考虑人情的基础上，因事而制礼，目的在于利国利民，并不在于保留某种形式。因此，在圣人看来，只要利于国、便于事，就不会强行推行什么统一的器服、礼仪。接着，赵武灵王从赵国所处的形势出发，向公子成分析了必须改革的原因。赵国东面有黄河、漳水，乃是与齐、中山共有的边境，却无水师。自常山到代郡、上党郡，东与燕、东胡接壤，西与楼烦、秦、韩为邻，又无骑兵守边。目前所进行的改革，就是从国防需要出发，建立骑兵部队。为增强说服力，赵武灵王引赵国的祖先赵简子、赵襄子的例子来说明自己改革的合理性：

赵简子并不仅仅保守晋阳、上党，而赵襄子更是积极进取，兼并了戎与代，攘除夷狄。谁都明白，他们都是志在中山国。只是时机不到，夙愿未酬，空留遗憾！过去中山这个弹丸小国，依仗齐国强大的军队支持，竟敢屡次侵掠我国的土地人民，甚至引水围灌我鄗城，还差点得手，先王深以为耻。现在我推行"胡服骑射"的政策，从近处说，就是要扼守上党这一战略要地，改变边境无骑射之备的隐患；从远处说，乃是继承先祖赵简子、赵襄子的遗志，伐灭中山，一雪列祖列宗之耻！

一番论讲，赵武灵王不仅把改革的必要性从理论、现实、历史的角度讲得清楚透彻，还成功地占据了政治的制高点。谁要是

[1] 《战国策·赵策二》。

反对改革，那就不仅仅是反对我赵武灵王了，而是反对加强国防，反对为列祖列宗报仇雪耻，那基本上就是“赵奸”了。

老于世故的公子成见势不妙，立即掉转口风，承认自己一时糊涂。如今君王既有此宏图，完成先祖赵简子、赵襄子的遗愿，自己哪敢不尽绵薄之力？于是，这个最大的“钉子户”带头穿起了胡服。

但摆平了公子成，并不意味着摆平了一切反对派。反对者也未必尽是出于私利的考虑，其中也有人怀着忧国的热忱，对改革充满疑虑。其实，即使为了自己的私利反对改革，这样的声音也未必不值得一听。因为每个人都有自己的利益诉求，而并不是每个人的利益诉求都与改革一致，只要其利益诉求正当，就应该受到尊重，改革者就不能不倾听他们的声音。实在做不到兼顾，也应该给他们一个说法。赵武灵王大度地给这些反对者们留有空间，让他们发出自己的声音来。这次站出来公开发出反对声音的是赵文和赵造两个人。平心而论，这两个人反对的理由，见识实在是极为平庸。说来说去，就是古圣先王所制定的礼法条文、制度服饰都不能变、不应变。至于为什么不能变、不应变，他们却没有给出令人信服的理由。赵武灵王听完他们的意见，感到又好气又好笑：古圣先王又没有研究今天赵国所面临的形势，他们的那些条条框框也不是专门为赵国制定的，凭什么死守着不放？再说了，“古今不同俗，何古之法？帝王不相袭，何礼之循”[1]？所谓的古圣先王，如伏羲、神农、黄帝、尧、舜等，本来就各有各的一套体制，如何去遵循呢？赵武灵王三言两语，澄清了赵文等人认识上的谬误，消释了他们心头的疑惧。

经过赵武灵王“胡服骑射”的改革，建立了骑兵部队的赵国实力大增。赵武灵王之所以是大英雄，不仅在于他能引领历史的

[1] 《战国策 · 赵策二》。

战国时期中山国错金银双翼铜神兽

出土于河北平山，现藏河北博物院。

潮流，还在于他有深远的战略眼光。与那些醉心于关东诸侯国相互之间乱杀乱战的楚、魏、燕、齐等国的君主不同，赵武灵王心里很清楚，赵国最大的敌人就是虎踞关西的秦国。商鞅曾对秦孝公就秦与魏的关系做过精辟的分析："秦之与魏，譬若人之有腹心疾，非魏并秦，秦即并魏。"[1]这里把魏国换成三晋，完全适宜。商鞅之所以单独把魏国提出来，乃是因为当时魏国一国独大。秦国只要崛起，必然东进，必然与三晋发生不可调和的冲突。而秦国一旦制服三晋，就会赢得"据河山之固，东乡以制诸侯"的战略优势，席卷天下也就水到渠成了。实际上，后来秦国也正是按照这一战略部署逐步吞并六国的。可惜，当时有能力与秦国抗衡的魏、楚、齐、燕诸国的君主目光短浅，看不到这一点，陷入了关东诸侯的内战中不能自拔，让虎狼之秦坐收渔利。赵武灵王的眼睛，其实一直在紧紧盯着秦国。但要扫除秦国这一心腹大患，首先要稳定后方，故而中山、林胡的问题必须解决。就在改革的第二个年头，赵武灵王即向中山、林胡发动进攻，一举将领土拓至宁葭、榆中。林胡在赵武灵王的进攻下，向赵国表示臣服。赵武灵王乘机控制了林胡的军队，让他们随时听候调遣，随赵国征战。之后，为了赢得进攻中山的有利外部环境，赵武灵王又派遣使者，分别出使秦、韩、楚、魏、齐等大国，广泛进行外交活动，断绝中山的外部援助。在赵武灵王的连续打击之下，中山国的大片国土为赵国占去。终于在公元前296年，赵国彻底灭掉了中山，解决了后方问题。

公元前299年，为了使自己集中精力开边拓土，赵武灵王做出了一个错误的决定，把自己的王位传给爱子赵惠文王，以三朝元老肥义为相。他自称赵主父，亲自带兵在西北作战。在夺取中山、林胡的大片土地之后，赵国的势力扩张已经对秦国形成极大

---

[1] 《史记·商君列传》。

的威胁。看到时机成熟，赵武灵王开始准备实施下一步战略目标：从云中、九原直接南下进攻秦国。为了考察秦国的地形和国内形势，赵武灵王亲自化装成使者入秦。当秦昭王觉察出异样准备将其拿下时，他已完成自己的考察，轻松地回到了赵国。很可惜的是，历史没有留给赵武灵王进攻秦国的机会，很快，赵武灵王为自己的错误决策付出了代价。

事情还得从公元前310年赵武灵王游大陵（今山西交城、文水一带）时的一个春梦说起。在这次春梦中，赵武灵王梦见一位妙曼的少女边弹琴边歌唱，醒来之后，顿觉"六宫粉黛无颜色"，一心想寻找梦中的少女，并屡屡对人谈起自己奇妙的梦境。这事传到了一个叫吴广的人的耳朵里，不禁心中大喜，感到"攀龙附凤"的机会来了。吴广正好有一位天生丽质的女儿养在深闺，便让自己的夫人把女儿献给赵武灵王。不知是吴广的女儿真的和梦中的那位少女有点像，还是赵武灵王一见她就被她的美貌所迷住，忘了那位梦中的少女，总之，赵武灵王得了吴美人之后，就沉醉在温柔乡里了，史称其"爱之，为不出者数岁"[1]。后赵武灵王又将她立为后，是为吴惠后。尽管赵武灵王的豪情壮志没有在温柔乡里销蚀多少，但头脑却被爱情麻痹得有点不大清楚了。赵武灵王本来立长子赵章为太子，这在当时也是天经地义，但自从吴美人生了儿子赵何之后，再看赵章就不那么顺眼了。爱屋及乌的赵武灵王头脑一热，把赵章废掉，另立赵何为太子。这一废一立，在两个儿子之间埋下了仇恨的种子，这是他犯的第一个致命的错误。从历史上来看，在嫡长子继承制成为大家公认的原则之后，废长立幼，尤其是先立长子再废掉，几乎没有不引起国家动乱的。

赵武灵王所犯的第二个致命错误，在于他传位给年幼的太子

[1] 《史记·赵世家》。

赵何，自己做了赵主父。他设想由儿子赵何带领一帮谋臣负责内政，自己则集中精力于军事，率领大军开边拓土，实现自己降服中山、林胡的宏图，进而进击秦国。殊不知他的这一设计犯了政治之大忌，人为地在一国之内制造出两个中心，为野心家、小人上下其手留足了空间，必然导致两个集团相互猜忌，甚至火并。

赵武灵王所犯的第三个致命的错误，乃是在处理废太子赵章的问题上优柔寡断、犹豫不决。既然决心废掉了赵章，就应该彻底剪除其势力，让他远离政治中心，给他安排个清贵闲适的职位以安度余生。然而，随着吴惠后的香消玉殒，赵武灵王对太子赵何的感情也渐渐变得淡薄，从心底又泛起了对长子赵章的怜惜，甚至在他退居为赵主父后，还准备把两个儿子都立为王。毫无疑问，这种主动分裂国家的想法是十分愚蠢的。赵章本来就是个骄横强悍的角色，在他身边也早就有了一个势力不小的集团。灭中山之后，赵武灵王封赵章为安阳君，又安排残忍好杀的田不礼为其相。这种政治格局隐藏着巨大的危机，大臣李兑看出了苗头，力劝肥义早做提防，并提议他主动让贤给威望更高、地位更尊的公子成来弹压赵章的反弹。但肥义不以为意，表示自己受赵武灵王所托，愿意鞠躬尽瘁、死而后已。虽然肥义也觉察到赵章一伙绝非善类，早晚要闹出大乱子来，可惜他并没有做好应对的准备。

公元前295年，赵主父带着赵惠文王游沙丘宫，两人并没有住在一起，这给赵章和田不礼施展阴谋留了空子。他们假称赵主父的诏令召赵惠文王，准备将其干掉。不明就里的赵惠文王便带着肥义等人前往。走在最前面的肥义首先遭了殃，被赵章和田不礼一伙杀害。在高信的拼死保护下，赵惠文王幸免于难。公子成和李兑听到赵章一伙作乱的消息，立即调集自己的人马赶来平乱。经过一番血战，赵章战败，叛乱被公子成和李兑平定，赵章的党羽被斩草除根。

战败的赵章走投无路，逃到了赵主父所居住的沙丘宫。糊涂至极的赵主父第四次犯下致命的错误，他企图包庇已成为赵国公敌的赵章。公子成和李兑率领人马一路追杀过来，包围了沙丘宫，强行将赵章杀死。之后，两人怕赵主父一旦重回政治中心，找他们秋后算账，一不做二不休，仍命军队将沙丘宫层层围住，并逼迫沙丘宫内赵主父所有的随从离开，只留下成为孤家寡人的赵主父一人，并断绝了食物和饮水的供给。龙困浅滩的赵主父万般无奈，只好靠射猎飞鸟充饥。勉强维持了三个月后，他活活饿死在沙丘宫！

雄心勃勃的赵武灵王抓住了历史的机遇，率先改革，带领赵国走向强大的道路。但他空有军事才能，缺乏政治头脑，最终一错再错，导致自己“出师未捷身先死”，同时赵国崛起的势头也暂时中辍。

四、齐由盛而衰的转折点——济西、即墨之战

战国中期，随着魏国霸权的衰落，齐、秦两强成为左右天下局势的主导力量。它们东西对峙，互争短长，使当时的争雄兼并战争进入了新的发展时期。

在齐、秦各自称雄东西的战略大背景下，齐、燕两国的关系也十分紧张。当时，较弱的燕国是齐的近邻，双方曾结下过不共戴天的仇恨：公元前316年燕王哙演出一场“禅让”的闹剧，将君位让于相国子之，结果太子平与子之因争夺王位而发生内乱。齐宣王于公元前314年乘机发兵攻燕，在50天之内攻下燕都蓟（今北京一带），杀燕王哙和子之。但由于齐军在燕国大肆烧杀抢掠，燕国民众纷纷起来反抗，各诸侯国也准备出兵救燕，迫使齐军撤退。公子职即位为王，即燕昭王。他即位后，广招贤士，改革内政，发展生产，增强军力，积极准备报齐破国之仇。

当然，从两国的实力对比来看，齐国占有明显的优势。可是自公元前301年齐湣王即位以来，齐国极盛的势头却面临着夭折的可能。齐湣王毫无战略头脑，只知道穷兵黩武，四面树敌，南攻宋、楚，西击三晋，连年征战，劳师疲众，弄得国力日耗，处境孤立。

燕昭王君臣捕捉到了齐国失败的契机，准备乘机攻齐。但是从燕国的土地、人口和经济条件看，燕国远不如齐国，单凭燕国本身的力量，是不可能战胜齐国的。在此形势下，燕将乐毅和燕相苏秦提出争取与国，孤立齐国；并怂恿齐国灭宋，以加剧它与各国的矛盾，然后再联合各国大举攻齐。燕昭王欣然采纳了这一

乐毅像（清人绘）

计策。

为此，燕表面上臣服于齐，并派遣苏秦入齐进行离间活动，取得了齐湣王的信任。齐国被燕国表面的屈服所迷惑，放松警惕，对燕不加戒备，甚至连防备燕国的兵力也全都从北部边境撤回。公元前288年，秦约齐同时称帝，结成联盟。燕再一次派苏秦到齐国从事离间活动，劝说齐湣王撕毁齐、秦盟约，废除帝号，而后伺机灭亡宋国。昏庸的齐湣王果然被打动，于同年年底废除帝号，转而与各国合纵攻秦，迫使秦国“废帝请服”。齐湣王取得攻秦之战的胜利后，又经过三次战争，灭掉了宋国。此举不仅加剧了齐国同秦、赵的矛盾，也对韩、魏、楚形成相当的威胁，因此导致齐与各国矛盾异常尖锐。燕利用这种形势，积极活动，终于和各国结成攻齐联盟。

公元前284年，燕昭王任命乐毅为上将军，统兵伐齐，乐毅佩赵国相印，与赵、秦、魏、韩等国军队约期会师，组成五国联军浩浩荡荡向齐国进军。

齐湣王发现燕军已攻入齐国时，匆忙任命触子为将，率领全国军队主力渡过济水，西进拒敌。双方兵力各20余万，在济水之西（今山东高唐、聊城一带）展开决战。齐军由于连年征战，士气低落。齐湣王为了迫使将士死战，以挖祖坟、行杀戮相威胁，更使将士离心、斗志消沉。结果当联军发起进攻时，齐军一触即溃，遭到惨败，退保都城临淄。联军主帅乐毅鉴于当时齐军主力已被消灭、难以组织有效抵抗的实际情况，果断遣返秦、韩两国的军队，并让魏军去攻取宋国的故地，让赵军去攻占河间，免得诸国继续分享伐齐的胜利成果。尔后，他针对齐国兵力空虚、主力被歼后的恐惧心理，指挥燕军实施战略追击，长驱直入，直捣齐都临淄，一举加以占领，从而摧毁了齐军的指挥中枢。齐湣王被迫逃至莒（今山东莒县）。此时楚顷襄王为分占齐地，便以救齐为名，派淖齿率兵入齐。齐湣王幻想借楚军力量抵抗燕军，便委任淖齿为相。淖齿在莒地杀掉了齐湣王，并夺回了以前被齐占去的淮北之地。

攻克临淄后，乐毅根据战局的发展，进一步制订了征服齐国的作战计划。他一方面采取布施德政、收取民心的政策，申明军纪，严禁掳掠，废除残暴法令和苛捐杂税，进行政治攻心；另一方面分兵五路，以期彻底消灭齐军，占领齐国全境。其中左军东渡胶水，攻取胶东、东莱（今胶东半岛）；右军沿黄河和济水，向西攻克阿城、鄄城（今山东西南部）；前军沿泰山东麓直至黄海，攻取琅邪（今山东沂南、日照一带）；后军沿北海（今山东临淄东北沿海一带）出击，攻占千乘（今山东高青东北）；中军则镇守齐都临淄，策应其他四路。燕军五路大军进展顺利，在仅6个月的时间就攻取了齐国的70余城，只剩下莒（今山东莒县）和即墨（今山东平度东南）两座孤城侥幸未被攻克。强盛一时的齐国此时已濒临亡国的边缘。

可是，齐国毕竟是一个富有尚武传统的大国，齐国军民也不是任人宰割的羔羊，在十分困难的局面下，他们奋起为扭转战局、摆脱覆亡争取一线生机。

公元前283年，齐国大臣王孙贾等人设计杀死趁火打劫的楚将淖齿，拥立齐湣王之子法章为齐襄王，坚守莒城，并传檄齐地，号召广大民众起来抵抗燕国的侵伐。另一座未曾沦陷的城池——即墨的军民，也在其守将战死殉国之后，一致推举有勇有谋的齐宗室人士田单为守将，万众一心共同坚守城池、抗击燕军。这样便形成了齐国当时两个抗燕的坚强堡垒。燕军统帅乐毅只好重新调整自己的军事部署，集中右军和前军攻打莒城，左军和后军进攻即墨。

可是燕军这次却打得很不顺利，进攻莒和即墨一年有余，损兵折将毫无进展。乐毅在无可奈何之下改换了战法，全面采用攻心战，下令燕军后撤至距离两城9里的地方筑营建垒，以示长期

田单像（清人绘）

围困；并传令凡城中居民有外出的一律不加拘捕，有困难的慷慨予以赈济，想借此来动摇齐守城军民的意志，努力争取不战而下两城。可是三年时间悄悄过去了，两城依然没有被攻克。

即墨为齐国境内较大的都邑，地处比较富庶的胶东，依山傍海，土地肥沃，财物丰富，有坚固的城池和较雄厚的人力可用于防守。田单被推举为将后，为挽救危局，他除了大力开展争取人心的工作外，还将所带的族兵及收容的残兵7000余人，及时加以整顿和扩充；又身先士卒，带头构筑城防工事，加固城墙，浚深濠池；同时把族人、妻妾编入军营参加守城。由于田单与将士同甘共苦，在各方面做出表率，致使即墨城的军民群情振奋、斗志昂扬，决心为保卫自己的生命财产、光复齐国山河而同燕军周旋到底。

终于，田单复齐的机会出现了。公元前279年，燕国一代明君燕昭王撒手告别人世，燕惠王即位。这位国君早在做太子的时候便和乐毅有矛盾，这时见乐毅数年攻齐而不能最后平定，自然是既不满又怀疑。田单及时捕捉到这一信息，立即派人潜入燕国进行间谍活动，到处宣扬说：乐毅借攻齐为名，想控制军队乘机在齐国为王，所以故意缓攻莒和即墨；假如燕国另派主将，这两座孤城指日可下。燕惠王被敌人蒙骗，果然中计，委派骑劫前去替代乐毅。乐毅被撤换，不仅使田单少了一个难以对付的敌手，而且使燕军将士愤愤不平、军心涣散。

骑劫到任后，即一反乐毅的做法，改长围为强攻，但在齐国军民的殊死抵抗面前，燕军依然被阻于坚城之下。田单为了进一步激励士气，便四处散布谣言说：齐军最害怕被割掉鼻子，挖掘祖坟。骑劫不辨真伪，上当中计。即墨军目睹燕军的暴行，个个恨入骨髓，怒不可遏，纷纷要求同燕军决一死战。田单见时机成熟，便积极部署反攻措施。他先是命令精壮士卒全部隐伏起来，让老弱、妇女登城守望，使燕军误以为齐军青壮已经伤亡殆尽，失去继续作战的能力；然后派人出城向燕军洽谈投降事宜。燕军信以为真，一心坐待受降，完全放松了对齐军的警惕。

田单在欺敌误敌的同时，也抓紧了己方的反攻准备。他收集了千余头牛，在牛角上扎好锋利的尖刀，牛身上画有斑斓的花纹，牛尾巴上绑着浸透油脂的芦苇干草；并预先在城脚上挖好几十个大洞，直通城外。他又挑选了5000名精壮勇士，扮作神怪模样，下令全城军民备好锣鼓以便出击时呐喊助威。一切装备就绪后，在一个漆黑的夜间，齐军一把火点燃牛尾巴上的芦苇干草，驱赶1000多头火牛从城墙洞中突出，向燕军大营猛冲狂奔；5000名勇士随之呼喊杀出，全城军民擂鼓击器以壮声势。一时间火光通明，杀声震天动地。燕军将士纷纷抛弃甲仗，四处逃命，结果死伤无数。骑劫本人也不能幸免，死于乱军之中。至此围攻即墨的燕军主力彻底溃败。

田单奇袭破围得手后，认为燕军肝胆已破，不能再作有效的抵抗，于是就决定全线反攻，乘胜追击。齐国民众痛恨燕军的暴行，纷纷群起响应，很快就将燕军逐出国境，收复了沦陷的70余座城池。

在济西、即墨之战的第一个阶段，乐毅采用诱齐攻宋策略，形成了天下联合攻齐的有利形势。在作战中他又善于适时展开决战，大破齐军主力于济西，并抓住敌我强弱态势已发生变化的有利时机，乘胜追击，直捣齐都，因而取得了重大胜利。而齐湣王自恃强大，穷兵黩武，四处树敌，落入燕国的圈套而不自知。当五国联军攻齐时，他仓促应战，过早集中主力与强大的联军交锋，因而惨败，几致亡国。

至于齐军在后来的即墨保卫战中能先坚守后反攻，最终一举击败燕军、光复国土，一是由于即墨城有较好的防御条件；二是燕军分兵多路攻齐，发展过快，攻城克坚的准备和力量不够充分；三是田单面对优势之敌，采取有效措施，取得守城军民的信任和支持，为挽救危局、实施反攻创造了条件。田单首先巧使反间计，借敌人之手除去最难对付的乐毅；又针对骑劫愚妄无能、燕军士气不振等弱点，以诈降手段造成敌人错觉，使之麻痹松懈；然后实施夜间奇袭，出其不意地击破围攻即墨城的燕军主力，打好了反攻初期的关键性一仗，取得了战场上的主动权；最后不给敌人以任何喘息的时机，乘胜追击，在齐国民众的坚定支持下，终于夺取了复国斗争的胜利。

当然不容忽视的是，田单复齐虽然取得了辉煌的成功，但是在经历了五国合纵伐齐这一场大浩劫之后，齐国的实力已急剧削弱，今非昔比，不再是东方头号强国了。战国诸雄之间的战略平衡再一次被打破了。这在客观上就为秦国实施东进战略提供了极佳的机会。

五、长平之战——先秦野战歼灭战的典范

秦国自孝公任用商鞅实行变法以来，就制定正确兼并战略：奖励耕战，富国强兵，国势如日中天；连横破纵，远交近攻，外交连连得手；旌旗麾指，铁骑驰骋，军事捷报频传。秦国在百余年间，蚕食缓进，重创急攻，破三晋，败强楚，弱东齐，构成了对山东六国的战略进攻态势。在秦国的咄咄兵锋跟前，韩、魏屈意奉承，南楚自顾不暇，东齐力有不逮，北燕无足轻重。只有赵国，自赵武灵王推行“胡服骑射”军事改革以来，国力较雄厚，军队较强大，对外战争胜多负少，而且拥有廉颇、赵奢、李牧等一批能征惯战的将领，还可以同强秦进行一番周旋。

形势非常清楚，秦国要完成兼并六国、统一天下的殊世伟业，一定得拔去赵国这颗钉子；自然，赵国也不会任由他人宰割。双方之间一场战略决战势所难免。

秦昭襄王根据丞相范雎“远交近攻”的战略构想，从公元前268年起，先后出兵攻占了魏国的怀（今河南武陟西）、邢丘（今河南温县附近），迫使魏国亲附于己。接着又大举攻韩，先后攻取了陉（今河南济源西北）、高平（今河南济源西南）、少曲（今河南济源西）等重要战略据点。并于公元前261年攻克野王（今河南沁阳），将狭长的韩国拦腰截为两段。消息传来，韩国上下一片惊恐，急忙派遣使者入秦，以献上党郡（今山西长治一带）为屈辱条件，向秦国求和。

然而，韩国的上党太守冯亭却不愿献地入秦，他将朝廷的指令放置在一边，做出了献上党之地给赵国的抉择。他的用意当然

很清楚：转移秦国的锋芒，促成赵、韩携手，共同抵御秦国，挽救被灭亡的命运。

赵王目光短浅，在不计后果的情况下，将上党郡并入自己的版图。赵国的这一举动，无异于虎口夺食，秦国方面岂肯善罢甘休，秦、赵之间的矛盾因此而全面激化了。范雎于是建议秦昭襄王乘机出兵攻赵。秦昭王便于公元前261年命令秦军一部进攻韩国缑氏（今河南偃师西南），直趋荥阳，威慑韩国，使其不敢增援赵国；同时命令左庶长王龁率领雄师扑向赵国，攻打上党。上党赵军力不能支，退守长平（今山西高平西北）。赵王闻报秦军长驱东进，只好兴师应战，委派宿将廉颇率赵军主力开往长平，企图以武力重新夺回上党。廉颇抵达长平前线后，即向秦军发起攻击。遗憾的是，秦强赵弱，赵国数战不利。廉颇不愧为一代名将，见进攻遭受挫折，便及时调整战术，转取守势，依托有利地形，筑垒固守，以逸待劳，疲惫秦军，静候其变。廉颇的这一招颇为奏效，秦军速战速决的势头被抑制住了，两军在长平一带相持不下。

但是秦国的战争指导者老谋深算，运用谋略来打开缺口，使局势朝着有利于己的方向发展，为随后的战略进攻创造条件。一方面他们借赵国使节郑朱到秦国议和的机会殷勤款待郑朱，向各国制造秦、赵关系和解的假象，使赵国在外交上和列强合纵抗秦的机会失之交臂，陷于被动和孤立。另一方面，秦国又采用离间计，派人携带财宝前赴邯郸，收买赵王左右，让其四处散布流言蜚语，挑拔离间赵王与廉颇的关系，借赵王之手，将廉颇从赵军主帅的位置上拉了下来；并使赵王不顾贤臣蔺相如和赵括母亲的反对和劝阻，任命赵括为赵军主帅。

赵括走马上任后，一反廉颇所为，更换将佐，改变军中制度，搞得赵军上下离心离德、斗志消沉。他还改变了廉颇制定的行之有效的战略防御方针，积极筹划战略进攻，企图一举而胜，夺回上党。

秦国在搞乱赵国的同时，也适时调整了自己的军事部署：立即增加军队，起用骁勇善战的武安君白起为上将军，替代王龁统率秦军。为了避免此事引起赵军的注意，秦王下令军中严守这一机密："有敢泄武安君将者，斩。"[1]

白起到任后，针对赵括缺乏实战经验、求胜心切、鲁莽轻敌等弱点，采取了诱敌入伏、分割包围、予以聚歼的正确作战方针，对兵力作了周密细致的部署，造成了"以石击卵"的强大态势。

白起的具体作战部署是：首先，以原先的第一线部队为诱敌之兵，等待赵军出击后，即向预设的主阵地长壁方向撤退，诱敌深入；其次，巧妙利用长壁构筑成袋形阵地，以主力守卫营垒，抵挡阻遏赵军的攻势，并组织一支轻装精锐的突击部队，待赵军被围之后，主动出击，以消耗赵军的有生力量；再次，动用奇兵25000人埋伏在两边侧翼，待赵军出击后，及时穿插到赵军的后方，切断赵军的退路，协同主阵地长壁上的秦军主力，完成对出击赵军的包围；最后，派出一支骑兵部队，牵制和监视赵军营垒中的留守部队。

战局的发展果然按着白起所预定的方向进行，公元前260年，对秦军战略动态茫昧无知的赵括统率赵军主力，向秦军发起了大规模的攻击。秦军的诱敌部队佯败后撤，愚妄鲁莽的赵括不问虚实，以为秦军不堪一击，立即率军追击。当赵军进抵秦军的预设阵地长壁时，遭到了秦军主力的坚决阻击，攻势顿时受挫，被阻于坚壁之下。此时秦国预先埋伏两翼的25000奇兵迅速出击，及时穿插到赵军进攻部队的侧后，抢占了西壁垒（今山西高平北的韩王山高地），截断了赵军进攻部队与其大营之间的联

[1] 《史记·白起王翦列传》。

白起像（明人绘）

系，对其重重包围。另外的5000秦军精骑也迅猛地插到了赵军的营垒之间，牵制、监视留守营垒的那小部分赵军，并切断赵军的后勤运输线。与此同时，白起又下令突击部队不断出击被围困的赵军主力。赵军左冲右突，都无法逾越秦军铜墙铁壁一般的阵地。情况日益危急，赵军不得不就地构筑营垒，转攻为守，等待救援。

秦昭襄王在都城咸阳听到赵军被围、歼敌在即的消息，便亲赴河内（今河南沁阳一带），将当地15岁以上的男子全部编组成军，及时增援长平战场。这支部队开进到长平以北的今丹朱岭及其以东一带高地，进一步断绝了赵国的援军和后勤补给，从而确保了白起得以彻底地歼灭被围的赵军。

到了九月，赵军断粮已长达46天，内部互相残杀以食，军心动摇，士气涣散。赵括困兽犹斗，组织了四支突围部队轮番冲击秦军阵地，希望能杀开一条血路，逃脱性命，但是都无功而返。绝望之中，赵括孤注一掷，亲率赵军精锐强行突围，结果败得更惨，连他本人也丧身在秦军如蝗般的箭镞之下。赵军失去主将，斗志全无，彻底放弃了抵抗，40余万饥疲之师全部向秦军卸甲投降。白起杀心大起，只放过其中年幼的240人，将赵军降卒残忍坑杀。秦军终于取得了空前激烈残酷的长平之战的彻底胜利。

长平之战是秦、赵之间的一次战略决战，它开创了我国历史上大规模的野外包围歼灭战的先例。是役秦胜赵败的结局并非偶然。除了总体力量上秦对赵占有优势外，双方战略上的得失和具体作战艺术运用的高下也是其中重要的因素。秦军之所以能一举全歼赵军，第一是分化瓦解了关东六国的战略同盟；第二是巧妙使用离间计，诱使赵王犯下临阵易将、起用庸人的严重错误；第三是秦昭襄王择人得当，起用深富韬略、骁勇善战的白起为主将；第四是白起善察战机，用兵如神，诱敌出击，然后用“正合奇胜”战法分割包围赵军，痛加聚歼；第五是在战斗的关键时刻，秦国上下一体动员，及时增援，协调配合，断敌之援，为白起实施正确的作战指导提供了必要的保证。

赵军惨败的主要原因，一是不顾敌强我弱的态势，贸然开战，一味追求进攻。二是临阵易将，让毫无实战经验的赵括替代执行正确防御战略的廉颇统帅赵军，中了秦人的离间之计。三是在外交上不善于利用各国仇视秦国的心理，没有积极争取同盟国，引为己助。四是赵括不知“奇正”变化、灵活用兵的要旨，既无正确的作战方针，又不知敌之虚实，更未能随机制宜摆脱困境，始终处于被动之中。五是具体作战中，屡铸大错：决战刚刚开始，赵军就贸然出击，致使被围；被围之后，又只知道消极强行突围，未能进行内外配合，打通粮道，终于导致全军覆没的悲惨下场。在长平之战中，秦军前后共歼灭赵军约45万人左右，从根本上削弱了当时关东六国中极为强劲的对手赵国；同时，也给其他关东诸侯国以极大的震慑。从此以后，除了极个别的情况（如邯郸之战）外，关东六国再也不能对秦国进行像模像样的抵抗，秦国兼并六国、一统天下的道路基本上畅通无阻了。

第六章

知人论世

“大江东去，浪淘尽，千古风流人物”，但青史将永远铭记他们的功德……

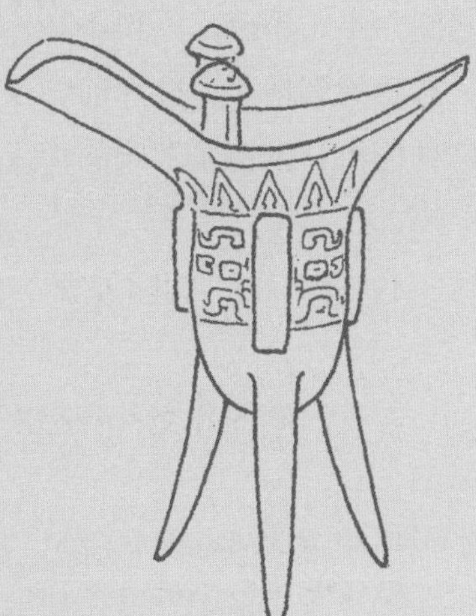

一、子产的政治智慧与胸襟

子产，名侨，子产是其字，一字子美，郑穆公之孙。在那个时代，作为一个二流的小国，郑国的处境十分艰难。在国际上，晋楚争霸正处于胶着状态，而郑国处在晋楚争霸的战略要地；谁制服郑国，谁就能占得争霸先机，因此两国对郑国展开激烈争夺。这就使得夹在两国之间的郑国左右为难，它谁也得罪不起，与晋则楚攻，与楚则晋伐。晋楚两国之间一有摩擦，郑国往往首先受难，他们几乎都把攻郑当作挑衅对方的手段。在国内，郑国公室软弱，权威尽失，政权把持在以“七穆”[1]为主的所谓“巨室”手中，他们之间为争权夺利，斗得死去活来。用子产自己的话来说，“国小而逼，族大宠多”[2]，内外交困，根本看不到一点希望。在这种情况下，子产以高超的政治技巧周旋于晋楚两大国之间，不屈不挠，不卑不亢，有力地维护了郑国的利益，并以博大的政治胸怀、一往无前的政治勇气和过人的政治智慧处理国内种种危机，维持了郑国的稳定。

1. 子产的“弱国外交”

春秋时期的外交，看起来温文尔雅、彬彬有礼，一帮卿大夫

[1] “七穆”是指郑穆公七个儿子子罕、子驷、字子良、子国、字子游、子印、子丰的家族罕氏、驷氏、良氏、国氏、游氏、印氏、丰氏，这七个家族世代为卿，掌握着郑国的政权，被称为“七穆”。

[2] 《左传·襄公三十年》。

在一起饮酒唱诗，无比风雅。但这风雅的背后，却是赤裸裸的国家硬实力拼比，是大国以看起来最文明的方式鱼肉小国，故弱小的国家在外交上维护自己的利益，难乎其难。郑国不幸处在一个礼崩乐坏的时代，又夹在晋楚两个争霸大国之间，子产受命于危难之际，周旋于晋楚之间，有勇有谋，随机应变，最大限度地维护了郑国的利益，堪称弱国外交的典范。

城濮之战以后，晋国顺理成章成为霸主。但作为战败的一方，楚国的实力并未削弱多少，晋楚争霸遂成为春秋时代的主旋律。郑国作为姬姓国家，当然站在晋国这边，成为晋国的小跟班。由于地理位置的特殊性，楚国欲北进中原成就霸业，也必然要征服郑国，晋楚两国对郑国展开激烈争夺。郑国夹在两大强国之间，左右为难，谁也不敢得罪，但谁都对它不满意。它倒向晋国，楚国来伐；倒向楚国，晋国问罪。早在郑简公继位之初，当政的子驷就制定下“唯强是从”的基本国策，具体的做法是“牺牲玉帛，待于二竟，以待强者而庇民焉”[1]。郑国随时准备好进贡大国的礼物，晋楚孰强且能庇护郑国，就随时倒向谁。这一国策，于公元前564年郑与晋及其盟国举行的戏之盟上，在郑卿子騑坚持下正式写入载书[2]:“自今日既盟之后，郑国而不唯有礼与强可以庇民者是从，而敢有异志者，亦如之。”[3]所以郑国一直以来摇摆于晋楚之间，无论哪一方出兵来伐，即马上臣服。

晋国对郑国十分不满。公元前551年，晋国以盟主的身份命郑往晋朝聘，并责问郑国臣服于楚国之事。子产应命前往，面对晋国的责难，据理力争。子产首先回顾了自郑简公以来郑国与晋国的关系，指出郑简公曾先后三次朝见晋国，郑之于晋，“不

---

[1] 《左传·襄公八年》。

[2] 所谓载书，即盟约。

[3] 《左传·襄公九年》。

朝之间，无岁不聘，无役不从”[1]，所做的一切对得起晋国。虽然郑有时不得不“有贰于楚”，晋国均已讨伐过了。但晋国政令无常，搞得郑国不堪应付。作为盟主，如果能够安定小国，肩负起保护小国的义务，那么小国自然会恪尽职守，朝夕去朝见；如果丝毫不考虑对方的利益和实际困难，不怜恤小国的祸患，不愿意承担保护的责任，只是颐指气使，贪求货贿，令小国忍无可忍，那么郑国要担心的不仅仅是能否保持友好关系的问题，恐怕二者就要变成仇雠了，希望晋国改弦易辙。一番话有理有据，不卑不亢，说得晋国君臣无言以对，只好不再怪罪郑国。

这时，晋国统治集团内部的斗争也日趋激烈，公室基本上被抛开了。执政的大夫范宣子贪财好货，对从属国的压榨十分厉害。每次小国去晋国朝聘，都要被晋国勒索一大笔财富，这成了小国十分沉重的负担，大家怨声载道。子产对于晋国这种没有出息的做法非常看不上眼，公元前549年，他乘简公朝见晋侯之机，托同去的子西给范宣子捎了封信，批评范宣子不修令德而只知搜刮钱财，导致诸侯离心，晋国衰弱，最终范宣子也将无所寄托；并劝他修德以安晋国、绥诸侯。子产这封信写得义正辞严，范宣子得信后，不得不减轻诸侯贡物的负担。

随着吴国的崛起，诸侯国格局发生了变化。在晋国的怂恿下，吴国不断进攻楚国，楚国一败再败，疲于奔命，已经无力经营北方与晋国抗衡。因而这一时期郑国在外交上倾向于晋。公元前548年，乘楚国无力北顾之机，子展、子产率军队进攻从属于楚国的陈国，打败陈军，攻下了陈国的都城。“陈侯免，拥社。使其众男女别而累，以待于朝。”[2]取得胜利之后，子产便身着戎装去向晋“献捷”，满以为会得到晋国的支持。然而晋国对郑国

[1]《左传·襄公二十二年》。

[2]《左传·襄公二十五年》。

入陈之举非常不满，唯恐郑国乘机壮大自己的实力，摆脱晋国的控制。所以甫一见面，士庄伯就责问子产陈国到底有何罪过，惹得郑国大动干戈。子产抓住郑、晋都是姬姓诸侯而陈乃周室所立大舜之后这一点大做文章，历数陈国忘恩负义。他指出，周室立陈，以备三恪，武王还把大女儿嫁给了陈国初祖。每逢陈国出乱子，郑国总是出手为援，陈国的厉公、庄公、宣公、成公都是在郑国的援助下才得以继位的。陈国不仅不感恩，还为虎作伥，多次跟随楚国攻郑。陈军经行之处，填埋水井，砍伐树林，严重违背礼乐文明的精神，陈国也自知其罪。子产这一番话有理有据，为侵略陈国找了个漂亮的理由。士庄伯再次找茬，责备郑国不该侵占陈国的土地。子产也毫不示弱地反问：晋国的领土已多次扩张，不吞并小国土地，又是从哪里来的？士庄伯又挑剔他不该身着戎装，子产援引当年晋文公在城濮之战后，以霸主的身份命令郑文公“戎服辅王，以授楚捷”的故事，然后以不敢废王命为辞，表示戎装献捷实为循例。至此晋人理屈词穷，只好打消借机整治郑国的念头。平心而论，子产在这次外交中的表现确实十分出色，成功地为郑国侵略陈国辩护，使得晋国虽然心存不满，却找不到加罪郑国的机会。孔子对此极为赞赏，他说：“晋为伯，郑入陈，非文辞不为功。善之也！”[1]

在外交场合，子产不光有勇有谋，更有坚定的原则和立场，绝不牺牲本国百姓的利益去讨好、谄媚大国使臣，对他们不合理的要求，敢于坚持原则，这一点最难能可贵，也最能反映子产的政治品格。公元前526年，晋执政韩宣子聘郑。韩宣子有只玉环，本来是一对，另一只在郑国商人手里，他想趁此机会让郑国君臣把玉环配齐。等拜见完郑定公后，他便直接提出这一要求。外交是协调国家间利益与关系的场所，韩宣子提出私人要求，既

[1] 《左传·襄公二十五年》。

不合理，也不合适。尽管如此，郑国大部分卿大夫如子大叔、子羽等很怕得罪这位贵宾，恨不得马上找来商人迫使其献上。

但韩宣子的无理要求，却被子产当即拒绝，理由是这不是公家的东西，我们不能出面，一点面子也没给韩宣子留。子大叔、子羽等吓坏了，他们指责子产办事孟浪，生怕因小失大，影响到两国关系。子产非常反感子大叔、子羽等人的做法，反驳说：他韩宣子奉命出使我们郑国，是履行公事，却假公济私为自己寻找什么玉环；东西不重要但规矩重要，如果开了这样的头，那么“大国之人，令于小国，而皆获其求，将何以给之”[1]，万一有些要求没法满足，只怕得罪的人会更多。所以对于无理的要求，该拒绝的要拒绝，该驳斥的要驳斥，以儆效尤，永绝后患。子产还告诫他们，外交最要命的是不按规则办事。

碰了一鼻子灰的韩宣子还是不死心，竟然亲自找到商人强行买了那只玉环。商人心中忿忿不平，告诉他：我一定找我们的大夫子产告你的状！这下子韩宣子心里犯嘀咕了，也是怕丢了面子，就主动去找子产坦白：如今我找商人把玉环给买了回来，那商人却要来您这儿告我的状，这是什么说法？子产正告他，郑国政府与商人世有盟誓：“尔无我叛，我无强贾，毋或匄夺；尔有利市宝贿，我勿与知。”[2]商人不背叛国家，国家也不能强买强卖，更不允许他人强取豪夺。你出使我们郑国的目的是两国和好，却在敝国强买强卖，坏了我们的规矩，不太合适吧？韩宣子听了子产的话，连连道歉，退还了玉环。子产既维护了无辜商人的利益，又维持了郑国在外交中的尊严，同时打消了以后的外交使臣效尤的念头，可谓一举数得！最后就连当事者韩宣子也不得不佩服子产对此事的处理，他甚至私下拜访子产，赠送马匹玉器

[1] 《左传·昭公十六年》。

[2] 《左传·昭公十六年》。

来向子产表示感谢："子命起舍夫玉，是赐我玉而免吾死也。"[1]

当然，外交舞台错综复杂，形势波诡云谲，要捍卫国家利益，在外交斗争中占得上风，还是要密切关注复杂多变的形势，对于国与国、各国内部权贵们的斗争以及外交斗争发展的趋势，做出准确的分析、判断和预测，才能从容进退，左右逢源。

公元前547年，楚国为了替许国报仇，起兵讨伐郑国。郑人准备抵抗。子产看出晋楚各携盟国进行了几十年争霸战争，导致各国疲惫不堪、人心厌战，弭兵乃是大势所趋。他又根据楚王其人"衅于勇，啬于祸，以足其性而求名"的特点，果断地作出如下判断："晋楚将平，诸侯将和，楚王是故昧于一来，不如使逞而归，乃易成也。"[2]建议郑国不要正面抵抗楚军，卖楚王个面子，满足一下他的虚荣心，这样有利于和平尽快地到来。子展听从了子产的意见，不做抗楚准备。结果也正如子产所料，楚王率军来到郑国耀武扬威了一番，随便抓了几个俘虏，便班师而回。郑国没有抵抗，也没有引发战争。第二年，宋国的向戌便发起第二次弭兵大会。参加这次大会的有齐、秦、晋、楚、鲁、郑、陈、蔡、许、曹、卫等国。当时中原诸侯各国内部都发生"公室卑弱，大夫专政"的现象。长期的争霸战争，使得民生凋敝已极，不仅小国不堪承受，大国也弄得精疲力竭，渴望休养生息。虽然在大会期间晋、楚、齐、秦四个大国为了争面子发生了一点矛盾，但是大会之后，晋楚两国与中原诸侯之间竟维持了四十年之久的和平。可见子产是富有政治远见的，他的不抵抗政策使得郑国避免与强大的楚国正面交锋，虽然失了一点面子，但总体来看，不失为保全郑国的上上之策。

公元前541年，楚公子围聘于郑，同时迎娶郑国公孙段氏家

---

[1] 《左传·昭公十六年》。

[2] 《左传·襄公二十六年》。

族的女儿，楚国大夫伍举（即伍子胥的父亲）为副使。实际上这次外交兼娶亲活动并非如此简单，楚公子围包藏祸心，欲借此机会突袭郑国，因此在娶亲时带了全副武装的大队人马一同前往。在将入馆舍时，子产发现苗头不对，立即命行人（古代的专职外交官）子羽与楚交涉，告诉他们不能入城，仪式在城外墠地举行。公子围派太宰伯州犁引用礼法条文来辩护，并威胁子羽说：如果在城外举行，那就是没有把我们当作卿大夫来接待，请你仔细考虑一下。子羽一边揭露他们包藏祸心，一边强硬地表示“小国无罪，恃实其罪”，我们郑国本来没有什么过错，如果说有过错的话，那么就错在过分相信大国，不接受楚国的威胁。伍举见阴谋被子产识破，知道郑国肯定做好了抵御的准备，便请公子围让步，让随行的军队将弓衣（櫜）倒挂，以示没有弓箭、没有侵略郑国的意思。这样郑国才允许公子围进入馆舍，迎接新妇。这一年，公子围使公子黑肱、伯州犁在郑边境修筑犨、栎、郏三城，郑人非常恐慌，以为楚国要侵略他们。子产综合分析楚国的情况，看出公子围此举的目的不在侵略郑国，而是为自己夺取楚国的王位做准备，他不过是借此转移国人的目光罢了。所以子产安慰国人说：“不害，令尹（公子围）将行大事而先除二子（指黑肱及伯州犁）也，祸不及郑，何患焉！”[1]果然在这年冬，公子围弑杀楚王郏敖而自立，是为楚灵王。公元前536年，楚公子弃疾赴晋过郑。郑罕虎、子产、游吉从郑伯在相欢迎他。弃疾很有礼貌，见郑伯如见楚王，以马八匹作为礼物；见子皮（罕虎）如上卿，以马六匹作为礼物；见子产以马四匹；见子大叔以马二匹；各如其分。他还下令随从士兵，不刍牧，不进入田中，不砍伐树木，不强买，等等。这是过去楚人进入小国境内所没有过的现象。因此子皮、子产、子大叔推测弃疾将有为王的野心。后来

[1]《左传·昭公元年》。

楚灵王被弑，公子弃疾即位，是为楚平王。这三件事说明子产善于洞察列国形势，尤其是对于和郑国利害密切相关的楚国的形势，更是了如指掌，所以他能够准确地判断楚国的动向，随时做好相应的准备，在楚郑外交活动中掌握主动权。

公元前529年，晋会诸侯于平丘，子产和子大叔赴会。鲁、周、齐、宋、卫、曹、莒、邾、滕、薛、杞、小邾等也都参加了。在会盟期间，就郑国所应承担的贡赋问题，子产和晋国当政者展开了激烈的争论，史书谓之“争承”。子产认为，在周天子最初分封时，郑是伯爵，不能与公侯同列，因此也不应该和公侯承担同样的贡赋。他援引周礼说：“昔天子班贡，轻重以列。列尊贡重，周之制也。卑而贡重者，甸服也。”[1]当年周天子规定，爵位高的其贡赋也重，只有王畿之内的才是爵位低而承担的贡赋重，这是周王室的原则。郑国是伯爵，又非甸服，按照公侯之国的标准来要求郑国，是不符合周王室的原则的，郑国只怕也承担不起。现在大家都偃兵修好，使者往来不绝，郑国招待起来无穷无尽；一旦财力不济，招待不周，又生事端，难以自存。会盟的本意是保存小国，现在无穷无尽的贡赋，却要将郑国压垮了；要不要保存小国，就看怎么定贡赋的标准了。这场争论从中午一直持续到黄昏，最终晋国不得不答应子产的要求，同意减轻郑国的贡赋。结盟之后，子大叔对于子产的做法感到十分后怕，生怕结盟不成，惹火烧身，导致诸侯征伐郑国，因而事后责怪子产。子产则敏锐地觉察到当时晋国六卿专政，政局混乱不堪，根本不可能抽出精力讨伐郑国。事后证明子产的预言是正确的，晋国也没有再追究此事。后来孔子听到子产为国“争承“的事情，连连称赞子产是国家的柱石，对子产的所作所为给予充分的肯定。

---

[1] 《左传·昭公十三年》。

2. 子产的政治经济改革

子产以高超的外交智慧和技巧周旋于诸侯国之间，在维护郑国利益的同时，也为自己赢得了崇高的威望，当时一些知名人士都愿意与他交往，郑国内部的开明人士也希望子产执掌政权。公元前543年，在郑国前任执政子皮的推荐下，子产开始执政郑国。子皮家族罕氏是郑国“七穆”中的强势家族，他本人与那些荒淫残暴、不恤国事的贵族不同，非常赞赏子产的所作所为，并在内政外交上给子产以强力的支持。

子产非常清楚地认识到当时郑国的形势是“国小而逼，族大宠多,不可为也”[1]。因此在执政后处处小心谨慎,相时而动。驷氏在与良氏的斗争中取胜后，一族独强，驷氏的嫡支公孙黑一支气焰熏天。面对他们的骄横，子产无可奈何，只得隐忍以待。公元前541年公孙楚（游氏）与公孙黑争妻事件清楚地反映了这一点。郑国徐吾犯的妹妹天生丽质，公孙楚先下了聘礼，公孙黑得知后，又强行下聘，与公孙楚争。慑于公孙黑的势力，徐吾犯不敢得罪他，于是把这件事禀报给子产，请他处理。子产也不敢得罪公孙黑，只好给徐吾犯出主意，让他的妹妹自己选择。为赢得美人的垂青，公孙黑做了一番精心打扮，“盛饰入，布币而出”，而公孙楚则“戎服入，左右射，超乘而出”。[2]徐氏对扭捏作态的公孙黑看不上眼，却对赳赳武夫公孙楚一见倾心。蛮横的公孙黑恼羞成怒，竟然准备以武力杀死公孙楚而夺取美人，结果反而被公孙楚打败。按说这件事的责任全在公孙黑，他却恶人先告状：“我好见之，不知其有异志也，故伤。”[3]郑国大夫都参与了

[1]《左传·襄公三十年》。

[2]《左传·昭公元年》。

[3]《左传·昭公元年》。

会审，最终子产在明明知道错在公孙黑的情况下，反而以“直钧（即理由相等），幼贱（年纪轻的或地位低的）有罪”为借口，把公孙楚放逐出国。子产这样做，并非是软弱，而是为了稳住驷氏的情绪，从而稳定政局，等待时机成熟之后再歼灭之。又过了一年，公孙黑恶贯满盈，准备发动政变。这时，连驷氏其他的支裔也不能再容忍他继续胡闹下去了，“驷氏与诸大夫欲杀之”[1]。当时子产有事在郊外，听说此事后，异常兴奋，生怕赶不上参加除恶，于是快马加鞭而至，派官吏逼杀公孙黑。在剪除了公孙黑这一支后，驷氏的势力大大削弱了。

在如此艰难的环境中，子产并没有放弃努力，他执政之后，对于郑国的内政即着手改革整顿，以期增强郑国的实力，缓解统治危机。

第一项是田制的整理、改革。《左传·襄公三十年》记载此事云：“（子产）使都鄙有章，上下有服，田有封洫，庐井有伍。大人之忠俭者从而与之，泰侈者因而毙之。”用今天的话来讲，就是使城市和乡村秩序井然，自上至下职责分明，田中兴修水利设施，并且清理田地疆界，厘定所应负担的贡赋。在位的大夫，凡是忠于职守生活简朴的，子产即与之亲近；凡是懒惰奢侈的，子产即免其职，以树立良好的风气。总体而言，改革属于对旧有的土地制度加以整理，保留有利于生产的一面，革除不适应时代发展的一面，同时吸收一些当时人们在土地制度方面的创新，把它制度化。子产改革肯定要涉及新旧利益的调整，因而遭到了很大的阻力。在改革之初，不仅贵族向他挑衅，连老百姓也不理解他，到处诅咒子产：“孰杀子产？吾其与之！”改革措施坚持了三年之后，取得了明显的效果，人民又普遍地对子产的改革表示拥护，到处歌颂子产：“我有子弟，子产诲之；我有田畴，子产

[1] 《左传·昭公二年》。

殖之。子产而死，谁其嗣之？”[1]

何以在短短的三年时间里，民众对子产的感情由恶毒的诅咒变为热情的颂扬呢？从人心向背的戏剧性反转中，深刻地警示世人，改革的最终合法性并不在于它是否就范于传统制度，也不在于它符合什么理论、有多少创新，而在于能不能给老百姓带来实际的利益。符合人民利益的改革，即使人民一开始由于认识、习惯等各方面的原因不能理解，甚至有抵触情绪，一旦改革的效果显现，就会马上赢得人民的拥护。如果假借改革之名，侵占老百姓的利益，中饱私囊，是永远不会得到人民的拥护的。

第二项改革是“作丘赋”。这项改革的主要内容是打破国野分界，把原来只有国人才有资格承担的兵役扩大到野人，这样就大大扩大了兵源，符合春秋末期战争发展的趋势。在此之前，国人、野人界限分明，难以逾越。所谓国人，就是指今天的城市居民，而野人则是乡村居民。国人、野人各自享有不同的权利，承担不同的义务。从总体上讲，野人缴纳贡赋，但不承担兵役，也无政治权利；国人则承担兵役，垄断政治权利。子产这次改革，就是要取消国人的特权，促进社会的公平和进步。这必然遭到这部分特权阶层的恶毒反扑，他们到处造谣诽谤子产。面对国人的阻力，子产认定改革的正确方向，毫不妥协，毫不动摇。他大义凛然地表示：“苟利社稷，死生以之。”[2]坚定地把改革推行下去。这种坚持国家利益至上的政治品格，坚定的改革意志，敢于承担责任的改革勇气，不因遭遇险阻而妥协的改革魄力，在中华民族历史上也是少见的。从这一点来说，清代的大学问家王源称子产为“春秋第一人”，绝非虚誉。

第三项改革是铸刑书。子产总结郑国多年来行之有效的法律

[1] 《左传·襄公三十年》。

[2] 《左传·昭公四年》。

条文，将它们铸在鼎上，明白昭示全国，作为治国的大典，一体遵行，使王公贵族的行为受到一定的约束。在此以前，治国所依据的只是不成文法的“礼”，而礼对贵族们来说缺乏强制性。子产的这项改革甚至遭到了友人叔向的反对。叔向在政治上是个理想化的保守主义者，他写信给子产，表示自己的担忧：“民知争端矣，将弃礼而征于书，锥刀之末，将尽争之。乱狱滋丰，贿赂并行，终子之世，郑其败乎？”[1]从历史发展的角度来看，子产铸刑书，以成文的法代替存在于人们观念中的礼，是符合历史发展趋势的，所以子产也不因朋友的指责而改变自己的决心，他给叔向回信说：“侨（子产）不才，不能及子孙，吾以救世也。”[2]表明只要符合当前社会的需要，他不会去考虑数十甚至数百年后的未来。

3. 子产的政治胸襟

在子产执政初期，郑人对他并不信服，常常对当局发牢骚：“郑人游于乡校，以论执政。”[3]这件事惹得郑国大夫然明老大的不快，觉得失了作为“官老爷”的面子，便劝告子产把乡校毁掉。出乎意料的是，子产对及时献忠心的然明并不认同，他告诉然明：“何为？夫人朝夕退而游焉，以议执政之善否。其所善者，吾则行之；其所恶者，吾则改之。是吾师也，若之何毁之？”[4]子产不仅不接受毁掉乡校的建议，反而非常重视人们的牢骚，认为这样可以帮助执政者减少错误，改进执政，表现出政治家非凡的襟怀。

---

[1] 《左传·昭公六年》。

[2] 《左传·昭公六年》。

[3] 《左传·襄公三十一年》。

[4] 《左传·襄公三十一年》。

“防民之口，甚于防川”，物不平则鸣，老百姓有了委屈必然要发泄出来。聪明的执政者会从牢骚中考察政策的得失，纠偏补漏，这样老百姓自然也就不再议论了。齐国有一个典型的例子，齐威王采纳了邹忌的忠告，下诏求谏，连“能谤讥于市朝，闻寡人之耳者”也要赏，“期年之后，虽欲言，无可进者”，燕、赵、韩、魏等国知道后全部向齐国示好，表示服从，取得了“战胜于朝廷”的效果。子产不毁乡校，实则与齐王悬赏求谏有着异曲同工之妙，反映出子产高超的政治智慧、伟大的政治襟怀和十足的政治信心，也反映出他是真正尊重人民的意见，重视人民的利益。孔子听说了这件事后，说：“人谓子产不仁，吾不信也。”[1] 所以郑国能够在子产治理下安定下来，齐国能够在齐威王治理下称霸，并不奇怪。

敢于直面郑人的议论臧否，从批评中寻求自己施政之不足，体现了子产的政治智慧，更凸现了子产的政治信心。子产是为老百姓说话办事的，也坚信自己有能力解决社会发展中出现的问题。

[1] 《左传·襄公三十一年》。

二、晏子：鞠躬尽瘁的“裱糊匠”

晏子名婴，字仲，古代莱国夷维（今山东高密）人，约生于公元前585年，卒于公元前500年。他出身于齐国贵族，其父晏弱为齐国的大夫。晏弱死后，晏婴继其父为齐国大夫，从此登上政治舞台。他历仕齐灵公、齐庄公、齐景公三朝，成为继管仲之后齐国历史上又一位大政治家，是春秋中后期我国历史上一位非常重要的人物。

晏子通权达变，洞明世事，知道什么可为什么不可为，能够因时因事因人制宜，不做无谓的努力，更不做无谓的牺牲。灵公、庄公、景公三位齐国君主，脾气不同，性格各异，而晏子却能“俱顺焉”，应付自如，并且得到三位君主的尊敬。据孔子的总结：“灵公污，晏子事之以整齐；庄公壮，晏子事之以宣武；景公奢，晏子事之以恭俭。”[1]尤其是晏子事齐庄公与齐景公，值得称道。

齐庄公最大的特点是好狠斗勇，又缺乏政治头脑。他继立之后，便与拥立自己的崔杼相勾结，把屠刀挥向与自己有矛盾的公室成员及大臣。在一片刀光剑影中，公室的势力大为削弱，最终形成崔杼专政的局面。他喜欢养勇士，做事不讲规矩，不顾道义，全靠武力摆平。上梁不正下梁歪，在齐庄公的带领下，齐国的勇士仰仗着武力横行无忌，贵族世家也都以好狠斗勇为荣，整个社会风气很快变得乌七八糟。在外交上，他野心勃勃，不度德

[1] 《晏子春秋·外篇重而异者》。

量力，想趁晋国内乱向其盟主的地位发起挑战，与晋结怨。

针对齐庄公荒唐的行为和错误的决策，晏子屡屡进谏，很是扫齐庄公的兴。有一次，齐庄公借酒宴之机，故意表达自己对晏子的不满，当众让晏子难堪。这时晏子意识到对执迷不悟的齐庄公来说，自己的任何努力都不可能有效果。他秉守自己的原则："君子有力于民则进爵禄，不辞富贵；无力于民而旅食，不恶贫贱。"[1]毅然辞掉国家封赐的爵禄财产，徙家隐居于东海之滨，弃富贵如敝屣，做一个自食其力的隐士，过起了田园生活。这样既保全了自己的人格，又避免了在混乱的政局中越陷越深，无谓地卷入到更大的麻烦中去，成为齐庄公荒唐行为的殉葬者。从这一点来说，晏子和孔子所提倡的"陈力就列，不能者止"，"富与贵，是人之所欲也，不以其道得之，不处也；贫与贱，是人之所恶也，不以其道得之，不去也"[2]等立身处世原则在精神上是一脉相通的。

事实证明，晏子还是很有远见的，齐庄公继位不到六年就做了崔杼刀下鬼。齐庄公的继位本来得力于崔杼所发动的一场政变，君臣沆瀣一气，狼狈为奸。他们之所以反目成仇拔刀相向，乃是为了争夺当时一位美人棠姜。棠姜本是崔杼的门客东郭偃的姐姐，她先嫁给了棠公，并生了一个儿子棠毋咎。可惜棠公短命，不幸而死。东郭偃为崔杼驾车前往吊丧，没想到吊丧吊出一段风流韵事。鳏居的崔杼一见棠姜，即被她迷得神魂颠倒。他不顾同姓不婚的规矩，也不顾占卜结果不吉这一古人极为忌讳的事情，执意把她娶到手。

崔杼的府第和齐庄公的宫室比邻，棠姜的美貌很快吸引了齐庄公的目光。齐庄公贪恋棠姜美色，经常出入崔杼家与棠姜幽

[1] 《晏子春秋·内篇杂上》。

[2] 《论语·里仁》。

会。纸里包不住火，这事自然瞒不过崔杼，崔杼又恼又羞，杀心渐起。可齐庄公却自顾风流快活，丝毫没有觉察，甚至还在与棠姜幽会时，顺手拿了崔杼的帽子赏赐给别人，以此来羞辱崔杼。忍无可忍的崔杼终于爆发了，他故技重施，彻底了结了他们君臣之间的恩怨。

公元前548年五月，崔杼称病不朝，实际上是给齐庄公挖陷阱，等他自投罗网。齐庄公不知是计，心中大喜，想着自己好以探病为名去崔杼家与心上人快活一番。谁知棠姜配合崔杼，把齐庄公困在家中，伏兵齐发。这时，齐庄公噬脐莫及，不得已低三下四地想与崔杼讲和，被崔杼无情拒绝；他又请求崔杼让自己体面地死在宗庙里，仍被拒。多行不义必自毙，齐庄公为自己的荒唐行为付出了代价，在一阵乱砍乱杀中，横尸崔杼家中。

晏子得知齐庄公被崔杼弑杀在家中的消息，不顾危险，立即前往崔杼家中哭祭。不少人要求晏子殉难，也有人劝晏子逃走，晏子都予以驳斥，并对君臣关系做了十分精彩的论断：

> “君民者，岂以陵民？社稷是主。臣君者，岂为其口实？社稷是养。故君为社稷死则死之，为社稷亡则亡之。若君为己死而为己亡，非其私昵，谁敢任之？且人有君而弑之，吾焉得死之？而焉得亡之？将庸何归？”[1]

晏子将君主和臣子的职责作了明确的界定，君臣之间的伦理关系，只存在于治国平天下的政治活动中，臣为君殉死，体现的是政治道义和政治责任。除此之外，便没有这类的义务。在这里，晏子还把大臣与私昵区分开来。所谓私昵，就是君主的私人奴仆。大臣对君主负政治上的责任，君主的私人奴仆才对君主的

[1] 《左传·襄公二十五年》。

个人行为负责。在看待君臣伦理关系上，晏子既冷静又理性，保持了大臣人格的独立。

这时，崔杼家的大门打开了，晏子从容而入。

崔杼一见晏子，立即恶狠狠地连声叫嚷："你为什么不死！你为什么不死！"

晏子冷冷说："这起丢人的祸乱埋下祸根时，我不在朝中；最终造成这样的结果，我也毫不知情，我为什么要死？何况我听说，动辄作出逃跑和自杀选择的人是很没有出息的，既不足以匡扶君主，也不足以建功立业！我晏婴又不是整天和君主勾勾搭搭的奴婢，凭什么要我自缢殉死？"

晏子对崔杼的反击非常犀利，指出正是由于崔杼不能事君以道，整天奴才似的跟在齐庄公身边不顾廉耻地邀宠，才导致了这件大祸的发生。作为弑君的罪魁祸首，他崔杼该死；作为齐庄公的私昵，他崔杼也该死；可笑的是，崔杼却口口声声地要别人死。晏子并没有理会崔杼，他脱去了上衣，坐在地上，揽过齐庄公的尸体，放声大哭，从容地祭奠完毕，"成礼然后去"。

在弑杀齐庄公之后，多行不义的崔杼也深感自己的末日即将来临。为了稳固自己的地位，挽救自己的命运，他与庆封合计，将当时齐国的"诸将军大夫及显士庶人"全部劫持到"太宫之坎上"，要挟他们与自己结盟，想通过这种方式来把整个齐国卿大夫的命运和自己捆绑在一起，以增加安全系数。

为了使这次会盟举行得体面、顺利，崔杼特地筑坛三仞，坛下又挖了坑，环列一千多名全副武装的兵丁。所有被逼来参加会盟的人，全被解除武装，就连象征身份的剑也被摘除。凡有不愿结盟的，戟剑齐出，登时让他暴尸坛下。甚至一些人因为说话不够干脆或咬手指没有出血，也被认为诚意不够而横遭杀戮！当权者最愚蠢之处，就是迷信暴力。轮到晏子之时，崔杼已经一连杀了七人。面临生死抉择，"晏子奉杯血，仰天叹曰：'呜呼！崔子为无道而弑其君，不与公室而与崔、庆者，受此不祥！’俯而饮血”[1]。他大义凛然地直斥崔杼之罪恶，对天盟誓，表明自己忠于公室的立场。气急败坏的崔杼一边以“子变子言，则齐国吾与子共之”来诱惑晏子，一边又亮出戟剑，以死亡相威胁。晏子始终不为所动，冷蔑地回应道：“怕了你的戟剑，我算不得勇士；中了你的利诱，我算不得义士！《诗》云：‘恺悌君子，求福不回。’你有本事就来吧！”恼羞成怒的崔杼无计可施，凶相毕露，欲杀害晏子，又怕此举失了国人之心，只得无奈放弃。对于崔杼这种小人行径，晏子临走时还不忘调侃一句：“你做尽了大奸大恶，却对我来点小仁小义，不太合适吧？”说完，掉头不顾，从容而出。晏子的仆人见晏子活着出来，又惊又喜，他担心崔杼变卦，即驾起车狂奔而逃。晏子平静地抚着他的手告诉他不要着急害怕，怕只能表现自己的怯懦，对改变险恶的处境没一点用，还是按正常的节奏来驾车好了。主仆二人“按之成节而后去”，悠悠然归去。

齐庄公死后，崔杼立其弟杵臼，是为齐景公。齐景公是个十足的享乐主义者，他喜好并追逐声色犬马、醇酒美人。孔子对他的评价是一个“奢”字，并批评他说：“齐景公有马千驷，死之日，民无德而称焉！”[2]可见这位花花公子也实在不是治国平天下的料。对于这一点，晏子也心知肚明，从他对齐景公的评价中我们即可看出：“今之君，轻国而重乐，薄于民而厚于养，藉敛过量，使令过任。”[3]故晏子辅佐齐景公，力行节俭，在一定程度上扭转了齐景公的奢侈习气。刘向在《晏子春秋总目》中称赞他：“尽忠极谏道齐，国君得以正行，百姓得以附亲。”晏子的铺

[1] 《晏子春秋·内篇杂上》。

[2] 《论语·季氏》。

[3] 《晏子春秋·外篇重而异者》。

佐使得齐景公在位期间，“诸侯忌其威，而高、国服其政。田畴垦辟，蚕桑豢牧之处不足，丝蚕于燕，牧马于鲁，共贡入朝”[1]，齐国呈现繁荣的治世景象，并得到其他诸侯国的尊重。这不能不说是晏子善于因势利导，能灵活机动地处理政事的功劳。

在三位国君中，晏子辅佐齐景公的时间最长，前后计四十八年，直到晏子去世。文献记载的晏子的事迹，也大多与齐景公有关。这位花花公子出身的国君唯一值得称道的地方是比较能够听得进晏子的劝谏，这也是晏子甘心辅佐他的一个重要原因。齐景公一生喜好声色犬马，行乐无度，而且喜怒无常，动辄以小过杀人。显然，要辅佐这样一位君主并非易事。晏子之所以能够成功，不仅在于他的忠君体国，更在于他的智巧。他善于进谏、巧于进谏，能晓之以理、动之以情，忠言而不逆耳，对于自己所提倡的，总是身体力行，以行动来增强说服力。许多关于他谏说齐景公的故事，被历代奉为进谏的典型。

有一年大雨连绵，一连下了十七天，给齐国人民造成极大的灾难，“坏室乡有数十，饥氓里有数家，百姓老弱，冻寒不得短褐，饥饿不得糟糠，敝撤无走，四顾无告”[2]。但是齐景公仍然日以继夜地饮酒作乐，丝毫不放在心上，为满足自己的享乐欲，还派人巡视国中，罗致善歌的人。晏子忧心如焚，三次恳请齐景公开仓赈灾，都被拒绝。他把自己家里的粮食全部分给受灾的百姓后，便徒步去见齐景公。他首先列举了大雨给齐国人民带来的深重灾难，又拿齐景公“马食府粟，狗餍刍豢，三保之妾，俱足粱肉”[3]的荒淫奢侈生活作对比，然后说：“我身为国家大臣，忝居百官之列，却让百姓灾民受冻挨饿，使君主迷恋享乐，失去民心

---

[1] 《晏子春秋·内篇杂上》。

[2] 《晏子春秋·内篇谏上》。

[3] 《晏子春秋·内篇谏上》。

而不知忧虑，罪过啊罪过。”把所有的罪责揽在自己身上，然后“再拜稽首，请身而去，遂走而出”[1]。晏子以自责的方式，使齐景公幡然醒悟，他赶忙下令驾车追赶晏子，一直追到晏子家中，当面向晏子道歉，倾齐国之“粟米财货”，授权晏子赈济灾民。三日期满，官吏赈灾完毕，晏子随后向齐景公汇报救灾的用度，暗示国计维艰。一向奢侈成性的齐景公听后，也情不自禁地提出要压缩自己的生活开支。晏子又乘机请求齐景公裁减侍从和使君主移情丧志的歌儿舞女，结果三千歌儿舞女被辞退。晏子巧妙地一箭双雕，既赈济了齐国的灾民，又在一定程度上抑制了齐景公奢侈的生活。

晏子的意见大多都能够被齐景公接受，一个很重要的原因在于他自己能够身体力行。通过“齐家”，给治国树立了榜样。他多次劝谏齐景公要节俭爱民，而他自己也正是一个厉行节俭的楷模。晏子生活十分俭朴，吃的是“脱粟之食”与“苔菜”，可谓“食菲薄”，用现在的话说就是粗茶淡饭，素食当家；穿的是“缁布之衣”；上朝坐的是弊车驽马；住的是“近市，湫隘嚣尘，不可以居”[2]的陋仄之室。齐景公派梁丘据给晏子送去华车好马，一连几次，晏子辞而不受。他对景公说：“您让我统理百官，我率先节减衣食，给百官、百姓做榜样，然而还担心他们奢侈浪费而不检点自己的行为。现在华车好马，在上面君主乘坐，在下面我也乘坐，那么百官、百姓不讲礼仪，衣服饮食奢侈而无度，就没办法禁止了。”可见晏子的“倡俭”是治理国家的重要措施，不仅是为了改变齐国奢侈腐败的政风，同时也是为了减轻人民的负担，以安定国家，稳定人心。齐景公多次欲为晏子更换住宅，均被晏子拒绝。他抓住晏子出使晋国的机会，偷偷地给晏子建了

[1] 《晏子春秋·内篇谏上》。

[2] 《晏子春秋·内篇杂下》。

新宅。等晏子回来，新宅已经建成。晏子在拜谢完景公的恩赐后，“乃毁之，而为里室，皆如其旧”[1]，并将因为建新宅而被赶走的邻人重新请回。此外，他还多次辞掉齐景公加封的爵邑和赠送的财物，既为齐国厉行节俭之风树立了楷模，也赢得齐景公的信任。

晏子的智慧，不仅体现在他对齐景公个人生活的影响方面，还表现在他善于利用自己的智慧改善齐国的政治。在齐景公的时代，刑罚严酷，犯点小罪就要被砍去双脚，致使全国到处都是断足的残疾人，百姓对此早已怨声载道。晏子一直想劝说景公改变刑罚，但是一直没有成功。正好有一天，齐景公为了显示自己关心臣子，觉得晏子的家在市场附近，狭小又吵闹，想给他换个宽敞的新住宅。晏子说，我不能搬家，一是这家宅是先人住过的，我对它有感情；二是我靠近市场，可以了解商业行情，再说买东西也方便。齐景公十分叹服，也很感动。问：“你靠近市场，知道什么东西贵什么东西贱吗？”晏子立即答道：“踊贵而履贱。”踊是断足之人穿的鞋子，履是四肢健全人穿的鞋子，踊贵而履贱，那齐国成了什么景象呢？齐景公猛然醒悟，立即下令减轻刑罚。

晏子还善于从小处入手，就近取譬，巧妙地把治国齐家的大道理隐含在日常小事之中，言近而旨远，辞浅而意深，做到忠言不逆耳、良药不苦口。齐景公曾经向他请教，治国最大的隐患是什么。他一本正经地回答：“社鼠！”齐景公大惑不解，心想这可是八竿子也打不着的事情啊！连忙再问道：“先生为什么这么说呢？”晏子见齐景公着了道，便向前一步，恳切地指出真正的症结所在：“社鼠藏身于土木构建的社庙内，火烧不得、水灌不得，要捉住它却总是忌惮破坏社庙。国家也有社鼠啊，这就是托

[1] 《左传·昭公三年》。

身君主左右的佞幸！他们在朝内卖弄权术，排挤良善，无恶不作；在外则依仗权势，横行无忌，为非作歹。诛除他们吧，有君主庇护而难以下手；不诛除他们吧，他们早晚会搞乱国家。不仅社鼠，恶狗也是治国之大患。有一家卖酒的，酒器洁净，广告牌做得也很好，就是酒卖不出去，都放酸了。主人很是不解，问他的邻居是什么原因。他的邻居告诉他是因为他家里有恶狗的缘故。人家去打酒，狗马上扑过去猛咬，谁还敢去呢？不光酒家有恶狗，国家也有。有德有才之士前来拜谒君主，思欲报效，当权用事的那帮人扑过去就咬，这帮人就是国家的恶狗。如果君主左右都是社鼠、当权用事者都是恶狗的话，君主哪能不被蒙蔽？国家哪能没有祸患？”晏子的话虽然是专门对齐景公讲的，但却道出了我国传统集权政治的最大弊端：集国家军政大权于一身的君主，虽然一心望治，但往往都养了一大群社鼠恶狗在跟前，与求治之道南辕北辙。尽管历代忠臣义士谆谆告诫“亲贤臣、远小人”，却少有君主能走出这怪圈。

齐景公有个宠臣梁丘据，此人善于拍马逢迎，整日挖空心思地讨齐景公喜欢。有一次齐景公打猎回来，与晏子在遄台小憩，梁丘据得知后，急忙快马加鞭赶了过来。齐景公望着飞驰而来的梁丘据感慨地说：“只有梁丘据与我是和谐无间的！”晏子大不以为然，说：“梁丘据不过是与君王同罢了，哪里算得上和呢！”

“以先生之见，‘和’与‘同’不一样吗？”

“不一样！和就像调羹一样，水、火、醯、醢、盐、梅来煮鱼肉，下面点燃柴木，由厨师来调配，使各种调料搭配得恰到好处，味道适中。哪一种味道不够就添加，过头了则除掉些。君子吃起来才会可口，心情平和。君臣之间相处就应该这样啊。君王认可的事情，有时也难免存在不合适的，臣下把不合适的地方指出来，来完善君王所认可的事情；君王不认可的事情，有时也含有合理的一面，臣下把合理的一面指出，来帮助君王除掉不合理的；如此才能政治清平而无所抵牾，老百姓就不会起纷争之念。所以《诗》云：‘亦有和羹，既戒既平。鬷假无言，时靡有争。’古代那些圣明的君王，调五味，和五音，就是为了使内心平和，以期政事有成。声与味是同一道理：一气，二体，三类，四物，五声，六律，七音，八风，九歌，相辅相成；清浊，小大，短长，疾徐，哀乐，刚柔，迟速，高下，出入，周疏，相互为用。君子听了，就会内心安定；内心安定，道德就会平和。所以《诗》曰：‘德音不瑕。’现在梁丘据则不然。君王认可的，他也跟着认可；君王不认可的，他也跟着否定。这就像拿水和水调配，谁能去吃？就像琴瑟老是弹一个调，谁乐意听？‘同’所以不好就是这个道理。”

晏子以调羹与奏乐这样习闻习见的事例，深入浅出、鞭辟入里地阐释了“和”与“同”的区别，将治国的大道理寓于其中，劝谏齐景公多听取不同意见，注意提防唯唯诺诺的小人。这样才能实现政治清平、国家和谐。听了晏子的这番宏论高见，齐景公连连点头称是。

晏子以自己的人格魅力和足智多谋为自己赢得了崇高的声誉，史称晏子“三世显名于诸侯”，就连齐景公的“私昵”梁丘据——虽然一向与他不怎么合得来——也不得不佩服他所达到的高度、取得的成就。有一次梁丘据半是艳羡半是妒忌地对晏子说，我怕是到死都赶不上您了！孰料晏子听了，一本正经地对他说：“婴闻之，为者常成，行者常至。婴非有异于人也，常为而不置，常行而不休者，故难及也。”[1]难道你真以为我晏婴是什么高人异士吗？我不过是“常为而不置，常行而不休”罢了！“为者常成、行者常至”，这是晏子成就自己一生功绩的秘诀，也是每一个靠奋斗而成功者的不二法门。那些哀叹命运不济的不得志

[1] 《晏子春秋·内篇杂下》。

者，大半都是从来不检讨自己是否做到了“常为而不置，常行而不休”！

公元前500年，一生忧国忧民的晏子走到了生命的尽头。少了晏子这位“裱糊匠”，齐国更加风雨飘摇，再无人能继续支撑姜齐的统治。晏子死后11年，齐景公薨。齐国公族国、高二氏立公子荼，田乞逐国、高二氏，另立公子阳生，自立为相，从此田氏掌握齐国国政。至此，姜齐已经名存实亡了。至公元前481年，田乞之子田恒（田成子）杀齐简公与诸多公族，另立齐平公，政权则完全落入田氏手中。公元前391年，田和放逐齐康公于海上，自立为国君，完全丧失权威的周王室不得不顺水推舟，册封田和为齐侯。公元前379年，齐康公死，姜姓齐国绝祀。齐国完全转移到田氏手中。

三、“文能附众，武能威敌”的司马穰苴

唐朝肃宗上元元年（760年），正是朝廷举全国之力平定安史之乱的重要关头。这时，统治者急切需要在兵林中树立一尊最高偶像来振奋民众的精神，鼓舞军队的士气，于是，兵学鼻祖姜太公便被推上了“武圣人”的宝座，“追谥太公望为武成王”，地位与“文宣王”孔子相颉颃。同时，朝廷又从历代名将中遴选出“十哲”，进入武成王庙中配享，这意味着武“亚圣”们，也得以际会风云、排定座次了。

春秋后期齐国著名军事理论家司马穰苴很荣幸地入选“十哲”的行列，成为与孙武、吴起、白起、韩信、诸葛亮等兵家风云人物齐名的武“亚圣”。这并非事出偶然，司马穰苴是以其兵学造诣而赢得后人推崇的。当年，他曾以治军的高明和率师逼退燕、晋联军而闻名天下，更以撰写著名兵书《司马法》而惠泽后世，被齐国名相晏婴称誉为“文能附众，武能威敌”。司马穰苴“总文武，兼刚柔”，堪称名将的楷模、兵林的典范。

当然，真正使司马穰苴进入第一流兵学家行列的，并不是他执法如山，立斩违背军纪的监军大臣庄贾的壮举；也不是他用兵如神，迫使来犯敌师望风而逃的手笔。这些固然了不起，但单凭这些，还是不具备配享武成王庙的资格。司马穰苴之所以英名彰显，傲领风骚，根本的原因在于他整理总结了古司马兵法，即所谓“自古王者而有司马法，穰苴能申明之”[1]，并在此基础上构建

［1］《史记·太史公自序》。

起自己新的兵学体系，“号曰《司马穰苴兵法》”。这部兵法，代有传播，到了北宋神宗元丰年间，更被列为“武经七书”之一，颁行于当时的武学，成为将校必读之书。

如果说，《孙子兵法》所体现的是“狭义的军事艺术”，即论述的重心是用兵之法，为实施战争的艺术；那么司马穰苴的《司马法》所反映的就是“广义的军事艺术”，即讨论的命题涉及军事学的各个方面，包括军赋制度、军队编制、军事装备保障、指挥联络方式、阵法与垒法、军队礼仪与奖惩措施等，带有明显的条令条例与操典的性质，为军队建设与战争实施的规则。两者是一种互补的关系，无《孙子兵法》的精妙用兵艺术，打仗便失去了种种悬念、层层变数，就无法“运用之妙，存乎一心”；无《司马法》的规整用兵法则，打仗便没有了一定之规、最后底线，就不能“以礼为固，以仁为胜”。从这个意义上说，司马穰苴的兵学理论与孙武的兵学思想相比，是毫不逊色、各有千秋，彼此都有自己的位置，谁也无法取代对方。这正是司马迁之所以激赏《司马法》，称道其书“闳廓深远，虽三代征伐，未能竟其义、如其文也”[1]的缘由。

司马穰苴的兵学体系博大精深，而有关治军的理论阐述，则是其整个学说中的重要组成部分。它的最大特色，是提出了治军的自身规律，这就是强调“国容不入军，军容不入国”[2]。其根本宗旨，是要区分治军与治国的不同，要清醒地认识到两者虽都沾着一个“治”字，但彼此的差异却是客观的存在，千万不可任意混淆趋同了。在司马穰苴的眼中，国家、朝廷的那一套礼仪规章万万不能搬用于军队；同样的道理，军队的那一套法令条例也不能移植作为治国的工具，两者各有不同的特点和要求：“在国言文

[1] 《史记·司马穰苴列传》。

[2] 《司马法·天子之义》。

而语温，在朝恭以逊……在军抗而立，在行遂而果，介者不拜，兵车不式。”[1]如果统治者心血来潮，混同了两者的区别，那么必定会捉襟见肘、进退维谷，既在治国上捅娄子，又在治军上摔跟头。“军容入国则民德废，国容入军则民德弱”[2]，即如果把军队的管理方法应用于国家、朝廷，民众就会变得暴戾刚狠，温情脉脉的礼让风气就会废弛；反之，倘若将国家、朝廷的礼仪规章贯彻于军队，军人就会变成一群温驯的绵羊，尚武勇迈的精神就会被削弱乃至消失。应该说，司马穰苴的这一观点完全符合军队建设与管理的规律与特点，因此受到后人的高度重视。西汉时期名将周亚夫细柳营军门挡住汉文帝的车驾以整肃军容、严明军纪的做法，就是借鉴“国容不入军”思想，并高明地应用于治军实践的一个显著事例。无怪乎，汉文帝不仅不以周亚夫的举动为忤，反而是满心喜欢，一再褒扬周亚夫是顶天立地的“真将军”了！

“国容不入军，军容不入国”，语言虽然朴素平白，但是却蕴含着深刻的哲理。司马穰苴道出的不仅是治军的基本要领，更是朴素辩证法的精髓。司马穰苴区别矛盾、不同对待的思想方法，始终在为人们提供着智慧的启迪和文化的借鉴。所以说，尽管司马穰苴在历史上的名声远远不及号称“百世谈兵之祖”的孙武，但是就思想的深刻性而言，他可是一点也不逊色于孙武。

[1] 《司马法·天子之义》。

[2] 《司马法·天子之义》。

四、“亚父”伍子胥的尴尬

春秋时期的南方诸侯列国——吴、楚、越等国，类似专制集权统治机制比较早地建立并开始运转，于是屠戮功臣以巩固君主集权的行为也开风气之先，早早粉墨登场了。楚国成得臣（即子玉）、子反不得善终，吴国伍子胥衔恨而亡，越国文种大夫一命呜呼，都是典型的事例。

这里，我们仅说伍子胥。

公元前6世纪初爆发的吴楚战争，伍子胥和孙武一样，是吴国大破楚军、高奏凯歌的主要功臣。为了夺取对楚战略决战的决定性胜利，伍子胥向吴王阖闾提出了“疲楚误楚”的战略指导方针，将吴军分为三支，轮番出击，骚扰楚军，麻痹敌手，创造战机，置敌于死地。

这一方针为阖闾欣然采纳，并在具体的军事行动中被坚决地贯彻落实。这样六年时间实行下来，吴军先后袭击楚国弦、豫章等战略重地，使得楚军疲于奔命，斗志沮丧，士气低落。同时，吴军这种虚虚实实、打了就跑的做法，也给楚军造成严重错觉，误以为吴军的行动仅仅是武装骚扰而已，因而忽略了吴军这些“佯动”“捣乱”背后所包藏的大“祸心”，放松了应有的警惕，到头来终于栽了大跟头。

等各方面条件成熟后，伍子胥与孙武等人一起，捕捉时机，辅佐阖闾指挥吴军于公元前506年全面发起著名的柏举之战，正确选择有利的进攻方向，“以迂为直，以患为利”，“攻其无备，出其不意”，迅速穿越大隧、直辕、冥厄三关险隘（均在今河南信阳一带），实施远距离的战略奇袭，乘隙蹈虚，风卷残云，重创楚军，五战五捷，一举攻占楚国政治、经济、军事、文化中心——郢都（今湖北江陵）。入郢之战被著名历史学家范文澜先生称道为“东周时期第一个大战争”，它使得吴国一举击败多年的老对手楚国，给长期称霸、顾盼自雄的楚国以十分沉重的打击，从而在很大程度上改变了春秋后期的整个战争格局，为吴国的进一步崛起奠定了坚实的基础。此后，伍子胥又辅佐阖闾之子夫差，在反击越国进犯的夫椒之战中，统率吴军长驱直入，连战连捷，杀得越军溃不成军，几近亡国。

可是，伍子胥在“西破强楚”“南服越人”战争中的卓越贡献，在辅佐阖闾父子过程中的全身心投入，并没有给他的人生历程带来好运。夫椒之战后，由于在是乘胜灭越还是北上伐齐的战略方针选择上，伍子胥与夫差存在着尖锐的分歧，更由于夫差本人目空一切、刚愎自用，对伍子胥的战功怀有潜意识的妒嫉和防范心理，夫差对伍子胥渐渐萌生了过河拆桥、卸磨杀驴的心思。当他看到伍子胥始终坚持南下灭越的初衷，知道伍子胥与齐国重臣有友好交往的消息时，不禁怒火攻心，气不打一处来，遂下决心诛杀伍子胥这位吴国兴盛的第一号功臣，派人给伍子胥送去属镂之剑，逼他自尽。

伍子胥手捧属镂之剑，回想自己一生的坎坷经历，念及辉煌功勋带给自己杀身之祸，不禁悲从中来，涕泪滂沱，他沉痛地对下属说：“我死之后，一定在我的墓上种植梓树，使其可作棺木以埋葬吴国；再挖出我的眼睛，将它悬挂在吴都东门之上，让我能看见越寇灭亡吴国的一幕！”说罢，挥剑割喉，气绝身亡。一代英豪终于做了君王“卸磨杀驴”的牺牲品。

夫差听说了伍子胥的临终遗言，更是怒不可遏，他一不做二不休，干脆派人取来伍子胥的尸身，盛之以革囊，抛入滔滔不绝的江水之中，以解自己的心头之恨，使得这幕悲剧更带上一则凄

伍子胥像（明万历《三才图绘》刻本）

惨的“尾声”。

伍子胥之死，当然是一出悲剧，这场悲剧的发生，主要责任无疑该由吴王夫差来负。然而伍子胥在这中间也不是没有问题，他的处事方式，尤其是他的性格，至少在他与夫差的矛盾激化中起到了催化剂的作用。

伍子胥自然极有才干，深富韬略。当年伍氏遭遇灭门之祸时，伍子胥识破楚平王传召的险恶用心，没有像兄长那样犯傻回郢都自投罗网，而是选择了辗转出逃，使楚平王的斩草除根计划未能得逞。这种在生死关头的沉着、冷静，是成就事业的基础、战胜挑战的本钱，可见伍子胥在政治舞台亮相伊始，便是一个极有主见和远略的非常人物。

春秋时期大臣出奔是很常见的事情，但是对出奔目的地的选择，却能反映其人的政治智慧与斗争韬略的高下。伍子胥没有逗留齐、晋等大国，也不曾漂泊于郑、宋等小国，而是选择了南方的吴国，实在是高明之至。因为他懂得齐晋等大国有的是各类人才，物以稀为贵，多了便不值钱，在能人扎堆的那里，自己想要立马脱颖而出、出人头地可是老大不容易，所谓“宁为鸡口，不为牛后”，去齐、晋实在不是上策。宋、郑等小国倒会热情欢迎自己去投靠，做点努力谋个一官半职也大有机会，可是这些国家都小了一些，根本不能成为楚国的对手，其主观上也丝毫没有向楚国叫板的胆量，自己去了那里不等于是白白忙活一场？父兄之仇又是猴年马月可以报得！所以，郑、宋等小国也不会成为自己考虑投奔的选项。强大起来的吴国必然会与近邻的楚国发生利益的冲突，双方对江淮流域的争夺是不可避免的。所以，自己要报父兄被杀之仇，必须借助于吴国之手；而吴国要削弱楚国实力，取代楚国成为南方霸主，也必然离不开自己的帮助，必须借助于自己的智谋。双方之间合则双赢，这个注，值得下。

战略的核心是预判战略形势，在多种可供选择的行动方案中选定最合理的方案。伍子胥作出了正确的选择，证明他无愧为不世出的谋略大师、战略学家。至于破楚之后吴国新的战略主攻方向的选择，伍子胥的识见和判断也是完全正确的。当时，吴国要谋求进一步的发展，就必须在“南服越人”和“北威齐晋”两个方向中作出正确的选择，区别主次轻重，循序渐进，以避免两线作战，陷于战略上的被动地位。

很显然，伍子胥是最坚定的“南进”派。他认为，齐、鲁等国对吴国来说，不过是“疥癣”之疾，不足畏惧：“夫齐、鲁譬诸疾，犹疥癣也，岂能涉江、淮而与我争此地哉。”[1]反之，越国则是楚的盟国，长期以来为虎作伥，同吴国对着干，兵锋咄咄，得寸进尺，有亡吴之心，实乃吴国的心腹大患。吴国只有首先彻底打败越国，才能国基永固，霸业有成。总算苍天保佑，吴军在夫椒之战中大获全胜，此时灭越，有如探囊取物，不费吹灰之力。伍子胥自然不愿错过这样的良机，所以坚持“宜将剩勇追穷寇”，要求夫差当断则断，把灭越大业进行到底。因为他心里十分明白，越王勾践不是等闲人物，其左右股肱范蠡、文种更不是省油的灯，眼下越国虽然遭受严重挫折，但是只要其一息尚存，就有可能死灰复燃，卷土重来，所以不能不一鼓作气，乘势一举灭亡它，绝不能留下后患。另外，他认为灭亡越国还可以确保他日吴国北进时没有后顾之忧，避免出现两线作战的被动局面，从战略角度考虑，灭越是当务之急。

伍子胥的意见没有错，他对吴国的忠诚也毋庸置疑，可是他的好心没有得到好报，正确的主张未被采纳姑且不说，甚至连自己的性命也给搭了进去，最终酿成了悲剧。个中缘由就不能不联系到他的性格弱点和处事方式了。

---

[1]《国语·吴语》。

从有限的史料记载来看，伍子胥的性格特征是刚强有余，圆通不足。他疾恶如仇，秉正而行，这固然有值得肯定的地方，可是过于执着，有时难免不识时务、僵硬固执，把明明是正确的意见或做法异化为不合人情、不可理喻的言行，引起旁人的反感，惹来不必要的麻烦。这一点在他攻入郢都后的许多做法上有鲜明的反映。在双足踏上郢都土地的那一刻起，伍子胥就像疯了似的实施最坚决的复仇。他这样做，不是没有一点道理的。父亲和兄长惨死在楚王的斧钺之下，自己则被迫背井离乡，四处逃亡，历尽人间的沧桑，尝遍不幸的苦酒，家仇如山，身恨似海，让人日夜衔思，怒火填膺，唯求手刃仇人，报仇雪恨。如今苍天有眼，青山作证，自己终于以胜利者的身份踏上这片洒满泪血的土地，让人百感交集，万般慨然。回想起当年的遭遇，他不禁怒火中烧。悠悠万事，唯此为大，那就是彻底复仇，一泄心头之恨。

孔子说“以直报怨”，伍子胥不是不该复仇，问题是复仇的方式应该按常理出牌，符合一般人的思维习惯与行为方式，这才能够得到局外人的理解和认可。最高的原则，便是一切要适可而止、见好便收，切忌忘乎所以、失去方寸。按这个原则，伍子胥显然做过头了：统领士兵掘开楚平王的坟墓，亲自鞭尸三百，并且“左足践腹，右手抉目”，大骂平王以泄愤恨，这的确是不顾社会舆论与影响、只图一时痛快的行为，是典型的仇恨与怨忿蒙蔽理智的结果，很难为他人所谅解和接受。当时就有人对伍子胥的鞭尸事件提出批评和质疑，可兴头上的伍子胥哪里听得进去，反而用“日暮途穷”可以“倒行逆施”的理由为自己进行辨解，这无疑是强词夺理，错上加错。

以伍子胥这样果决刚毅的个性，与同样是刚愎自用的吴王夫差凑合在一起，双方的隔阂与冲突乃是可想而知的。

更糟糕的是，伍子胥是和阖闾同辈的人，在夫差朝中是典型的前朝元老。对于夫差，他恐怕是以子侄视之，扮演的是“亚父”的角色。而事实上，“亚父”的角色是最不容易扮演的，尤其是在自己很有主见和才干的子侄跟前，若是真的把自己当作一回事，喜欢端起架子倚老卖老、指指点点，那么受后辈的冷落甚至恚恨实在是迟早的事情。

夫差尊重伍子胥不假，但是这并不意味着伍子胥可以自说自话、我行我素。夫差毕竟是成人，又打了像夫椒之战这样的大胜仗，正踌躇满志、不可一世呢，可是伍子胥偏偏倚仗自己的功勋与资格，要对夫差的北上争霸计划说三道四，要求夫差像孩子一样听信顺从他的意见。这当然会让夫差感到很没有面子，心中的恼怒与抵触是可想而知的，只是碍于情面，没有马上发作而已。如果说，伍子胥发表意见前，夫差还游离于南下或北上的两难选择的话，那么，经伍子胥一激，他此时恐怕反而真的下了决心：就不听你的唠叨多嘴，你越是主张南下灭越，那我就不信这个邪，偏偏要北上中原，与齐、晋等大国周旋一番，看看在吴国究竟是谁做主人，谁说话算数！这样一来二去，伍子胥自然被边缘化了，甚至连生命都处在了危殆的境地。

其实，我们可以设想一下，如果伍子胥性格上稍稍圆滑一些，让自己南下灭越的主张，借其他人之口说出来，自己不做出头椽子，或者干脆正话反说，故意去逢迎夫差的北征计划，倒有可能会使夫差临事而惧，变得犹豫疑惑起来，以至于最终放弃这种战略上明显存在漏洞的选择。可“亚父”型的伍子胥迫不及待掺和了进来，便使得事情愈发复杂化，完全走向了他初衷的反面。

伍子胥将儿子托付给齐国鲍氏抚养的行为，更使他的死期加速到来。所谓狡兔三窟，给自己找个退路的做法本来无可厚非，可是在君臣关系已十分微妙的情况下再这么做，却等于是横生枝节、火上浇油。托子举动使夫差坐实了对伍子胥建议灭越、反对伐齐动机的怀疑。在夫差看来，伍子胥这么做，是“怀有贰志”

的，他的“窟”就营造在即将征伐的敌人地盘上，这实在是“是可忍，孰不可忍”。谁知道伍子胥聪明一世，竟会如此糊涂一时，他死在属镂剑下，的确是无可奈何的事情。

伍子胥是典型的性情中人，“强梁”是他的显著性格特征，可哲人老子早就说过，“强梁者不得其死”，伍子胥的性格早已埋下了“不得其死”的根子。同时，伍子胥是元老，是“亚父”级人士，对这类人来说，在新的主子面前，最好的处事方式是遇上矛盾绕着走，碰上难题三缄口。孔子说“不在其位，不谋其政”，又说“君子思不出其位”。伍子胥呢，以他特殊的背景，则应该更进一步，做到“在其位，不谋其政”，这样才有可能与雄心勃勃、刚愎自用的夫差相安无事。

然而，伍子胥毕竟不同于后世的“长乐老”冯道，他不但要“谋其政”，而且有越俎代庖的嫌疑。这如何能让夫差舒坦？如何能让夫差容忍？双方的彻底决裂是无法避免的事情。等到伍子胥将儿子托付给齐国鲍氏的秘密被揭露，这时候伍子胥再是聪明，再是能干，也是百口莫辩，只能一败涂地了。

第七章

百家争鸣：中国思想史的黄金时代

老子、孔子、庄子、孟子、墨子、韩非子……礼崩乐坏剥去他们思想上旧的条条框框，也给他们提出了时代的新命题。那是个令人恐惧的战乱时代，也是个令人神往的思想争鸣的时代……

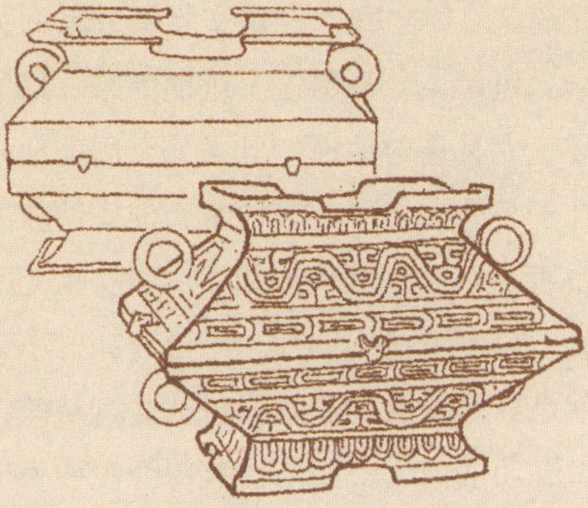

一、道家的“双子星”

1. 老子：冷酷的理性主义者

真正的智者是寂寞的，那是因为他的思考，世上鲜有人能够理解。他静静地观察着这个世界，思考着这个世界，当他对这个世界绝望时，便骑着青牛，西出函谷关，飘然而去，留下谜一般的五千真言——《道德经》，还有他谜一般的身世……

这个人就是老子！

据司马迁《史记》记载，老子姓李名耳，字聃，故又称老聃，是楚苦县厉乡曲仁里人。他曾经做过周王室的“守藏室之史”。所谓“守藏室”，据司马贞的解释，乃是周王室的藏书室，大概相当于今天的图书馆兼档案馆。正是因为这个原因，老子对周朝的典章制度、礼乐仪式很是熟悉。孔子入周问礼，拜访的主要对象就是老子。这次会面大概发生在公元前530年至公元前522年之间，也是文献留下来的关于老子事迹的少数记载之一。可是，老子对这个远道而来、好学深思的学生并不十分感兴趣，尤其是对他那一肚子关于周朝礼乐制度的问题。满腔热情的孔子被兜头浇了一瓢冷水，他想请教的问题老子连回答的兴趣都没有，只是淡淡地告诉他：“你所谈到的那些人早已成了冢中朽骨，只剩下他们的片言只语还在好事者中流传。我所能告诉你的就是，君子遇到了好时机就居官从政，不得志则随遇而安。我听说高明的商人都把自己装得像没钱人一样，道德修养高深的君子看起来就像庸人一般。去掉你身上的那些骄气和各种各样的想法

老子骑牛图（明代张路绘）

吧，去掉你那些迎合的神色和空头的志向吧，这些都对你没有任何好处。”孔子听了，虽然没有得到自己想要的答案，却不能不为老子那些富有洞察力的人生见解所折服，回去对弟子喟然长叹，把他与老子的这场会晤作了个生动的比喻：“鸟，我知道它能飞；鱼，我知道它能游；兽，我知道它能走。在地上走的，可以捕之以网；在水里游的，可以钓之以钩；在天上飞的，可以射之以弓。至于龙，我就不知该拿它怎么办了，只能眼睁睁地看着它乘着风云遨游天上。我今天拜会了老子，他就像那见首不见尾的神龙啊！”这时的孔子只有三十余岁，虽然他自称“三十而立”，但其学识显然与学术思想已臻化境的老子不在同一层次上。老子对人生和世界所作的深层次的思考，已超出涉世未深的孔子的思想层次。但天纵之圣的孔子很快领悟了老子的教导，于是禁不住对老子的睿智和洞察力惊叹连连了。

除了这次会面外，司马迁所记载的老子的事迹，就只剩下西出函谷关而隐居了。老子在周王室长期担任守藏史，见周王室日益没落，以周王室礼乐所维系的秩序日益崩溃，天下将陷入大乱，看不到太平的希望。而已经衰落到二等诸侯国地位的周王室内部却纷争不已，忙着争权夺利，演出一幕幕闹剧。一丝绝望的情绪爬上老子的心头，并很快蔓延开来。于是，他决定离开这是非之地，骑上青牛飘然西去。当他来到函谷关时，守函谷关的官员尹喜远远地望见老子，便知道他非凡人。当尹喜听说老子将西去隐居时，便请求他著书，使自己的学说泽被后世，于是就有了玄妙幽深的《道德经》五千言。据说老子因为修身养性而活了一百六十多岁，还有人说他活了二百多岁，这些都无法考证清楚了。这就是老子的生平事迹。

号称信史的《史记》，却在《老子韩非列传》中又列了另外两个老子的候选人：楚国人老莱子和周太史儋。可见，在司马迁那个时代，人们对于老子的身世已有争论。老莱子，也是楚国人，也曾经著书十五篇，阐释道家学说，与孔子同时，其实也基本与老聃同时。这位老莱子还是“二十四孝”故事中“彩衣娱亲”的主人公。据说他乃春秋时期楚国隐士，为躲避乱世，隐居于蒙山南麓，自耕自种，自给自足。他非常孝顺父母，在有限的条件下，尽量挑拣美味供奉双亲。更出格的是，他年届七旬仍不言老，为博父母开心，常常穿“五色斑斓”的童装，在父母面前“为婴儿戏”。有一次他在父母居所取水，故意跌倒，像婴儿般啼哭，目的竟然是为博取父母一笑。

那么，这位老莱子为什么会被司马迁写入《老子韩非列传》中，作为老子的候选人之一呢？这是因为在当时老莱子极有可能也被称为老子，他的名字当是老莱，不是老莱子。那时人们对于有道德有学问的人，总是尊称为“某子”，一般不称“某某子”，就如同今天称“某先生”而不称“某某先生”一样。所以孔丘称孔子而不称孔丘子，孟轲称孟子也不称孟轲子。老聃可称老子，老莱自然也可称老子。何况这位老莱也非寻常人物，乃是有名望有著作的大隐士。司马迁在《史记·仲尼弟子列传》中称：“孔子之所严事：于周则老子；于卫，蘧伯玉；于齐，晏平仲；于楚，老莱子；于郑，子产；于鲁，孟公绰。”所谓“严事”，就是恭敬对待的意思，连孔子都尊重的人物，称作子是绝对不过分的。后来之所以改称老莱子，原因倒要算到那位周王室的守藏史老聃身上。他的名声过大，著作流传又广，于是“老子”便成了他的专称。为了与老聃区别，名望差了许多的老莱只好改称老莱子。这与韩非由韩子改称韩非子的情况是一样的。唐之前，韩非是被称为韩子的（见《汉书·艺文志》），但韩愈横空出世后，也称韩子。后来，韩愈的地位被后人越抬越高，至苏轼竟然称他“文起八代之衰，而道济天下之溺”，于是韩子遂成了韩愈的专称，只好委屈韩非改称呼了。司马迁既然将楚的老莱子与周的老聃并列为孔子所敬重的人物，便可知他早就认定了老莱子不是

《老子韩非列传》的传主。把老莱子列入，前面加“或云”两个字，分明是出于谨慎，疑则传疑，表明那时有此一说而已。

至于另一位候选人周太史儋，其实也不可能是老子。一则他后于孔子一百余年，与《礼记》等诸多典籍所记载的“孔子入周问礼于老子”不合；二则据《史记》记载，他曾经西入秦国会见秦献公，而那时《老子》一书已比较流行了，《老子》若果然为周太史儋所著，不可能甫一成书就流传开来。所以司马迁在写到周太史儋时，说“或曰儋即老子，或曰非也，世莫知其然否”，来表示以周太史儋为老子，只是当时的一种推测。司马迁的父亲司马谈曾“习道论于黄子”，是老子学说的传承者，所以应该说司马迁对老子的人选是心中有数的，那就是周之守藏史老聃。

其实，有争议的不仅是老子本人，连其著作也同样充满了争议。《老子》，又名《道德经》，通行本全书共八十一章，五千余字，分为“道经”和“德经”上下两篇。关于《老子》的成书年代，以梁启超、冯友兰、范文澜为代表的许多著名学者认为是战国，而胡适、郭沫若等则维护成书于春秋末期的传统说法。更有甚者，以顾颉刚为代表的古史辩派认为老子乃捏造的人物，《老子》一书成书于秦汉时期。其实，传统的说法未必有问题，郭店楚简的出土，使那些坚持《老子》为战国或秦汉时期成书的论点不攻自破。

其实，判断典籍的真伪，有一个可靠而又简洁的方法，那就是拿同一时期的典籍对比，看其行文是否相似。一般而言，一个时代有一个时代的文风，这文风或因作者的学养、性格不同而有差别，但却难以摆脱共同的时代痕迹。大家只要拿汉代的文章与唐宋的文章稍加对比，就可以明了这看似玄而又玄的时代痕迹是怎么一回事了。真正成书于春秋末期的，还有一本旷世经典《孙子兵法》。我们把这两本典籍稍加对比，就会发现一个有趣的现象：《老子》全书八十一章，《孙子兵法》全书八十二章；《老子》

湖北荆门郭店楚简《老子》

全书五千余字，《孙子兵法》全书也五千余字；《老子》多四字短句，近于韵文，《孙子兵法》也是如此。这一对比就会发现，两者从行文到篇章结构，相似之处颇多，应是同一时期的作品。所以我们完全可以大胆相信，《老子》是春秋时期的元典，虽然个别地方可能遭到了后人的窜改。

在中国，《老子》历来以玄而又玄、不易读晓而著称。其实《老子》难读，不仅是语言问题，更是思维层次的问题。“天地不仁，以万物为刍狗；圣人不仁，以百姓为刍狗”，这两句话，孔子一生都没弄明白。至于自认为能和老子接轨的韩非，写成了《解老》《喻老》，简直是以管窥天、以蠡测海，把老子对世界的思考、对社会的洞察、对人生的感悟，大半庸俗化成政治上钩心斗角的东西。不过我们也不能说韩非就完全不对，就把老子阐述的哲理转化为具有实用价值的政治技巧而言，他确实是个高手。

《老子》一书虽然仅仅五千余字，内容却非常丰富。要而言之，可以分为三个方面：道与世界、道与社会政治以及道与人生。古人大多看重的是他对纷纭复杂的社会现象和芸芸众生的洞察，把它庸俗化为“君人南面之术”。应该说《老子》一书中确实包含这些东西，但绝不止于这些东西。它的不足之处，也是中国学术普遍的缺陷，那就是多以感悟的形式直下断语，一来缺乏严密的论证，致使每一个结论都停留在假说阶段；二来没有构成完备的体系，跟着灵感走。这两点不足也制约了中国学术的进一步发展。此后的两千多年，学者们皓首穷经，却再也无法突破春秋战国时画下的框架。

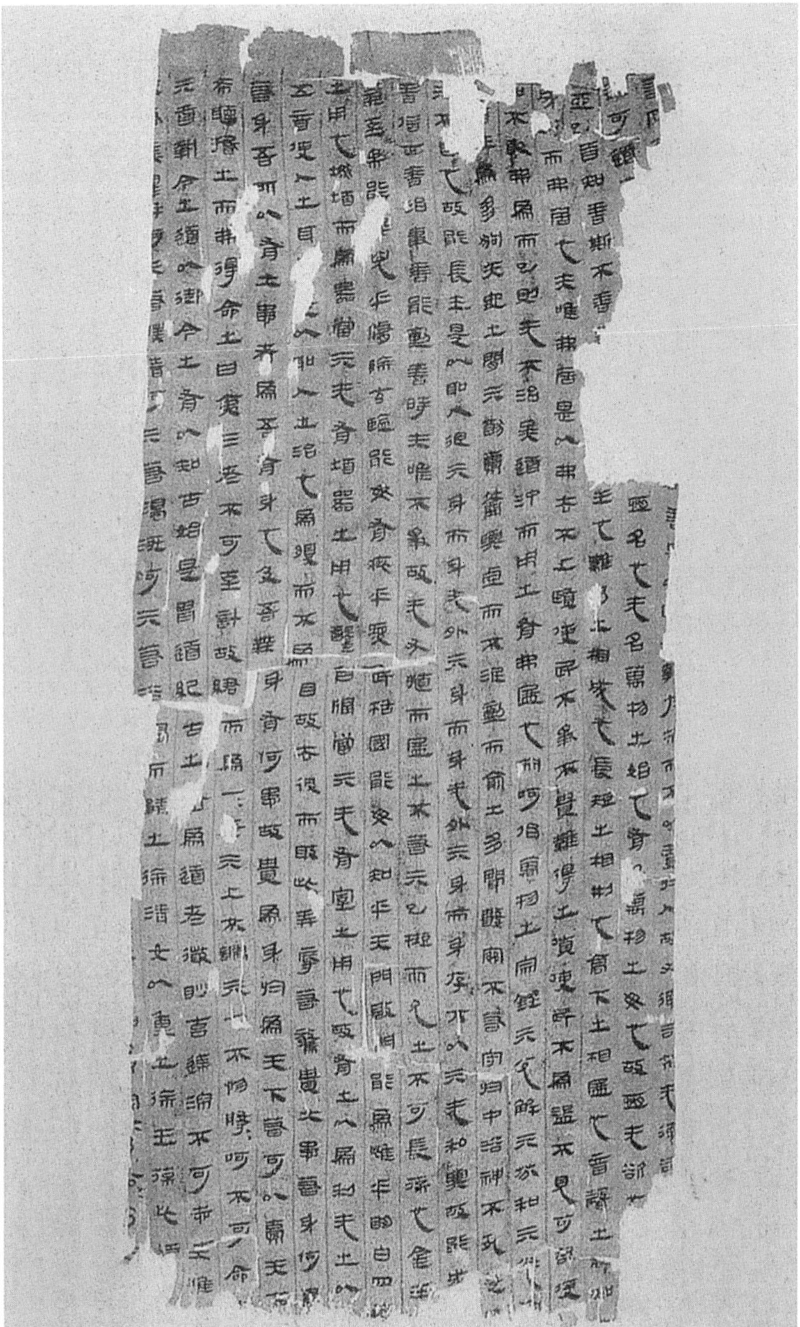

湖南长沙马王堆帛书《老子》

（一）道与世界

《老子》一书，提出了世界本源的问题，这在中国学者中尚属首次。《老子》第二十五章云：

> 有物混成，先天地生。寂兮寥兮，独立不改，周行而不殆，可以为天下母。吾不知其名，字之曰道，强为之名曰大。大曰逝，逝曰远，远曰反。故道大，天大，地大，王亦大。域中有四大，而王居其一焉。人法地，地法天，天法道，道法自然。

在老子看来，“道”是先天地而生的，且永远不变、永远不停地运行着，是“天地母”。他又说“道生一，一生二，二生三，三生万物”，万物都是道衍生出来的。道对于人来说虽然恍恍惚惚、若有若无、不可琢磨，却是无处无时不在起作用的。道是“常无为而无不为”的，“万物恃之以生而不辞，功成而不名有。衣养万物而不为主”。那么，道到底是个什么东西呢？在老子看来，“道之为物，惟恍惟惚。惚兮恍兮，其中有象。恍兮惚兮，其中有物。窈兮冥兮，其中有精”。人只能模模糊糊地体认道，而绝不可能完全把握它。“视之不见名曰夷，听之不闻名曰希，搏之不得名曰微”，“夷”“希”“微”，正是道的特征。不少学者为老子所谓的道是物质的还是精神的争得不可开交，其实老子本人根本没有说也不想说道是什么，更谈不上把道当作物质或精神来描述阐释了。道只是老子思考、体认的对象，至于他本人是否真正完全准确地体认了道，老子也是没有把握的。也许老子认为自己也没有真正体悟到道，因为在他看来，道本来就是不可能被完全体认的。所以我们看到老子用来描述道的语言，都是“惟恍惟惚”“恍兮惚兮”“吾不知其名，字之曰道，强为之名曰大”之类模模糊糊、玄之又玄的语言，令人捉摸不透。殊不知这模糊性也正是精确性所在，因为老子本人对道的体悟，就是模模糊糊、缥缥缈缈、难以言语的。而那些挖空心思硬把唯物主义或唯心主义的帽子给老子扣上的所谓专家学者，又何其可笑也！

《老子》开篇云：“道可道，非常道；名可名，非常名。”这句话实为理解老子全书的枢纽。历代注释者大多解释为：道一旦被描述出来，就不是道本身了。其着重强调的是“言意之辨”，也就是语言能否准确地传达思想。连庄子也未能免俗，他在《庄子·天道篇》对老子的这句话作了发挥：

> 世之所贵道者，书也。书不过语，语有贵也。语之所贵者，意也，意有所随。意之所随者，不可以言传也，而世因贵言传书。世虽贵之，我犹不足贵也，为其贵非其贵也。故视而可见者，形与色也；听而可闻者，名与声也。悲夫！世人以形色名声为足以得彼之情。夫形色名声，果不足以得彼之情，则知者不言，言者不知，而世岂识之哉！

庄子的这段话，大意是：人因为看重道而看重记载道的书，却不知书记载的只是语言，而思想是不可以通过言语表达的。推而广之，你看到的形也好色也罢，你听到的名也好声也罢，都不足以让你了解事物的实情。接着，他又举了“轮扁斫轮”的故事来佐证这一观点：

> 桓公读书于堂上，轮扁斫轮于堂下，释椎凿而上，问桓公曰：“敢问公之所读者，何言邪？”公曰：“圣人之言也。”曰：“圣人在乎？”公曰：“已死矣。”曰：“然则君之所读者，古人之糟魄已夫！”桓公曰：“寡人读书，轮人安得议乎！有说则可，无说则死！”轮扁曰：“臣也以臣之事观之。斫轮，徐则甘而不固，疾则苦而不入，不徐不疾，得之于手

> 而应于心，口不能言，有数存焉于其间。臣不能以喻臣之子，臣之子亦不能受之于臣，是以行年七十而老斫轮。古之人与其不可传也死矣，然则君之所读者，古人之糟魄已夫！”

正在堂下做车轮的工匠轮扁见齐桓公在堂上读书，便走过去，以自己教儿子做车轮的经验教训告诉齐桓公，他读到的都是古人的糟粕，因为精髓的东西是“可意会而不可言传，可神通而不可语达”的。

庄子所作的发挥显然偏离了老子的本意。老子首先承认道是“可道”的，思维是可以被语言传达描述的，只是描述出的道已非固有之道。庄子则干脆认为语言不能传达道，道成了完全“不可道”的东西了。倒是孔子与老子的观点更为接近，他在为《易》作注解时曾经感慨：“书不尽言，言不尽意。”不是不可道，只是不能尽道而已。

其实，“道可道，非常道”这句话至少还应包含以下两层含义。首先，道之所以可道，可以被描述，乃是因为道可以被体认。人只有体认了道，才有可能用语言去描述它。其次，在老子看来，作为个体的人又无法完全体认道，所以每个人理解的道、说出的道都非“常道”，然而又都是道，并不是说非道。这是老子的高明之处。所以老子又说：“古之善为士者，微妙玄通，深不可识。夫唯不可识，故强为之容。”所有关于道的描述，都是不得已勉强为之，不可能说得很透彻，也不可能说得恰到好处。

道无处不在，无时不在起作用，那么道是怎样起作用的呢？老子认为道的作用有以下几个特点。“道冲，而用之或不盈。”“冲”即虚，“不盈”即无穷无尽，道看起来好像虚无、不存在一样，但它却起着无穷无尽的作用。“反者道之动，弱者道之用。”“反”即返，道的运动规律是向着对立面转化，并且循环往复，是故“曲则全，枉则直，洼则盈，敝则新”。“曲”是部分的意思，一部分最后会发展成整体，弯曲的最后会伸直，洼地最终会被填满，旧的结束就是新的开始。道发挥作用的主要体现，是弱胜强、柔胜刚。是故“天下莫柔弱于水，而攻坚强者，莫之能胜”，正是“弱者道之用”的体现。这些高深的道理，都是老子从类似的日常现象中体悟到的。“道常无为而无不为”，道看起来仿佛什么作用都起不到，其实天地万物的运动发展都深受道的影响。

老子认为，道不仅是天地万物的本源，还是知识的本源。所谓“人法地，地法天，天法道，道法自然”。人的一切知识，都来源于对地的体悟模仿，地则效法天，天则效法道，而道效法它本身。“自然”并非我们现在所说的自然界，而是指道的自然而然的状态。知识来源于哪里？这是许多古人关心的问题。孔子在为《易》作的“系辞”中也持相近的看法：“是故天生神物，圣人则之；天地变化，圣人效之；天垂象，见吉凶，圣人象之；河出图，洛出书，圣人则之。”只不过孔子认为知识来源于天地神物，是圣人对天地神物变化的体悟与模仿。

老子还看到整个世界的是对立统一的，也是相对的。“天下皆知美之为美，斯恶矣；皆知善之为善，斯不善已。故有无相生，难易相成，长短相较，高下相倾，音声相和，前后相随。”大家一旦形成美的观念，那么也就同时产生了丑的标准；一旦形成善的观念，同时也产生了不善的标准。无有则无所谓无，无难则无所谓易，无长则无所谓短，无高则无所谓下，有了单声的概念才能区分什么是合音，有了前才有所谓的后。

从哲学的意义上来讲，老子对世界的思考是中华民族传统文化中极有价值的部分。所以，老子在看重哲学思辨的西方学界赢得广泛的赞誉，黑格尔、海德格尔等西方哲学家无不服膺于老子闪光的哲学思想。在他们的眼中，老子的地位要远远高于只有“一大堆道德说教”的孔子。

（二）道与社会

《汉书·艺文志》云："道家者流，盖出于史官，历记成败存亡祸福古今之道，然后知秉要执本，清虚以自守，卑弱以自持，此君人南面之术也。"这是关于老子对社会思考的最好总结。老子是一位冷静的理性主义者，他对社会政治规律的把握——在他看来是道在社会政治中的体现——达到了惊人的高度。今天我们在重温他那冷峻而富含哲理的观点时，不免一边赞叹一边唏嘘。

"天地不仁，以万物为刍狗。圣人不仁，以百姓为刍狗。"这是老子关于社会的最基本理念。老子体悟到天地只是按照自己的规律日复一日年复一年地运行，一任大自然花开花落、云聚云散，一任万物自生自灭，不会对任何一个物种有特别的照顾。这其中也许有弱肉强食等现象，但也正是如此，动物、植物和微生物相互依存，维系着物种间天然的平衡，万物才能欣欣向荣。天地按照规律运行，正是道"常无为而无不为"的体现。相反，如若天地为了照顾某一个物种，突然改变了自己的运行规律、寒暑节候，那对自然界来说将造成灾难性的后果。近代以来，因人类出于"仁心"而违背自然规律，刻意保护某类生物、刻意消灭某类生物所造成的生态学灾难，不胜枚举，不正印证了"天地不仁"这条冷冰冰的真理吗？

社会也是一样，有着自己的运行规律。真正高明的圣人，应该遵循其规律而不是扰乱它。社会治理绝不是仅靠良好的意愿就能取得成功的，建构理想社会的前提是必须掌握全部关于人类社会政治的真理，必须是全德全能的圣人，能真正洞悉社会的方方面面、瞬息万变。在老子看来，这是不可能的。人的那些自作聪明的设计，很有可能是背道而行，只是一种没有自知之明的"致命的自负"。"总是使一个国家变成人间地狱的东西，恰恰是人们试图将其变成天堂。"德国古典浪漫派诗歌先驱荷尔德林从无数的人类悲剧中总结出来的这句话，可作为"圣人不仁，以百姓为刍狗”的最佳注脚。

所以，老子主张“圣人无常心，以百姓心为心。善者吾善之，不善者吾亦善之，德善”。作为统治者，不能把自己的意愿强加给老百姓，而应该“以欲从人”，主动贴近老百姓的所思所想，更不能把老百姓按照个人的好恶作区分，要一视同仁。如果在治国行政中划定善恶标准来对老百姓作区分，只会引起社会的混乱，而且这混乱是没有止境的。因为人性是复杂的，不宜简单地分为善恶。就寻常百姓而言，都有善良的一面，也都有恶的一面，只是每个人善的程度和恶的程度不同，绝对的恶和绝对的善在老百姓当中都是不存在的。

老子对社会的种种不良发展趋势是怀着深深的忧虑的。“天之道，损有余而补不足。人之道则不然，损不足以奉有余。”他觉察到统治者和既得利益集团有借助社会优势地位和资源扩张自身利益的天然冲动，剥削处于弱势地位的老百姓。这种冲动与“损有余而补不足”的天道相反，两者之间的张力是社会最危险的因素。利益向既得利益集团聚拢，造成两极分化，打破社会平衡，最终必然会在最薄弱的一环断裂，一轮血雨腥风的重新洗牌又开始了，整个社会付出惨重的代价。但如何解决这一问题，老子并没提出很好的方案来，他认为“孰能有余以奉天下，唯有道者”。只有全面掌握道的圣人掌握了政权，才能循天道而行，在社会分配中“以有余奉天下”，时刻弥补社会自身不良发展冲动造成的裂痕，将整个社会维持在平衡状态。故而他苦口婆心地劝告统治者，“是以圣人为而不恃，功成而不处”。希望统治者要以天下为公，不要企图以严密的法网控制天下，“法令滋彰，盗贼多有”“天下多忌讳，而民弥贫”。企图以严密的法网控制天下百姓，只会多为自己树敌。你管制的多了，忌讳多了，老百姓谋生的路子就少了，只能更贫穷。老百姓穷困的国家，非乱即弱。

既然执政者不可能是全面掌握道的圣人，必然有“损不足以奉有余”的冲动，那么怎么解决？老子提出的办法就是“无为”：“我无为，而民自化；我好静，而民自正；我无事，而民自富；我无欲，而民自朴。”“道常无为而无不为。侯王若能守之，万物将自化。”统治者尽力抑制自己的冲动，少折腾，社会富足而安定。

很多统治者之所以要有为，并非刻意剥削百姓、败坏天下，乃是由于未能把握“道”，把治天下看得太重，汲汲于有所作为。所以，老子又提出“治大国若烹小鲜”，小鲜就是小鱼，把治天下比作烹制小鱼，是老子的一大创举，颇可玩味。吴光先生认为至少包含三层含义。首先，君王要有举重若轻的魄力，治天下当然责任重大，需慎之又慎，所谓“失之毫厘，谬以千里”；但天下也绝不是不可治，只要把握规律，做到循道而动，就没什么好担心的。其次要掌握火候，轻重缓急，无过无不及；火候不到不熟，火候过了又容易老，失去小鱼应有的鲜味。最后是不要乱折腾，小鱼质嫩味鲜，既经不起猛火，也经不起来回翻动，乱折腾就把小鱼弄碎了。

（三）道与人生

总的来说，老子的人生主张是“知其雄，守其雌”“知其白，守其黑”“知其荣，守其辱”。先把自己放在弱者的地位上，做最坏的打算，立定脚跟，再图进取。他反对强攻硬取：“人之生也柔弱，其死也坚强。万物草木之生也柔脆，其死也枯槁。故坚强者死之徒，柔弱者生之徒。是以兵强则不胜，木强则兵。强大处下，柔弱处上。”真正的强者乃是先立足于“柔”的，“守柔曰强”。所以，先秦学术界即有“老聃贵柔”的说法。

立足于“柔”，不以力取，“将欲歙之，必固张之。将欲弱之，必固强之。将欲废之，必固兴之。将欲夺之，必固与之”，最后达到“柔弱胜刚强”的目的。这依然是老子“反者道之动，弱者道之用”在人生中的体现。老子认为，最能说明这一道理的是水：“上善若水。水善利万物而不争，处众人之所恶，故几于道。”水是天下最柔弱的东西，它滋润万物，甘就低处，不与万物相争，“夫唯不争，故无尤”，所以不会有什么差错，谁也不会危害它。

这些话看起来似乎有阴谋诡计的味道，事实上也有不少人坚持认为老子乃阴谋诡计的祖师爷，他们拿出的最有力的证据，正是这些话，当然还包括“以正治国，以奇用兵”等。

以柔克刚、以弱胜强之道的关键就在于曲径通幽，“将欲歙之，必固张之。将欲弱之，必固强之。将欲废之，必固兴之。将欲夺之，必固与之”，以妥协退让麻痹迷惑对手，使对手在恶性膨胀中一步步被架上火炉，从而一击致命。这就要求人们要有长远的目光，不计眼前得失，隐忍以待，不可急于求成。“反者道之动”，这个“反”也需要一定的周期，甚至要付出一定的代价。当然，老子阐述的只是客观道理，并不是一定要做这样的选择。奋力一搏，快意恩仇，可称豪杰；隐忍十年，相时而动，亦为英雄。追求不一样，选择也不一样，孔子曰：“求仁得仁，又何怨焉。”成功成仁，全在个人的选择。

老子虽然主张以柔克刚、以弱胜强，但他又反对胜利者一方无限地膨胀。如果在贪欲的支使下，不对自己的行动加以节制，就会走向反面。他看到“持而盈之，不如其已；揣而棁之，不可长保；金玉满堂，莫之能守；富贵而骄，自遗其咎”的下场，提出人要节制自己的欲望和冲动，“知足不辱，知止不殆，可以长久”。凡事要掌握准火候、把握好分寸，该放手时就放手，这样才能避免耻辱、不蹈危地。所谓“功遂身退，天之道”，这样做乃是循天道而动。

如何评价老子的思想，这是见仁见智的事。但他那些睿智的言论，仔细品读，时有发人猛省的感觉，把我们从物欲横流的红尘中拉回来，带给心灵片刻的清净。当然，如果以今天成功的标准来评判老子，那么这位郁郁不得志而又举世少知音的老人也许算不上成功者。他官职不显，且是清水衙门；财也不多，空有一肚子学问、满脑袋哲理；最后西出函谷关而隐居，茕茕孑立，形影相吊，并非世俗意义上成功者应有的姿态。那么他的那些哲理，对于今天名利场中急功近利的芸芸众生来说，又有多少意义呢？至少，该不会成为他们的成功指南吧？

2. 遁世无闷——庄子的人生境界

就中国历史上的读书人而言，庄子永远是他们精神追求上遥不可及的巅峰。这种巅峰的文化意义，在于“堕肢体，黜聪明，离形去知，同于大通”[1]。进入“坐忘”境界的庄子，是完全摆脱世俗、心灵彻底自由的一个象征。所以，庄子作为一种文化“图腾”，始终为古往今来的读书人所仰慕、所效仿。在他们看来，庄子那种既不“入世”，又不“避世”，姑且“游世”的人生哲学（“不敖倪于万物，不谴是非，以与世俗处”[2]），乃是“十有九人堪白眼”处境中的自己最好的精神慰籍。区别仅仅在于有的人是出乎本性主动朝着这方面做努力，如“浑身上下静穆”的陶渊明；有的人则是在人生道路上摔了跟头之后再回过头来寻觅庄子这个精神港湾，如李太白、苏东坡。不过，殊途而同归，这恐怕也是事实。

其实，庄子是人不是神，他的德行、他的修为也并非一朝一夕精进到这样的地步。庄子能够参悟天地的奥秘、省识人生的玄机，恐怕有赖于他仕途挫折所提供的特殊契机。换句话讲，庄子

---

[1] 《庄子·大宗师》。

[2] 《庄子·天下》。

与官场的种种瓜葛，恰好使得他在人生道路的选择上，有了一个正确的方向，从而真正超越了世态常情的羁绊，走向了“一是非而齐生死”的境界。

庄子的走运，正在于他仕途上的坎坷，因此而避免了“失足”的尴尬，摆脱了“沉沦”的危险。不管是出于养家糊口的原因，还是其他因素的考虑，庄子他一开始也不怎么潇洒，也曾涉足于仕途，在宋国蒙地当过一阵子“漆园吏”。漆在当时属于国家战略物资，修缮宫殿需要它，制作武器需要它，老百姓日常生活也离不开它，所以国家对它的产出与质量非常重视。这意味着管理漆园的官职虽然官小位卑，需要操心的事情却一点也不少，一年到头要为漆园的生产忙前忙后，失去了生活的自由。一段时间之后，庄子辞去了“漆园吏”的工作。

后来，楚国国君路远迢迢派遣专使恭请庄子去做相，庄子还是不干。这又是什么道理？相位高而名尊，职重而权大，应该是一般人梦寐以求的职位，可是庄子居然不识抬举，表示只愿做在烂泥塘里翻跟斗的小乌龟，不愿做在庙堂里面供瞻仰的大乌龟，三言两语谢绝了楚王的一番盛情。这看上去似乎是犯迷糊到了极点，实际上却可以看出庄子的绝顶聪明。在庄子看来，相这个官职太高了，在拥有巨大权力的同时，也要担巨大的责任，更得冒巨大的危险。庄子学富五车，知古识今，曾说过“方今之时，仅免刑焉。福轻乎羽，莫之知载；祸重乎地，莫之知避”[1]，哪里肯拿自己的性命去开玩笑？他当然不会接楚王送来的委任状。

庄子杜绝了仕进的念头，以“游世”的立场与态度打发自己的生命，“居不知所为，行不知所之，含哺而熙，鼓腹而游”[2]，

[1] 《庄子·人间世》。

[2] 《庄子·马蹄》。

“不谴是非，以与世俗处”[1]，在绝对自由的精神王国中驰骋，“独与天地精神往来”。对历史而言，这或许是一件天大的幸事：少了一个普普通通、庸庸碌碌的官僚，而多了一位傲视千古、伟大不朽的思想大师。

辞了官的庄子，一边悠悠然过着自得其乐的生活，一边专心学术思考，“其学无所不窥，然其要本归于老子之言”，“著书十余万言”[2]。庄子的学术思考，大都收在今本《庄子》一书中，学术界认为，其中《内篇》基本为庄子所作，《外篇》《杂篇》中有些出自庄子后学之手，但反映的也是庄子的思想。

庄子对很多问题结合自己的人生体验，从独特的视角做了深入的思考，带给后人无限的启迪。

他冥然独坐，仿佛看到了一只大鹏展翅高飞，从北冥直达南冥，“水击三千里，抟扶摇而上者九万里”[3]。蝉和小鸟看见了，在下面唧唧喳喳地嘲笑它：有必要飞那么高那么远吗？像我们这样在树下飞飞，不挺好吗？大鹏会心一笑，想到世间那些“知效一官，行比一乡，德合一君”[4]的成功人士，自鸣得意，踌躇满志，不就像可怜的蝉和小鸟吗？他又想到了宋荣子，这个人对世间的功名利禄没有什么期待，故能“举世而誉之而不加劝，举世而非之而不加沮”[5]，做到这一步，很不错了，但还未达到列子的境界。列子能乘风而行，不再追求人世间的幸福，所以他更多地摆脱了世间的羁绊，享得更大的自由。但列子也有他的苦恼，乘风而行，看似自由，却必须受制于风。真正的自由者，是“乘天

---

[1] 《庄子·天下》。

[2] 《史记·老子韩非列传》。

[3] 《庄子·逍遥游》。

[4] 《庄子·逍遥游》。

[5] 《庄子·逍遥游》。

庄子像（明万历《三才图绘》刻本）

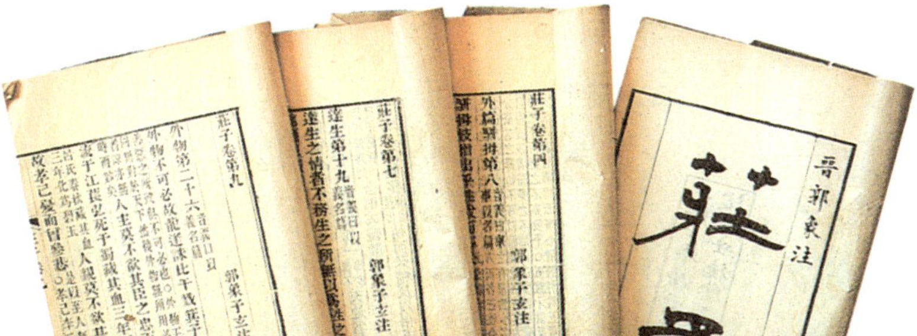

《庄子》书影（清光绪刊本）

地之正，而御六气之辩，以游无穷”[1]，彻底摆脱了一切世间的羁绊，那才是他庄周所追求的境界！

他的老友惠施走来和他聊天，话里有话：“我有棵大樗树，树干臃肿不中绳墨，树枝卷曲不中规矩，长在道边，木匠看都不看它一眼——这多像你啊！整天说些不着边际的空话大话，谁肯垂青于你呢？”庄子看了他一眼，说：“你的大樗树，本该种之于无何有之乡、广莫之野，你在树下悠闲自得地游玩休息，没有任何东西可以伤害到大樗树，而现在你却为用不着它而苦恼，这不是自寻烦恼吗？”

他听到世间各种杂噪之音，聪明者高声盛气，刚愎自用；愚笨者絮絮叨叨，自作聪明。天地间仿佛有一场大的辩论赛，都在伺机攻击别人的漏洞，争个是非高低，耗费了全部心智。他想到了儒墨两家的相互攻击，不正和这个相似吗？论敌肯定的一定要加以否定，论敌否定的一定要加以肯定。心中多了分隔彼此的界限，蒙蔽了观照万物的心智，不懂观照事物本然，不明白事物之间“彼出于是，是亦因彼”，万物“方生方死，方死方生；方可方不可，方不可方可；因是因非，因非因是”[2]。就本然而观，莫若破除彼此的界限，观照万物的混一。其实，“道未始有封，言未始有常”[3]，凡是急着和人争辩的，总有他见不到的一面。大道无法称述，大辩不借言辞，大仁不必施舍，大廉不讲谦让，大勇不是强悍。辩论的双方，胜出者一定对吗？不胜者一定不对吗？还是两者均对、两者均错呢？让谁来评判对错呢？其实谁都没资格。无论谁来评判，要么与胜者意见一致，要么与不胜者意见一致，要么对二者均有所取，要么对二者概加反对——评判者已站

[1] 《庄子·逍遥游》。

[2] 《庄子·齐物论》。

[3] 《庄子·齐物论》。

定立场，又有何客观可言？你所谓的知，真的是知吗？你所谓的仁义真的是仁义吗？只不过是你自以为如此罢了。毛嫱、骊姬，是大家公认的美人，但鱼见之深潜，鸟见之高飞，鹿见之狂奔。执着于此是彼非，不正是这个道理吗？不若以“天倪”调和，“是不是，然不然”。

那些大刀阔斧的施政者，看起来勇猛精进，实际上不过是操盘的“菜鸟”罢了，做梦也达不到庖丁解牛“切中肯綮”、游刃有余的境界。那些自以为善治马的伯乐，不过是按照他的需要对马做残酷的改造罢了。圣人自以为仁义可治天下，但田成子却用圣人智术盗取齐国，而人们竟不觉得他是盗。“窃钩者诛，窃国者为诸侯”，谁去分辨其中的是非曲直？谁来主持其中的公道？

庄子想着纷纷扰扰，感觉累了，一觉睡去。他梦见自己变成了翩翩起舞的蝴蝶。真的是庄周做梦变成蝴蝶了吗？还是蝴蝶做梦变成了庄周？人生不过是一场大梦而已，有些人觉得看透了一切，其实他正是那些自以为是的蠢人而已——只有那些蠢人才觉得自己是醒着的。

二、儒家与孔孟

1. 何为“儒”

随着近些年“国学热”的兴起，古代儒士的身价似乎也水涨船高、奇货可居了。人们都喜欢拿“儒”作有文化、有涵养、有境界的标签，往自己的身上贴。于是，医生大夫中，医术高明且宅心仁厚者，被尊称为“儒医”；行商坐贾中，致富有道且老幼无欺者，被恭誉为“儒商”；从戎统军的，能征惯战且知书达理者，被敬推为“儒将”……总之，不论是干哪一行活，吃哪一碗饭，只要是与“儒”字沾上了边，立马就变得儒雅风流、气象万千了。

不过，“儒”果真是这么高尚、如此神圣吗？其实并不见得。至少在先秦的大部分时间里，“儒”仅仅是普通的文化人而已。章太炎、胡适等学者对此都有详尽的考证。更为关键的是，在当时社会普遍推崇“尚武”精神的氛围下，“执干戈以卫社稷”才是正儿八经的事业。这样一来，儒作为一个群体，只能是被边缘化的角色，因此，其并不被主流社会所看好乃是合乎逻辑的。换言之，在当时相当多的人眼中，“四体不勤，五谷不分”，只会摇唇鼓舌，不能冲锋陷阵，正是这些“文化人”的最大特征。

反之，孔武有力的武士是人群中的精英、社稷的靠山、国家的栋梁，所谓“赳赳武夫，公侯干城”[1]，讲的就是这种时代

[1] 《诗经·周南·兔罝》。

风尚。他们是“国士”，地位崇高，万人钦仰：“国士在，且厚，不可当也。”[1]因此，《左传·昭公元年》载郑国贵族徐吾犯之妹择婿时，弃衣冠楚楚、扭捏作态的公孙黑（子皙）而取“戎服入，左右射，超乘而出”的公孙楚（子南），其理由就是公孙楚粗犷强悍，有一身的蛮劲，“子皙信美矣。抑子南，夫也。夫夫妇妇，所谓顺也”。连同样身为武士贵族阶层的公孙黑尚且不入法眼，那么若是文绉绉的“儒”者去求婚，恐怕是连门也进不去的。“儒”在中国古典时代的社会生活中，其地位就是这么尴尬和无奈。

其实，古代的“儒”也不一定是什么优秀的人。

古文字学中有一个相当流行的概念，即宋人王子韶在其《字解》中所提出的“右文说”。所谓“右文说”，是指形声字的声符在表声的同时还表意。它也是日后清代大朴学家段玉裁在其《说文解字注》中创立的“形声多兼会意”这一条例的滥觞。按古文字家和训诂学家的理解，这种文字训诂学上的“同状的引申”乃是相当普遍的。两种事物本质不同，形状、性质、用途、特征相似，是可以引申的，即可以同词或同根。从文字学的内在规律讲，这也属于形声造字，这种情况越到后来越是普遍，因此，同声符的同源字便纷纷出现。在古文字学和训诂学者看来，就是因为存在着这类同源字，所谓“右文说”的产生乃是很正常的现象。

对于“右文说”的评价，学者们的意见有明显的分歧。陆宗达、王宁先生的看法是比较平允的：“用同源字的原理来解释‘右文说’，可以看出其中的部分合理性。但是‘右文说’也犯了以偏概全的错误，不加分析地把声符带义现象说成‘凡’‘皆’，以为这是形声造字的普遍规划，这就将形声系统与

[1]《左传·成公十六年》。

同源系统简单地等同起来，于理论于实际都是不符合的。”[1]尽管“右文说”在释读文字上存在着不尽科学的问题，但它的确有助于我们考察“儒”的本义，能知道“儒”并非像人们所理解的有什么了不得的地方。就同声符的同源字构成规律而言，音同或音近的字有可能选择同一声符来标音而采用形声造字，如辒、愠、蕴、酝等字都取“昷”做声符，而“右文说”更进一步认为其声符的“义”也一致或相近。

这样，若对“儒”字进行分析，则“需”为声符的同时也兼表意。“需”之义蕴，古籍中有柔弱、沾滞的意思，《周礼·考工记》言：“革，欲其荼白而疾浣之，则坚；欲其柔滑而腥脂之，则需。”又：“厚其帤则木坚，薄其帤则木需。”这里两处，“需”均与“坚”对举，很显然，“需”为“坚”的反义词，是“坚强”的对应面“柔软”，后来又引申为迟缓濡滞、犹犹豫豫、拖泥带水、怯懦无力的意思。《周易·杂卦传》有言：“需，不进也。”《左传·哀公六年》则言：“需，事之下也。”《左传·哀公十四年》亦称：“需，事之贼也。”这里的“需”，就是软弱无决断。故杜预注云：“需，疑也。”孔颖达疏亦云：“需是懦弱之意。”

考察汉字中绝大多数以“需”作“声符”的字，我们可以发现，其基本上都有着柔弱、弱小、软弱、差劣的含义。如“懦”（胆怯、怯懦）、“孺”（小孩子）、“糯”（一种黏软沾牙的稻米）、“濡”（水细小湿染之貌）、“蠕”（软小虫子的蠕动）、“瓀”（质地不坚、质量居次的玉）、“壖”（贫瘠下等的田地）、“襦”（短衣、短袄）等。

以此类推，那么用“儒”来冠名人群中的某一类，很显然也不是什么嘉名，而是特指一群柔弱无力、不堪担当大事的文化人。应该说，许慎《说文解字》中关于“儒”的定性是非常恰当

[1] 陆宗达，王宁：《训诂与训诂学》，山西教育出版社1994年版，第373页。

与准确的：“儒，柔也。”这里所指称的“柔”，即因这群人乃是与“需”这个声符与义项沾了边的，属于柔弱和没有能耐的。

关于“儒”的起源与属性，学者已多有讨论。章太炎《国故论衡》下卷《原儒》中指出，“儒”有广狭不同的含义：

> 儒有三科，关“达”、“类”、“私”之名。达名为儒，儒者，术士也……儒之名，盖出于需。需者云上于天，而儒亦知天文，识旱潦……古之儒知天文占候，谓其多技，故号遍施于九能，诸有术者悉晐之矣。类名为儒，儒者知礼、乐、射、御、书、数。《天官》曰：“儒以道得民。”说曰：“儒，诸侯保氏有六艺以教民者。”《地官》曰：“联师儒。”说曰：“师儒，乡里教以道艺者。”此则躬备德行为师，效其材艺为儒……私名为儒。《七略》曰：“儒家者流，盖出于司徒之官，助人君顺阴阳明教化者也。游文于六经之中，留意于仁义之际，祖述尧舜，宪章文武，宗师仲尼，以重其言。于道最为高。”周之衰，保氏失其守。史籀之书，商高之算，蜂门之射，范氏之御，皆不自儒者传。[1]

章太炎先生进而提出了“题号由古今异”的重要概念：“今独以传经为儒，以私名则异，以达名、类名则偏。要之，题号由古今异，儒犹道矣。儒之名于古通为术士，于今专为师氏之守；道之名于古通为德行道艺，于今专为老聃之徒。”[2]

沿着章太炎先生的足迹，多位学者都将“儒”的含义做了历史的动态性的甄别。如钱穆先生在《古史辨》第4册序中即指出“儒”之名并不始于孔门：“儒为术士，即通习六艺之士。古人以

[1] 章太炎：《国故论衡》，商务印书馆2010年版，第149—150页。

[2] 《国故论衡》第152页。

礼、乐、射、御、书、数，为六艺。通习六艺，即得进身贵族，为之家宰小相，称陪臣焉。孔子然，其弟子亦无不然。儒者乃当时社会生活一流品……非学者自锡之嘉名。”[1]

当然，称“儒”的本义为“术士”和一般文化人，亦并非章太炎、钱穆诸先生的发明，古代学者早有这方面的提示。许慎《说文解字》即云“儒，柔也，术士之称”，颜师古《汉书》注亦云“凡有道术皆为儒”，俞樾《群经平议》则称“凡有一术可称，皆名之曰儒”。凡此种种，不胜枚举。由此可见，“儒”可区分为广义之“儒”和狭义之“儒”，乃是古今学者的普遍共识。

胡适先生对这类广义的“儒”的阐释，集中到殷周文化传承的历史背景中来展开，其《说儒》称：“儒是殷民族的礼教的教士，他们在很困难的政治状态之下，继续保存着殷人的宗教典礼，继续穿戴着殷人的衣冠。他们是殷人的教士，在六七百年中渐渐变成了绝大多数人民的教师，他们的职业还是治丧、相礼、教学，但他们的礼教已渐渐行到统治阶级里了……这才是那个广义的‘儒’。”他的结论是：“儒的职业需要博学多能，故广义的‘儒’为术士的通称。”[2]如果胡适先生的看法可以成立，那么，柔弱懦怯为“儒”的特征，也恰好合乎了“儒”的文字学构造的本义。

应该说，汉代人对“儒”的广义与狭义的区隔，还是基本了解的。许慎是东汉时期的学者，此时，“罢黜百家，独尊儒术”业已成为社会政治生活中的现实，儒学早已成为正统的统治指导思想。按说许慎在解释“儒”时，当称引《汉书·艺文志·诸子略》有关“儒家”的定义，然而许慎并没有这么做，而是致力于

[1] 罗根泽：《古史辨（四）》，上海古籍出版社1982年版，第1—2页。

[2] 葛懋春，李兴芝：《胡适哲学思想资料选》，华东师范大学出版社1981年版，第388—389页。

辨章学术，考镜源流，力求准确地描述“儒”的本来面目，径谓“儒，柔也，术士之称也”。这样的情况，在两汉时代并不孤见，如《史记·儒林列传》指称秦代暴政表现之一，乃为“燔《诗》《书》，坑术士”，这里所谓“坑术士”，指的就是坑杀广义上的“儒”；又《汉书·司马相如传》载：“相如以为列仙之儒居山泽间，形容甚臞，此非帝王之仙意也，乃遂奏《大人赋》。”

知道了“儒”有广义与狭义之别，对于我们重新释读经典，复原历史的真相，无疑是大有裨益的。其中特别重要的，是有助于我们正确梳理古代学术传承的脉络，走出后世儒者所设置的学术师承关系上的“误区”。

例如，墨家创始人墨翟与孔子及其儒家的关系，长期以来都流传着一种说法，称道墨翟原为孔门的追随者，后才因为理念不合而从儒家营垒中反叛出来，创立墨学，另起炉灶，别树一帜：“墨子学儒者之业，受孔子之术，以为其礼烦扰而不说，厚葬靡财而贫民，[久]服伤生而害事，故背周道而用夏政。”[1]其实，这完全是以狭义的“儒”的概念去框定儒墨关系而造成的误读。

真实的情况应该是：就狭义的“儒”而言，墨家与儒家并无所谓的师承关系，儒家是儒家，墨家是墨家，墨子并没有曾做儒门弟子的经历，当然也谈不上有背叛师门、另立山头的行径了；但就广义的“儒”而言，墨家和儒家倒确实同出一源，都是一般意义上的文化人、博学多能的“术士”，他们共同以“六艺”为学习的对象，以传承先圣的文化为职责。这一点，在《淮南子》中一样有具体的提示：“孔丘、墨翟修先圣之术，通六艺之论，口道其言，身行其志，慕义从风。”[2]很显然，“修先圣之术，通六艺之论”，正是儒家和墨家作为广义的“儒”所共有的价值取

[1] 《淮南子·要略训》。

[2] 《淮南子·主术训》。

向与治学特征。

明乎此，我们才能够真正阐释有关文献中诸如“女为君子儒，毋为小人儒”[1]，“鄙儒小拘，如庄周等，又滑稽乱俗”[2]，“今夫子必儒服而见王”[3]的本义，对其所提及的“君子儒”“小人儒”“鄙儒”“儒服”予以合情合理的回答，而不至于望文生义，郢书燕说。

2. 孔子：儒家的宗师

《汉书·艺文志》云：“儒家者流，盖出于司徒之官，助人君顺阴阳明教化者也。游文于六经之中，留意于仁义之际，祖述尧舜，宪章文武，宗师仲尼，以重其言，于道最为高。”

《汉书》对儒家学派的特点作了权威的概括：以尧、舜、周文王、周武王与孔子为尊崇的对象。孔子自称：“文王既没，文不在兹乎？天之将丧斯文也，后死者不得与于斯文也；天之未丧斯文也，匡人其如予何？”[4]因此，尧舜之道也好文武之道也罢，都得靠孔子传述后人才得以与闻，核心内容就是“宗师仲尼”，孔子是公认的儒家学派的宗师。

（一）“野合”与孔子的出生

孔子名丘，字仲尼，公元前551年生于鲁昌平乡陬邑（今山东曲阜），其祖先是宋国的贵族。后来自宋迁鲁，起因竟是一桩风流公案。孔子祖先孔父嘉的妻子是位绝色佳人，在路上与宋国大宰华督打了个照面，竟把华督迷得失魂落魄，心下顿时起了歹意，攻杀孔父嘉，强娶其妻。对于华督无耻的行径，宋殇公怒不

[1]　《论语·雍也》。

[2]　《史记·孟子荀卿列传》。

[3]　《庄子·说剑》。

[4]　《论语·子罕》。

孔子像

传唐吴道子画，清人改画并开碑，现藏山东曲阜孔庙可遏，华督又弑杀宋殇公，迎立宋庄公。为防止报复，华督对孔氏家族进行严密监控。孔父嘉的儿子木金父为躲避华督家族的迫害和宋国的内乱，带领全家逃亡到鲁国，从此在鲁国定居下来。

孔子为叔梁纥和颜徵在野合而生，司马迁在《史记·孔子世家》中的说："纥与颜氏女野合而生孔子，祷于尼丘得孔子。鲁襄公二十二年而孔子生。生而首上圩顶，故因名曰丘云。字仲尼，姓孔氏。"后世儒者见不得"野合"二字，以为渎圣，便采取两种战术。一是曲解，代表人物是为《史记》作"索隐"的司马贞。他将"野合"解释成老少配，叔梁纥年老而颜徵在年少，"非当壮室初笄之礼，故云野合，谓不合礼仪"。为《史记》作"正义"的张守节再加以发挥："男八月生齿，八岁毁齿，二八十六阳道通，八八六十四阳道绝。女七月生齿，七岁毁齿，二七十四阴道通，七七四十九阴道绝。婚姻过此者，皆为野合。"并一口咬定叔梁纥在与颜徵在结合时已经超过了六十四岁。无论司马贞也好，张守节也好，所发议论都是推测之语，无任何依据。除了上述曲解以外，第二种战术便是不予承认，如《孔子家语》便直接否定了《史记》的"野合"一说。

殊不知"野合"不过是当时在"礼不下庶人"的下层人民中间流行的一种自由婚姻。《周礼·地官·媒氏》有明文记载："中春之月，令会男女，于是时也，奔者不禁。若无故而不用令者，罚之。司男女之无夫家者而会之。"鼓励下层未婚男女私奔野合。《诗经》中所收录的民歌，也留下了不少有关野合的印记，如《野有蔓草》《溱洧》《褰裳》等篇。除了下层男女相悦而野合外，春秋时期还出现了不少下层女子私奔自己爱慕的贵族男子的事，这在《国语》《晏子春秋》等典籍中都有记载。如《国语·周语》载："恭王游于泾上，密康公从，有三女奔之。"密康公的母亲劝他将这三位美女献给周恭王，密康公不听，结果一年后密被周恭王所灭。有人因碰坏了齐景公的爱槐而被拘，他的女儿"往辞晏子之家，托曰：‘负郭之民贱妾，请有道于相国，不胜其欲，愿得充数乎下陈’”[1]。密康公、晏子都曾有类似的艳遇，只不过晏子“守身如玉”，救了那个倒霉的碰槐树者，却坚决拒绝了他女儿的私奔献身。由于这类婚姻未经过“六礼”等复杂的程序，故被称为“野合”，但在当时也是被认可的。所谓“纥与颜氏女野合”云云，不过是那个时代一位老贵族抱着明确的目标（生子继承香火）与一位下层少女的一次艳遇罢了。只是这次艳遇生下了“至圣先师”孔子，才被记录下来，而“野合”一词显得那么扎眼，弄得一班卫道士手忙脚乱，不知如何是好。当然，叔梁纥在与颜徵在之野合，也绝不像后世那些无聊文人想象的那般在青纱帐里春风一度。孔子出生的日期，无论是《穀梁传》所记“十月庚子”（周历十月，相当于夏历八月，合公历九月八日），还是孔氏家谱所载阴历八月二十七（合公历九月二十八日），往前推十个月，正是农历的腊月或正月天，地处北国的曲阜正是朔风猎猎的季节，露水鸳鸯似的野外苟合是不可能发生的。

有趣的是，不仅孔子是野合而生，他的学生懿子和南宫敬叔也是。《左传·昭公十一年》载：“泉丘人有女梦以其帷幕孟氏之庙，遂奔僖子，其僚从之。”泉丘的一位少女因梦见用自己的帷为孟氏家庙作幕帐，就带着自己的闺蜜私奔孟僖子。孟僖子纳其为妾，后来这位少女生了懿子及南宫敬叔。孟僖子死后，遗命懿子及南宫敬叔从孔子学习，这两个人也就成了孔子早期的弟子。孔子得以入周学习周礼，并会见老聃，这个机会就是南宫敬叔为他向鲁君争取来的，并且他全程作陪。毫不夸张地说，南宫敬叔算得上孔子的开山大弟子。

（二）孔子的务实精神

孔子的思维理性，用他自己的话来概括，就是“中庸”精

[1] 《晏子春秋·内篇谏下》。

神。在孔子看来，“中庸”既是最高的道德，也是处理驾驭一切问题的思想方法论：“中庸之为德也，其至矣乎，民鲜之久矣。”[1]“中庸”的核心内涵，是讲求原则性、稳定性、适应性与灵活性的高度有机统一。按孔子的观点，凡事都必须坚守大经大法，做到不偏不倚，无过无不及，他强调这是考虑和解决一切问题的出发点。具体的做法便是“叩其两端”，从中找到和掌握合适的“度”（所谓“过犹不及”），辩证看待问题，巧妙取得平衡，举措合乎分寸，凡事不走极端。

这种思维理性可以说是渗透在孔子几乎所有的思想命题上，像“无形的手”操控着孔子一切观点的表述：

在天人关系方面，既不否定鬼神、天意的存在，“祭如在，祭神如神在”[2]；又着重强调人事的作用，“天何言哉？四时行焉，百物生焉，天何言哉”[3]，“未能事人，焉能事鬼……未知生，焉知死”[4]。

在政治秩序方面，既肯定君臣尊卑、父子上下关系的天然合理性，“君君，臣臣，父父，子子”；同时又主张这种合理性必须建立在共尽义务和共享权利的基础之上，“君使臣以礼，臣事君以忠”[5]。在文质关系方面，既注重内容，又注重形式，反对倚轻倚重，片面偏颇，“质胜文则野，文胜质则史。文质彬彬，然后君子”[6]。在治国理政方面，既不一味用强硬的手段，也不无原则地怀柔，行姑息之政，“政宽则民慢，慢则纠之以猛；猛则民

[1] 《论语·雍也》。

[2] 《论语·八佾》。

[3] 《论语·阳货》。

[4] 《论语·先进》。

[5] 《论语·八佾》。

[6] 《论语·雍也》。

残，残则施之以宽。宽以济猛，猛以济宽，政是以和”[1]，“张而不弛，文武弗能也；弛而不张，文武弗为也；一张一弛，文武之道也”[2]。

在理想追求方面，既汲汲不舍追求大同，“祖述尧舜”，又脚踏实地致力小康，“宪章文武”。总而言之，一切要“允执其中”。

最能体现孔子这种“中庸”思想理性精神的，是他对子贡赎人与子路受牛两事的评价与臧否。这里，孔子的言论可谓是典型的出乎意料、合乎情理。

当时鲁国有一条法令，明文规定：鲁国子民在其他诸侯国工作、生活期间，因各种原因（包括经营不善、受欺上当、遭人洗劫、好逸恶劳等）而一贫如洗沦为奴婢者，其他鲁国人一经发现，有责任有义务筹集资金，将其赎买出来，恢复其自由之身（鲁国不愧为礼仪之邦，所谓“周礼尽在于鲁矣”，这样人性化的法令也只有鲁国才能发明）。鉴于赎买奴隶需要一大笔钱，让个人承担有些勉为其难，鲁国的法令进而规定：这笔钱先暂由个人垫支，回鲁国后再凭据报销。

子贡是孔门弟子中最富有的，他经商有方，生财有道，自己名下的财产多得连王公贵族都要妒嫉。他有一次出国做买卖，恰好遇上了一在该国沦落潦倒、充当奴隶的鲁国人，恻隐之心油然而生，就毫不犹豫地掏出钱来，替该人赎回自由之身。

事情到这里本来一切正常，中规合矩，可子贡接下来做的事就画蛇添足，把简单的事情复杂化了：他回到鲁国之后，没有按照国家法令的规定，去报销个人赎买奴隶自由身份的垫支，而是自行承担了这笔费用。

---

[1] 《左传·昭公二十年》。

[2] 《礼记·杂记下》。

我们忖度他这么做的原因也许有两个，一是他十分富有，“结驷连骑”，富可敌国，奴隶的赎身费用虽然不菲，但是对子贡来说，不啻九牛一毛，何足挂齿？能否报账实在是无所谓的事情。二是子贡或许念及老师“君子喻于义，小人喻于利”等教诲，准备朝着做“圣人”的方向努力，做一个毫不利己、专门利人的优秀人物。在子贡的意识深处，这样的做法，才是践行孔门的道义，才是把孔子的教导贯彻落实到具体的行动之中，才算是孔子所期待的好学生的应有表现……当他作出不报账的决定时，也许会闪过如此的念头：这下老师肯定要对我大加赞赏了吧！

然而，孔子知道这一情况后的反应却出乎包括子贡本人在内的所有人的意料。他不仅没有赞许子贡的行为，反而非常严肃地训斥了子贡一通。他说，任何法律都建立在一定的道德基础上，而道德的标准并不取决于最杰出人士的水平，而是以大多数人的认识水平与行为准则为鹄的，鲁国赎奴之法同样不例外。它制定的初衷是出于让尽可能多的鲁国人摆脱奴隶的身份，重新回归正常人的生活，而其中有关赎金国库报销的规定，则完全是合乎一般人道德情操水准的做法。因为对大多数人来说，同情之心是普遍存在的，所以见同胞受苦落难，都愿意尽自己的力量予以帮助，使之尽快恢复自由之身；然而救赎奴隶毕竟要花费一大笔钱，是个不小的经济负担，要他们自己掏腰包来承担，则不免踌躇为难。于是，政府根据这种实际情况，制定了先垫支赎金尔后到国库报销的法规，从而妥善解决了矛盾，使事情获得圆满的解决。

孔子接着指出子贡行为中的问题所在：现在你的所作所为却彻底违背了国家立法的初衷，完全超越了人们所能接受的道德限度，陈义虽高却事与愿违，让貌似正确的道德优越妨碍了问题的解决，在正义的假象下造成了实质上的人道危机。

道理非常简单，你子贡的做法表现得十分完美，无懈可击，可实际上却根本背离了正常的道德要求，使绝大多数人陷入了两难的境地。如果效法你子贡的做法，由个人来承担数目不菲的赎金，则不免心痛个人的巨大损失。如果不效仿你的行为，继续采取先垫支赎金后找国家财政部门报销的做法，则会感觉自己处于道德的困境，生怕其他人对自己说三道四、鄙视轻蔑：人家子贡多高尚、多伟大，他能做到，你为什么这么看重钱财，不能做到无私奉献、自己出钱替奴隶赎身呢？

左也不是，右也不是，进退失据，前后为难，那么最后就可能导致最糟糕的结果：既然自己掏钱不甘心，按章办事又忧虑会遭到道德的针砭，于是乎，就干脆视而不见，遇上问题绕着走，见了奴婢同胞躲一边，什么也不做，一切假装不知道，从而既免了赔钱的损失，又没了千夫所指的尴尬。然而这样一来，为奴作婢的人不能得到拯救，国家合乎情理、行之有效的赎奴法令也随之变成一纸空文，形同虚设。正是在这个意义上，孔子非常恼火子贡的行为，认为这是虚假的崇高，属于用道德杀人的丑恶。

与贬斥子贡赎奴做法形成鲜明对比的，是孔子对子路受牛之事的肯定和赞扬。

子路有一次外出，途经一条河道，发现有一人失足落水，在湍急的河水中苦苦挣扎，行将就溺。子路孔武有力，也是个热心肠的人，见状便毫不犹豫地飞身跳入河中，将那人救上岸来。

得救者的家人对子路感激不尽，为了感谢子路的义举，他们登门致谢，同时还送上一头牛作为谢礼。牛在当时是最重要的生产资料，其价值对于普通人家来说可谓极其重要。这算得上是非常厚重的大礼了。子路见对方诚心诚意相赠，也不虚与委蛇、假装客气，就十分爽直地收下了这份厚礼。

子路的同门师兄弟对子路的做法颇不以为然，认为老师孔子经常教育大家要多行善事，扶危济困，不计利益，做到施恩不图报。而今天子路居然坦坦荡荡收下人家的厚礼，属于违背师训，有损儒家的门风。于是他们纷纷跑到孔子跟前告子路的状，称子路私下受牛，减弱了他入水救人行为本身的意义，违背了夫子提倡的做人处世之道，辜负了夫子的多年教育和殷切期望。

令他们怎么也想不到的是，孔子不但丝毫没有责怪子路的意思，反而强调子路的行为才是正确的做人处世之道，应该完全肯定，大力表彰。孔子说，到湍急的河流里拯救溺水者，是件非常危险的事情，子路如今冒着生命危险下水救人，得到被救者厚重的回报，乃是理所当然的事情，因此他将牛收下，做得完全正确。同时，救人得厚报，在客观上也能起到很好的激励作用，这就是昭示天下善有善报，其他人日后再遇上类似的情况，也会做出同样正确的选择，其结果是正气得到弘扬，使更多的人获得被救的机会。

上述两件事情，从一个侧面反映了孔子不保守、不拘泥的理性态度。可见他从来不唱什么高调，总是能通权达变，设身处地贴近生活的实际，做出正确明智的选择，找到最平易同时也是最高明的解决问题的方法。这其实正是他“中庸”的思想方法论在处理日常生活中具体问题时的必有之义。孟子称道他为“圣之时也”，可谓是说到点子上了。人因平凡而伟大，因务实而高明，因通达而神圣，孔子之所以成为“圣人”，真正的奥秘正在于此！

（三）《论语》与孔子

《论语》为“孔子应答弟子、时人及弟子相与言而接闻于夫子之语”，“门人相与辑而论纂”[1]，因而要了解孔子的思想，最直接的资料还是《论语》。那么《论语》到底讲了些什么？往复杂里讲，《论语》可谓千头万绪，大至治国平天下，小到日常行为细节，几乎都有涉及。往简单里讲，从整体上把握，《论语》所

---

[1] 《汉书·艺文志》。

山东曲阜孔庙杏坛

后世相传孔子杏坛设教，传授六艺，士林多引为美谈，进而将杏坛作为孔子兴教的象征，列入孔庙的建筑体系之中。

谈论的主要是三个方面：一是提倡一种人性的光辉——仁，二是自觉遵循社会秩序和规范的总和——礼，三是追求一种美好的社会境界——和。

“仁”的概念早在孔子之前就有，老子就曾对年轻的孔子说过“仁人者送人以言”的话。但将“仁”作为一种道德修养加以发扬光大的则是孔子。那么什么是“仁”呢？《论语》中，孔子及其弟子大约一百多次谈论到“仁”，在不同的场合，孔子对“仁”的阐释也不尽相同。比如颜回、子贡、子张、仲弓等都曾经向孔子请教仁到底是什么，孔子竟给出了不同的答案。对于最得意的弟子颜回，孔子告诉他“仁”就是“克己复礼”，具体来说，要做到“非礼勿视，非礼勿听，非礼勿言，非礼勿动”[1]。对子贡，他说“仁”是“己欲立而立人，己欲达而达人”，并将“能近取譬”作为践行“仁”的途径。[2]对仲弓，他说“仁”是“出门如见大宾，使民如承大祭。己所不欲，勿施于人。在邦无怨，在家无怨”[3]。对子张，他则说“仁”乃“恭、宽、信、敏、惠”之综合。这都是从不同侧面对“仁”的阐发。那么到底如何界定孔子所说的“仁”呢？其实，孔子思想的弘扬者孟子所言最能揭示“仁”的本质：“仁者爱人。”“仁”就是对人类的大爱，它源于人的恻隐之心，是一种人性的光辉。这种人性的光辉，是人与禽兽的最大区别。人之所以为人，就在于他能爱人，爱自己的同类。所以孟子说“无恻隐之心，非人也”[4]。这种人性的光辉，不是空谈，而是体现在实实在在的行动之中。付诸实践，就是“恭、宽、信、敏、惠”，就是“己所不欲，勿施于人”，就是“己欲立而立人，己欲达而达人”。

---

[1] 《论语·颜渊》。

[2] 《论语·雍也》。

[3] 《论语·颜渊》。

[4] 《孟子·公孙丑上》。

汉画像石“孔子见老子”

山东嘉祥东汉画像石“孔子见老子”，画面中右一人拱手，袖藏大雁，向左恭立，题记“孔子也”；左一人扶杖，与孔子对话，题记“老子也”；中间一小儿，一手推轮，一手指向孔子，他便是七岁即为孔子师的项橐。

“恭、宽、信、敏、惠”这五种德行，是“仁”的细目，是这种人性光辉在践行中的具体体现。恭，就是恭敬有礼，这是待人接物态度的要求，与当年老子告诫孔子“去子之骄气与多欲、态色与淫志”[1]是一致的。待人接物，彬彬有礼，不卑不亢，这是有修养之人的基本要求。宽，就是宽恕能容，不斤斤计较，这是待人接物的存心。世界是丰富多彩的，也是多元的，每个人都有自己的风格特色、思想个性，能力有高下，知识有多寡，唯其如此，才能构成丰富多彩的世界。有修养有道德的君子应该尊重世界的多样性，“尊贤而容众，嘉善而矜不能”[2]。对于比自己高明的，要懂得尊重而不妒忌；对于不如自己的，要懂得体谅而不鄙视。信，就是讲究诚信，无论待人接物也好，治国平天下也罢，诚信是基础。丧失了诚信的社会将变成尔虞我诈的江湖，只有恩怨，没有是非。所以孔子特别看重诚信，多次讲到诚信的重要性：“人而无信，不知其可也。”[3]“自古皆有死，民无信不立。”[4]个人也好政府也好，必须立足于诚信，不能言而无信、食言而肥，更不能把说谎当作立足的前提，把忽悠老百姓当作统治的手段。敏，就是勤奋，做事勤快，这也是对人生对社会的态度问题。孔子认为“敏则有功”，只有勤奋，才能建功立业，有所作为。态度决定一切，没有勤奋的态度，天资再好也无济于事。惠，通俗点来讲，就是要做对别人、对社会有益的人。一个人只有对社会有益，对别人有益，才会赢得社会的回报、别人的尊重。所以，“恭、宽、信、敏、惠”的内涵是非常丰富的，是立足于社会的基本素质要求，处处闪耀着人性的光辉，隐含着对社会、对人类的大爱。

---

[1] 《史记·老子韩非列传》。

[2] 《论语·子张》。

[3] 《论语·为政》。

[4] 《论语·颜渊》。

“己所不欲，勿施于人”与“己欲立而立人，己欲达而达人”是孔子从另一角度来阐释“仁”的内涵，其核心是孔子所推崇的恕道。恕道讲求推己及人，换位思考。几乎没有人不爱自己，不爱父母儿女。将爱自己的心推广到爱别人，由爱父母儿女之心，推广到爱别人的父母儿女，“老吾老以及人之老，幼吾幼以及人之幼”，这就是恕道。同样，自己不愿做的事情，也不强迫别人去做；自己希望成功，也帮助别人去完成梦想。这些话看起来如黑格尔所说的那样，只是一些平淡无奇的道德常识，但这平淡的背后却是对人的博大之爱——由爱自己推广到爱别人。

但仁的内涵远不止这些，孔子又说“巧言令色，鲜矣仁”[1]，“刚、毅、木、讷近仁”[2]。那种巧舌如簧、善于察言观色的人，是很少有仁的情怀的。相反，刚直而有毅力、质朴而不妄语的人，则接近仁德。孔子又云“仁者必有勇，勇者不必有仁”[3]，“见义不为，无勇也”[4]，“知者不惑，仁者不忧，勇者不惧”[5]，把“仁”和“勇”紧密联系在一起。“仁”的本质是人性的光辉，是对同类的大爱。有爱，即有担当；有担当，就一定有勇气。所以，仁德本身就包含有勇在内。但单纯的好狠斗勇，并不是仁德。

在孔子看来，“仁”又是显近易行的，“我欲仁，斯仁至矣”[6]，“我未见力不足者”[7]。只要心存人性的光辉，你就可以践行“仁”；做不到是你不去做，是不为而非不能。孔子认为，心

[1] 《论语·学而》。
[2] 《论语·子路》。
[3] 《论语·宪问》。
[4] 《论语·为政》。
[5] 《论语·子罕》。
[6] 《论语·述而》。
[7] 《论语·里仁》。

存这种人性光辉的人和真正的聪明人都会在现实生活中自觉践行“仁”，只不过二者对“仁”的理解不同：“仁者安仁，智者利仁。”[1]心存人性光辉的人，对仁的践行完全出于天性，如风行水上那般自然。而真正的聪明人也践行“仁”，那是因为他真正看透了“仁”的社会效应：“仁”不仅仅是爱的奉献，也能带来最好的社会回报。“爱人者，人常爱之；敬人者，人常敬之。”[2]“仁”是聪明者在社会上播下的种子，“种瓜得瓜，种豆得豆”，政治家施仁政而给社会带来安定繁荣；企业家存仁心而给社会带来实惠便利，那么他们必然受到社会的欢迎、认可，其民众基础也必然稳固。有了稳固的民众基础作保障，其事业也必然发达。

“仁”是人性的光辉，是对同类博大之爱，但这种爱不是毫无是非无原则的泛爱。因为泛爱有其弊端，所以孔子说：“好仁不好学，其蔽也愚。”[3]又说：“唯仁者能好人，能恶人。”[4]不辨是非无原则地爱一切人，容易上当受骗，做冤大头。敢爱敢恨，才是真正的仁者。那么什么样的行为属于“仁”？在社会践行中需要一套明确的规范。唯其如此，“仁”才有可践行性，而不是玄而又玄、令人捉摸不定的东西。这套规范就是“礼”。所以，孔子也很看重“礼”，“礼”是《论语》中所讨论的另一个重要命题。

孔子所谓的“礼”，不仅仅是指“揖让周旋”那套仪式，而是包括政治制度、社会伦理在内的一整套社会规范，大体相当于社会总契约。这套规范几乎涵盖了当时人们的一切活动，所谓“礼仪三百，威仪三千”。在这套规范中，每个人都有自己的权

---

[1] 《礼记·表记》。

[2] 《孟子·离娄下》。

[3] 《论语·阳货》。

[4] 《论语·里仁》。

利和义务，而包括君父在内，每个人的权利都不是绝对的。孔子提倡“为国以礼”，他一生栖栖遑遑，其实都是在为以礼匡正无序的天下做努力。

那么孔子为什么要以“礼”来规范“仁”呢？因为在孔子看来，“仁”与“礼”是不可分的，他曾说：“人而不仁，如礼何？”[1]又说：“礼云礼云，玉帛云乎哉？”[2]“礼”不仅仅是那些揖让周旋的动作仪式，不仅仅是冰冷的玉帛束修和呆板的条条框框，而是以“仁”为精神内核，充满人性光辉。失去了“仁”这一精神内核，没有人性的关爱，无论是揖让周旋的仪式，还是玉帛束修之类的礼物，甚至是某些权威机构和人士制定的条文，都不能称之为“礼”。对“仁”最好的践行，就是克制自己不好的冲动，遵循这些充满人性光辉的社会规范。所以，当他最得意的弟子颜回向他请教什么是“仁”时，孔子告诉他：“克己复礼为仁。一日克己复礼，天下归仁焉。为仁由己，而由人乎哉？”[3]一旦你能做到克制自己不好的欲望和冲动，使自己的行为全部合乎社会规范，那么天下的人都会认为你是仁人君子。颜回再向孔子请教具体的细目，孔子又告诉他“非礼勿视，非礼勿听，非礼勿言，非礼勿动”，视听言行，无一不合乎礼这一社会规范，那么就足以称得上是仁人了。所以在个人修养上，孔子主张君子应“博学于文，约之以礼”；在治国上，孔子主张“以礼让为国”，“君使臣以礼”，“事君尽礼”。上至天子下至庶人，每个人都按规则行事，整个社会便能稳定而有序地运行。为人处世，光有一副好心肠，而不懂得遵循“礼”这套大家都认可的社会规范，也是不行的。孔子提出：“恭而无礼则劳，慎而无礼则葸，勇而

---

[1] 《论语·八佾》。

[2] 《论语·阳货》。

[3] 《论语·颜渊》。

无礼则乱，直而无礼则绞。”[1]对人恭敬本是美德，但如若不遵循“礼”的规定，一味讲恭敬，也会弄得人疲惫不堪；谨慎也是美德，但一味谨慎，不以“礼”来规范，就容易变得畏手畏脚；勇也是仁德所必备的素养，但一味好勇斗狠，不以“礼”节制，就容易走向反面，鲁莽生事；坦率真诚也是美德，但不用“礼”加以修饰，一味坦率，就容易伤害他人，把社会文明简单化。所以，“仁”和“礼”应该结合起来，在心中充满人性的光辉的同时，也要按照社会认可的规范行事，把“仁”体现在“礼”中。

那么，遵循“礼”的最高境界或者说“仁”与“礼”结合的最高境界是什么呢？孔子的另一位得意门生有若给出了答案，他说：“礼之用，和为贵；先王之道，斯为美。”[2]有若在孔门弟子中有着特殊的地位，也是《论语》中被尊为“子”的少数弟子之一。孔子死后，孔门弟子一度尊立有若为师，让他继承孔子的地位。礼在社会生活中的运用，以“和”为最高境界，这是有若对孔子思想的阐发，也是《论语》的核心理念之一。“和”这一概念的出现，也是先于孔子的。早在西周末年，史伯在回答郑桓公问时就对“和”的概念做了完整的阐释，提出“同则不继，和实生物”的观点。所谓同，就是单纯的一致；所谓和，就是各种元素合理的搭配。如果世界是单纯的一致，那么就难以发展演变下去；相反，如果世界保持“和”的状态，就会生生不息、繁荣昌盛。

就现存典籍来看，对“和”的内涵做出进一步发展的是与孔子同时代但年龄稍长于孔子的晏子。晏子为了给齐景公讲清楚什么是和什么是同，作了个很好的比喻，以两种不同的烹调方式来说明同与和的区别。他说，就好比做羹汤，同就是“以水济

---

[1] 《论语·泰伯》。

[2] 《论语·学而》。

水”，往水里加水，加得再多也还是水，做不出美味珍馐来；和则是“以他平他”，如同用“水、火、醯、醢、盐、梅”来做羹汤，在大厨的调配下，火候恰到好处，水适量，醯、醢、盐、梅之味调和得浑然一体，这才能做出美味的羹汤来。

尽管孔子未对“和”作专题论述，但他无疑对什么是同什么是和有着深刻的理解，并且十分推崇“和”的境界。他说“君子和而不同，小人同而不和”，把追求“和”作为君子应有的人生境界。而从孔子的人生践行来看，他也正是遵循和的原则。最为突出的一点，在于孔子的宽容，不拿自己的标准要求别人。世界本来就是丰富多彩的，每个人都有自己的个性，这丰富多彩的个性，正是“和”的前提。因此，追求“和”的境界，首先必须尊重现实世界丰富多彩的个性。同样是仁人君子，也各有自己的为人处世之道。自己所坚持的，哪怕是正确的，也未必是唯一正确的。所以，在生活中，孔子注意“毋意、毋必、毋固、毋我”，用今天的话来说，就是“不凭空猜测，不绝对肯定，不拘泥固执，不唯我独是”。这表现在他对古人的点评上。微子、箕子和比干，都是殷末王室重臣。面对不可救药的商王纣和摇摇欲坠的商王朝，他们三人做出了不同的选择：微子不愿做无谓的牺牲，又不忍见商朝的覆灭，选择了逃亡，不与纣同流合污；箕子不愿离开父母之邦，为躲避纣的迫害，佯狂为奴，可还是被纣囚禁了起来；比干身为纣王叔父，以死力争，强谏纣王，被剖心而死。对于他们不同的选择，孔子都予以尊重，曰：“殷有三仁焉。”[1]管仲大节可观，他辅佐齐桓公，“九合诸侯，一匡天下”，却因自身不怎么检点而遭到子路、子贡等人的非议。孔子力排众议，对管仲连连称赞：“如其仁，如其仁！”[2]对于古代的逸民伯夷、叔

[1]《论语·微子》。

[2]《论语·宪问》。

齐、虞仲、夷逸、朱张、柳下惠、少连，孔子也分别作了点评："不降其志，不辱其身，伯夷、叔齐与？谓柳下惠、少连：降志辱身矣；言中伦，行中虑，其斯而已矣。谓虞仲、夷逸：隐居放言，身中清，废中权。"[1]又拿自己与他们作比较："我则异于是，无可无不可。"[2]尽管评价不完全相同，尽管孔子不会作出像他们那样的选择，但对他们都表示了尊重与肯定。

"礼"是大家都应该遵守的公共契约，但又不能拿统一呆板的条条框框来束缚人的个性。只要你心中充满人性的光辉，在躬行践履之中不妨体现你鲜明的个性，这不妨碍你行为选择的正当性。就像微子、箕子和比干，一走一囚一死，都是符合仁道的，因为他们的心中，都充满了对国家社稷的爱和对纣的憎恶，这爱憎也都体现在了他们的行动中，这就足够了。所以孔子又说：

> "礼，与其奢也，宁俭；丧，与其易也，宁戚。"[3]
>
> "麻冕，礼也；今也纯，俭，吾从众。拜下，礼也；今拜乎上，泰也。虽违众，吾从下。"[4]
>
> "先进于礼乐，野人也；后进于礼乐，君子也。如用之，则吾从先进。"[5]

他从不把"礼"看作死的条条框框，遵行礼仪也绝不是照着那些死的条文亦步亦趋，更重要的是追求一种和谐适中的境界，收到良好的社会效果。

---

[1] 《论语·微子》。

[2] 《论语·微子》。

[3] 《论语·八佾》。

[4] 《论语·子罕》。

[5] 《论语·先进》。

孔子曰："兴于诗，立于礼，成于乐。"[1]在孔子看来，"诗三百，一言以蔽之，曰思无邪"[2]，那些在后世道学家眼中充满靡靡之音的诗篇，都是人性光辉的自然流露。而"乐"，则在儒家的眼中是一直代表着"和"。《礼记·乐记》云："乐者，天地之和也；礼者，天地之序也。和，故百物皆化；序，故群物皆别。"又云："乐文同，则上下和矣。"司马迁在《史记·乐书》中也说："是故乐在宗庙之中，君臣上下同听之，则莫不和敬；在族长乡里之中，长幼同听之，则莫不和顺；在闺门之内，父子兄弟同听之，则莫不和亲。故乐者，审一以定和，比物以饰节，节奏合以成文，所以合和父子君臣，附亲万民也，是先王立乐之方也。"所以孔子"兴于诗，立于礼，成于乐"，讲的就是要心中饱含着人性的光辉，遵循社会契约行事，而以追求和谐适中的境界为最终归宿。

3. 孟子：浩然正气大丈夫

司马迁在《史记》中为孔子立"世家"，洋洋洒洒地写上几千字，相比之下，他为孟子留的空间实在太小，只是将孟子与荀子、邹衍等合在一起立传，其中写到孟子的，仅仅二百余字。通过这二百来字，我们知道孟子名轲，是邹国（今山东邹城）人。他是子思的再传弟子，曾跟随子思的门人学习过儒学。学成之后，孟子为实现自己的政治理想，首先去齐宣王那里游说，碰碰运气。在齐国碰壁后，又到魏国游说魏惠王。但他的那套政治主张，在魏惠王看来，是"迂远而阔于事情"，迂腐不堪，有学无术，难以切合时用。那个时候，风云人物是商鞅、吴起、孙膑、

[1]《论语·泰伯》。

[2]《论语·为政》。

田忌等，要么奉行法家的实用主义路线，大搞改革；要么擅长兵法将略，能克敌制胜。世间风起云涌，作为天下共主的周天子是彻底靠边站了，秦、楚、魏、赵、韩、齐、燕七雄基本划定了各自的地盘，激烈地争夺天下的领导权。以魏、韩、赵“三晋”为轴心，秦、楚、燕、齐各种势力变换组合，西联秦、东联齐而南攻楚，曰连横；南联楚、北联燕而西攻秦或东拒齐，为合纵。这是早期的合纵连横。后来，合纵就成为关东五国（魏、韩、赵、燕、楚）合力攻秦，连横则变成关东六国集体妥协投降，向秦国屈服。所以那个时代，吃得开的是张仪、公孙衍等善于忽悠、利口覆家邦之徒。像孟子这样，到处宣扬尧舜之道和三代仁政的，是没有市场的，毕竟这一套听起来好听、看起来好看，却不能收近效。

在接连碰壁之后，孟子大概也感觉到在那个时代推行他的王道仁政，只是镜花水月，可望而不可即，遂绝了出仕之念，与弟子万章等人，“序诗书，述仲尼之意”，安心著述，弘扬孔子的学说，为后人留下了《孟子》七篇。现在通行本的《孟子》又把每篇都分为上下两篇，所以成了十四篇。

《孟子》这部书是孟子思想学说的集萃，司马迁说是孟子及其得意门生万章等人亲手编定的，大体可信。概而言之，孟子的思想学说可以分为三个方面：王道仁政学说、心性学说和对理想人格的铸造。而真正对后世产生深远影响的，应该是孟子对理想人格的铸造和阐发，以及他的心性学说。

（一）孟子与儒家的理想人格

儒家对中华文化所作的最大贡献，在于他们对完美人格的不懈追求，不断提升自己的道德境界和人格修养，以此来达到“内圣”。这种对理想人格的铸造与追求，从孔子开始，至孟子而集大成，为中华传统文化书写下光辉的一页。但秦汉之后，由秦王朝开创的专制集权政体日臻成熟，一大帮顶着“孔孟之徒”的

孟子像（清殿藏本）

“正人君子”卖身于专制集权政体，成为专制政体的铁杆帮凶和忠诚奴才。

孟子对铸造理想人格的贡献，主要在于他在继承孔子、曾子等儒学前贤思想学说的基础上，提出“养浩然之气”说和“大丈夫”的概念，将我国古代理想人格推至光辉的顶点。孟子所养的“浩然之气”具备以下特点：“其为气也，至大至刚，以直养而无害，则塞于天地之间。其为气也，配义与道；无是，馁也。是集义所生者，非义袭而取之也。行有不慊于心，则馁矣。”[1]孟子的“浩然之气”说，借鉴了孔子对“刚”所作的诠释、《易》“天行健，君子以自强不息”的刚健精神和曾子之“弘毅”品格。孔子赋予“刚”新的内涵，强调内心不能有贪欲，不能“见利思义”。曾子所提倡的“弘毅”品格，其核心在于“仁为己任”和“死而后已”，以极其坚韧的精神，“铁肩担道义”。孟子之“浩然之气”是对这种刚健的、自强不息的、勇担道义的精神的进一步拓展和弘扬，它以一种刚健的品格充满天地之间，立足于道义，理直则气壮。只有做到问心无愧，这种“至大至刚”的“浩然之气”才能充塞于身心以至天地之间。

“大丈夫”是孟子所提出的另一极其重要的理想人格概念，事情缘起于孟子的学生景春称赞公孙衍、张仪为大丈夫。公孙衍和张仪都是战国时期著名的纵横家，他们游走于诸侯之间，利用各国的矛盾和诸侯们蛮横、自私、愚昧的一面，施展种种手段，巧鼓三寸不烂之舌，挑动各国战争，以博取富贵。由于他们对诸侯的心理把握得到位，手段运用得巧妙，把许多诸侯玩弄于股掌之间，搅得天下大乱，一时成为风云人物，所谓“一怒而诸侯惧”[2]。景春对于他们这类人物很是佩服，由衷地赞叹，认为人

[1] 《孟子·公孙丑上》。

[2] 《孟子·滕文公下》。

能混到这份上，也算是大丈夫了。孟子听了深不以为然，他教育景春说，真正的大丈夫，应该是“居天下之广居，立天下之正位，行天下之大道。得志，与民由之；不得志，独行其道。富贵不能淫，贫贱不能移，威武不能屈”[1]。这段话中的“广居”“正位”“大道”，朱熹分别解释为“仁”“礼”“义”，是有较为充分的依据的。孟子曾两次提到“居仁由义”，一处是在《离娄上》：“吾身不能居仁由义，谓之自弃也。仁，人之安宅也；义，人之正路也。”另一处是在《尽心上》中他与王子垫的一段对话中：“居恶在？仁是也；路恶在？义是也。居仁由义，大人之事备矣。”按照孟子自己的解释，仁是“安宅”，义是“正路”，正路也就是大道。与景春最大的不同在于，孟子把大丈夫的标准定为内在的品格，这种品格要求人要居仁、由义、立礼，做到“富贵不能淫，贫贱不能移，威武不能屈”。具体而言，要心怀仁爱，信守礼仪，行合道义，并经得起外在的考验。外在最大的考验，莫过于富贵的诱惑、贫贱的困扰和暴力的威胁，但对于真正内心强大的人来说，这些都算不上什么。一个人真正的强大，在于内心的强大，无忧无惧，既不被诱惑，也不借外在的功名利禄来支撑、填充自己，这才是大丈夫。只有如此，才能“亦余心之所善兮，虽九死其犹未悔”，才能“自反而缩，虽千万人，吾往矣”[2]，才能有所为有所不为，才能知其不可而为之。也无怪乎孟子看不上张仪、公孙衍等纵横家，他们为了追求富贵，无所不用其极，恰恰反映了他们内心的空虚和卑怯，亟需外在的东西来支撑自己。

孟子倡导的大丈夫理想人格，在孔子那里我们已经能看出一点端倪。孔子在《论语・述而》中提出“志于道，据于德，依

[1] 《孟子・滕文公下》。

[2] 《孟子・公孙丑上》。

于仁，游于艺”，又多次强调“立于礼”，有“兴于诗，立于礼，成于乐”“不学礼，无以立”“不知礼，无以立也”[1]等论断，这些已包含着“居仁、由义、立礼”的萌芽。至于孟子大丈夫品格中所包含的“富贵不能淫，贫贱不能移，威武不能屈”，在孔子那里也能找到源头。“富与贵，是人之所欲也；不以其道得之，不处也。贫与贱，是人之所恶也；不以其道得之，不去也。”[2]“不义而富且贵，于我如浮云。”[3]“志士仁人，无求生以害仁，有杀身以成仁。”[4]孔子的这些论断实际蕴含着他面对富贵的诱惑、贫贱的困扰和暴力的威胁时的态度。孟子吸纳了孔子的这些思想，并加以系统熔铸，形成了他的理想人格——大丈夫。

孟子以孔子的传人自任，他留下《孟子》这本书，据说也是为了“述仲尼之意”。孟子的思想学说在多大程度上继承了孔子，学术界看法不一，但至少在理想人格的塑造方面，孟子与孔子是一脉相承的。

孟子的“浩然之气”说和“大丈夫”说，是先贤们对理想人格追求的最集中体现。也正是有这种理想人格的支撑，孟子在强权面前从不屈服畏缩，相反，一介布衣的他却发出“说大人，则藐之”的振聋发聩之强声。哪怕是在梁惠王、齐宣王这样的政治风云人物面前，孟子依然保持了自己的独立人格，绝不肯枉尺直寻，低头让步。有一次，孟子本来打算去朝见齐宣王，恰好齐宣王也想见孟子，却不愿屈尊，借口寒疾怕风，让孟子去见他。孟子对齐宣王这种居高临下的姿态很不耐烦，也借口身体不适，一口回绝使者。第二天他却故意去东郭氏家里吊慰，作为对齐宣王

[1] 《论语·尧曰》。

[2] 《论语·里仁》。

[3] 《论语·述而》。

[4] 《论语·卫灵公》。

的回击。

孟子的行为，自然不是那帮以一睹君主天颜为无上荣光的帮闲们所能理解的，这也引发了景丑与孟子之间一场激烈的辩论。景丑对于孟子的做法很是不以为然：您本来是准备去朝见齐王，现在齐王召您前去，老先生您却装病不行，是何道理？这与礼法所说的“君命召，不俟驾”大概也不怎么合拍吧？他愤愤然引经据典，斥责孟子的不逊，以为是对齐王的大不敬。孟子闻言，援引曾子的话来为自己的行为辩护：

> 曾子曰：“晋楚之富，不可及也，彼以其富，我以吾仁；彼以其爵，我以吾义，吾何慊乎哉？”夫岂不义而曾子言之。是或一道也。天下有达尊三：爵一，齿一，德一。朝廷莫如爵，乡党莫如齿，辅世长民莫如德。恶得有其一，以慢其二哉？故将大有为之君，必有所不召之臣。欲有谋焉则就之，其尊德乐道，不如是，不足与有为也。故汤之于伊尹，学焉而后臣之，故不劳而王。桓公之于管仲，学焉而后臣之，故不劳而霸。[1]

这段话所讨论的，是王公大人与士孰尊孰卑、孰贵孰贱的问题。曾子认为，晋楚之君，其富贵固然无人能及，但他们有他们的财富，我有我的仁德；他们有他们的权势，我有我的道义，和他们相比，我没有什么好惭愧的。字里行间，我们都可以看到曾子所提倡的“弘毅”品格的影子。孟子是曾子“弘毅”品格的继承者和弘扬者，所以他对曾子的观点表示赞同，认为像曾子这样天下一流的学者，又是孔门高足，肯定不会信口雌黄，他这么讲就一定有他的道理。孟子进一步指出，为天下公认的尊贵有三样：爵

[1] 《孟子·公孙丑下》。

位、年龄和道德。在朝廷论尊卑，当然要首叙爵位；乡党集会则看重年龄；至于辅佐君主平治天下，那么首先要讲求的就是道德。现在齐王所有的，不过是爵位；论年龄论道德这两样他都应尊重我。他得“达尊”之一，我得其二，以一凌二，恐怕不太合适吧？所以，向来大有作为的国君，一定有他不宣召的大臣，想有所咨询则亲自去登门拜访他，像汤之于伊尹、齐桓公之于管仲。这才是真正“尊德乐道”，不如此也不足以有所作为。像齐宣王这样的君主，不见也罢。

“善养吾浩然之气”的“大丈夫”孟子，是不屑于在富贵、权势面前出卖自己人格的，哪怕对方是高高在上、不可一世的君主，对理想人格的追求，也体现在他那套颇具特色的君臣伦理关系理论中：

> 孟子告齐宣王曰：“君之视臣如手足，则臣视君如腹心；君之视臣如犬马，则臣视君如国人；君之视臣如土芥，则臣视君如寇仇。”[1]

从这段告白我们可以看出，在孟子的眼中，君臣关系是近乎平等的，臣下对于君主来说，人格是独立的，并没有无条件的义务。秦汉以降，随着君主专制中央集权政体的确立及完善，给士人的人格所留的空间也越来越小，几乎接近于无。与此相对应的是，形形色色打着孔孟信徒旗号的人编造出“三纲”说、“君要臣死，臣不得不死”“天下无不是之君”等谬说，与专制集权政体紧锣密鼓地配合着。此后，国人在权势面前，尤其是在权势的总代表君主面前，便只有“奴格”，再无“人格”。孟子的地位被抬上去了，但其思想尤其是他所提倡的理想人格，却在很大程度上遭

---

[1] 《孟子·离娄下》。

到了篡改，这不能不说是中国文化的大不幸！

（二）孟子与心性说

心性学说也是孟子思想学说的一个重要组成部分，孟子后世地位的抬升，功劳大半要归于此学说。从宋儒起，即开始大讲特讲所谓的“道德性命”之学，也即所谓的“理学”或“道学”。虽然从“理学”内部来看，有以程、朱为代表的“道问学”与陆九渊开山、明代王阳明光大的“尊德性”之异，但追根溯源，他们都要以孟子的心性学说为基础。为了抢“儒学正宗”这块金字招牌，理学家们大搞特搞尊孟运动，直到将孟子抬上“亚圣”的席位，成为孔子正宗的接班人。

其实，与孟子对理想人格的追求与铸造相比，心性学说在孟子的思想学说中并不占多大的比例，其核心无非是“万物皆备于我”和“性善论”。孟子认为“万物皆备于我矣。反身而诚，乐莫大焉”[1]，意思是说一切美好的道德，我都具备了，如能反躬自问，不断反省自己，便可达到诚的境界，就会发自内心地践行这些美德，因而也会感到莫大的快乐。因此孟子认为“尽其心者，知其性也。知其性，则知天矣”[2]，只要不断地“反求诸己”“内视”“反省”，就能获知自己的本性；通过对自己内心和本性的探索，就能达到知天的目的。他认为“心之官则思”，心的功能是思维，心的思维过程就是“尽心”的过程，也即向内探索、找回自己固有的善的本性的过程。孟子把认识问题归结为如何找回散失的本心这样的心性修养问题，所以他提出：“学问之道无他，求其放心而已矣。”[3]这里“放”是丢失、散失的意思，“求其放心”就是找回散失的善良的本性。

---

[1] 《孟子·尽心上》。

[2] 《孟子·尽心上》。

[3] 《孟子·告子上》。

那么，人的善良的本性是如何散失的呢？孟子举了个形象的例子：牛山上的林木本来郁郁葱葱，但由于邻近齐国的首都，大家都去伐木砍柴，遭到了破坏，还能再郁郁葱葱吗？经过雨露的滋润、夜里的生长，刚有所恢复，又被放牧的牛羊啃食践踏，长此以往，就变得光秃秃了。孟子的这一比喻，旨在说明人“所以放其良心者”，原因在于外界的凌轹侵伐。所以孟子不断地讲“存其心，养其性”，提倡“养心”“养浩然之气”，“苟得其养，无物不长；苟失其养，无物不消”[1]。人要保持住善良的本性，就得“养心”“养性”。

孟子的“万物皆备于我”说必然导致“性善”说。既然人天生具备各种美好的德性，人性从本源上讲，就是善的了。人性之善具体体现在哪些地方呢？孟子认为体现在“四端”：“恻隐之心，仁之端也；羞恶之心，义之端也；辞让之心，礼之端也；是非之心，智之端也。”[2]恻隐之心，就是对弱者的同情之心。所谓“同情之心，人皆有之”，同情之心是仁爱的发端，一个不具备同情之心的人，很难想象他会去爱别人。羞恶之心，乃是指人基本的羞耻感，无知者无畏，无耻者无忌，只有具备了羞耻感的人，才会有遵循道义的可能。孟子是很看重人的羞耻之心的，他说：“耻之于人大矣。为机变之巧者，无所用耻焉。”[3]又说：“人不可以无耻。无耻之耻，无耻矣。”[4]一个人如果达到无耻的境界，那就不会再有底线，不会再有顾忌，什么坏事都能做得出来。恭敬之心也好，辞让之心也罢，都是人本能的自我节制、自我约束。顾炎武说：“礼者，本于人心之节文，以为自治治人之

[1] 《孟子·告子上》。

[2] 此取《孟子·公孙丑上》之说法，《孟子·告子上》“辞让之心”作“恭敬之心”。

[3] 《孟子·尽心上》。

[4] 《孟子·尽心上》。

具。”[1]礼的本质是规范，是大家必须遵守的社会公共规范和公共秩序，这就要求人必须具备自我约束的能力，不能为所欲为。所以孟子把人本能的自我约束之心看作“礼”的开端，这是有道理的。关于“是非之心”，前人多略而不言，认为很简单，其实不然。孟子这里的是非之心，是指独立思考的能力，敬尊权威但不盲从权威，敬畏权力但不屈从权力，也不以站队论是非。如果我同意某种观点，那么必须是我认真思考的结果。“心之官则思”，人长个脑袋就是为了思考的，而不是为了崇拜的，更不是为了在“人造神”面前磕头用的。否则的话，一犬吠影，百犬吠声，看似阵营整齐，观点一致，却算不得有是非之心。

孟子认为这“四端”是人皆有之的，没有这“四端”的不能算作人。这话其实不算过分。试想，一个人如果没有同情心，没有羞耻感，不具备自我约束的能力，不具备独立思考的能力，那是多么可怕，岂不等于自动放弃了做人的资格吗？所以要做人，最基本的就是要有同情心、羞耻感、自我约束能力以及独立思考能力。具备了这四端，心中就有了善的根苗，将之培养、扩充，“若火之始然，泉之始达”[2]，就是仁、义、礼、智。既然“仁、义、礼、智”是人心中的四端发展扩充而来的，所以孟子说“非由外铄我也，我固有之也，弗思耳矣”，是“求则得之，舍则失之”的，就看你愿不愿意培养扩充之了。[3]如此，又回到了“尽心知性”“求其放心”的路子上去了。

那么，既然“放心”须求，“心性”须养，怎么养心养性呢？孟子又提出了“寡欲”说：“养心莫善于寡欲。其为人也寡欲，虽有不存焉者，寡矣；其为人也多欲，虽有存焉者，寡

---

[1] 顾炎武：《顾亭林诗文集》，中华书局1983年版，第32页。

[2] 《孟子·公孙丑上》。

[3] 《孟子·告子上》。

矣。”[1]人如能致力于减少各种欲望，那么就能保存善良的本性。即使散失一部分，也是很少的。

孟子的心性学说，深惬理学家之心，所以理学家绝大多数都推尊孟子，其中二程的嫡传杨时对孟子的评价最有代表性：

> 《孟子》一书只是要正人心，教人存心养性，收其放心；至论仁义礼智，则以恻隐、羞恶、辞逊、是非之心为之端。论邪说之害，则曰生于其心，害于其政；论事君，则曰格君心之非，一正君而国定。千变万化只说从心上来。人能正心则事无足为者矣。大学之修身、齐家、治国、平天下，其本只是正心、诚意而已。心得其正，然后知性之善，故孟子遇人便道性善。[2]

在理学家看来，孟子学术思想的精华全在其心性学说。以我们今天的目光来看，孟子的心性学说在“人性论”上主张“性善”，运用于政治层面，导致片面重视道德教化而轻视制度法制建设；在“认识论”上轻视外在实践的作用，将学习简单化为如何找回散失的本心这样的心性修养问题，自有其不尽合理的方面。

---

［1］《孟子·尽心下》。

［2］朱熹：《四书章句集注·孟子序说》，中华书局1983年版，第200页。

三、可敬又可怕的墨家

墨家是先秦时期的重要思想流派，其创始人是生活于春秋战国之际的墨翟。墨翟，即墨子，出身贫贱，生活俭朴，“量腹而食，度身而衣”[1]，思想感情接近于下层民众。但从他自称“上无君上之事，下无耕农之难”[2]来看，他已进入“士”的阶层。墨子创立墨家学派后，由于其学说切中社会政治的现实，反映了很大一部分人的思想愿望，因此很快就在社会上风靡开来，与儒家并称为“显学”，“世之显学，儒、墨也”[3]。《孟子·滕文公下》也说：“杨朱、墨翟之言盈天下。”可见其在当时影响之大。这一学派的基本思想内容，保存于《墨子》一书。

如果说孔子的学派较多地体现了变化中的中下层贵族的利益，那么墨家的学说则是代表正在摆脱旧有羁縻的小生产者的政治宣言，故曾被当时人视为“贱人”的学说。这一实际情况，决定了墨家学说既具有相当饱满的人民性，也不可避免地带有一定程度的空想性、落后性与保守性，同时也决定了其学说缺乏足够的理论深度。荀况说“墨子蔽于用而不知文”[4]，比较准确地反映了墨家学说的特征。

墨子及其后学的基本立场是“兼相爱，交相利”，凡事均以是否有利或功利大小为标准进行评估，决定取舍。即判断一切政

[1] 《墨子·鲁问》。

[2] 《墨子·贵义》。

[3] 《韩非子·显学》。

[4] 《荀子·解蔽》。

治措施的优劣得失，在于看它对人们（尤其是一般民众）是否有实际利益："废以为刑政，观其中国家百姓人民之利。"[1]从这个立场出发，墨家建立了一整套逻辑严谨、层次分明的思想体系。在墨家看来，当时最不利于国家与民众的便是战争，因此提倡"非攻"；而人们之所以互相残杀，是因为彼此不相爱，所以主张"兼爱"。如果统治者我行我素，穷兵黩武，被侵凌的一方就只好用武力对付武力，捍卫自己的利益，故讲求城守防御，正如俞樾所言："（墨子）惟非攻，是以讲求备御之法。"[2]

为了保证利国利民的政治措施得以实现，达到天下大治的目的，墨子主张"尚贤""尚同"，强调以贤能的标准选拔人才。

墨家同时还主张"节用""节葬""非乐"，这显然是针对当时统治者穷奢极欲、滥用民力的抨击，同样也反映了小生产者的治国立场与政治态度。

墨家的思想反映了小生产者的政治思想。它主张"尚贤"，反对贵族专制；主张"兼爱""非攻"，提倡和平相处；宣传"节用""节葬""非乐"，肯定崇俭去奢；鼓吹"尚同"，追求君主专制。这在当时条件下，都是具有一定的合理性的，有的甚至包含一定的人民性。但是它乞灵于"天志""鬼神"，并把"尚同""节用""非乐"强调到不适当的地步，这就不免陷入空想、落后的泥潭，这正是当时小生产者愚昧、保守、落后性在其思想意识上的流露，也是日后墨家中衰不振的重要原因。

治国思想是墨家政治学说的重要组成部分，其主要内容，一是"尚同"，二是"尚贤"与"节用"。前者所体现的是墨家治国思想的基本原则与追求目标，后者所反映的则是墨家治国思想的具体纲目与主要特色。

---

[1] 《墨子·非命上》。

[2] 俞樾《墨子间诂序》，见孙诒让《墨子间诂》，中华书局2001年版，第2页。

1.“尚同”——墨家治国思想的指导原则

“尚同”是墨家政治思想的基本宗旨所在，也是墨家所提倡的行政管理上的理想追求。在墨家看来，天下“尚同”而不“下比”，有一个完整的“政长”体系，逐级服从，并统一政治与道德的标准，方能解决各种复杂的社会问题，消除天下动乱的根源，达到政治和谐有序、民众安居乐业、国家治理大见成效的目的。由此可见，“尚同”主张在墨家治国思想中占有中心的位置，是墨家治国安邦的指导原则。

墨家所言之“尚同”，基本上包含有两方面的含义，一是思想的统一，二是政治的集中。

思想统一要求人们在思想上采纳同一个标准，不能一人一义。政治集中则要求建立上起天子下至里长、等级森严的“政长”体制，人们在行动上和上级保持完全一致，不准自行其是。墨家认为，社会出现动乱，天下不得安宁，重要的原因就是人们的思想不统一，没有可以一致遵循的政治与道德标准，结果多人多义，各执一义，互相攻击，乱作一团。

墨家认为，要消除这种人执其义不能相容、思想混乱不相统一的现象，就必须立统一之义，即所谓“一同天下之义”，在思想上实现高度统一。这里很清楚地表明，墨家所主张的思想统一，是由上位者立“义”，即由统治者确立思想的标准，并通过自上而下的强制手段来要求人们遵守奉行，“义不从愚且贱者出，必自贵且知者出”[1]。

在统一思想的基础上，墨家进而主张政治集中，而政治集中的主要标志就是建立“刑政”、设立“政长”，这里的“政长”

[1]《墨子·天志中》。

之首便是“天子”。“天子”由公选产生，是最高的政治权威，也是人间道德是非的最后仲裁者，“选天下之贤可者，立以为天子”[1]，“使从事乎一同天下之义”[2]。天子是宪令刑法的制定者，是政治集中的体现，但光凭天子一人不能完成政治集中这一任务，于是需要置三公、封建诸侯，诸侯之下立大夫，再下又设乡长、里长，建立起天子、三公、诸侯、将军、大夫、乡长、里长上下有序的行政管理序列，这就是所谓的“政长”系统。与“政长”系统相配合，还有“刑政”制度，即直接服务于治理国家的刑法政令，它也是天子秉承上天的旨意而制定颁发的，并逐级向下传达贯彻。

墨家所主张的政治集中，就是在统一思想基础上的君主专制。在这个体制中下必须绝对服从于上，每一级都要同顶头上司保持一致，亦步亦趋，层层如此，不得例外。“里长顺天子政，而一同其里之义”[3]，里长按天子颁行的为政纲领，直接对乡长负责，乡长则要尚同于上一级政长，如此逐级向上，直至国君尚同于天子，“天子之所是，必亦是之；天子之所非，必亦非之”[4]。最后由天子再对神圣的上天负责。这个逐级“尚同”的过程，墨家称之为“总其义”。

怎样才能实现“尚同”？墨家提出了两条基本途径。一是明赏以劝诫百姓，即所谓“富贵以道其前，明罚以率其后”[5]。墨家认为“百姓不利，必离散不可得用也”[6]。治国安邦，需要以百姓富足、安心生产、创造财富为前提，所以统治者应施惠于民众，

[1] 《墨子·尚同上》。

[2] 《墨子·尚同中》。

[3] 《墨子·尚同中》。

[4] 《墨子·尚同中》。

[5] 《墨子·尚同下》。

[6] 《墨家·非命下》。

激励他们积极为统治者效力。但是，对那些不肯“尚同”、不愿意为统治者效力的人，则必须施以刑罚，强迫他们改弦更张，“一同于天子之义”，“古者圣王为五刑，请以治其民。譬若丝缕之有纪，罔罟之有纲，所连收天下之百姓不尚同其上也”[1]。赏罚两柄，各有其用，以赏来培植、勉励“顺民”，以罚来约束、镇压“奸民”，双管齐下，互为作用。

墨家有关实现“尚同”的又一个手段，是广设耳目以掌控下情。墨家主张，最高统治者要把自己的“亲信羽翼”遍布到全国各地，从事侦察暗探与监视活动，既了解下层民情，又借以实施权术政治，“故古之圣王治天下也，其所差论以自左右羽翼者皆良，外为之人助之视听者众”[2]。这样君主就能提前掌握情况，“先人得之”，并且及时加以处置，“先人成之”，“先人发之”，具体说便是“数千万里之外有为善者，其室人未遍知，乡里未遍闻，天子得而赏之。数千万里之外有为不善者，其室人未遍知，乡里未遍闻，天子得而罚之”[3]。这样一来，民众自然不敢越矩逾规，而不得不顺从听命，“一同于天子之义”了：“是以举天下之人，皆恐惧振动惕栗，不敢为淫暴，曰：天子之视听也神。”[4]

2.“尚贤”与“节用”——墨家治国思想的两个重点内容

在“尚同”原则的指导下，墨家就治国问题还提出了一系列的具体方法，其中最为重要的，一是“尚贤”，二是“节用”。前者是关于治国安邦中用人问题方面的基本主张，后者则是有关经济管理的根本立场及手段。

---

[1] 《墨子·尚同上》。

[2] 《墨子·尚同下》。

[3] 《墨子·尚同中》。

[4] 《墨子·尚同中》。

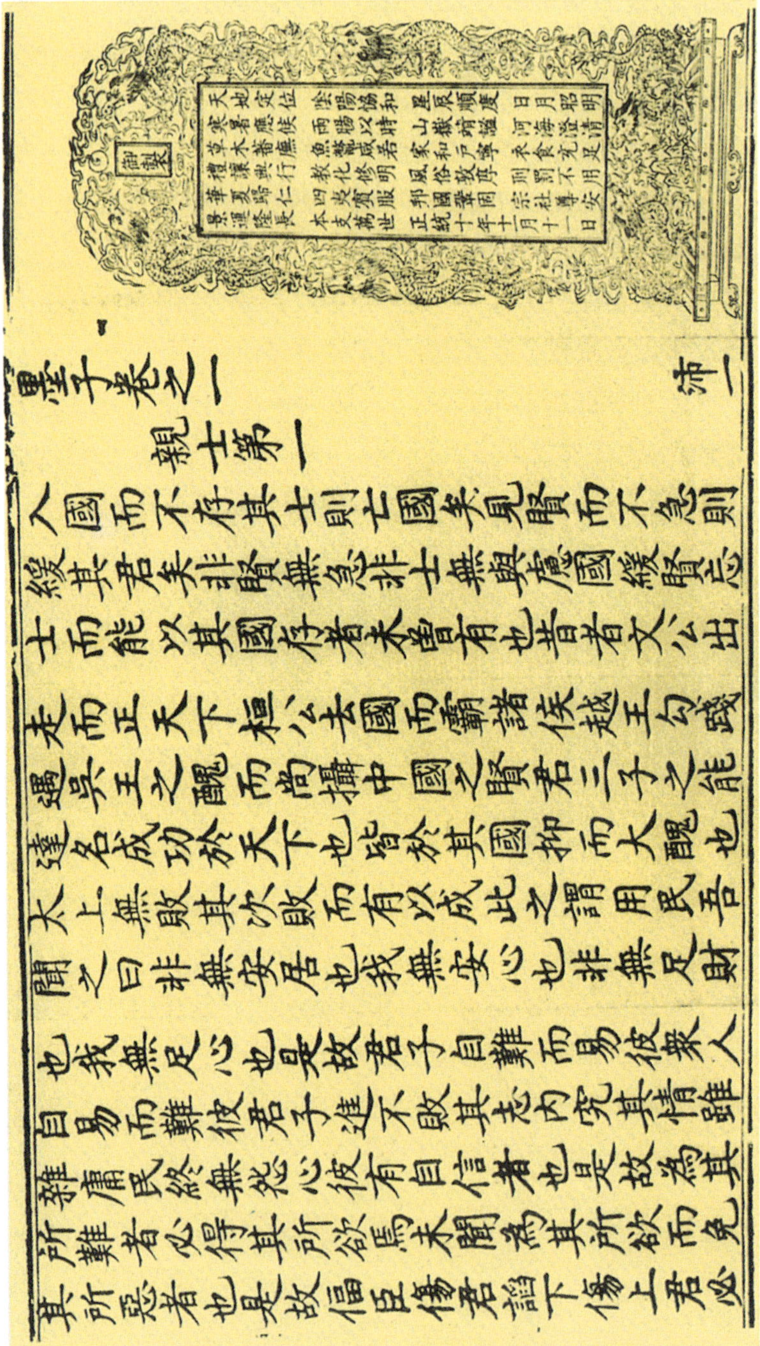

墨子卷之一

親士第一

入國而不存其士則亡國矣見賢而不急則緩其君矣非賢無急非士無與慮國緩賢忘士而能以其國存者未曾有也昔者文公出走而正天下桓公去國而霸諸侯越王勾踐遇吳王之醜而尚攝中國之賢君三子之能達名成功於天下也皆於其國抑而大醜也太上無敗其次敗而有以成此之謂用民吾聞之曰非無安居也我無安心也非無足財也我無足心也是故君子自難而易彼衆人自易而難彼君子進不敗其志內究其情雖雜庸民終無怨心彼有自信者也是故為其所難者必得其所欲焉未聞為其所欲而免其所惡者也是故偪臣傷君諂下傷上君必

《墨子》书影（明刻本）

“用人”是政治的中心问题，用人上的腐败是政治的最大腐败。这个道理，早在先秦时期就为许多有识之士所认识，为此，当时思想家都关注“用人”问题，并就如何“用人”提出了自己的主张，使之成为其治国思想中的重要组成部分。

除了法家主张“中人政治”、反对贤人政治以及道家反对“尚贤”之外，中国古代大部分思想家在用人上均提倡“尚贤”。但是相比之下，又以墨家主张最力。墨家起身于平民，对世卿世禄政治抱有天然的敌意，尤其憎恨政治现实生活中“内姓选于亲，外姓选于旧”的做法，积极呼吁开放政路，任人唯贤，提出了“使能以治之”的用人原则，主张打破以“富贵”“亲戚”为用人范围的旧框框，“不党父兄，不偏贵富，不嬖颜色”[1]。他们强调“官无常贵而民无常贱”，认为官吏的选拔和任用应以贤能为标准，即使是社会底层的人士，只要有才能，操守好，也可以擢以不次，出任高官，主持政务：“虽在农与工肆之人，有能则举之。高予之爵，重予之禄，任之以事，断予之令。”[2]相反，那些没有水平、不贤能的贵族，则应从政界中驱逐出去，“抑而废之，贫而贱之，以为徒役”[3]。

墨家对“尚贤”的重视与推崇是不遗余力、毫无保留的，一再强调在治理国家中必须以“尚贤”为要务，“夫尚贤者，政之本也”[4]。为此，墨家主张“尚贤”要落到实处，使贤人在政治上真正有职有权，而不是一种摆设或招牌。要做到这一点，在于统治者“尚贤”有术，这个术被墨家概括为“置三本”：“爵位不高则民弗敬也，蓄禄不厚则民不信，政令不断则民不畏。”[5]即一

[1] 《墨子·尚贤中》。

[2] 《墨子·尚贤上》。

[3] 《墨子·尚贤中》。

[4] 《墨子·尚贤上》。

[5] 《墨子·尚贤上》。

定要保证在位的贤人有崇高的政治地位与经济收入，能够发号施令决断事务。如此，则“尚贤”便不至流于形式，那些在位任职的贤能之士也会全身心投入政务，“竭四肢之力以任君之事，终身不倦”[1]，在治国安邦方面发挥其应有的作用。

“节用”也是墨家治国思想中的一个重要命题，它主要针对的是国家的财政经济问题。墨家继承孔子等人“俭政”“节用”的主张，并加以充实发挥，使之成为指导国家经济管理的主要原则。

墨家与儒家一样，都认为当时是乱世，但孔子认为乱自下作，是由于小人犯上作乱，造成上下易位、贵贱失序；墨子则认为乱自上来，是由于“强必执弱，富必侮贫，贵必敖贱，诈必欺愚”[2]，使得民众“饥而不得食，寒而不得衣，劳而不得息”。墨家认为造成这一悲惨局面的重要原因之一，是统治者放纵私欲、奢侈无度，这样的所作所为必然导致国库空虚、民众贫困，想要保持社会安定、统治稳固也就成了一厢情愿的事情，“富贵者奢侈，孤寡者冻馁，虽欲无乱，不可得也”[3]。

墨家认为要使社会政治走上正确的轨道，就必须彻底改变统治者穷奢极欲的现实局面。而改变的途径，就是“节用”（也包括“节葬”“非乐”等）。一方面节俭省用，不浪费，珍惜财力物力，使民众能够得到最基本的生活保障——“饥者得食，寒者得衣，劳者得息”，在控制消费问题上做文章、花力气。另一方面还要从发展生产的角度去解决经济财政问题。墨家指出生产是生财之本，是用财的保障，“凡五谷者，民之所仰也，君之所以为养也。故民无仰则君无养，民无食则不可事，故食不可不

[1]《墨子·尚贤中》。

[2]《墨子·兼爱中》。

[3]《墨子·辞过》。

务也，地不可不力也”[1]。由此可见，墨子的“节用”论，是“开源”与“节流”相并行，发展生产与控制消费相同步，而以节约消费为重点，指出消费以满足基本生活之需为标准，消费要有利于再生产，“诸加费不加于民利者，圣王弗为”[2]。按墨家的观点，节用是国家积财之道，是管理国家经济的基本手段，“圣人为政一国，一国可倍也；大之为政天下，天下可倍也。其倍之非外取地也，因其国家，去其无用之费，足以倍之”[3]。只要去奢就俭，省无用之费，国家财政就会倍增，用度就会宽饶。

3. 墨家的科技贡献与局限

众所周知，墨家不仅在社会思想方面独树一帜，在科学方面也有许多发明创造，在光的传播、逻辑学、力学、工程学等领域都有一定的造诣。墨子与鲁班是当时齐名的能工巧匠，墨家学派从生产、生活的经验中总结出许多科学原理，革新了许多生产技术，反映了墨家对生产劳动与提高劳动技能的重视。

最令人称奇的是，墨子在当时已比较准确地揭示了小孔成像的原理。《墨子·经下》云：“景到，在午有端与景长。说在端。”《经说下》解释说：“景光之人煦若射。下者之人也高，高者之人也下。足敝下光，故成景于上；首敝上光，故成景于下。在远近有端与于光，故景庫内也。”物体的投影之所以会出现倒像，是因为光线为直线传播，不同方向射来的光束互相交叉而形成倒影。照射在人头部的光线成像于下部，照射在人下部的光线则成像于上部。于是，直立的人通过针孔成像，投影便成为倒

[1] 《墨子·七患》。
[2] 《墨子·节用中》。
[3] 《墨子·节用上》。

立的。

墨家的研究还涉及守城，对正规战以及敌人从高处进攻、从地下挖穴进攻、从水路进攻等都做了精密的部署，并设计出相应的攻防工程。墨家之所以在守城上花大心思，在于他们反对战争，力图靠设计出完美的守城方案，使被侵略的国家“先为不可胜”，立于不败之地，来打消战争狂发动战争的念想，实现他们“非攻”的理想。这一点可谓难能可贵。

但小生产者出身的墨家也难以摆脱自身的局限性，在对科学的研究上止于有用，对暂时看不到应用前景的科学探索，则概加反对。他们的这一局限性，阻碍了他们在科学探索方面取得更大的成就。总的来讲，他们重视应用技术的研究、革新，轻视科学原理的总结、归纳。有一事最能说明问题，据《墨子·鲁问》载：

> 公输子削竹木以为鹊，成而飞之，三日不下。公输子自以为至巧。子墨子谓公输子曰：“子之为鹊也，不如匠之为车辖。须臾斫三寸之木，而任五十石之重。故所为功，利于人谓之巧，不利于人谓之拙。”

公输子即鲁班，若此记载可信，则说明鲁班在当时已经开始探索飞行器的制造。可惜因为暂时看不到它能造福于人，被墨子毫不留情地否决。虽然我们不能苛责古人，但这也从某种程度上反映了墨家学派对待科学急功近利的态度，而以这种态度来从事生产，不可避免地会导致重形而下之技而轻形而上之学，这也是我国古代应用技术发达却始终难以建立近代科学体系的一个重要原因。

4. 墨家思想的可怕之处

墨家学派出身于平民，对贵族统治下社会的种种不公平，感受颇深；对战争带给老百姓的灾难，有切肤之痛。故而他们提出“兼相爱，交相利”和“非攻”的思想，幻想建立一个没有战争、人与人之间互爱互利的社会。他们反对出身决定一切，故而提出“非命”“尚贤”的思想；反对贵族世袭，建议政权向全社会优秀人士开放。虽然这些思想相对于当时的社会历史条件而言，明显带有空想性，不太可能实现，但其中包含的对未来社会善意的期许和天才的构建，不失为我国古典思想中的珍贵遗产。但在政治思想方面，墨家还是显示出了其小生产者的局限性。他们把社会的混乱归结为“人异义”，“人是其义，以非人之义，故交相非也”[1]，显然是没有找准病根，十分浅薄。他们看到了各种不同思想观点的交锋使社会变得乱糟糟的表象，却看不到正是交锋推动了真理的发展和社会的进步。为了从根源上消除混乱，墨家认为首先应该防止“人异义”，提出“尚同”的社会改造方案，这无疑开错了药方。与史伯“和实生物，同则不继”的思想相比，“尚同”是大大的倒退。事实上，墨家“尚同”的社会改造方案一旦实施，不仅不能消除混乱，甚至可能会变成制造社会混乱的根源，带给人们深重的灾难。

人类社会进步的动力之一，即各种不同思想观点的交锋。“尚同”要求社会向上逐级看齐，最终把思想统一于最高统治者，全社会只用一个脑袋思考。“尚同”的实质，是全面禁止思想自由和言论自由，而任何对自由的限制，都会极大地抑制人类的创造能力，进而使整个社会处于停滞状态。更可怕的是，墨家主张用刑罚来惩处持不同意见者，这必然会导致君主既是最高权力的

[1] 《墨子·尚同上》。

化身，又是最高真理的化身，可以随时清除对自己有异议的人。尽管墨家也强调选贤，强调大臣对君主的错误要勇于指出，帮助君主改正，但却没有提出任何制度来保证这一点。相反，在“尚同”的大旗下，可以想见，所有敢于批评君主、向君主提不同意见的人，都会被君主以“不尚同其上”为由，名正言顺地清除掉。这样，君主就会成为绝对权力的化身，而“绝对的权力导致绝对的腐败”，这已是被历史证明了的真理。一旦君主成为绝对权力的化身，他就可以轻易地废掉选贤制而推行世袭制。尽管墨家的“尚同”以“尚贤”为前提，但他们根本不能保证所选上来的贤人一直保持贤人本色。所以墨家的“尚同”方案，只会导致绝对专制，把社会推向万劫不复的深渊。

墨家的“尚同”思想，被法家全面继承。李斯“别白黑而定一尊”的政治主张，韩非“明主之国，无书简之文，以法为教；无先王之语，以吏为师”[1]，就是墨家“尚同”思想的翻版。秦帝国全面落实法家治国思想，结果导致“上乐以刑杀为威，天下畏罪持禄，莫敢尽忠。上不闻过而日骄，下慑伏谩欺以取容”[2]的局面，朝廷完全丧失自我纠错的能力，二世而亡。

---

[1] 《韩非子·五蠹》。

[2] 《史记·秦始皇本纪》。

四、法家集大成者韩非

1. 韩非其人及生平

韩非是战国末期人，《史记》说他是韩国的“诸公子”。他为人口吃，不善言谈，从小就喜欢“刑名法术之学”，也就是商鞅、申不害等前辈法家学说的总称。但喜欢法家那一套东西的韩非却与李斯一起，拜在了当时的大儒荀卿门下，跟随荀卿学习治国之道。韩非与李斯同学，成绩比李斯强多了，连李斯自己都认为比不上他，这其实也为韩非埋下了祸根。

韩非虽贵为韩国诸公子，但生活得并不得志。专制政治的铁律之一便是越是亲人越得严防。此时的韩国，也处于风雨飘摇之中，朝不谋夕，而强大的秦国已显现出横扫六合、席卷天下的雄心和实力。在关东六国中，韩国不但弱小，而且还和秦国接壤。更重要的一点是，韩国战略位置非常重要，秦国一旦兼并韩国，就能拦腰切断劲敌楚国和赵、魏两国的联系，合纵再难成气候，有利于秦国将各国分割包围、各个击破。所以，韩国成为强秦的首要进攻目标。在秦国的进攻下，韩国土地不断遭到蚕食鲸吞，国势日益危亡。韩非看在眼里，急在心头，不断地给韩王上疏，提出一系列整改措施，但未获韩王青睐。在这一时期，忧心忡忡的韩非对韩国的内外形势进行了深入的观察研究，这对他学术思想的形成至关重要，他的《孤愤》《五蠹》《说难》《内储》《外储》等名篇均写作于此时。

韩非的学说虽然在韩国不受欢迎，但他的书传到秦国，秦王

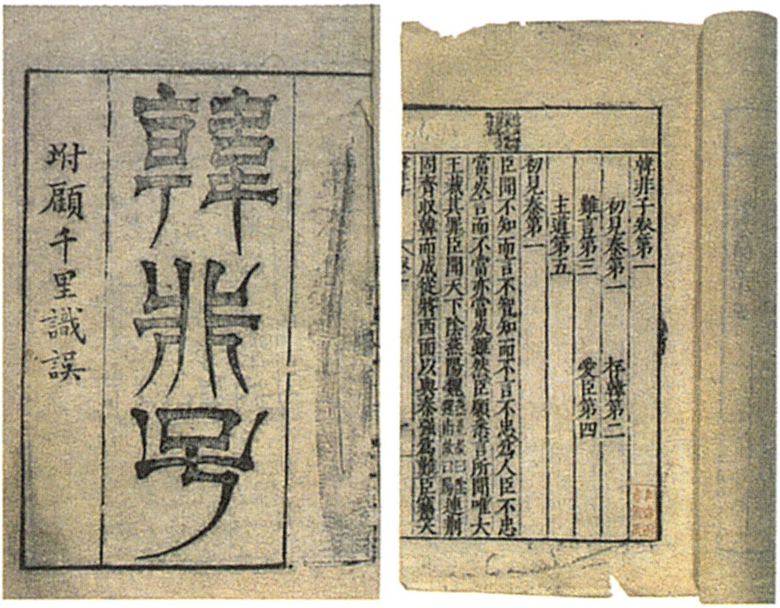

《韩非子》书影

黄荛圃校宋刊本，现藏中国国家图书馆。

嬴政读后大为赞赏，以为是古人所著，甚至发出了“寡人得见此人与之游，死不恨矣”的赞叹。李斯听说后，就把自己的这位老同学推荐给了秦王嬴政。为了得到韩非，秦王命秦军猛攻韩国，迫使韩王派韩非来求和。

秦王嬴政见到韩非，很是高兴，不过这样的日子没过多久，韩非就死于非命。司马迁在《史记·老子韩非列传》中写到韩非的死因时说：“李斯、姚贾害之。”事实上，韩非的死也确实与这两个人有关，尤其是韩非的老同学李斯。秦王嬴政对韩非学术的崇拜，让李斯心里很不是滋味，生怕有一天韩非会取代自己。而韩非与姚贾的冲突则给李斯置韩非于死地提供了机会。这场斗争始于四国联合攻秦。在秦国强大的压力下，不甘坐以待毙的魏国、楚国、赵国和燕国联合起来准备进攻秦国，其中战斗力最强的赵国是主谋。站在韩国立场上的韩非想借机将祸水引向赵、楚等国，为韩国赢得喘息的机会，于是极力怂恿秦王嬴政早下决心，进攻为首的赵国，与四国决一死战。韩非的建议遭到了姚贾的反对，他说服秦王由他出面去四国活动，拆散四国联盟。纵横家出身的姚贾最擅长的就是乱中出手、浑水摸鱼，这次出使果然不辱使命，通过贿赂四国权贵，姚贾成功地瓦解了四国之间的结盟，解除了秦国的威胁，同时也使韩非的如意算盘落空。韩非由此忌恨姚贾，并在秦王嬴政面前陷害他，不料被姚贾反咬一口，自己从此失去了秦王的信任。一直旁观的李斯借机落井下石，攻击韩非为韩不为秦。在李斯的蛊惑下，秦王嬴政把自己崇拜的这位“学术明星”关进了大牢。李斯一不做二不休，又暗中做手脚，毒死了韩非。

李斯和韩非虽然都师从荀子，但与儒者不同的是，两人的专业都是搞权诈阴谋。韩非虽然自命不凡，读书时成绩好，但与经历官场磨炼的李斯相比，还是嫩了点，最终被李斯害死。

2. 以管窥天，以蠡测海——韩非的人性论及人际关系学

谈到韩非的学术思想，大家都会想到两个词：法和权术。这是不错的，因为韩非是非常看重这两个东西的。不仅韩非，整个法家学派都是搞这些东西的，只不过前辈学者各有所偏。商鞅特别强调法在治理国家中的作用，而申不害则很重视术，慎到更多的是讲求势，故有“商君主法，申子言术，慎到尚势”之说。申不害看重的术，是君主控制臣下的政治技巧，其实就是权术。慎到强调的势，用今天的话来讲就是权力、权威，他认为君主保持自己的绝对权威是治理国家的根本。这可能与他所处的时代背景有关。在慎到那个时代，不仅天下共主周天子的权威丧失殆尽，不少诸侯国的公室也被卿大夫架空，出现了“政在家门”甚至“陪臣执国命”的局面，所以慎到特别强调国君要保持自己的绝对权威。韩非虽然师从荀子，但他自己喜欢的还是法家那套东西，他的学说可以说是集法家前辈学者之大成，核心内容也还是法与权术，这一点许多学者都谈到了。

但是，有一点必须强调：如果仅仅从法与权术的角度去解读韩非，乃是皮相之见，是无法真正读懂韩非的。因为韩非所讲求的法也好、权术也好，都是形而下的东西，是治国的基本方略措施，而他的人性论才是其学术中形而上的东西，是其思想学术的立足点。理解了这一点，才会理解韩非为什么始终怀着消极的心理、用绝望的目光打量着这个世界。

说到韩非的人性论，就不能不说他的老师荀子。韩非继承荀子的东西不多，但人性论是一点。荀子的人性论见其《性恶篇》，在这篇专门用来驳斥孟子性善论的文章中，荀子开头就提出一个命题：“人之性恶，其善者伪也。”这里的“伪”，是指人后天的教化学习等作为，是与自然相对的。荀子认为，人的自然

本性都是邪恶的，人性中那些美好的东西都是通过后天努力修为得来的。为什么人性是邪恶的呢？荀子从三个方面予以论证：人生下来都是自私的好利的，自私自利就会导致争夺；人生下来都是有妒忌之心的，妒忌就会导致相互残害；人生下来都是好声乐美色的，好声乐美色就会淫乱放纵。所以说顺着人的本性发展，根本不会有孟子鼓吹的那套仁、义、礼、智。由此荀子提出“化性起伪”，通过老师的教导、礼乐的熏陶来改变人邪恶的本性，培养美好的人性。荀子虽然主张性恶，但他还是以积极的心态来对待，“化性起伪”，变恶为善。

但韩非就不一样了，韩非赞同荀子的性恶论：“夫安利者就之，危害者去之，此人之情也。”[1]又说：“好利恶害，夫人之所有也。”[2]他也认为人本性是自私自利的。可悲的是，韩非不是像荀子那样，主张通过积极的手段来改变人性之恶，而是将人性之恶作为他观察世界的视点，以绝望的目光打量着这个世界！在韩非看来，人与人之间，绝无亲情友善忠信可言，有的只是赤裸裸的利益关系。比如他说，造车的就希望人富贵，造棺材的就希望人早死；这并不是造车的人心地善良而造棺材的人心地邪恶，乃是因为双方利益所系不同：人富贵了才会买车，所以造车的人希望人富贵；人死了才会用到棺材，所以造棺材的人希望人早死。推而广之，无论是君与臣还是父母与子女，无不以计算之心相待，考虑的都是如何从对方身上实现自己利益的最大化。他举例说，父母生了男孩就会高兴地庆贺，生了女孩有的会弃而不养，之所以会出现这种现象，是因为“虑其后便，计之长利也”[3]，完全是出于利益的计算。人在小时候，父母如果抚养他不尽心，他

[1]《韩非子·奸劫弑臣》。

[2]《韩非子·难二》。

[3]《韩非子·六反》。

长大后就会记恨父母；成年后如果他供养父母不尽心的话，父母也会怨恨他。所谓骨肉亲情，在利益面前都是浮云。同样，臣下为君主卖命，并不是真心对君主好，只是想从君主那里得到奖赏，“臣尽死力以与君市，君垂爵禄以与臣市”[1]，“君以计畜臣，臣以计事君，君臣之交，计也”[2]，人世间的一切不过是一种利益关系。

这样，韩非就把世间的所有关系简化为利益和交易，那么，你所能做的就是从对方身上实现你最大的利益；同理，对方亦然。所以人与人之间，从根本上说没有共同利益可言。因此你不能相信任何人，任何人都是自私自利的，都会为自己来算计你。老婆是不可信的，韩非举例说，国君宠爱某个妃子，就以为这个妃子会好心对国君吗？不会的，国君宠爱的这个妃子肯定希望他死得越早越好。道理很简单，她正在受宠，她的孩子就有可能争位。可是，一旦国君将来移情别恋，看上别的妃子了怎么办？因此宠妃心想，趁你现在还宠我，最好你赶快死掉，然后我的儿子就可以即位了。儿子也是不可信的，“千金之家，其子不仁”[3]，你有万贯家产，首先提防的就是儿子，因为你一死，这家业都归他了，所以儿子肯定不希望你长寿。国君也一样，死后儿子就会继位成新的国君，那么儿子当然希望国君早点死。所以韩非得出一个结论：“夫以妻之近与子之亲而犹不可信，则其余无可信者矣。”[4]老婆孩子都不可信，你还能信谁呢？把这个道理用于治国，国君就不可信任大臣。他又举例说，像齐桓公，那是大名鼎鼎的五霸之首，他的位子是怎么得来的呢？是靠算计他的兄弟公子纠。这并不是因为齐桓公这个人不讲亲情、道德败坏，乃是因

[1] 《韩非子·难一》。

[2] 《韩非子·饰邪》。

[3] 《韩非子·难四》。

[4] 《韩非子·备内》。

为算计亲兄弟有利可图，所以也就顾不上手足之情了。如果大臣算计国君也能获得利益的话，那么每位大臣也都会这么做。所以做国君的必须明白，大臣是不可信的，你们之间只是相互利用的关系。“人主之患在于信人，信人则制于人。”[1]如果你信任他，他就会利用你的信任算计你，谋取私利，甚至把你干掉取而代之。由此韩非得出结论：“知臣主之异利者王，以为同者劫，与共事者杀。”[2]国君如果明白他与大臣利益根本不同，那么他就可以设法控制大臣为他效劳，这样的国君可以稳坐王位；相反，国君如果天真地以为君臣利益一致，就会被大臣劫持；要是傻到以为君臣一体，应共同管理国家，那么早晚要出事，被大臣取而代之。

应该说，无论是韩非学说的立足点性恶论还是他所观察到的种种损人利己的现象，甚至是他所得出的关于人与人关系的结论，都是可能的、存在的，在某种程度上也是正确的。可悲的是，韩非把复杂的人性简化为性恶论，把这种可能性当作绝对性、必然性，刻意忽视人性光辉仁爱的一面，把局部现象当作普遍现象，把特定条件下成立的东西当作普适规律，否定人与人之间互利双赢的可能性。他由此对人性绝望，对人与人之间的关系绝望，认为世间的丑恶是绝对的，所谓亲情、忠贞、诚信、仁爱等美好的东西，不过是骗人的鬼话。韩非以这点局部的经验和狭促的眼光，来观察人性及人类社会，无异于以蠡测海、以管窥天，不仅永远不可能得到真相，还把自己变成了一个神经质的偏执狂！

[1]　《韩非子·备内》。

[2]　《韩非子·起乱》。

参考文献

十三经注疏（清嘉庆刊本）[M].北京：中华书局，2009.

司马迁.史记[M].北京：中华书局，1982.

班固.汉书[M].北京：中华书局，1962.

常璩.华阳国志[M].济南：齐鲁书社，2010.

欧阳修.欧阳修全集[M].北京：中华书局，2001.

司马光.资治通鉴[M].北京：中华书局，1987.

张载.张载集[M].北京：中华书局，1978.

洪迈.容斋随笔[M].北京：中华书局，2005.

朱熹.四书章句集注[M].北京：中华书局，1983.

吕祖谦.吕祖谦全集[M].杭州：浙江古籍出版社，2008.

顾炎武.日知录[M].上海：上海古籍出版社，2006.

王夫之.读通鉴论[M].北京：中华书局，1975.

董说.七国考[M].北京：中华书局，1975.

朱墉.武经七书汇解[M].郑州：中州古籍出版社，1989.

顾祖禹.读史方舆纪要[M].北京：中华书局，2005.

王鸣盛.十七史商榷[M].上海：上海古籍出版社，2013.

赵翼.廿二史札记[M].北京：中国书店，1987.

焦循.孟子正义[M].北京：中华书局，1987.

刘宝楠.论语正义[M].北京：中华书局，1990.

王先谦.荀子集解[M].北京：中华书局，1988.

王先慎.韩非子集解[M].北京：中华书局，1998.

郭庆藩.庄子集释[M].北京：中华书局，2012.

孙诒让.墨子间诂[M].北京：中华书局，2001.

皮锡瑞.尚书大传疏证[M].北京：中华书局，2015.

章太炎.国故论衡[M].北京：商务印书馆，2010.

张纯一.晏子春秋校注[M].北京：中华书局，2014.

梁启超.先秦政治思想史[M].长沙：岳麓书社，2010.

王国维.观堂集林[M].石家庄：河北教育出版社，2001.

徐元诰.国语集解[M].北京：中华书局，2002.

吕思勉.先秦史[M].上海：上海古籍出版社，2005.
吕思勉.中国通史[M].上海：上海古籍出版社，2009.
钱基博.孙子章句训义[M].上海：华东师范大学出版社，2011.
刘文典.淮南鸿烈集解[M].北京：中华书局，2013.
胡适.中国哲学史大纲[M].北京：北京师范大学出版社，2013.
郭沫若.青铜时代[M].北京：中国人民大学出版社，2009.
顾颉刚.古史辨[M].上海：上海古籍出版社，1982.
蒙文通.经学抉原[M].北京：人民出版社，2006.
钱穆.国史大纲[M].上海：商务印书馆，2010年.
傅斯年.民族与古代中国史[M].上海：上海人民出版社，1980.
萧公权.中国政治思想史[M].北京：商务印书馆，2011.
徐中舒.先秦史论稿[M].成都：巴蜀书社，1992.
闻一多.神话与诗[M].上海：上海人民出版社，2005.
曹聚仁.中国学术思想史随笔[M].北京：生活·读书·新知三联书店，2012.
许维遹.吕氏春秋集释[M].北京：中华书局，2009.
黎翔凤.管子校注[M].北京：中华书局，2004.
雷海宗.中国文化与中国的兵[M].北京：商务印书馆，2001.
金景芳.中国奴隶社会史[M].上海：上海人民出版社，1993.
陆宗达，王宁.训诂与训诂学[M].太原：山西教育出版社，1994.
童书业.春秋史[M].北京：中华书局，2006.
杨伯峻.春秋左传注[M].北京：中华书局，2009.
杨向奎.宗周社会与礼乐文明[M].北京：人民出版社，1992.
白川静.西周史略[M].袁林，译.西安：三秦出版社，1992.
胡厚宣，胡振宇.殷商史[M].上海：上海人民出版社，2003.
张政烺.中国古代历史图谱[M].长沙：湖南人民出版社，2016.
王利器.盐铁论校注[M].北京：中华书局，1992.
王利器.新语校注[M].北京：中华书局，2012.
王玉哲.中华远古史[M].上海：上海人民出版社，2003.
杨宽.西周史[M].上海：上海人民出版社，2003.
杨宽.战国史[M].上海：上海人民出版社，2003.
蒋礼鸿.商君书锥指[M].北京：中华书局，1986.
何建章.战国策注释[M].北京：中华书局，1990.
杨丙安.十一家注孙子校理[M].北京：中华书局，2012.
许倬云.西周史[M].北京：生活·读书·新知三联书店，2012.
张光直.商文明[M].北京：生活·读书·新知三联书店，2013.
楼宇烈.老子道德经注校释[M].北京：中华书局，2008.
陈鼓应.老子注译及评介[M].北京：中华书局，2009.

陈鼓应.庄子今注今译[M].北京：中华书局，2009.

金春峰.先秦思想史论[M].北京：东方出版社，2015.

刘泽华.中国政治思想史·先秦卷[M].北京：中国人民大学出版社，2014.

孙开泰.中国春秋战国思想史[M].北京：人民出版社，1994.

晁福林.夏商西周的社会变迁[M].北京：中国人民大学出版社，2010.

晁福林.春秋战国的社会变迁[M].北京：商务印书馆，2011.

陈戍国.先秦礼制研究[M].长沙：湖南教育出版社，1991.

张觉.吴越春秋校注[M].长沙：岳麓书社，2006.

李步嘉.越绝书校释[M].北京：中华书局，2013.

姚大力.追寻我们的根源[M].北京：生活·读书·新知三联书店，2013.

葛兆光.中国思想史[M].上海：复旦大学出版社，2016.

吴如嵩.战国军事史[M].北京：军事科学出版社，1998.

罗琨，张永山.夏商西周军事史[M].北京：军事科学出版社，1998.

陈恩林.先秦军事制度研究[M].长春：吉林文史出版社，1991.

李零.吴孙子发微[M].北京：中华书局，1995.

程素红.中国历代兵书集成[M].北京：团结出版社，1999.

黄怀信.逸周书校补注译[M].西安：三秦出版社，2006.

黄朴民.黄朴民解读孙子兵法[M].长沙：岳麓书社，2011.

黄朴民.黄朴民解读吴子·司马法[M].长沙：岳麓书社，2011

黄朴民.黄朴民解读唐太宗李卫公问对·尉缭子[M].长沙：岳麓书社，2011

黄朴民.先秦喋血[M].北京：华夏出版社，1996.

黄朴民.春秋军事史[M].北京：军事科学出版社，1998.

军事科学院.中国军事通史[M].北京：军事科学出版社，2005.

解放军出版社.孙子新探 中外学者论孙子[M].北京：解放军出版社，1990.

中国国家博物馆.文物中国史[M].太原：山西教育出版社，2003.

庄春波.华夏东西说[J].新华文摘，1997(1).

黄朴民，马丁.对先秦“文武分职”问题的再考察[J].中国人民大学学报，2004(1).

黄朴民.战国兵额刍议[J].中国史研究，1994(1).

黄朴民.“古司马兵法”本事索隐[J].文史，2004(2).

黄朴民.孙子治军思想述论[J].孙子学刊，1996(1).

黄朴民.孙子的制胜之道[J].军事历史研究，1995(2).

后记

如果把历史比作长河，那么先秦一段就是我们中华民族历史的河源与上游，阅读这段历史，可以了解我们国家、民族、文化的由来与变迁，其重要性不言而喻。这段历史从时间段而言，几乎占了中华文明史的一半，但由于传流下来的文献不足征，我们也只能从有限的历史记载与考古发现中窥见大概的轮廓，许多问题至今仍然弄不清楚，学术界一直存在争议，今后能不能搞得清楚还依赖于将来考古能否发现足够多的出土文献。

接到“印象中国历史·先秦”的写作任务是在五年前，这套丛书是写给非历史专业的人看的，目的是让更多的人阅读历史、喜欢历史，让历史著作从文史工作者的书斋走进千家万户寻常百姓的书房，走进广大读者的心里。因此这套丛书也有自己的写作要求和规范，总的来说，就是要选取历史的闪光点及有趣的、耐人寻味的一面，深入浅出、生动活泼地展示给读者，并不要求像学术研究那样系统化、规范化。着手写作时，在整体框架的设计方面也颇费了些思量，考虑到这段历史的特点和普通读者的阅读兴趣，我们的写作思路也做了相应的调整，大致如下：

关于远古时期的三代之前有关黄帝、蚩尤、炎帝以及尧舜禅让等历史，其资料多是春秋战国及秦汉人根据传闻所写就，且细节难详，目前也没有新的发现，我们采取尽量简化的方式来处理。借助傅斯年先生的“夷夏东西说”理论，作一大体勾勒，作为开篇序论，以保持历史的完整性。夏商西周这段历史，古人称之为“三代”，是礼乐文明由兴起到衰落的时期。这一时期从制度到文化，都与秦汉以后的郡县制社会迥乎不同，写作中参考学术界的研究成果，重点展现其以分封制和宗法制为特点的政治制度以及社会政治的演变，目的在于给读者一个整体的印象。对于相关历史事件，苦于文献不足征，均不展开。春秋战国这五百余年的历史，就时间而言，不足五帝、三代的三分之一，但无论是对后来历史的影响还是文献的丰富程度来说，都大大超出前一段，这也是我们写作的重点。这段历史是旧秩序崩溃的时期，所谓礼崩乐坏，其最大的特点就是“乱”。这个“乱”有三层含义：一是有周王室主导的礼乐文明的秩序崩溃，由“礼乐征伐自天子出”一变而为“礼乐征伐自诸侯出”，旧秩序乱了套；二是战乱频仍，所谓“诸侯力政，强凌弱，众暴寡，兵革不休，士民罢弊”；三是学术思想层面，西周学在官府的局面被打破，“道术将为天下裂”，出现了百家争鸣的高潮，班固在《汉书·艺文志》中说：“王道既微，诸侯力政，时君世主，好恶殊方，是以九家之术蜂出并作，各引一端，崇其所善，以此驰说，取合诸侯。其言虽殊，辟犹水火，相灭亦相生也。”但这种乱中孕育着新的历史趋势，也就是孟子所谓的“定于一”。学术思想无疑是历史演进的先导，但军事力量才是直接推手，春秋战国的历史演进，其实就是在百家争鸣中经由战乱完成的。基于这一理由，我们在本书的写作中特别重视这一时期的军事领域和学术思想领域，相信所有读过这本小书的读者都能体会到这一点。

我们尽量把中华民族历史长河的源头和上游以生动活泼的文字展示给大家，让大家感受这段历史的丰富多彩，从而喜欢上这段历史。至于效果如何，只能留待广大读者判断了。书中存在的不足之处，欢迎大家批评指正。

黄朴民　白效咏